憲法 事例演習

方勝柱

헌법

사례

연습

博英社

Constitutional Law and Practice

by

Seung-Ju Bang, Dr. Jur.

Professor of Constitutional Law
School of Law
Hanyang University

Parkyoung Publishing & Company
Seoul, Korea

2015

이번에 박영사에서 변호사시험에 대비하기 위한 『헌법사례연습』을 로스쿨 교재의 하나로 출판하게 되어 매우 기쁘게 생각한다. 개인적으로 2002년도에 『헌법소송사례연구』를 내고 난 뒤 두 번째 책이다. 『헌법소송사례연구』가 헌법재판소에서 연구원으로 근무하면서 다루었던 헌법소송사건에 대한 연구보고서를 기초로 한 연구서였다고 한다면, 이번의 『헌법사례연습』은 그간 로스쿨 헌법 과목의 중간시험과 기말시험, 그리고 그 밖에 모의 사법시험이나 모의 변호사시험문제로 저자가 출제하였던 사례문제와 모범답안을 묶고, 여기에 최근에 문제가 되었던 현안들을 소재로 몇 개의 사례들을 더 제조하여 추가한 것이다. 모범답안은 될 수 있는 한 학생들의 입장에서 변호사시험의 제한된 시간 내에 쓸 수 있는 분량과 내용으로 맞추려고 노력하였다. 따라서 학문적인 관점에서 보면 모범답안에서 제시하고 있는 관점 말고도 그 이상으로 더 깊이 풀어나갈 수 있는 부분들도 많이 있을 것으로 생각되나, 이 책은 변호사시험에 대비하기 위하여 헌법 사례형(두 개의 기록형 포함) 문제가 어떠한 방식으로 출제될 수 있으며, 그러한 다양한 문제에 대하여 제한된 자료와 시간 및 지면의 한계 내에서 어떻게 효과적으로 답안을 기술할 것인지의 방향을 제시하는 책이라고 보아야 할 것이다.

　　이 책을 씀에 있어서는 헌법재판소에서 이미 결정된 헌법재판사건을 소재로 한 사례라 하더라도, 저자 나름대로 독자적인 관점에서 사례를 풀이하려 하였기 때문에, 헌법재판소와 결론이 다른 경우가 적지 않았다. 따라서 같은 주제에 대한 헌법재판소의 입장을 참고할 수 있도록 맨 뒤에 참고판례를 간략하게 달아 놓았다. 그러므로 학생들은 저자의 모범답안의 입장과 헌법재판소의 입장을 비교하면서 비판적으로 읽고, 나름대로 독자적인 판단을 할 수 있는 능력을 키울 수 있을 것이다.

　　헌법재판소 판례로 나오지 않은 나머지의 사례들은 대부분 시사적으로 현안이 되었던 정치·사회적 이슈들을 소재로 하여 저자가 직접 가상으로 만든 후, 그에 대한 답안을 작성한 것이다. 따라서 여기에서 제기되는 문제들은 앞으로도 계속 정치·사회적 이슈가 될 수 있는 것들로서 학계와 사회에서 지속적인 토론의 대상이 될 수 있는 중요한 주제들이라고 할 수 있다.

　　그 가운데는 가령 세월호승객구조의무 불이행에 대한 헌법소원(신속한 구호조치 등 부작위 위헌확인)사건이나 세월호참사 피해구제 및 지원 등을 위한 특별법 시행령에 대한 헌법소원 사건과 같이 저자가 주도하여 유가족을 도와 헌법재판소에 헌법소원심판을 청구하여 현재 계류 중인 사건들도 포함되어 있다. 이 사건들은 제1기 로스쿨생으로서 저자에게 헌법수업을 듣고 이제는 변호사로 활동 중인 김종우 변호사와 유재영 변호사가 소송대리를 맡아 수고해 주고 있는데, 이 자리를 빌어 이 두 변호사에게 감사의 뜻을 전하고 싶다. 이 두 변호사가 없었다면 역사적으로 중요한 의미가 있는 위 두 개의 세월호관련 헌법소원청구 자체가 불가능했었을 것이다. 더불어서 이 두 개의 세월호 헌법소원심판청구를 준비하기 위해서 2014년 2학기와 2015년 1학기에 저자의 헌법2와 헌법소송법 강의를 수강하였던 학생들에게 변호사의 입장에서 헌법소원심판청구서를 작성해 오도록 과제를 부과하였고, 또한 유가족들을 초청하여 발표수업을 하면서 심도 있는 공개토론도 하였다. 비록 로스쿨학생들의 입장에서는 부담이 안 될 수 없었을 것이나, 이 학생들은 이와 같은 수업을 통해서 실제 헌법소송에 참여할 수 있는 좋은 경험과 기회를 얻을 수 있었으며, 현재에도 이들은 담당 변호사들을 돕는 소송지원단원으로 참여하고 있다. 참여자들의 이름을 일일이 열거할 수는 없지만 이 자리를 빌어서 이들에게도 감사와 격려의 뜻을 표하고 싶다.

　또한 아직 헌법재판소에 헌법소원심판이 청구되지는 않았지만 향후 충분히 헌법소원심판청구가 가능한 사례들도 있다. 특히 최근 서영교 의원이 발의한 소위 '태완이법'과 관련된 사례는 살인죄와 상해치사, 강간치사 등 사람을 사망에 이르게 한 중대한 범죄에 대한 공소시효배제 및 그 소급효와 관련된 여러 헌법적 문제들을 사례형식으로 풀이하는 내용을 담고 있다.

　위에서 언급한 여러 사건들은 앞으로 헌법재판소의 변론이나 학계의 토론을 통해서 그 위헌여부에 대한 논의가 더욱 광범위하고 활발하게 이루어져야 할 필요성이 있는 주제들이라고 할 수 있겠다.

　아무튼 이 작은 책을 집필함에 있어서도 헌법과 관련된 사례문제를 출제하고 그에 관한 모범답안을 제한된 시간과 지면 안에 적절하게 작성하는 것이 쉬운 일이 아님을 다시 한번 느끼면서, 부족한 부분들은 앞으로 개정판이나 또는 후속될 교과서나 논문을 통하여 계속해서 보완해 나가기로 다짐한다.

　이 책이 나오기까지는 여러 분들의 직접적인 도움에 힘입은 바가 크다. 기록형 사례들을 처음부터 끝까지 꼼꼼하게 읽고 문제점을 지적하여 보완해 준 서울중앙지방검찰청 공공형사수사부 이문한 부장검사와 수원지방법원 정경희 판사, 그리고 조세관련 사례를 읽고 유익한 지적을 하여 준 주해진 박사, 그리고 초교원고를 처음부터 끝까지 읽고 문제제기를 하여 상당부분 내용을 개선할 수 있도록 자극을 준 박사후과정 이재희 박사, 원고의 정리와 교정을 위해서 처음부터 끝까지 옆에서 수고하여 준 박사과정 조하늬 조교의 노고에 깊은 감사를 드린다.

　그리고 이 책의 출판을 허락하여 주신 박영사 안종만 회장님을 비롯하여 2002년부터 저자의 헌법 연구서와 교과서 출판을 적극 지원해 주고 계시는 조성호 기획이사님, 이번 출판을 위해서 실무적 도움을 아끼지 않으신 정병조 대리님, 그리고 초교가 나오자마자 거의 개정에 필적할 만한 교정을 가했음에도 불구하고 아무런 불평 없이 편집작업을 소화하여 기한 내의 출판을 가능하게 해 주신 한현민 편집자님께 진심으로 감사의 말씀을 전한다.

　이 책을 통하여 앞으로 변호사시험에 대비하려는 모든 로스쿨생들이 헌법사례문제에 대하여 어떻게 접근할 것인지에 대하여 방향을 잡는 데 조금이라도 도움을 받을 수 있게 되기를 기대한다.

광복 70주년을 맞이하여 위안부피해자 할머니들을 비롯한 일제의 태평양전쟁 강제동원피해자들과 또한 4.16세월호참사와 뜻하지 않은 사건과 사고로 슬픔을 당한 모든 유가족들의 눈에서 눈물을 닦아 줄 수 있는 그 날과 남북의 평화적 통일의 날이 어서 속히 오기를 하나님께 기도하면서

2015년 8월 14일 한양대 법학전문대학원 연구실에서

방 승 주

[사례형]

II. 기 본 권

[사례형]

III. 국가조직론 및 헌법재판

※ 이상 Ⅰ. 헌법총론, Ⅱ. 기본권, Ⅲ. 국가조직론 및 헌법재판에 따른
   사례의 편제는 주된 쟁점에 따른 것임

I. 헌법총론

1 토지 및 주택소유상한제와 헌법개정의 한계

사 례

　갈수록 심해지고 있는 사회 계층간의 양극화 및 빈익빈 부익부 현상에 장기적으로 대처하기 위하여 대통령은 토지 및 주택에 대한 개인소유의 상한제를 도입키로 하는 것을 골자로 하는 헌법개정안을 마련하여 국회에 회부하기로 하였다.

〈문〉 이러한 헌법개정은 가능한가?(40)

모범답안 및 채점기준

I. 문제의 소재와 해설(5)

　케이스 형식으로 출제하였으나 이 문제는 결국 헌법개정의 한계를 묻는 문제이다. 헌법개정의 한계와 관련 한계부인설과 한계인정설 그리고 한계인정설의 경우 헌법개정의 한계에 해당하는 것이 어디까지인가를 설명한 후 이 사안에 대한 적용으로 결론을 맺어주면 될 것이다.

Ⅱ. 헌법개정의 한계에 관한 이론(10)

1. 서론(2)

헌법개정의 한계라 함은 과연 어떠한 헌법개정이든 모두 할 수 있는가 아니면 일정한 헌법사항에 대해서는 헌법개정의 절차와 방법으로도 개정을 할 수 없는가에 관한 문제이다. 실정법상으로 헌법개정의 한계를 명문화한 나라들도 있지만 먼저 이 명문규정을 개정한 후 헌법개정을 하면 되기 때문에 실정헌법상의 헌법개정의 한계규정을 가지고 있는지 여부의 문제와는 상관없이 이론적으로 제기되는 문제이다.

2. 한계부인설(2)

헌법개정의 한계를 부인하는 입장이며, 법실증주의 이론들이 주로 택하고 있다.

3. 한계인정설(4)

(1) 결단주의적 입장(2)

Carl Schmitt의 결단주의적 입장에서는 헌법제정권력자의 근본적인 결단에 해당하는 헌법(Verfassung)과 이러한 권력에 의하여 조직된 권력에 의한 헌법이라고 할 수 있는 헌법률(Verfassungsgesetz)로 나누고 헌법개정권력자는 헌법제정권력자가 제정한 근본적인 헌법규범인 헌법은 개정할 수 없다고 본다.

(2) 통합론적 입장(2)

Konrad Hesse나 Peter Häberle의 입장에 의하면 헌법의 동일성과 계속성을 해치지 아니하는 범위 내에서 헌법개정이 가능하다고 한다.

4. 결론(2)

결론적으로 헌법개정의 한계 인정설이 옳다고 보며, 통합론적 입장과 같이 헌법의 동일성과 계속성이 헌법개정의 한계에 해당된다고 본다.

Ⅲ. 헌법개정의 한계를 위반하는 헌법개정의 효력여부(15)

1. 문제제기(2)

이와 같이 헌법개정의 한계를 인정하는 경우 만일 헌법개정의 한계를 일탈한 헌법개정의 유효성의 문제가 제기되고, 그 유효성 여부를 누가 어떠한 절차에 따라서 판단할 것인지가 문제된다.

2. 헌법개정의 한계를 위반하는 헌법개정의 유효성의 전제조건(4)

헌법개정이 유효하기 위해서는 다음과 같은 두 가지 전제조건을 충족시켜야 한다.

(1) **형식적 합법성**: 헌법개정의 절차, 정족수 등과 같이 헌법이 규정하고 있는 헌법개정의 형식적 절차를 준수해야 한다(2).

(2) **실질적 정당성**: 민주주의, 기본적 인권의 보장과 같이 헌법의 동일성 또는 계속성에 해당한다고 볼 수 있는 근본적인 헌법규범을 유지해야 한다(2).

3. 헌법개정의 한계를 일탈한 헌법개정의 경우 누가 어떠한 절차에 따라서 이를 확인할 것인가?(8)

(1) 헌법개정 한계 위반 확인의 주체(2)

헌법개정의 한계위반 여부를 확인할 주체는 헌법재판소가 될 수밖에 없다.

(2) 절차

(가) 헌법재판소의 입장(2)

헌법재판소는 국가배상법 제2조 제1항 단서 및 헌법 제29조 제2항에 대한 헌법소원심판에서 헌법의 개별규정은 위헌법률심판이나 헌법소원심판의 대상이 될 수 없다고 하며 각하한 바 있다.

(나) 사견(4)

위헌법률심판과 헌법소원심판의 대상이 될 수 있다고 본다.

① 위헌법률심판의 대상

법률의 위헌여부이나 여기에서 법률개념은 형식적으로 해석할 것이 아니라, 제정된 실정법이라고 하는 의미에서 헌법 역시 이러한 법률개념에 포함된다고 넓게 해석하여야 할 것이다. 따라서 위헌법률심판의 대상이 된다고 본다(2).

② 헌법소원심판 절차

헌법소원은 공권력의 행사 또는 불행사에 의하여 국민이 기본권을 침해받은 경우에 헌법재판소에 청구할 수 있다. 헌법의 개정행위 역시 크게 보면 공권력의 행사 개념에 포함시키지 못할 이유가 없다. 따라서 헌법개정행위 자체도 국민의 기본권을 침해할 수 있으므로 헌법소원심판절차에 따라서 헌법재판소가 헌법개정의 위헌여부를 판단할 수 있을 것이다(2).

4. 소결(1)

헌법개정의 한계를 위반한 헌법개정은 헌법재판소가 위헌법률심판이나 헌법소원심판 절차를 통해서 확인하고 그 효력을 부인할 수 있다.

Ⅳ. 이 사안에 대한 적용(5)

1. 헌법개정의 한계에 해당하는 헌법개정인지 여부(3)

아무리 계층간의 양극화나 빈익빈 부익부 현상이 일어나 이에 대처해야 할 필요성이 크다고 하더라도, 우리 헌법은 사유재산제도를 기본골격으로 하고 있는 시장경제체제를 채택하고 있다. 따라서 토지와 주택소유에 대한 개인소유의 상한제를 정하는 것은 이러한 사유재산제도의 본질적 내용을 침해한다고 볼 수 있기 때문에, 이는 우리 헌법의 동일성과 계속성 또는 근본적인 재산권보장의 헌법규정에 반하는 위헌적인 헌법개정에 해당한다고 보아야 할 것이다.

2. 이러한 확인은 누가 어떻게 할 것인가?(2)

위에서도 보았듯이 헌법재판소가 위헌법률심판이나, 또는 헌법소원심판절차를 통해서 실질적 정당성에 위반되는 헌법개정으로서 헌법개정의 한계를 일탈한 것으로 확인할 수 있을 것이다.

Ⅴ. 결   론(5)

이 헌법개정은 우리 헌법의 사유재산제도의 본질적 내용을 침해하는 것으로서 헌법의 동일성과 계속성이라고 하는 헌법개정의 한계를 넘어서는 헌법개정의 시도로서 불가하며, 만일 이러한 헌법개정을 할 경우 헌법재판소가 위헌법률심판이나 헌법소원심판을 통하여 헌법개정의 위헌성을 확인함으로써 개정된 헌법 조항의 효력을 상실시킬 수 있을 것이다.

참고판례

※ **국가배상법 제2조 제1항 단서 등 위헌소원**

(헌재 2001. 2. 22. 2000헌바38, 판례집 13－1, 289 [합헌, 각하])

〈해설〉 헌법재판소는 확립된 판례로 헌법의 개별조항은 위헌심사의 대상이 될 수 없다고 판시하고 있으나 이 결정의 하경철 재판관의 반대의견은 헌법의 개별조항도 보다 상위의 헌법규정과 합치하지 아니하여 더 이상 감내할 수 없을 정도로 일반인의 정의감정에 합치하지 아니하는 경우에는 헌법재판소가 그 위헌성을 확인할 수 있다고 하고 있다.

2 국적법상 부계혈통주의 도입을 위한 헌법개정의 허용여부

사 례

　헌법재판소는 2000년 8월 31일 97헌가12결정에서 구 국적법 제2조 제1항에서 부(父)가 대한민국 국적을 가지고 있는 경우에만 출생과 동시에 대한민국 국적을 취득할 수 있게 하는 소위 부계혈통주의에 대하여 평등원칙에 위반된다고 하면서 위헌으로 판시하였다. 그런데 정부는 최근 다문화가정이 늘어감에 따라 각종 사회적 문제가 빈발하고 있다고 판단을 하고, 이 부계혈통주의를 헌법조항으로 끌어 올려서, 다시 부계혈통주의로 환원하여 가능한 한 순수한 단일민족의 전통을 유지하기로 하고, 대통령이 발의하는 헌법개정안(헌법 제2조 제3항 "다음 각호의 어느 하나에 해당하는 자는 출생과 동시에 대한민국 국적을 취득한다. 1. 출생 당시에 부(父)가 대한민국의 국민인 자. 2.－3.생략)을 2011년 3월 10일 국회에 제출하고 공고를 하였으며, 국회는 2011년 5월 20일 재적의원 2/3의 찬성을 얻어, 이 헌법개정안을 가결하고, 국민투표에 회부하였다. 이어서 2011년 6월 10일 실시된 국민투표에서 국회의원선거권자 과반수의 투표와 투표자 과반수의 찬성으로 이 헌법개정안은 통과되었고, 대통령은 즉시 이를 공포하였다.

〈문 1〉 위 헌법개정이 유효한지 여부에 대하여 판단하라(15).

〈문 2〉 유효하지 않다면 그에 대하여 누가 어떻게 법적으로 다툴 수 있으며, 그러한 다툼에 대하여 누가 판단할 것인지에 대하여 논하라(15).

모범답안 및 채점기준

〈문 1〉 위 헌법개정이 유효한지 여부에 대하여 판단하라(15).

Ⅰ. 헌법개정의 유효성 여부(15)

1. 헌법개정의 한계 유무(4)

(1) **부인설**: 법실증주의에 따르면 헌법의 모든 규정은 헌법개정의 절차에 따라 개정할 수 있다고 본다(1).

(2) **인정설**: 이에 반하여 Carl Schmitt의 경우에는 보다 근본적인 결단에 해당하는 헌법은 헌법개정권력이 개정할 수 없다고 보고 있으며, Hesse/ Häberle 등 통합론적 헌법학자들 역시 헌법의 동일성과 계속성을 해치는 헌법개정은 가능하지 않다고 본다(1).

(3) **사견**: 비록 실정헌법상 헌법개정의 한계에 관한 조항이 없다 하더라도 헌법의 동일성과 계속성을 해치지 않는 범위 내에서만 헌법개정이 가능하다고 보는 헌법개정의 한계 인정설이 타당하다고 본다(2).

2. 헌법개정의 한계를 유월하여 무효일 수 있는 경우(4)

헌법개정의 한계를 유월하여 무효일 수 있는 것은 다음과 같은 두 가지 경우라고 할 수 있다.

(1) **형식적 합법성의 결여**: 헌법개정을 위한 형식적 요건을 결한 경우(2)

(2) **실질적 정당성의 결여**: 국민의 정의감정의 수인한계를 넘어섰다고 할 수 있을 정도로 헌법의 핵심적 가치를 침해하는 헌법개정의 경우(2)

3. 이 사건의 경우(7)

(1) 형식적 합법성의 측면(3)

헌법 제130조 제1항에 의하면 국회는 헌법개정안이 공고된 날로부터 60일 이내에 의결하여야 하며, 국회의 의결은 재적의원 3분의 2이상의 찬성을 얻어야 한다고 규정하고 있다(1). 그러나 이 사안에서 국회는 2011년 3월 10일 공고한 지 60일이 넘은 2011년 5월 20일 헌법개정안을 의결하였으므로 이는 절차적 합법성을 위반한 것으로서 이 헌법개정안의 의결은 위헌·무효일 수밖에 없다(2).

(2) 실질적 정당성의 측면(3)

한편 출생과 더불어서 대한민국의 국적을 취득하는 경우에 대하여 부(父)가 대한민국국민인 경우만을 규정하고 있던 구 국적법 제2조 제1항에 대하여 헌법 제11조의 평등의 원칙에 위반된다고 하는 것이 헌법재판소의 판시였다(1).

이러한 판시에 위반하여 그 위헌논란을 잠재우고 과거의 위헌적 상황을 헌법적으로 고착화시키기 위하여 헌법개정을 하는 것은 정의의 수인한계를 넘어서는 것일 뿐만 아니라(2), 어머니가 대한민국 국민이며 아버지는 외국인 자녀들의 대한민국 국적을 출생과 더불어서 취득할 수 있는 국적에 관한 기본권(헌법 제2조 제1항과 제37조 제1항으로부터 도출)을 과잉하게 침해하는 것으로서 위헌이라고 할 수 있을 것이다(+2).

(3) 소결(1)

어느 모로 보나 위헌적 헌법개정으로 무효이다.

〈문 2〉 유효하지 않다면 그에 대하여 누가 어떻게 법적으로 다툴 수 있으며, 그러한 다툼에 대하여 누가 판단할 것인지에 대하여 논하라 (15).

1. 법적 권리구제가능성(7)

우선 어머니를 대한민국 국민으로 하고, 아버지를 외국인으로 하고 있는 모든 자녀들과 또한 그 자녀의 어머니들이 직접적인 당사자로서 이러한 헌법개정을 통하여 자신들의 평등권과 국적에 관한 기본권을 침해받았다고 주장하면서 헌재법 제68조 제1항에 의한 헌법소원심판을 청구할 수 있을 것이다(3).

그리고 가령 어머니만을 대한민국 국민으로 하는 외국국적자가 대한민국에 입국하였다가 강제퇴거명령을 당한 경우에, 그에 대하여 행정소송으로 다투면서, 이 헌법개정과 관련 국적법조항의 위헌여부에 대한 위헌법률심판 제청신청을 할 수 있을 것이다(2). 만일 법원이 이에 대하여 각하 또는 기각하는 경우에는 헌재법 제68조 제2항에 따른 헌법소원심판을 청구할 수 있을 것이다(2).

2. 위헌적 헌법개정에 대한 위헌소송의 재판관할(8)

이에 대하여 헌법재판소는 헌법의 개별조항은 헌법소원심판이나 위헌소원의 대상이 될 수 없다고 하여 각하하고 있다(2).

그러나 이와 같은 위헌적 헌법개정에 대해서는 결국 헌재법 제68조 제1항과 제68조 제2항에 따른 헌법소원심판을 통해 그 위헌여부에 대하여 다투어 올 것이므로, 그에 대한 심판은 당연히 헌법재판소가 관할하여 심판할 수밖에 없다(2).

우선 헌법개정의 발의와 국회의 의결 및 국민투표회부행위는 전체적으로 국가의 공권력행사에 해당하며, 그러한 공권력행사가 현행 헌법이 규정하고 있는 절차를 위반하여 당사자의 기본권을 침해하는 경우에는 그에 대한 구제를 담당할 수 있는 기관은 헌법재판소 외에 존재하지 않는다(2).

또한 행정소송 등 당해소송에서 헌법의 개별조항의 위헌여부가 재판의 전제가 된 경우에는 넓은 의미에서 "법률"개념에는 개정된 실정헌법 조항도 포함된다고 볼 수 있을 것이므로, 그에 대한 위헌제청신청을 하고 그에 대하여 기각 또는 각하되었을 경우에 헌재법 제68조 제2항에 따라 헌법소원심판을 청구할 수 있는 것이므로 그에 대한 판단은 헌법재판소가 할 수 밖에 없을 것이다(2).

참고판례

※ 국가배상법 제2조 제1항 단서 등 위헌소원

(헌재 2001. 2. 22. 2000헌바38, 판례집 13−1, 289 [합헌, 각하])(p. 7 참고할 것)

3 세법에 있어서 법률해석의 한계
- 구 조세감면규제법 제56조의2 등 -

사 례

청구인 G 주식회사는 1990년 10월 1일 구 조세감면규제법(1990. 12. 31. 법률 제4285호로 개정되기 전의 것) 제56조의2에 근거하여 한국증권거래소에 주식을 상장하는 것을 전제로 자산재평가를 실시하고 한국증권거래소에 주식 상장을 준비하였으나, 2003년 12월 31일까지 한국증권거래소에 주식을 상장하는 것이 어렵게 되자, 2003년 12월 30일 스스로 위 자산재평가를 취소하였다.

그런데 국세청은 2003년 4월 16일 구 조세감면규제법(1990. 12. 31. 법률 제4285호) 부칙 제23조 제2항(이 사건 부칙조항)에 따라 G 주식회사에 대하여 법인세, 방위세, 자산재평가세 등 부과처분(이 사건 부과처분)을 하였다.

이에 청구인은 서울행정법원에 이 사건 부과처분의 취소를 구하는 행정소송을 제기하였으나, 2005년 12월 30일 기각되었고, 그 후 서울고등법원에 항소를 제기하여 2006년 10월 12일 청구인용 판결을 받았으나, 대법원은 2008년 12월 11일 원심판결을 파기하여 서울고등법원에 위 사건을 환송하였다. 위 사건이 파기환송심에 계속 중 청구인은 구 조세감면규제법(1990. 12. 31. 법률 제4285호) 부칙 제23조에 대하여 위헌법률심판제청신청을 하였고, 2009년 5월 13일 위 신청이 기각되어 2009년 5월 25일 그 기각결정이 위 청구인에게 송달되자, 2009년 6월 22일 헌법재판소법 제68조 제2항에 의한 헌법소원심판을 청구하였다.

청구인들은 "과세관청이 이 사건 부칙조항을 적용하여 이 사건 각 부과처분을 하였는데, 구 조세감면규제법이 1993. 12. 31. 법률 제4666호로 전부 개정되면서 이 사건 부칙조항에 관하여는 경과규정도 두지 아니하였는바, 이와 같이 개정법률이 전부 개정된 경우에는 기존 법률을 폐지하고 새로운 법률을 제정한 것과 마찬가지여서 종전의 본칙은 물론 부칙규정도 모두 소멸하는 것으로 보아야 할 것이므로, 이 사건 부칙조항과 같은 종전의 법률 부칙의 경과규정도 실효되었다고 보아야 할 것이다. 그럼에도 불구하고 대법원은 2008. 11. 27. 선고 2006두19419 판결 등에서 이 사건 부칙조항이 전부 개정된 구 조세감면규제법의 시행에도 불구하고 '특별한 사정'이 있기 때문에 실효되지 않았다고 판시하였는바, 그와 같이 해석하는 한 이 사건 부칙조항은 헌법에 규정된 국회의 입법권을 침해하고 조세법률주의에 위반되는 것으로서 위헌"이라고 주장하였다.

이에 반하여 법원은 "법률이 전부 개정된 경우에는 개정 전 법률의 본칙은 물론 부칙과 그 경과 규정도 모두 폐지되는 것이 원칙이지만, 종전의 법률 부칙의 경과규정을 계속 적용한다는 별도의 규정을 두거나 그러한 명시적인 조항은 두지 않았다고 하더라도 종전의 경과규정이 계속 적용된다고 볼 특별한 사정이 있는 경우에는 위 경과규정은 실효되지 않는다. 이 사건 부칙조항은 자산재평가에 관한 특례규정인 종전 법률의 56조의2가 삭제되면서 위 규정에 따라 이미 자산재평가를 실시한 법인에 관하여 상장기한 내에 상장하지 않거나 자산재평가를 취소한 경우의 효력을 정하는 한편 그 상장기한에 대하여 대통령령에 위임하는 내용의 조항이므로, 전부 개정된 구 조세감면규제법에서 특별히 경과규정을 두지 않더라도 이미 폐지된 자산재평가 특례제도와 관련된 사항을 충분히 규율할 수 있다고 보아 별도의 경과규정을 두지 않은 것으로 보인다. 또한 그렇게 보지 않으면, 위와 같이 자산재평가를 실시한 후 상장을 하지 않은 법인에 대한 사후관리가 불가능하게 되고, 자산재평가를 실시하지 아니한 법인 또는 자산재평가 실시 후 상장기한 내에 상장을 한 법인에 비하여 합리적 이유 없이 우대를 받게 되므로 조세공평의 이념에도 반하며, 위 부칙조항에 기하여 과세하더라도 해당 법인에게 예측하지 못한 부담을 지우는 것도 아니다. 따라서 이 사건 부칙조항은 전문 개정된 구 조세감면규제법 (1993. 12. 31. 법률 제4666호)의 시행에도 불구하고 실효되지 않았다고 볼 '특별한 사정'이 있다고 할 것이며, 그러한 해석이 국회의 입법권을 침해한다거나 조세법률주의에 반하는 것이라고 보기도 어렵다"는 이유로 위헌제청신청을 기각하였다.

〈문 1〉 이 사건 헌법소원심판청구가 적법하게 이루어졌는지 여부를 판단하라(30).

〈문 2〉 이 사건 부칙조항과 관련하여 아무런 규율을 하고 있지 아니한 전문개정법률의 시행에도 불구하고 이 사건 부칙조항이 여전히 유효한 것으로 해석하는 국세청과 법원의 해석의 헌법적 문제점을 들고, 당신이 헌법재판관이라면 이 사건 헌법소원심판청구에 대하여 어떻게 판결을 할 것인지를 밝히라(50).

〈문 3〉 만일 청구인이 이 사건 헌법소원심판에서 승소하게 되는 경우, 다음 단계로 취할 수 있는 법적 조치와 그 이후의 사건의 전개가능성에 대하여 전망하라(20).

관련 법률

※ **구 조세감면규제법**(1990. 12. 31. 법률 제4285호)

부칙 제23조(기업공개시의 재평가특례에 관한 경과조치 등)

① 이 법 시행 전에 종전의 제56조의2 제1항 본문의 규정에 의하여 재평가를 한 법인에 대하여는 종전의 동조 동항 단서의 규정에 불구하고 재평가일부터 대통령령이 정하는 기간 이내에 한국증권거래소에 주식을 상장하지 아니하는 경우에 한하여 이미 행한 재평가를 자산재평가법에 의한 재평가로 보지 아니한다.

② 제1항의 규정에 의한 재평가를 한 법인이 당해 자산재평가적립금의 일부 또는 전부를 자본에 전입하지 아니한 경우에는 재평가일부터 제1항의 규정에 의한 기간 이내에 그 재평가를 취소할 수 있으며, 이 경우 당해 법인은 각 사업연도소득에 대한 법인세(가산세와 당해 법인세에 부가하여 과세되는 방위세를 포함한다)를 재계산하여 재평가를 취소한 날이 속하는 사업연도분 법인세과세표준신고와 함께 신고·납부하여야 한다.

※ **구 조세감면규제법**(1990. 12. 31. 법률 제4285호로 개정되기 전의 것)

제56조의2(기업공개시의 재평가특례)

① 증권거래법 제88조 제1항의 규정에 의하여 한국증권거래소에 처음으로 주식을 상장하고자 하는 법인은 자산재평가법 제4조 및 동법 제38조의 규정에 불구하고 매월 1일을 재평가일로 하여 자산재평가법에 의한 재평가를 할 수 있다. 다만, 재평가

를 한 법인이 재평가일로부터 2년 이내에 한국증권거래소에 주식을 상장하지 아니하는 경우에 이미 행한 재평가는 자산재평가법에 의한 재평가로 보지 아니한다.

  ② 1987년 1월 1일부터 1988년 12월 31일까지의 기간 중 한국증권거래소에 처음으로 주식을 상장하는 법인이 1989년 12월 31일까지 자산재평가법에 의한 재평가를 하는 경우에도 제1항 본문의 규정을 준용할 수 있다. 다만, 제1항 본문의 규정에 의하여 재평가를 한 법인의 경우에는 그러하지 아니하다.

  ※ **조세특례제한법 중 개정법률**(2002. 12. 11. 법률 제6762호로 개정된 것)
  법률 제4285호 조세감면규제법 중 개정법률 부칙 제23조 제1항 중 "한국증권거래소에 주식을 상장하지 아니하는 경우에"를 "주식을 한국증권거래소에 상장하지 아니하거나 한국증권업협회에 등록하지 아니하는 경우에"로 한다.

  ※ **구 자산재평가법**(1998. 4. 10. 법률 제5531호로 일부 개정되기 전의 것)
  제4조(재평가일)
  ① 이 법의 규정에 의한 재평가는 법인에 있어서는 각 사업연도 개시일, 개인에 있어서는 매년 1월 1일(이하 "재평가일"이라 한다) 현재 이를 행한다.
  ② 대통령령이 정하는 합병을 하고자 하는 법인은 매월 1일을 재평가일로 하여 재평가할 수 있다.
  제38조(재평가의 제한) 이 법이 규정에 의하여 자산을 재평가한 자는 그 재평가일을 기준으로 도매물가지수가 100분의 25 이상 증가한 경우가 아니면 다시 자산을 재평가하지 못한다. 다만, 대통령령이 정하는 합병을 하고자 하는 법인에 있어서는 그러하지 아니하다.

  ※ **구 조세감면규제법 시행령**(1990. 12. 31. 대통령령 제13202호로 개정된 것)
  제66조(기업공개시 자산재평가에 관한 특례) 법률 제4285호 조세감면규제법 중 개정법률 부칙 제23조 제1항에서 "대통령령이 정하는 기간"이라 함은 5년을 말한다.

  ※ **구 조세감면규제법 시행령**(1993. 12. 31. 대통령령 제14084호로 전문개정된 것)
  제109조(기업공개시 자산재평가에 관한 특례) 법률 제4285호 조세감면규제법 중 개정법률 부칙 제23조 제1항에서 "대통령령이 정하는 기간"이라 함은 8년을 말한다.

  ※ **구 조세감면규제법 시행령**(1996. 12. 31. 대통령령 제15197호로 개정된 것)
  제109조(기업공개시 자산재평가에 관한 특례) 법률 제4285호 조세감면규제법 중

개정법률 부칙 제23조 제1항에서 "대통령령이 정하는 기간"이라 함은 10년을 말한다.

※ **구 조세특례제한법 시행령**(1998. 12. 31. 대통령령 제15976호로 법령명이 조세특례제한법 시행령으로 변경되어 전문개정된 것)

제138조(기업공개시 자산재평가에 관한 특례) 법률 제4285호 조세감면규제법 중 개정법률 부칙 제23조 제1항에서 "대통령령이 정하는 기간"이라 함은 11년을 말한다.

※ **구 조세특례제한법 시행령**(2000. 1. 10. 대통령령 제16693호로 개정된 것)

제138조(기업공개시 자산재평가에 관한 특례) 법률 제4285호 조세감면규제법 중 개정법률 부칙 제23조 제1항에서 "대통령령이 정하는 기간"이라 함은 13년을 말한다.

※ **조세특례제한법 시행령**(2001. 12. 31. 대통령령 제17458호로 개정된 것)

제138조(기업공개시 자산재평가에 관한 특례) 법률 제4285호 조세감면규제법 중 개정법률 부칙 제23조 제1항에서 "대통령령이 정하는 기간"이라 함은 2003년 12월 31일까지의 기간을 말한다.

모범답안 및 채점기준

〈문 1〉 이 사건 헌법소원심판청구가 적법하게 이루어졌는지 여부를 판단하라(30).

I. 심판청구의 적법요건(30)

헌법재판소법 제68조 제2항에 따른 헌법소원심판청구가 적법하기 위해서는 다음의 요건을 충족하여야 한다.

1. 위헌제청신청의 기각결정(2)

청구인은 구 조세감면규제법(1990. 12. 31. 법률 제4285호) 부칙 제23조 제2항에 따른 국세청의 부과처분의 취소를 구하는 소송을 제기하였으나, 2008년 12월 11일 대법원이 원심을 파기하고 위 사건을 서울고등법원에 환송하였다. 청구인은 위 사건 파기환송심 계속 중 이 사건 법률 부칙 제23조에 대하여 위헌법률심판제청신청을 하였으나 동 신청은 2009년 5월 13일 기각되었다.

2. 재판의 전제성(8)

(1) 재판의 전제성 요건(4)

헌법재판소법 제68조 제2항에 따른 헌법소원심판청구가 적법하기 위해서는 재판의 전제성 요건을 갖추어야 하는데 그 구체적 내용은 다음과 같다.

(가) 재판이 계속중이거나 계속중이었을 것

(나) 해당 법률조항이 당해사건에 적용되는 것일 것

(다) 법률의 위헌여부에 따라 재판의 주문이 달라지거나 혹은 재판의 내용과 효력에 관한 법률적 의미가 달라지는 것일 것

(2) 이 사건의 경우(4)

이 사건의 경우 법률에 대한 전문개정으로 부칙조항 자체가 효력을 상실하였다고 볼 수 있으나, 특별한 사정이 있는 경우 동 조항이 여전히 유효한 것으로 보는 법원의 해석 자체의 위헌여부가 문제가 되고 있으므로, 기존 사안들과는 약간의 차이를 보이고 있다. 당해사건에서는 유효하다고 간주된 법률조항 자체가 여전히 유효한지, 그리고 헌법에 위반되는지 여부에 따라 법인세부과처분에 관한 재판의 결론이 달라질 수 있다고 할 수 있으므로, 재판의 전제성이 인정된다.

3. 대리인 선임(5)

사안에서는 분명하게 드러나지 않고 있으나 변호사를 대리인으로 선임하였다면 적법하며, 만일 변호사를 선임할 경제적 능력이 없는 경우 무자력을 소명하여 국선대리인 선임신청을 하면 되므로 이 요건은 그와 같이 해결할 수 있을 것이다.

4. 청구기간(5)

헌재법 제68조 제2항에 따른 헌법소원의 청구기간은 기각결정이 송달된 날로부터 30일 이내(헌재법 제69조 제2항)이다. 기각결정은 2009년 5월 25일 송달되었고, 헌법소원심판은 2009년 6월 22일 청구하였으므로 30일 내의 조건을 충족한다.

5. 한정위헌청구의 적법여부(10)

(1) 헌재 판례의 견해(5)

기존의 판례에 따르면 한정위헌을 구하는 헌법소원은 원칙적으로 적법하지 않으나, 전체적으로 보아 법률의 위헌여부를 구하는 헌법소원으로 이해될 수 있을 때, 예외적으로 그 적법성을 인정할 수 있을 것이다(2). 그러나 변경된 판례에 따르면, 한정위헌을 구하는 헌법소원은 원칙적으로 가능하다. 다만 개별 구체적 사건에서 단순히 법률조항의 포섭이나 적용의 문제를 다투거나 의미 있는 헌법 문제에 대한 주장 없이 단지 재판결과를 다투는 헌법소원 심판청구는 여전히 허용되지 않는다(헌재 2012. 12. 22. 2011헌바117)(3).

(2) 이 사건의 경우(5)

이 사안은 종래의 한정위헌청구와는 다른 특수성을 보이고 있다. 즉 종래의 한정위헌청구는 유효한 법률의 일정한 해석이 위헌이라고 주장을 하면서 그러한 해석 하에 문제되는 법률이 위헌임을 구하는 것이었다면, 이 사건에서는 이미 전문 개정으로 실효된 부칙조항이 "특별한 사정"이 있는 경우에는 여전히 유효한 것으로 해석하여 재판규범으로 적용하는 것이 헌법에 위반된다고 하는 주장을 하면서 그러한 전제하에 동 부칙조항의 위헌을 구한다는 데에 특수성이 있다(이 부분을 언급하면 +3 범위 내에서 가점).

이러한 유형의 청구는 종래의 한정위헌청구와는 구별되는 해석위헌청구라고 할 수 있으며, 법원이 이와 같이 해석을 통하여 실효된 법률의 효력을 여전히 유지하면서 사실상 입법 작용을 함과 동시에 그러한 법률조항과 법원의 입법 작용이 당사자의 기본권을 침해하거나 헌법에 반한다고 할 수 있을 경우, 헌법재판소는 역시 예외적으로 그 법률의 위헌여부를 구하는 것으로 보아 예외적으로 적법하다고 보아야 할 것이다{방승주, 헌법재판소의 2012. 5. 31. 2009헌바123·126(병합) 구 조세감면규제법 부칙 제23조 위헌소원 결정을 둘러싼 헌법소송법적 쟁점에 대한 검토, 헌법실무연구 제13권(2012), 592, 602}.

헌법재판소의 변경된 판례에 의할 경우 단순한 법률조항의 포섭·적용의 문제이거나 헌법문제에 대한 주장이 없이 단순히 재판결과를 다투는 경우가 아니라면 한정위헌청구는 원칙적으로 가능하다고 본 바, 이러한 기준에 의한다고 할 경우에도 이러한 헌법소원청구는 가능하다고 보아야 할 것이다. 따라서 이 사건 해석위헌청구는 적법하여 본안판단으로 넘겨주어야 할 것이다.

〈문 2〉 당신이 헌법재판관이라면 이 사건 헌법소원심판청구에 대하여 어
떻게 판결을 할 것인지를 밝히라(50).

Ⅰ. 쟁점의 정리(5)

청구인은 전문 개정되어 이미 없어진 구법의 부칙조항이 특별한 사정이 있
는 경우 실효되지 않았다고 하는 전제하에 그 부칙조항에 따라 과세처분을 하고
이러한 처분이 유효하다고 하는 판결이 국회의 입법권을 침해하고 조세법률주의
에 위반된다고 주장하고 있다. 그러므로 전문 개정된 구법의 부칙조항이 특별한
사정이 있는 경우 여전히 유효하다고 보아 재판규범으로 삼은 해석이 헌법에 위
반되는지 여부이다.

Ⅱ. 본안판단(40)

1. 관련되는 기본권과 헌법원칙(5)

여기에서 청구인에게 관련되는 기본권은 재산권이라고 할 수 있으며, 또한
법원의 해석이 법관의 법률에 대한 해석의 한계를 넘어서 일종의 입법 작용으로
서 국회의 입법권을 침해하고 조세법률주의(법률유보)에 위반되는지 여부가 문
제된다고 할 수 있다. 여기에서는 후자의 문제가 중심적이며 그 결론 여하에 따
라 재산권침해여부가 결정될 것이므로 후자의 문제를 중심으로 다루기로 한다.

2. 조세법률주의(법률유보)의 위반여부(30)

(1) 조세법률주의의 의의 및 보호영역(8)

헌법 제59조는 조세의 종목과 세율은 법률로 정하여야 한다고 함으로써 소
위 조세법률주의를 규정하고 있다. 조세법률주의란 국가가 과세권을 행사함에
있어서는 반드시 법률에 근거하여야 한다고 하는 것으로서 과세의 기준이 되는
요건이 법률에 규정되어 있어야 한다고 하는 과세요건법정주의와 또한 그 요건
이 불명확해서는 안된다고 하는 의미에서 과세요건명확주의를 그 요소로 한다고

할 수 있다. 결국 이 조세법률주의는 헌법 제37조 제2항에 담겨있는 법률유보의 원칙이 과세영역에 구체화되어 나타난 소위 특별한 법률유보원칙의 하나라고 할 수 있을 것이다.

(2) 법률유보와 의회유보(2)

법률유보란 국민의 기본권을 제한하기 위해서는 형식적 입법자인 국회가 제정한 법률에 그 근거가 있어야 한다는 원칙을 말하는 것이고, 이는 법치국가원리의 내용 중 하나라고 할 수 있다. 그러나 그렇다고 하여 모든 사항을 국회가 다 제정할 수는 없기 때문에 일정한 사항에 대하여는 행정입법으로 위임을 할 수 있으며, 또한 그러한 필요성도 인정할 수 있기 때문에, 오늘날 법률유보의 원칙은 행정입법으로의 위임을 완전히 금지하는 것은 아니다.

다만 국민의 기본권과 관련된 입법의 본질적인 내용은 반드시 형식적인 입법자인 국회가 스스로 규정해야 한다는 원칙이 바로 의회유보이고 의회입법의 원칙인 바, 그러한 본질적인 내용은 행정부의 입법사항으로 위임해서는 안된다고 하는 위임금지를 의미하는 것이다.

(3) 법관의 법률해석의 한계와 이 사안에 대한 적용(20)

이 사건 구 조세감면규제법 부칙 제23조는 자산재평가에 관한 특례규정인 종전 법률의 제56조의2가 삭제되면서 위 규정에 따라 이미 자산재평가를 실시한 법인에 관하여 상장기한 내에 상장하지 않거나 자산재평가를 취소한 경우의 효력을 정하는 한편 그 상장기한에 대하여 대통령령에 위임하는 내용의 조항이다(4).

그런데 입법자는 이 법에 대하여 전문개정을 하면서 바로 이 부칙조항을 계속 규정하는 것을 누락시켰다. 그럼에도 불구하고 대통령령은 구법의 부칙조항이 여전히 유효하다고 하는 전제 하에 상장기한을 연장하는 규정을 두어 왔다. 법원은 만일 이 사건 부칙조항이 없다고 한다면, 자산재평가를 실시한 후 상장을 하지 않은 법인에 대한 사후관리가 불가능하게 되고, 자산재평가를 실시하지 아니한 법인 또는 자산재평가 실시 후 상장기한 내에 상장을 한 법인에 비하여 합리적 이유 없이 우대를 받게 되므로 조세공평의 이념에도 반하며, 위 부칙조항에 기하여 과세하더라도 해당 법인에게 예측하지 못한 부담을 지우는 것도 아니라는 이유로, 구법의 부칙조항이 실효되지 않았다고 볼 "특별한 사정"이 있다고 보아 과세처분의 유효성을 인정하였다(4).

그러나 조세와 형벌과 같이 국민에 대한 침해적인 영역에 있어서 법률유보의 원칙은 다른 어떤 영역보다 더욱 엄격하게 요구된다고 할 수 있다. 만일 입법자가 의도적이든 실수로이든 과세요건이나 형벌구성요건과 관련된 조항을 삭제하거나 누락하였음에도 불구하고 법관이 법해석을 통하여 과거에 규정되어 있었던 과세요건조항이나 형벌구성요건을 계속 유효하다고 간주하고 적용을 하였다면, 이는 법관의 법해석의 한계를 넘어서는 일종의 입법작용에 해당한다고 할 수 있을 것이다(4).

이 문제에 대한 해결은 오히려 과세요건의 흠결을 이유로 과세처분을 취소하는 결정을 내리는 것이 법관의 법해석의 한계를 지키는 것이며, 만일 그와 같이 했다면 입법자는 신속히 입법보충 작용을 통해서 과거의 과세요건과 관련된 사항에 관한 경과규정을 마련할 수 있었을 것이다. 그와 같이 국회를 통한 입법보충이 선행되어야 하고, 과세관청이나 법관은 그러한 법률적 근거에 따라서 법을 적용하여야 할 것이다(4).

그럼에도 불구하고 이 사건에서 과세관청과 법원은 특별한 사정이 있는 경우를 들면서 이와 같은 경우에 구법 부칙조항이 여전히 실효하지 않는다고 보고서 과세를 인정하였는바, 이것은 조세법률주의와 법률유보원칙을 포함하는 법치국가원리에 정면으로 위배되는 해석이라고 할 수 있으며, 나아가 입법권은 국회에 속한다고 하는 헌법 제40조에 정면으로 위반된다고 할 수 있다(4).

3. 재산권 침해여부(5)

법률적 근거, 즉 과세요건이 흠결되어 있는 상황에서 법해석의 한계를 넘어선 과세관청과 법원의 법해석을 통한 과세는 결국 청구인의 헌법 제23조 제1항에 따라 인정되는 재산권을 ─목적의 정당성, 방법의 적정성, 침해의 최소성, 법익의 균형성 등을 자세하게 검토하지 않는다 하더라도─ 과잉하게 침해하여 헌법에 위반된다고 할 수 있을 것이다.

Ⅲ. 결   론(5)

특별한 사정이 있는 경우에 구법 부칙조항이 실효되지 않는다고 하는 법해석은 헌법 제40조에 위반되며, 또한 헌법 제37조 제2항의 법률유보원칙과 그리고 헌법 제59조의 조세법률주의에 위반되어 위헌이다.

〈문 3〉 이 사건 헌법소원심판에서 승소하는 경우, 그 이후 취할 법적 조치와 사건의 전개가능성에 대하여 전망하라(20).

Ⅰ. 법원에 재심청구(5)

청구인은 헌재법 제75조 제7항에 따라 이 사건 헌법소원심판청구가 인용되었으므로, 법원에 재심을 청구할 수 있다.

Ⅱ. 사건의 전개가능성(15)

1. 법원의 기각결정(5)

대법원은 95누11405와 95재다14 판결 이래로 헌법재판소의 한정위헌결정의 기속력을 부인하면서 한정위헌결정은 헌재법 제75조 제7항이 규정하고 있는 "헌법소원이 인용된 경우"에 해당되지 않는다고 보고 있으므로, 재심청구를 기각할 것이 틀림없고 실제로 그러한바 있다(대법원 2013. 3. 28. 선고 2012재두299 판결).

2. 법원의 재판에 대한 헌법소원심판청구(10)

이와 같이 대법원이 재심청구를 기각할 경우에 청구인은 동 재판에 대하여 헌재법 제68조 제1항에 따른 헌법소원심판을 청구할 수 있을 것이다(3). 헌법재판소의 1997. 12. 24. 96헌마172 결정에 의하면 헌재가 위헌으로 결정한 법령을 적용하여 국민의 기본권을 침해한 재판은 예외적으로 헌법소원의 대상이 될 수 있다고 하였다(3). 이 사건의 경우 바로 이와 같이 예외적으로 재판소원의 대상이 될 수 있는 재판에 해당한다고 할 수 있다(실제로 현재 이 사건 재심기각결정에 대한 취소를 구하는 헌법소원이 헌법재판소에 계류되어 있다)(4).

참고판례

※ 구 조세감면규제법 부칙 제23조 위헌소원
(헌재 2012. 5. 31. 2009헌바123 등, 판례집 24-1하, 281[한정위헌]).

※ 구 조세감면규제법 제56조의2 제1항 등 위헌소원
(헌재 2012. 7. 26. 2009헌바35 등, 판례집 24-2상, 7[한정위헌]).

※ 대법원 2013. 3. 28. 선고 2012재두299 판결, 법인세부과처분취소, 공 2013상, 779.

4 형벌조항에 대한 유추적용과 죄형법정주의

  모 대학교수인 甲은 2008년 3월부터 2010년 2월까지 지방자치단체 산하 재해영향평가 심의위원으로 활동하면서 용역업체로부터 금품을 수수한 혐의(특정범죄가중처벌법상 뇌물죄)로 기소되어 2010년 8월 5일 제1심 법원에서 징역 2년의 실형을 선고받았다.

  甲은 이에 불복하여 A고등법원에 항소하였으며, 자신은 공무원이 아님에도 불구하고 공무원에 대하여 적용되는 특정범죄가중처벌 등에 관한 법률 제2조 제1항(이하 '이 사건 법률조항'이라 함)에 따라 가중처벌을 하는 것은 위헌이라고 주장을 하면서, 재판부에 동 조항에 대하여 헌법재판소에 위헌법률심판을 제청해 줄 것을 신청하였으나, 2011년 5월 30일 이 신청이 기각되었다. 뿐만 아니라 동 법원은 "수뢰죄의 주체인 공무원에 해당하는지의 여부는 담당자의 주된 신분에 의하여만 결정될 것이 아니라 담당하는 업무의 공정성 등이 보호될 필요가 있는가에 따라 결정되어야 한다"(대법원 2002. 11. 22. 선고 2000도4593)는 종래의 대법원의 확립된 판례에 따라서 甲에 대한 가중처벌의 필요성을 그대로 인정하고, 2011년 12월 5일 항소 역시 기각하였다.

이에 甲은 헌법재판소법 제68조 제2항에 따라 이 사건 법률 조항을 근거로 자신이 공무원이 아님에도 불구하고 공무원에 포함시켜서 가중처벌을 하는 것은 위헌이라고 주장을 하면서 변호사 홍길동을 선임하여 2011년 6월 20일 이 사건 헌법소원심판을 청구하였다.

〈문 1〉 청구인 갑의 헌법소원심판 청구가 과연 적법한 요건을 갖추었는지 여부에 대하여 판단하라(30).

〈문 2〉 대법원과 같이 공무원이 아니더라도 담당하는 업무의 공정성 등이 보호될 필요가 있는가에 따라 공무원의 범위를 확대하여 가중처벌하는 것의 위헌 여부에 대하여 판단하라(50).

〈문 3〉 만일 당신이 청구인의 대리인으로서 이 사건 헌법소원심판 청구에서 승소를 하였다면 그 이후에 어떠한 절차를 밟을 것인지 그리고 그 이후의 사건의 전개가능성에 대하여 전망하라(20).

관련 법률

※ **특정범죄가중처벌 등에 관한 법률**(2007. 12. 21. 법률 제8727호로 개정된 것)
제2조(뇌물죄의 가중처벌)

① 형법 제129조·제130조 또는 제132조에 규정된 죄를 범한 자는 그 수수·요구 또는 약속한 뇌물의 가액(이하 본조에서 "수뢰액"이라 한다)에 따라 다음과 같이 가중처벌한다. ＜개정 1980. 12. 18, 1990. 12. 31, 2005. 12. 29＞
1. 수뢰액이 1억원 이상인 때에는 무기 또는 10년 이상의 징역에 처한다.
2. 수뢰액이 5천만원 이상 1억원 미만인 때에는 7년 이상의 유기징역에 처한다.
3. 수뢰액이 3천만원 이상 5천만원 미만인 때에는 5년 이상의 유기징역에 처한다.

※ **형법 제129조**(수뢰, 사전수뢰)

① 공무원 또는 중재인이 그 직무에 관하여 뇌물을 수수, 요구 또는 약속한 때에는 5년 이하의 징역 또는 10년 이하의 자격정지에 처한다.

② 공무원 또는 중재인이 될 자가 그 담당할 직무에 관하여 청탁을 받고 뇌물을 수수, 요구 또는 약속한 후 공무원 또는 중재인이 된 때에는 3년 이하의 징역 또는 7년

이하의 자격정지에 처한다.

※ **형법 제130조**(제삼자뇌물제공)

공무원 또는 중재인이 그 직무에 관하여 부정한 청탁을 받고 제3자에게 뇌물을 공여하게 하거나 공여를 요구 또는 약속한 때에는 5년 이하의 징역 또는 10년 이하의 자격정지에 처한다.

※ **형법 제132조**(알선수뢰)

공무원이 그 지위를 이용하여 다른 공무원의 직무에 속한 사항의 알선에 관하여 뇌물을 수수, 요구 또는 약속한 때에는 3년 이하의 징역 또는 7년 이하의 자격정지에 처한다.

모범답안 및 채점기준

〈문 1〉 청구인 갑의 헌법소원심판 청구가 과연 적법한 요건을 갖추었는지 여부에 대하여 판단하라(30).

1. 위헌제청신청의 기각결정(2)

청구인은 특정범죄가중처벌법상 뇌물죄로 기소되어 2010년 8월 5일 제1심 법원에서 징역 2년의 실형을 선고받고, A고등법원에 항소하였다. 항소 소송계속 중 공무원에 대하여 적용되는 특정범죄가중처벌 등에 관한 법률 제2조 제1항에 대한 위헌법률심판제청을 신청하였으나 동 법원이 2011년 5월 30일에 기각하였다.

2. 재판의 전제성(8)

(1) 재판의 전제성 요건

헌법재판소법 제68조 제2항에 따른 헌법소원심판청구가 적법하기 위해서는 재판의 전제성 요건을 갖추어야 하는데 그 구체적 내용은 다음과 같다.

(가) 재판이 계속중이거나 계속중이었을 것

(나) 해당 법률조항이 당해사건에 적용되는 것일 것

(다) 법률의 위헌여부에 따라 재판의 주문이 달라지거나 혹은 재판의 내용과 효력에 관한 법률적 의미가 달라지는 것일 것

(2) 이 사건의 경우(2)

이 사건 헌법소원은 항소심 계속중에 청구되었고, 이 사건 법률조항의 공무원에 청구인과 같은 재해영향평가 심의위원도 포함되는지 해석여하에 따라 재판의 결과가 달라진다 할 수 있다. 따라서 이 사건 헌법소원은 재판의 전제성 요건을 충족하였다.

3. 한정위헌청구의 적법여부(10)

원칙적으로 부적법하지만 법률조항의 불명확성을 주장하거나 또는 일정한 해석이 법원에 의하여 집적된 경우, 그 밖의 경우로 해당 조항의 위헌을 다투는 것으로 선해할 수 있을 경우에는 적법하다고 하는 것이 헌재의 과거 판례이다. 2012. 12. 27, 2011헌바117 결정에서부터 판례를 변경하여 한정위헌청구도 원칙적으로 적법하다고 보았다. 다만 개별 구체적 사건에서 단순히 법률조항의 포섭이나 적용의 문제를 다투거나, 의미 있는 헌법문제에 대한 주장없이 단지 재판결과를 다투는 헌법소원심판청구는 여전히 허용되지 않는다고 보았다.

이 사건의 경우 해당 조항의 위헌여부를 다투는 것으로 볼 수 있어 적법하다.

※ 참고판례
2012. 12. 27. 2011헌바117 결정에서 명시적으로 판례 변경됨: 한정위헌청구는 원칙적으로 적법.

4. 청구기간(5)

기각결정이 통지된 날로부터 30일 내에 헌법소원심판을 청구하였으므로 청구기간은 적법하다.

5. 대리인 선임: 적법(3)

변호사 홍길동을 대리인으로 선임하였으므로 이 요건도 적법하다.

6. 소결: 적법(2)

결론적으로 모든 요건을 갖추었으므로 이 사건 헌법소원심판청구는 적법하다.

〈문 2〉 공무원의 범위를 확대하여 가중처벌하는 것의 위헌여부(50)

Ⅰ. 관련되는 기본권과 원칙(2)

공무원의 범위를 확대 유추적용하여 가중처벌하는 것은 헌법상 죄형법정주의의 원칙과 신체의 자유와 관련된다.

Ⅱ. 신체의 자유의 침해 여부(20)

1. 신체의 자유의 보호영역(5)

신체의 자유는 국가권력에 의하여 신체적 거동의 임의성을 방해받지 아니할 자유라고 할 수 있다. 우리 헌법 제12조와 제13조에서 신체의 자유를 보장하고 있는 바, 법률과 적법한 절차에 의하지 아니하고 체포·구금·수색·압수 등을 당하지 아니할 자유를 포함한다.

2. 제한(5)

이러한 신체적 거동의 임의성을 해치는 모든 국가작용은 신체의 자유에 대한 제한이라고 할 수 있다. 국민의 일정한 행위에 대하여 과도한 형벌을 부과하는 경우에도 역시 신체의 자유에 대한 제한을 초래할 수 있다. 그리고 공무원에 해당되지 아니함에도 불구하고 형벌조항에 대한 유추에 의하여 심의위원회 위원을 공무원에 포함시켜 가중처벌한다면 이 역시 신체의 자유에 대한 제한에 해당된다고 할 수 있다.

3. 제한의 정당화: 과잉금지의 원칙 적용(10)

이 사건에서는 공무원의제규정이 없고, 당사자가 이 사건 법률조항상의 공무원이라고 할 수 없음에도 불구하고 공무원의 개념에 포함시켜 가중처벌하는 것의 과잉금지원칙 위반여부가 문제된다.

(1) 목적의 정당성

법률에 공무원에 대한 정의규정이 없으나, 일정한 범위에 속하는 사람들에 대하여 공무원으로 의제하여 청렴성과 직무의 불가매수성을 지키고자 하는 것이 공무원개념의 확대해석과 유추의 목적이라고 한다면 이러한 목적의 정당성은 일응 인정될 수 있다.

(2) 방법의 적정성

공무원에 대한 의제규정이 없음에도 불구하고 심의위원회 위원 등을 공무원에 포함시켜 뇌물죄의 적용대상에 포함시킨다면 공직사회의 청렴성과 직무의 불가매수성을 달성할 수 있으므로 방법의 적정성은 인정된다.

(3) 침해의 최소성

침해의 최소성은 기본권제한에 있어서 덜 침해적인 수단이 있다면 그 수단을 선택해야 한다는 원칙이다. 그런데 공무원의제조항이 없음에도 불구하고 형벌조항의 유추적용금지원칙에도 불구하고 일정 범위의 사람들을 공무원으로 의제하여 유추적용하는 방법을 취한다면 법률로 명시적으로 처벌의사를 밝히는 방법이 있음에도 불구하고, 명백한 법률적 처벌의사의 확인이 없이 법률해석에 의한 방법으로 가중처벌을 하는 것이므로 침해의 최소성의 원칙을 충족하기 힘들다고 할 것이다.

(4) 법익의 균형성

공직사회의 청렴성과 불가매수성이라고 하는 목적은 나름대로 중요하기는 하지만 그러한 목적은 상당히 추상적이라고 할 수 있는 데 반하여, 법률없이는 형벌없다고 하는 죄형법정주의와 신체의 자유의 법익의 중요성은 법치국가에서 매우 중요할 뿐만 아니라, 그 원리와 권리가 침해될 경우 침해의 심각성이 크므로 법익의 균형성을 갖추었다고 할 수 없다.

(5) 소결

그러므로 이 사건 유추적용을 통하여 심의위원회 위원을 특정범죄가중처벌법상 공무원 개념에 포함시켜 가중처벌하는 것은 과잉한 처벌에 해당하여 청구인의 신체의 자유를 침해한다.

Ⅲ. 죄형법정주의 위반 여부: 유추적용금지(28)

1. 쟁점(3)

공무원의 의제규정이 없음에도 불구하고 청구인과 같은 사인을 공무원으로 간주하여 공무원의 개념을 확대해석하여 유추적용하는 것은 헌법 제13조 제1항의 죄형법정주의에 위반될 수 있다.

2. 형벌조항의 유추적용의 위헌성(5)

형벌조항은 헌법상 규정된 죄형법정주의 원칙상 입법목적이나 입법자의 의도를 감안한 유추적용이 일체 금지되고 법률조항의 문언의 의미를 엄격하게 해석하여야 하는바, 유추적용을 통하여 형벌법규의 적용범위를 확대하는 것은 '법관에 의한 범죄구성요건의 창설'에 해당하여 죄형법정주의 원칙에 위반된다.

3. 이 사건 법률조항의 공무원 개념(5)

공무원 개념의 문리적 해석이나 일상에서의 사용례, 국가공무원법 및 지방공무원법에서 공무원의 종류와 범위가 명백하게 규정된 점, 그리고 죄형법정주의 원칙에 따라 그 의미를 엄격하게 해석하여야 하는 점에 비추어 볼 때, 이 사건 법률조항의 '공무원'은 국가공무원법, 지방공무원법에 따른 공무원이나 다른 법률에 따라 이 사건 법률조항의 공무원으로 간주되는 사람으로 해석된다.

4. 형벌법규에서 독자적 공무원 개념을 사용하기 위한 요건(5)

형벌법규에 있어 독자적인 공무원 개념을 사용하기 위해서는 법률에 명시하는 것이 일반적 입법례인데, 우리의 경우에는 구 형법의 공무원 개념규정을 형법 제정 당시 두지 않았고, 국가공무원법, 지방공무원법에 의한 공무원이 아니라고 하더라도 국가나 지방자치단체의 사무에 관여하거나 공공성이 높은 직무를 담당하여 청렴성과 직무의 불가매수성이 요구되는 경우에, 개별 법률에 '공무원 의제' 조항을 두어 공무원과 마찬가지로 뇌물죄로 처벌하거나, 특별규정을 두어 처벌하고 있다.

5. 법원 실무의 헌법적 문제점(5)

그런데 법원은 국가공무원법이나 지방공무원법에 따른 공무원이 아님에도 법령에 기하여 공무에 종사한다는 이유로 공무원 의제규정이 없는 사안을 이 사건 법률조항의 공무원에 포함된다고 해석하여 왔는바, 이는 결국 처벌의 필요성만을 지나치게 강조하여 범죄와 형벌에 대한 규정이 없음에도 구성요건을 확대한 것으로 죄형법정주의와 조화될 수 없다.

6. 소결(결론이 나오면 5)

따라서 이 사건 법률조항의 '공무원'에 국가공무원법, 지방공무원법에 따른 공무원이 아니고 공무원으로 간주되는 사람이 아닌 심의위원회 위원이 포함된다고 해석하는 것은 법률해석의 한계를 넘은 것으로서 죄형법정주의원칙에 위반된다.

※ 합헌론의 입장

다만 합헌론의 입장에서 같은 논리로 심사를 하였으나 결론에 있어서는 이와 같은 해석이 정당한 법문의 가능한 의미의 범위 내에 머무는 것으로서 위헌이 아니라고 보는 입장의 경우도 어느 정도 점수를 감안하여 주기로 함(가령 2012. 12. 27. 2011헌바117사건의 합헌의견).

(쟁점과 논리적 전개가 충분하나 결론만 합헌인 경우: 위헌론과 마찬가지 배점)

〈문 3〉 승소이후의 절차 및 그 이후의 사건 전개가능성 전망(20)

I. 재심청구의 가능성(10)

헌법소원이 인용되는 경우 헌재법 제75조 제7항에 따라 재심을 청구하여야 할 것이나(5), 법원으로서는 이 사건 한정위헌결정은 법률의 해석에 대한 위헌결정으로서 기속력이 없다고 하면서 이와 같은 한정위헌결정은 헌재법 제75조 제7항에 따라 '헌법소원이 인용된 경우'에 해당하지 않는다는 이유로 재심을 기각할 것이다(5).

II. 헌법소원심판청구(10)

그렇다면 청구인은 대법원의 재심기각결정과(3), 헌재법 제68조 제1항의 "재판을 제외하고는"부분(3), 헌재법 제75조 제7항(특히 "헌법소원이 인용된 경우" 부분)(3)의 위헌을 주장하면서 헌재법 제68조 제1항에 따른 헌법소원심판을 청구할 수 있을 것이다(1).

※ 구 특정범죄 가중처벌 등에 관한 법률 제2조 제1항 위헌소원 등
(헌재 2012. 12. 27. 2011헌바117, 판례집 24-2하, 387, 413 [한정위헌])

[재판관 이진성, 재판관 김창종, 재판관 강일원의 반대의견]
    "우리 헌법과 법령에서 사용하는 '공무원'이라는 용어는 개별 규정의 입법취지나
목적에 따라 다른 범위로 해석되고 있으므로 우리 법상 공무원의 개념이 국가공무
원법과 지방공무원법에서 정한 공무원이라고 한정된다고 보기 어렵고, 개별법의 영
역에서 각 특성에 따라 달리 정해진다고 볼 것이다.
    따라서 형벌법규에 있어서도 형법 고유의 판단에 따라 뇌물죄의 주체로서 공무원
을 해석할 수 있고, 국가공무원법·지방공무원법에 따른 공무원이나 다른 법률에 따
라 이 사건 법률조항의 공무원으로 간주되는 사람 이외의 사람이라 하더라도 국가
또는 지방자치단체, 이에 준하는 공법인의 사무에 종사한다면 그러한 공무의 공정
성이나 불가배수성 역시 보호되어야 하므로 뇌물죄의 주체인 공무원의 개념에 포섭
될 수 있다고 볼 수 있다. 이는 법률조항의 가능한 문언의 의미 내에서 입법자의 입
법목적이나 입법의도를 고려한 해석·적용으로서, 법원의 정당한 법해석 범위를 벗
어난 것이 아니므로 죄형법정주의에서 금지하고 있는 유추적용(또는 유추해석)에
해당하지 아니한다."

5 전기통신기본법 제47조 제1항과 표현의 자유

사 례

　　A는 2008년 7월 30일경 인터넷포털 사이트 다음(Daum)의 '아고라' 경제토론방에 '미네르바'라는 필명으로 당시 외환상황, 정부의 경제 정책실시 등과 관련한 허위 내용의 글을 작성, 게시하여 10만명 이상이 열람하도록 함으로써 정부의 환율정책 수행을 방해하고 우리나라 대외신인도를 저하시키는 등 공익을 해할 목적으로 전기통신설비에 의하여 공연히 허위의 통신을 하였다는 이유로 당시 전기통신기본법 제47조 제1항 혐의로 기소되었고 1심 재판 계속 중 위 법률조항에 대하여 위헌법률심판제청신청을 하였다. 법원은 2009년 4월 20일 위 청구인에 대하여 무죄판결을 선고하면서 위 신청을 기각하였는데, 검사가 이에 불복하여 항소하자, A는 2009년 5월 14일 위 법률조항이 자신의 행복추구권, 언론·출판의 자유, 학문의 자유, 인간다운 생활을 할 권리 등 기본권을 침해한다고 하면서 그 위헌확인을 구하는 헌법소원 심판을 청구하였다.

〈문〉 청구인 A의 이 사건 헌법소원심판청구에 대하여 판단하라(100).

관련 법률

※ **전기통신기본법**(1996. 12. 30. 법률 제5219호로 개정된 것)

제1조(목적) 이 법은 전기통신에 관한 기본적인 사항을 정하여 전기통신을 효율적으로 관리하고 그 발전을 촉진함으로써 공공복리의 증진에 이바지함을 목적으로 한다.

제2조(정의) 이 법에서 사용하는 용어의 정의는 다음과 같다.

1. "전기통신"이라 함은 유선·무선·광선 및 기타의 전자적 방식에 의하여 부호·문언·음향 또는 영상을 송신하거나 수신하는 것을 말한다.

2. "전기통신설비"라 함은 전기통신을 하기 위한 기계·기구·선로 기타 전기통신에 필요한 설비를 말한다.

3.~8. (생략)

제47조(벌칙)

① 공익을 해할 목적으로 전기통신설비에 의하여 공연히 허위의 통신을 한 자는 5년 이하의 징역 또는 5천만 원 이하의 벌금에 처한다.

② 자기 또는 타인에게 이익을 주거나 타인에게 손해를 가할 목적으로 전기통신설비에 의하여 공연히 허위의 통신을 한 자는 3년 이하의 징역 또는 3천만 원 이하의 벌금에 처한다.

③ 제2항의 경우에 그 허위의 통신이 전신환에 관한 것인 때에는 5년 이하의 징역 또는 5천만 원 이하의 벌금에 처한다.

④ 전기통신업무에 종사하는 자가 제1항 또는 제3항의 행위를 한 때에는 10년 이하의 징역 또는 1억 원 이하의 벌금에 처하고, 제2항의 행위를 한 때에는 5년 이하의 징역 또는 5천만 원 이하의 벌금에 처한다.

모범답안 및 채점기준

〈문〉 이 사건 헌법소원심판청구에 대하여 판단하라(100).

Ⅰ. 문제의 소재(5)

이 사건은 공익을 해할 목적으로 전기통신설비에 의하여 공연히 허위의 통신을 한 자는 5년 이하의 징역 또는 5천만원 이하의 벌금에 처한다고 하는 전기통신기본법 제47조 제1항 위반 혐의로 기소된 청구인이 재판 계속 중 위헌법률심판제청신청을 하였으나, 기각되자 헌법재판소법 제68조 제2항에 따라 그 위헌확인을 구하는 헌법소원심판을 청구한 것으로, 헌재법 제68조 제2항에 따른 헌법소원의 적법요건 구비여부와 심판대상조항의 위헌여부에 대한 본안판단을 묻는 문제이다.

Ⅱ. 심판대상(5)

이 사건의 심판대상은 전기통신기본법(1996. 12. 30. 법률 제5219호로 개정된 것) 제47조 제1항(이하 '이 사건 법률조항')의 위헌여부이다.

Ⅲ. 판   단(85)

1. 적법요건에 대한 판단(15)

헌재법 제68조 제2항에 따른 헌법소원심판청구가 적법하기 위해서는 다음의 요건을 충족해야 한다.

(1) 위헌제청신청 기각결정(2)

청구인은 제1심 재판 계속중 이 사건 법률조항의 위헌법률심판제청을 신청하였으나 동 법원이 2009년 4월 20일 이를 기각하였다.

(2) 재판의 전제성(8)

(가) 재판의 전제성 요건

헌법재판소법 제68조 제2항에 따른 헌법소원심판청구가 적법하기 위해서는 재판의 전제성 요건을 갖추어야 하는데 그 구체적 내용은 다음과 같다.

① 재판 계속중이거나 계속중이었을 것.

② 해당 법률조항이 당해사건에 적용되는 것일 것.

③ 법률조항의 위헌여부에 따라 재판의 주문이 달라지거나 혹은 재판의 내용과 효력에 관한 법률적 의미가 달라지는 것일 것.

(나) 이 사건의 경우

청구인 A는 이 사건 법률조항 위반 혐의로 재판을 받고 있었으며, 이 사건 법률조항이 만일 위헌선언되는 경우 재판의 결론이 달라진다고 할 수 있으므로, 재판의 전제성이 인정된다.

(3) 청구기간(2)

헌법재판소법 제68조 제2항에 의한 헌법소원심판청구는 위헌법률심판 제청신청의 기각결정이 통지된 날로부터 30일 이내에 하여야 한다(헌법재판소법 제69조 제2항).

위헌제청신청이 기각된 날은 2009년 4월 20일이고 심판청구를 한 날은 2009년 5월 14일이므로, 청구기간을 준수하였다.

(4) 대리인선임(2)

지문에서는 대리인선임여부가 명확히 나오지는 않으나, 사선 대리인을 선임하거나 경제력이 없을 경우 무자력을 소명하여 국선대리인선임을 신청하면 되므로 이 요건은 충족된 것으로 간주한다.

(5) 소결(1)

이 사건 헌법소원심판청구는 적법하다.

2. 본안판단(70)

(1) 관련되는 기본권(5)

청구인은 이 사건 법률조항에 의하여 자신의 행복추구권, 언론·출판의 자유, 학문의 자유, 인간다운 생활권이 침해되고 있다고 주장을 하고 있으므로 과연 어떠한 기본권이 관련되는지를 살펴본다.

우선 행복추구권은 일반적 기본권이므로 언론·출판의 자유 등과 같은 다른 특별한 기본권이 관련되는 경우 그 적용이 배제된다고 하는 것이 헌법재판소 판례이다.

청구인 A는 나름대로 경제적 상황을 연구·분석한 결과를 발표함으로써 정부정책에 대하여 비판하다가 이 사건 법률조항 위반 혐의로 재판을 받게 되었으므로 학문의 자유의 침해를 주장할 수 있으나, 학문의 자유의 주요 보호대상은 연구와 강의를 전담하는 전문적인 학문적 영역에서 종사하는 사람들이라고 말할 수 있을 것이다. 따라서 청구인 A가 그와 같은 영역에 종사하고 있는지 여부, 그리고 '미네르바'라고 하는 필명으로 토론방 '아고라'에 올린 글이 그러한 학문적 연구결과의 발표에 해당하는지 등이 관건이라고 할 수 있겠으나, 이 사건은 대체로 학문연구결과를 표현할 자유에 대한 제한이 문제된다고 하기보다는 일반적인 인터넷상에 자신의 견해를 표명한 행위로 인한 처벌을 문제 삼고 있는 것이므로, 학문의 자유보다는 언론·출판의 자유가 직접적으로 관련된다고 보아야 할 것이다.

한편 청구인은 인간다운 생활을 할 권리의 침해도 주장하고 있으나, 인간다운 생활을 할 권리는 국가가 적극적으로 국민이 인간다운 생활을 할 수 있도록 최저한의 물질적 생계를 보장하여야 한다는 것으로서 사회적 기본권이라고 할 수 있으며, 이 사건 법률조항이 그러한 사회적 기본권을 침해할 가능성은 없다고 할 것이다.

그러므로 이 사건 법률조항과 관련되는 기본권은 언론·출판의 자유라고 할 수 있으므로 그 침해여부에 대하여, 특히 명확성의 원칙과 죄형법정주의 그리고 과잉금지의 원칙 위반여부를 중심으로 살피기로 한다.

(2) 명확성의 원칙 위반여부(35)

(가) 의의(5)

명확성의 원칙이란 법률의 규율내용이 명확하여 그 법률이 무엇을 금지하고 무엇을 허용하는지, 규율내용이 무엇인지에 대하여 국민들이 명확히 알 수 있고 예측할 수 있어야 한다는 원칙이다.

(나) 헌법합치적 해석 가능성(5)

모든 법률은 추상적이고 일반적 개념을 가질 수 있기 때문에 어느 정도로 명확하여야 법률이 예측가능성이 있어 명확성의 원칙에 부합한다고 할 수 있을지 단정하기 어렵다. 만약 통상적인 법해석방법으로 헌법에 합치되는 해석결과를 찾을 수 있는 경우에는 합헌으로 해석될 수 있는 의미내용을 살려서 법률의 효력을 유지시켜야 한다. 그러나 법률조항이 통상적인 방법으로 해석이 되지 않을 정도로 불분명하고 불확실한 개념을 가지고 있는 경우에는 명확성의 원칙에 위반된다고 보아야 할 것이다.

(다) 심사기준(5)

명확성의 원칙의 위반여부의 심사에 있어서 그 심사의 엄격성이 다 같은 것은 아니나, 특히 표현의 자유의 영역에서는 표현의 자유를 규제하는 어떠한 법률이 명확하지 않은 내용을 담고 있다면 이는 표현의 자유에 대한 위축효과를 야기할 수 있기 때문에, 표현의 자유의 규제와 관련된 법률에 있어서 명확성의 정도는 보다 엄격하게 요구된다(헌재 2002. 6. 27. 99헌마480, 판례집 14-1, 616, 628).

(라) 죄형법정주의와 형벌법규의 명확성의 원칙(5)

또한 형벌조항은 더욱 명확하게 규정될 필요가 있다고 할 수 있는데 이것이 죄형법정주의로부터 파생되는 형벌법규의 명확성의 원칙이라고 할 수 있다.

형벌법규의 내용이 불명확하거나 추상적인 경우 무엇이 금지되는 행위인지 국민이 예측할 수 없고, 경우에 따라서는 허용되는 행위인 줄 알고 행위를 하였으나, 그러한 행위가 법률조항의 해석 여하에 따라서는 금지되는 행위로 간주되어 오히려 행위자 입장에서는 정당하지 않은 처벌로 느껴질 수 있는 등 법적 안정성을 해칠 수 있게 될 것이다.

물론 그렇다고 하여 형벌조항이라고 해서 모두 서술적 개념으로만 규정할 수는 없을 것이고 다소 추상적이라고 하여도, 법률조항의 전체적인 체계와 그동안 법원의 해석의 축적을 통해서 그 의미내용을 보다 구체적으로 확인할 수 있는 경우에는 비록 추상적 개념을 쓴 형벌조항이라 하더라도 명확성의 원칙에 위반된다고 할 수는 없을 것이다.

(마) 이 사건 법률조항의 명확성원칙 위반여부(15)

이 사건 법률조항은 "공익을 해할 목적으로 전기통신설비에 의하여 공연히 허위의 통신을 한 자"에 대하여 5년 이하의 징역 또는 5천만원 이하의 벌금에 처하고 있는 바, 이 가운데 명확성의 원칙 위반여부가 문제될 수 있는 부분은 주로 "공익을 해할 목적"과 "허위의 통신" 부분이라고 할 수 있다.

① "공익을 해할 목적"이 명확성의 원칙에 위반되는지 여부(5)

여기에서 공익이라 함은 개인 또는 소수의 사적 이익이 아니라 사회나 국가 구성원 전체의 공적 이익을 일컫는다고 할 수 있을 것이다.

우선 이 개념은 헌법 제37조 제2항에서 기본권제한을 위한 목적 중의 하나라고 할 수 있는 공공복리와도 같은 개념이라고 할 수 있으나, 구체적으로 무엇이 공익에 해당하는지는 기본권제한입법이 추구하는 보다 구체적인 입법목적이 무엇인지에 따라서 그 내용이 결정될 뿐, 이러한 공공복리라고 하는 개념 자체가 어떠한 구체적인 내용을 제시해 주는 것은 아니라고 할 수 있다.

어떠한 표현행위를 전기통신설비 즉 인터넷상에서 할 때에 그것이 공익을 해할 목적으로 한 허위의 통신인지 여부는 결국 표현행위를 한 자의 주관적인 판단에 따를 것이 아니라, 법관이 객관적으로 판단할 수 밖에 없을 것인데, 이 형벌조항 자체는 단순히 허위의 통신을 하는 것만으로는 부족하고 공익을 해할 목적이라고 하는 (초과)주관적인 목적이 있어야 함을 요건으로 한다는 점에서, 형법상 목적범에 해당하는 형벌조항이라고 보아야 할 것이다.

그런데 결국 전기통신을 이용하는 자가 의도적·목적적으로 사회와 국가에 해악을 끼치기 위한 목적으로 일정한 표현행위를 한다고 하면 일응 이는 공익을 해할 목적이라고 볼 수 있을 것이므로, 이와 같이 목적범으로서의 성격을 분명히 하기 위하여 형벌조항에 추상적인 표현을 썼다고 한다면, 이러한 목적범으로서의 구성요건의 한정을 위한 표현 자체가 명확성의 원칙에 반한다고 단정할 수는 없을 것이다(동지, 이동흡, 목영준 재판관의 반대의견, 2010. 12. 28. 2008헌바157, 2009헌바88 [병합], 전기통신기본법 제47조 제1항 위헌소원).

그리고 공익이라고 하는 것이 다소 막연하다 하더라도 전체적으로 국가와 사회에 해악을 끼치려고 하는 목적적 의사가 분명한 경우에 한하여 이러한 공익을 해할 목적이라고 한정적으로 해석할 수 있으므로, 이 자체로 형벌법규의 명확성의 원칙에 위반된다고 하기는 힘들다고 생각된다.

② "허위의 통신" 부분의 명확성 원칙 위반여부(5)

그러나 허위의 통신 부분의 경우는 다르다. 무엇이 진실이고 무엇이 허위인지는 그때그때 판단하는 시점에 판단을 하는 사람이 어떠한 기준을 가지고 허위 여부를 평가할 것인지에 따라서 다 다르게 나올 수 있다. 그리고 많은 표현행위가 일정한 사실관계에 관한 전달을 목표로 하는 것도 있지만 그와 상관 없이 그러한 사실관계에 대한 주관적인 평가나 판단을 내용으로 하는 경우가 더욱 많다고 할 수 있을 것인데, 그러한 주관적인 가치판단이 과연 허위인가 아니면 진실인가 하는 문제는 어떠한 사안이 문제될 때, 항상 일관성 있게 답변될 수 있는 성질의 것이 아니다.

그러므로 만일 어떠한 인터넷이나 전기통신상의 표현이 과연 허위인지 아닌지의 판단을 전제로 하여 허위의 통신을 한 자에 대하여 처벌한다고 하는 것은, 그 자체가 매우 막연하고도 모호한 개념을 사용하여 표현행위를 처벌하는 것을 의미하기 때문에, 이러한 규정은 표현행위를 위축시킬 수 있을 뿐만 아니라, 더 나아가 형벌법규가 갖추어야 할 명확성의 원칙에 반하여 국민에게 정당하게 보장되는 표현의 자유를 과잉하게 침해할 수 있는 가능성을 내포한다고 볼 수 있다.

특히 청구인 A의 경우 미네르바라고 하는 필명 하에 토론방 '아고라'에 올린 글을 근거로 이 사건 법률조항 위반혐의로 기소되었으나, A가 당시에 올린 글들은 상당수의 경제학자들도 지적하기 힘든 정부의 경제정책에 대한 예리한 비판을 담고 있어서, 그 자체가 반드시 잘못되었다고 볼 수 없었고, 또한 그러한 분석과 비판을 하는 것은 크게 보아 국가의 장래를 염려하기 때문이라고 볼 수 있었던 바, 이러한 행위가 반드시 공익을 해할 목적의 허위의 통신이라고 단정할 수는 없었다고 하는 점에서 알 수 있듯이, 이 사건 법률조항은 그 해석 여하에 따라서 처벌대상이 아니라고 볼 수 있는 사람들을 처벌할 수도 있다는 점에서 명확성의 원칙에 위반된다고 생각된다.

③ 소결(5)

이 사건 법률 제47조 제1항에서 "공익을 해할 목적" 부분은 비록 추상적인 표현을 담고 있다 하더라도 통상적인 법감정을 가진 사람이라면 사회나 국가에 해를 끼치기 위한 목적적 의사를 가진 경우를 일컫는다고 해석할 수 있으므로 명확성의 원칙에 위반된다고 할 수 없으나, '허위의 통신' 부분은 무엇이 허위인지 아니면 진실인지 그 기준도 애매모호하고 표현하는 자와 판단하는 자의 주관적 가치기준에 따라서 그 허위와 진실에 대한 판단이 모두 다를 수 밖에 없다는 점을 고려할 때, 통상적인 법감정을 가진 사람이라 하더라도 그 의미내용을 명확하게 예측하기 힘들다고 할 수 있으므로 명확성의 원칙에 위반된다.

(3) 언론·출판의 자유의 침해여부(30)

(가) 언론·출판의 자유의 보호영역(4)

헌법 제21조 제1항은 모든 국민에게 언론·출판의 자유를 보장하고 있다.

언론·출판의 자유는 모든 국민이 자신의 생각이나 감정, 의사를 말이나 글, 그림, 문자, 도형, 기호, 상징 등 그 밖의 모든 표현수단과 매체를 동원하여 전달하고 상대방 또는 불특정 다수의 사람들과 그러한 의사표현을 주고받을 수 있는 커뮤니케이션의 자유라고 할 수 있다. 즉 말하고 듣고 볼 수 있는 자유로서, 이러한 표현의 자유에는 개인의 의사표현의 자유는 물론, 언론매체에 대한 접근권, 언론기관의 자유, 알권리 등을 포괄하는 넓은 의미의 의사소통(커뮤니케이션)의 자유라고 할 수 있다.

이러한 표현의 자유는 민주주의에 있어서 없어서는 안되는 가장 핵심적인 자유라고 할 수 있으며, 예로부터 집권자들은 자신에 대한 비판을 억제하고 권력을 연장하기 위한 수단으로 이러한 언론·출판의 자유를 수시로 탄압하여 왔던 역사가 보여 주듯이 민주주의와 언론자유의 보장은 밀접·불가분의 관계라고 할 수 있다.

그런데 허위사실도 이러한 언론·출판의 자유의 보호영역에 해당하는지 여부가 문제될 수 있다. 헌법재판소는 '음란표현'도 헌법상 언론·출판의 자유의 보호영역에 포함된다고 판단하였는데(헌재 2009. 5. 28. 2006헌바109등, 판례집 21 – 1 하, 545, 559), 마찬가지 논리로 허위사실을 내용으로 하는 표현이라고 하더라도 처음부터 헌법 제21조 제1항의 언론·출판의 자유의 보호영역에서 배제할 것이 아니라, 일단 보호영역에는 포함시켜 주고, 제한 단계에서 그에 대한 제한입법의 헌법적 허용가능성의 한계에서 그 보호필요성 여하를 판단해 줄 때, 이러한 접근이 기본권, 특히 언론·출판의 자유의 폭넓은 보장이념에 부합한다고 할 것이다.

(나) 언론·출판의 자유에 대한 제한(4)

우선 헌법 제21조 제4항은 타인의 권리나 명예, 공중도덕이나 사회윤리를 해하는 내용의 언론·출판을 침해하여서는 안된다고 하고 있다. 그리고 헌법 제37조 제2항은 국민의 모든 자유와 권리는 국가안전보장·질서유지·공공복리를 위하여 필요한 경우에 한하여 법률로써 제한할 수 있다고 하고 있으므로, 양 규정간의 관계가 문제될 수 있으나, 언론·출판의 자유를 제한하기 위해서는 우선적으로 적용되어야 할 제한입법의 목적이 헌법 제21조 제4항에 부합하여야 하고, 그 밖의 국가 안전보장상 필요한 경우와 같은 사유는 헌법 제37조 제2항에서 찾을 수 있다고 할 수 있을 것이다. 즉 헌법 제21조 제4항은 헌법직접적 한계조항이지만 결국 입법자는 이를 근거로 언론·출판의 자유를 법률로써 제한해야 할 것이기 때문에 헌법 제37조 제2항과의 관계에 있어서는 일종의 특별조항이라고 보아야 할 것이고, 일반적 법률유보조항인 헌법 제37조 제2항은 보충적으로 적용될 수 있는 것으로 이해해야 할 것이다.

공익을 해할 목적으로 허위의 통신을 하는 것을 제한하는 행위는 타인의 권리나 명예에는 해당되지 않지만 공중도덕이나 사회윤리의 보호를 위한 목적과 어느 정도 관련될 수 있으며, 또한 헌법 제37조 제2항에서 질서유지나 공공복리와도 관련될 수 있다. 이러한 제한은 전기통신이용자의 의사표현의 자유에 제약을 초래할 수 있기 때문에 언론·출판의 자유에 대한 제한이라고 할 수 있다.

(다) 제한의 한계(22)

언론·출판의 자유에 대한 제한이 합헌적이기 위해서는 헌법 제21조 제2항에서 보장하고 있는 검열금지의 원칙을 준수해야 할 뿐만 아니라, 헌법 제37조 제2항에서 보장되고 있는 과잉금지의 원칙과 본질내용침해금지원칙을 준수하지 않으면 안된다. 언론·출판의 자유에 대한 제한에 있어서 본질내용의 한계는 결국 헌법 제21조 제2항이 보장하는 검열의 금지라고 보아야 할 것이다(2).

① **목적의 정당성(4)**

이 사건 법률조항의 입법목적은 허위의 사실이 전기통신 즉 인터넷을 통하여 무차별적으로 유포되어 사회적 혼란이 야기되는 것을 방지하기 위한 것이라고 볼 수 있으므로, 이는 헌법 제21조 제4항의 공중도덕이나 사회윤리의 가치 또는 헌법 제37조 제2항의 질서유지나 공공복리를 수호하기 위한 것이므로 일단 입법목적의 정당성은 인정될 수 있다.

② **방법의 적정성(4)**

입법자가 공익을 해할 목적으로 전기통신을 이용하여 허위사실을 유포하는 것을 방지하기 위한 수단으로 선택한 것은 5년 이하의 징역이나 5천만원 이하의 벌금형이다.

그런데 위 명확성의 원칙 위반 여부에서 검토하여 보았듯이, 어떠한 사실이 허위의 사실인지 여부는 표현하는 사람과 판단하는 사람의 주관적 가치판단이나 기준에 따라서 그 결론이 달라질 수 있기 때문에, 일률적으로 일정한 허위의 통신을 하는 자들을 처벌한다 하더라도 입법자가 의도하고 있는 허위사실 유포로 인한 사회혼란의 방지라고 하는 목적이 달성될 수 있을지는 미지수이다.

다만 형벌로 일정한 표현행위를 처벌하겠다고 한다면 처벌위협으로 인하여 자유로운 표현행위 등이 위축·억압을 당할 것이므로, 일단 허위사실 유포로 인한 사회혼란은 어느 정도 방지될 수는 있을 것이므로, 방법의 적정성은 인정된다고 볼 수 있을 것이다.

③ 침해의 최소성(4)

입법자는 입법목적을 달성하기 위하여 가능한 수단 가운데 가장 덜 침해적인 수단을 선택해야 한다는 것이 침해의 최소성원칙이다.

오늘날 인터넷 시대에 수많은 의사표현이 인터넷매체를 통하여 이루어지고 있는데, 인터넷 이용자가 어떠한 사실에 대하여 전달을 하거나 또는 자신의 견해나 의사를 표현하다 보면, 사실에 관해서도 잘못된 사실을 전달할 수도 있는 것은 인지상정이다. 그런데, 무엇이 허위의 사실인지 아닌지를 주관적 가치판단이나 기준에 따라서 정확히 알 수도 없는 상황에서 공익을 해할 목적으로 허위의 통신을 하는 자에 대하여 형벌로 처벌하는 것은, 의사표현의 자유 뿐만 아니라 신체의 자유 등을 과잉하게 침해할 수 있다.

가령 사상의 자유로운 시장에서 어느 한 개인이 잘못된 정보나 허위의 사실을 올렸다고 하더라도, 다른 이용자에 의하여 그 허위의 사실이 곧바로 밝혀질 수도 있고, 또한 자체적으로 취소되거나 철회될 수 있는 등 여러 가지 자체적인 정화작용에 맡기는 방법을 취할 수도 있으며, 또한 공익을 해할 목적의 정도나, 또는 허위사실의 표현을 통한 해악이나 파급효과의 정도에 따라서 처벌정도를 좀더 세분화하는 방법 등을 통해서 보다 덜 침해적인 방법을 선택할 수도 있었을 것임에도 불구하고 5년 이하의 징역이나 5천만원 이하의 벌금에 처하도록 한 것은 침해의 최소성 원칙에 위반된다고 판단된다.

④ 법익의 균형성(4)

이 사건 법률조항이 추구하는 목적은 인터넷을 통한 허위사실의 유포로 인한 사회혼란야기의 방지로서 그 목적이 다소 불분명하거나 추상적이어서 중요성이 다소 떨어지는 측면이 있는 데 반하여, 오늘날 인터넷 시대에 허위사실유포라는 이유로 표현의 자유를 억압할 경우 미치게 될 민주주의에 있어서 언론·출판의 자유의 위축이라고 하는 중대한 침해를 비교·형량해 볼 때, 이 사건 법률조항은 법익의 균형성원칙을 충족하지 못하였다고 판단된다.

⑤ 소결(4)

이 사건 법률조항은 헌법 제37조 제2항의 과잉금지의 원칙에 위반하여 청구인의 언론·출판의 자유와 신체의 자유를 침해한다고 할 수 있다.

Ⅳ. 결론과 주문(5)

이 사건 법률조항은 명확성의 원칙에 위반되며, 과잉금지원칙에 위배되어 청구인의 언론·출판의 자유를 침해하고 있으므로, 헌법에 위반된다.

이 사건 법률조항을 위헌결정하는 경우 그로 인하여 법적 근거조항이 상실되는 등 법적 혼란이 발생할 가능성이 있는지를 검토해 볼 때, 이 사건 법률조항으로 인하여 인터넷상에서의 표현의 자유의 위축가능성이라고 하는 해악이 훨씬 더 크다고 볼 수 있을 것이기 때문에, 입법자가 개정할 때까지 그 효력을 잠정적으로 계속 유지하는 헌법불합치결정을 선고하기보다는 단순 위헌결정으로 그 효력을 즉시 상실시킬 필요가 있다고 판단된다.

참고판례

※ **전기통신기본법 제47조 제1항 위헌소원**
(헌재 2010. 12. 28. 2008헌바157, 2009헌바88(병합), 판례집 22-2, 684 [위헌])

〈해설〉 이 사건 위헌소원 결정에서 헌법재판소의 다수의견은 이 사건 법률조항의 "공익을 해할 목적"부분이 명확성의 원칙에 위반된다는 이유로 "허위의 통신" 부분이 명확성의 원칙에 위반되는지 그리고 전체적으로 언론·출판의 자유를 침해하는지에 대하여 자세히 밝히지 않은 채 위헌결정을 하였으나, 위헌의견 가운데 4인(조대현, 김희옥, 김종대, 송두환 재판관)의 보충의견은 "허위의 통신" 부분과 관련해서도 이 사건 법률조항의 연혁을 고려할 때, 허위의 통신 개념은 명의를 가장하여 하는 소위 가장통신만을 포함한다고 하는 이유로 내용적으로 허위의 통신 부분도 명확성의 원칙에 위반된다고 밝혔다. 그리고 위헌의견 가운데 5인(이강국, 이공현, 조대현, 김종대, 송두환 재판관)의 보충의견은 "허위의 통신" 부분이 과잉금지의 원칙에 위반하여 표현의 자유를 침해한다고 보았다. 이에 반하여 2인(이동흡, 목영준 재판관)의 반대의견은 "공익을 해할 목적" 부분이나 "허위의 통신" 부분이 둘 다 명확성의 원칙에 위반되지 않으며 또한 언론·출판의 자유도 과잉하게 침해하지 않는다고 보았다.

이 결정에서 재판관들의 견해가 갈린 것처럼 이 사건에 대한 풀이에서도 "공익을 해할 목적" 부분과 "허위의 통신" 부분이 명확성의 원칙에 위반되는지 여부에 대한 독자들의 결론도 견해에 따라서 갈릴 수 있다고 본다. 따라서 중요한 것은 설득력 있게 법리적 논거를 제시하고 있는가 하는 점이라고 볼 수 있으며, 언론·출판의 자유의 침해 여부에 대한 결론 역시 마찬가지이다. 다시 말해서 구체적인 결론 자체보다는 그 결론에 도달하는 법리의 전개가 설득력이 있는가가 배점에 있어서 중요한 기준이라고 하겠다.

※ 공무원 노동조합 설립 및 운영등에 관한 법률 위헌확인
(헌재 2008. 12. 26, 2005헌마971등, 판례집 20-2 하, 666, 694 [기각])

"헌법 제12조 및 제13조를 통하여 보장되고 있는 죄형법정주의의 원칙은 범죄와 형벌이 법률로 정하여져야 함을 의미하고, 이러한 죄형법정주의에서 파생되는 명확성의 원칙은 법률이 처벌하고자 하는 행위가 무엇이며 그에 대한 형벌이 어떠한 것인지를 누구나 예견할 수 있게 하여, 그에 따라 자신의 행위를 결정할 수 있도록 구성요건을 명확하게 규정할 것을 요구하고 있는 것이다.

그러나 처벌법규의 구성요건이 명확하여야 한다고 하여 모든 구성요건을 단순한 서술적 개념으로 규정하여야 하는 것은 아니고, 다소 광범위하여 법관의 보충적인 해석을 필요로 하는 개념을 사용하였다고 하더라도 통상의 해석방법에 의하여 건전한 상식과 통상적인 법 감정을 가진 사람이면 당해 처벌법규의 보호법익과 금지된 행위 및 처벌의 종류와 정도를 알 수 있도록 규정하였다면 헌법이 요구하는 처벌법규의 명확성에 배치되는 것이 아니다. 처벌법규의 구성요건이 어느 정도 명확하여야 하는가는 일률적으로 정할 수 없고, 각 구성요건의 특수성과 그러한 법적 규제의 원인이 된 여건이나 처벌의 정도 등을 고려하여 종합적으로 판단하여야 한다(헌재 1989. 12. 22. 88헌가13, 판례집 1, 357, 383 ; 헌재 2000. 6. 29. 98헌가10, 판례집 12-1, 741, 748 등 참조)."

6 소위 김영란법의 위헌여부

사 례

    국회는 2015년 3월 3일 공직자 등에 대한 부정청탁 및 공직자 등의 금품 등의 수수를 금지함으로써 공직자 등의 공정한 직무수행을 보장하고 공공기관에 대한 국민의 신뢰를 확보하는 것을 목적으로 하는 부정청탁 및 금품 등 수수의 금지에 관한 법률(소위 김영란법, 이하 "이 사건 법률")을 가결하였다. 이 법률은 2015년 3월 27일 공포되어 2016년 9월 28일자로 시행될 예정이다.

    대한변호사협회 공보이사 A와 사단법인 한국사학법인연합회 B, 학교법인 한국대학교 C 및 그 이사장 D와 총장 E, 그리고 교수 F는 이 사건 법률 제2조 제2호 다목에서 이 법률의 적용범위에 사립학교의 장과 교직원 및 학교법인의 임직원을 포함시킨 것은 평등의 원칙에 위반되며, 또한 이 사건 법률 제5조 제1항에서 부정청탁에 해당하는 내용의 행위유형을 자세하게 열거해 놓은 뒤, 제2항에서는 그 예외에 해당하는 행위를 열거하면서 마지막 제7호에서 "그 밖에 사회상규에 위배되지 아니하는 것으로 인정되는 행위"라고 규정한 것은 무엇이 금지되는 부정청탁의 행위인지를 명확하게 예측할 수 없도록 하고 있기 때문에 명확성의 원칙에 위반되고, 또한 제10조 제1항에서 공직자 등은 자신의 직무와 관련되거나 그 지위·직책 등에서 유래되는 사실상의 영향력을 통하여 요청받은 교육·홍보·토론회·세미나·

공청회 또는 그 밖의 회의 등에서 한 강의·강연·기고 등(이하 "외부강의 등"이라 함)의 대가로서 대통령령으로 정하는 금액을 초과하는 사례금을 받아서는 아니된 다"고 규정하고, 또한 이러한 외부강의 등을 할 때에는 소속기관장에게 미리 또는 사후에 서면으로 신고하도록 한 것(제10조 제2항과 제3항)과, 소속기관의 장이 이 러한 외부강의 등이 공정한 직무수행에 저해가 될 수 있다고 판단할 때에는 이러 한 외부강의 등을 제한할 수 있도록 하고(제10조 제4항), 대통령령으로 규정하는 금액을 초과하는 사례금을 받은 경우에는 이를 소속기관장에게 신고하고 제공자에 게 그 초과금액을 지체없이 반환해야 하며(제10조 제5항), 이러한 제10조 제5항의 신고 및 반환의무에 위반할 경우에는 500만원 이하의 과태료를 부과하는 것(제23 조 제4항)은 교수의 행복추구권, 학문의 자유, 계약의 자유, 재산권, 직업의 자유와 인간다운 생활을 할 권리를 침해하며, 배우자가 수수금지 금품 등을 수수한 것을 알고도 이를 신고하지 않는 경우 과태료를 부과하도록 한 것(제23조 제5항 제2호) 은 양심의 자유를 침해하고, 끝으로 법인 또는 단체의 대표자나 법인·단체 또는 개인의 대리인, 사용인, 그 밖의 종업원이 그 법인·단체 또는 개인의 업무에 관하 여 이 법의 위반행위를 하는 경우 그 행위자를 벌하는 외에 그 법인·단체 또는 개 인에게도 해당 조문의 벌금 또는 과태료를 과하는 규정(제24조)을 둔 것은 형벌에 있어서 자기책임의 원칙에 위반되어 위헌이라고 주장을 하면서, 변호사 A를 대리 인으로 하여 2015년 7월 6일 헌법재판소에 헌법소원심판을 청구하였다.

〈문 1〉 청구인들의 이 사건 헌법소원심판청구가 적법한지 여부에 대하여 판단하되 먼저 사건의 개요와 심판의 대상을 정리한 후 각각의 적법요건의 충족 여부 를 심사하라(25).

〈문 2〉

　I. 심판대상들의 위헌여부를 변호사 입장에서 주장해 보되, 이 사건 법률 제10 조와 제23조 제4항의 위헌여부와 관련해서는 변호사 A가 주장하는 기본권 들이 모두 다 관련되는지를 보다 객관적인 입장에서 정리하고 그 기본권들의 침해여부를 주로 과잉금지의 원칙에 입각하여 주장해 보라(60).

　II. 나머지 심판대상인 이 사건 법률 제23조 제5항 제2호와 제24조의 위헌여부 에 대하여는 청구인이 주장한 쟁점을 중심으로 헌법재판소 재판관의 입장에 서 약술해 보라(15).

관련 법률

※ 부정청탁 및 금품등 수수의 금지에 관한 법률

(2015. 3. 27. 법률 제13278호로 제정. 시행 2016. 9. 28.)

제1조(목적) 이 법은 공직자 등에 대한 부정청탁 및 공직자 등의 금품 등의 수수(收受)를 금지함으로써 공직자 등의 공정한 직무수행을 보장하고 공공기관에 대한 국민의 신뢰를 확보하는 것을 목적으로 한다.

제2조(정의) 이 법에서 사용하는 용어의 뜻은 다음과 같다.
1. "공공기관"이란 다음 각 목의 어느 하나에 해당하는 기관·단체를 말한다.
　가. 국회, 법원, 헌법재판소, 선거관리위원회, 감사원, 국가인권위원회, 중앙행정기관(대통령 소속 기관과 국무총리 소속 기관을 포함한다)과 그 소속 기관 및 지방자치단체
　나. 「공직자윤리법」 제3조의2에 따른 공직유관단체
　다. 「공공기관의 운영에 관한 법률」 제4조에 따른 기관
　라. 「초·중등교육법」, 「고등교육법」, 「유아교육법」 및 그 밖의 다른 법령에 따라 설치된 각급 학교 및 「사립학교법」에 따른 학교법인
　마. 「언론중재 및 피해구제 등에 관한 법률」 제2조 제12호에 따른 언론사
2. "공직자등"이란 다음 각 목의 어느 하나에 해당하는 공직자 또는 공적 업무 종사자를 말한다.
　가. 「국가공무원법」 또는 「지방공무원법」에 따른 공무원과 그 밖에 다른 법률에 따라 그 자격·임용·교육훈련·복무·보수·신분보장 등에 있어서 공무원으로 인정된 사람
　나. 제1호 나목 및 다목에 따른 공직유관단체 및 기관의 장과 그 임직원
　다. 제1호 라목에 따른 각급 학교의 장과 교직원 및 학교법인의 임직원
　라. 제1호 마목에 따른 언론사의 대표자와 그 임직원
3. "금품등"이란 다음 각 목의 어느 하나에 해당하는 것을 말한다.
　가. 금전, 유가증권, 부동산, 물품, 숙박권, 회원권, 입장권, 할인권, 초대권, 관람권, 부동산 등의 사용권 등 일체의 재산적 이익
　나. 음식물·주류·골프 등의 접대·향응 또는 교통·숙박 등의 편의 제공
　다. 채무 면제, 취업 제공, 이권(利權) 부여 등 그 밖의 유형·무형의 경제적 이익

4. "소속기관장"이란 공직자등이 소속된 공공기관의 장을 말한다.

제5조(부정청탁의 금지) ① 누구든지 직접 또는 제3자를 통하여 직무를 수행하는 공직자등에게 다음 각 호의 어느 하나에 해당하는 부정청탁을 해서는 아니 된다.

1. 인가·허가·면허·특허·승인·검사·검정·시험·인증·확인 등 법령(조례·규칙을 포함한다. 이하 같다)에서 일정한 요건을 정하여 놓고 직무관련자로부터 신청을 받아 처리하는 직무에 대하여 법령을 위반하여 처리하도록 하는 행위

2.~15. 생략

② 제1항에도 불구하고 다음 각 호의 어느 하나에 해당하는 경우에는 이 법을 적용하지 아니한다.

1.~2. 생략

3. 선출직 공직자, 정당, 시민단체 등이 공익적인 목적으로 제3자의 고충민원을 전달하거나 법령·기준의 제정·개정·폐지 또는 정책·사업·제도 및 그 운영 등의 개선에 관하여 제안·건의하는 행위

4.~6. 생략

7. 그 밖에 사회상규(社會常規)에 위배되지 아니하는 것으로 인정되는 행위

제10조(외부강의등의 사례금 수수 제한) ① 공직자등은 자신의 직무와 관련되거나 그 지위·직책 등에서 유래되는 사실상의 영향력을 통하여 요청받은 교육·홍보·토론회·세미나·공청회 또는 그 밖의 회의 등에서 한 강의·강연·기고 등(이하 "외부강의등"이라 한다)의 대가로서 대통령령으로 정하는 금액을 초과하는 사례금을 받아서는 아니 된다.

② 공직자등은 외부강의등을 할 때에는 대통령령으로 정하는 바에 따라 외부강의등의 요청 명세 등을 소속기관장에게 미리 서면으로 신고하여야 한다. 다만, 외부강의등을 요청한 자가 국가나 지방자치단체인 경우에는 그러하지 아니하다.

③ 공직자등은 제2항 본문에 따라 외부강의등을 미리 신고하는 것이 곤란한 경우에는 그 외부강의등을 마친 날부터 2일 이내에 서면으로 신고하여야 한다.

④ 소속기관장은 제2항에 따라 공직자등이 신고한 외부강의등이 공정한 직무수행을 저해할 수 있다고 판단하는 경우에는 그 외부강의등을 제한할 수 있다.

⑤ 공직자등은 제1항에 따른 금액을 초과하는 사례금을 받은 경우에는 대통령령으로 정하는 바에 따라 소속기관장에게 신고하고, 제공자에게 그 초과금액을 지체 없이 반환하여야 한다.

제23조(과태료 부과) ①~③ 생략

④ 제10조 제5항에 따른 신고 및 반환 조치를 하지 아니한 공직자등에게는 500만 원 이하의 과태료를 부과한다.

⑤ 다음 각 호의 어느 하나에 해당하는 자에게는 그 위반행위와 관련된 금품등 가액의 2배 이상 5배 이하에 상당하는 금액의 과태료를 부과한다. 다만, 제22조 제1항 제1호부터 제3호까지의 규정이나 「형법」 등 다른 법률에 따라 형사처벌(몰수나 추징을 당한 경우를 포함한다)을 받은 경우에는 과태료를 부과하지 아니하며, 과태료를 부과한 후 형사처벌을 받은 경우에는 그 과태료 부과를 취소한다.

1. 생략

2. 자신의 배우자가 제8조 제4항을 위반하여 같은 조 제2항에 따른 수수 금지 금품등을 받거나 요구하거나 제공받기로 약속한 사실을 알고도 제9조 제1항 제2호 또는 같은 조 제6항에 따라 신고하지 아니한 공직자등(제11조에 따라 준용되는 공무수행사인을 포함한다). 다만, 공직자등 또는 배우자가 제9조 제2항에 따라 수수 금지 금품등을 반환 또는 인도하거나 거부의 의사를 표시한 경우는 제외한다.

3. 생략

⑥~⑦ 생략

제24조(양벌규정) 법인 또는 단체의 대표자나 법인·단체 또는 개인의 대리인, 사용인, 그 밖의 종업원이 그 법인·단체 또는 개인의 업무에 관하여 제22조 제1항 제3호[금품등의 제공자가 공직자등(제11조에 따라 제8조가 준용되는 공무수행사인을 포함한다)인 경우는 제외한다], 제23조 제2항, 제23조 제3항 또는 제23조 제5항 제3호[금품등의 제공자가 공직자등(제11조에 따라 제8조가 준용되는 공무수행사인을 포함한다)인 경우는 제외한다]의 위반행위를 하면 그 행위자를 벌하는 외에 그 법인·단체 또는 개인에게도 해당 조문의 벌금 또는 과태료를 과한다. 다만, 법인·단체 또는 개인이 그 위반행위를 방지하기 위하여 해당 업무에 관하여 상당한 주의와 감독을 게을리하지 아니한 경우에는 그러하지 아니하다.

모범답안 및 채점기준

〈문 1〉 청구인들의 이 사건 헌법소원심판청구가 적법한지 여부에 대하여 판단하되 먼저 사건의 개요와 심판의 대상을 정리한 후 각각의 적법요건의 충족 여부를 심사하라(25).

Ⅰ. 문제의 소재(2)

이 사건 헌법소원은 공직자 등에 대한 부정청탁 및 공직자 등의 금품 등의 수수를 금지함으로써 공직자 등의 공정한 직무수행과 공공기관에 대한 국민의 신뢰를 확보하는 것을 목적으로 제정된 소위 김영란법이 법제정과정에서 언론사나 사립학교 임직원 등을 "공직자 등"의 범위에 포함시켜 그 밖의 직무상 공정성과 청렴성이 요구되는 다른 직역들에 비하여 차별을 하는 것이며, 나아가 학문의 자유 등 기본권을 침해하고, 형벌의 자기책임의 원칙 등에 반하여 위헌이라고 주장한 사건으로서 헌법소원의 적법요건과 청구인들의 기본권침해 여부가 쟁점이 된다.

Ⅱ. 사건의 개요와 심판의 대상(3)

1. 사건의 개요

국회가 2015년 3월 3일 부정청탁 및 금품수수의 금지 등에 관한 법률안을 가결하였고 이 법률은 2015년 3월 27일 공포되어 2016년 9월 28일자로 시행될 예정이다. 청구인들은 대한변호사협회 공보이사, 사단법인 한국사학법인연합회, 학교법인 한국대학교와 그 이사장 및 총장 그리고 교수로서 이 사건 법률 제5조 제1항의 부정청탁개념과 그리고 제2항 및 특히 제2항 제7호에서 규정하고 있는 예외사례가 헌법상 명확성의 원칙에 위반되며, 또한 제10조와 제23조 제4항은 행복추구권과 학문의 자유와 계약의 자유 그리고 재산권, 직업의 자유와 인간다운 생활을 할 권리를 침해하고, 제23조 제5항 제2호는 양심의 자유를 침해하며, 제24조는 형벌의 자기책임의 원칙에 반하여 위헌이라고 주장하면서 2015년 7월 6일 헌법재판소에 헌법소원심판을 청구하기에 이르렀다.

2. 심판의 대상

이 사건 헌법소원심판의 대상은 부정청탁 및 금품 등 수수의 금지에 관한 법률(2015. 3. 27. 법률 제13278호로 제정된 것) 제2조 제2호 '다'목, 제5조 제2항 제7호, 제10조, 제23조 제4항, 제23조 제5항 제2호, 제24조의 위헌여부이다.

Ⅲ. 적법요건에 대한 판단(20)

1. 공권력의 행사성(2)

이 사건 헌법소원은 법률에 대한 헌법소원으로 법률은 헌법소원의 대상이 되는 공권력행사에 포함된다.

2. 보충성의 원칙(2)

법률에 의하여 직접 기본권침해를 받은 경우에는 다른 법률에 의한 구제절차가 존재하지 않으므로 직접 헌법소원심판을 청구한다 하더라도 보충성의 원칙에 위반되지 않는다.

3. 청구기간(2)

이 사건의 경우 시행일은 2016년 9월 28일로 예정되어 있음에도 불구하고 2015년 7월 6일 헌법소원심판을 청구하였다. 이는 장래에 기본권침해가 발생할 것으로 확실히 예측되어 예외적으로 현재성을 앞당겨서 인정할 수 있는 경우에 해당하므로 청구기간의 적용은 없다.

4. 청구능력(2)

이 사건의 경우 청구인 B와 청구인 C의 경우 법인으로서 헌법소원의 청구능력이 있는지 여부가 문제된다. 만일 법인이 기본권주체가 될 수 있다면 그러한 범위 내에서 헌법소원청구능력도 인정될 수 있을 것이다.

법인의 경우는 성질상 자연인만이 누릴 수 있는 기본권이 아닌 경우에는 예외적으로 법인 역시 그 기본권의 주체가 될 수 있다. 특히 재산권이나 계약의 자유, 영업의 자유와 같은 경제적 기본권과 재판청구권과 같은 절차적 기본권의 경우 법인에게도 기본권주체성을 인정하지 않을 이유가 없다.

5. 청구적격(기본권침해의 관련성)(6)

(1) 자기관련성

청구인 A와 청구인 B의 경우는 이 사건 법률과 관련하여 자신의 기본권이 침해된다고 볼 수는 없다. 청구인 A의 경우 이 법률의 적용대상이 되는 언론기관이나 사립학교 소속이 아니며, 청구인 B의 경우는 한국사학법인연합회로서 직접 이 법의 적용대상이 되는 기관이라고 할 수는 없다.

나머지 청구인들의 자기관련성은 인정된다.

(2) 현재관련성

이 사건 법률의 시행일은 2016년 9월 28일이다. 그러므로 헌법소원심판 청구시점에 아직 법률이 시행되지 않고 있어서 과연 기본권침해의 현재성이 있는지가 논란이 될 수 있다.

그러나 법률이 장래에 시행될 예정에 있다 하더라도, 시행될 경우에 기본권침해가 확실히 발생될 것으로 예상할 수 있을 경우에는 비록 시행 전이라 하더라도 그 법률의 위헌성을 다투어 효력을 상실시킬 필요가 있다고 할 수 있을 것이므로, 이 사건의 경우 현재성의 예외를 인정할 수 있다고 보아야 할 것이다.

※ **참고판례**: 헌재 2000. 6. 29. 99헌마289, 판례집 12-1, 913, 934-935

(3) 직접관련성

이 사건 법률조항들은 대부분 공직자 등에 대하여 부정청탁을 금하고 수수금지 금품 등을 수수하지 말 의무를 부과하며, 그에 위반할 경우에 처벌하는 것을 내용으로 하고 있으므로 어떠한 집행행위의 매개가 없이 직접 권리의 제한과 의무의 부과를 하는 것으로서 청구인들의 기본권과 직접 관련된다고 할 수 있다.

6. 대리인 선임(2)

변호사 A를 대리인으로 선임하였으므로 요건이 충족된다.

7. 권리보호이익(2)

이 사건 헌법소원심판청구를 통하여 청구인들이 승소하는 경우 청구인들이 목적하는 바를 달성할 수 있게 될 것이므로 권리보호이익이 인정된다.

8. 소결(2)

청구인 A와 B의 경우 자기관련성이 없어 부적법하고 나머지 청구인들의 청구는 적법하여 본안판단으로 넘어가야 한다.

〈문 2〉

I. 심판대상들의 위헌여부를 변호사 입장에서 주장해 보되, 이 사건 법률 제10조와 제23조 제4항의 위헌여부와 관련해서는 변호사 A가 주장하는 기본권들이 모두 다 관련되는지를 보다 객관적인 입장에서 정리하고 그 기본권들의 침해여부를 주로 과잉금지의 원칙에 입각하여 주장해 보라(60).

1. 이 사건 법률 제2조 제2호 '다'목의 평등원칙 위반여부(15)

(1) 차별의 존재(2)

이 사건 법률은 애초에 공직자의 청렴한 직무수행을 목적으로 입법하려 하였으나 입법과정에서 법적용대상에 사립학교와 언론기관의 임직원 등이 추가되어 그 밖의 선출직 공무원과 정당, 시민단체, 그리고 금융기관 등과 같이 직무의 청렴성과 공정성이 요구되는 다른 기관들과의 차별이 일단 존재한다.

(2) 심사기준(3)

평등원칙 위반여부의 심사에 있어서는 무엇이 같고 무엇이 다른지에 대하여 결정함에 있어서 입법자에게 넓은 형성의 자유가 인정될 수 있기 때문에 원칙적으로 자의금지 기준에 입각한 완화된 심사를 하여야 한다. 그러나 제대군인가산점 판결 이래로 우리 헌법재판소는 헌법이 특별히 평등을 명하는 경우나 차별로 인하여 다른 기본권에 대한 중대한 제한이 초래될 수 있는 경우에는 비례의 원칙에 입각한 엄격한 심사를 해야 한다고 하고 있다.

직무에 있어서 공정성과 청렴성이 요구되는 공공기관을 정함에 있어서 그러한 기관에 해당하면 보다 엄격한 청렴의무의 적용을 받을 뿐만 아니라, 위반시 처벌과 과태료의 제재가 따르도록 하고 있는 이 사건 법률의 경우 결국 당사자들의 기본권을 중대하게 제한할 수 있으므로 비례의 원칙에 입각한 엄격한 심사를 하여야 할 것이다.

(3) 평등원칙 위반 여부(10)

이 사건 법률 제5조 제2항 제3호에서는 선출직 공직자, 정당, 시민단체 등이 공익적인 목적으로 제3자의 고충민원을 전달하거나 법령·기준의 제정·개정·폐지 또는 정책·사업·제도 및 그 운영 등의 개선에 관하여 제안·건의하는 행위는 이 법을 적용하지 아니한다고 규정하고 있다.

그러나 공공성의 측면에서 가장 청렴성이 요구되고 늘 경제인 등으로부터 금품수수의 의혹을 사는 대표적인 공직자들이 바로 선출직 공무원인 국회의원과 정당인들이라고 할 수 있다. 언론기관이나 사립학교 종사자들과 비교할 때 오히려 더욱 청렴성이 요구되는 공직자임에도 불구하고 이들의 경우 이 법의 적용에서 제외되고 있기 때문에 그 차별에 정당성이 있는지 여부를 비례의 원칙에 입각하여 상세히 심사할 필요가 있다.

선출직 공무원과 정당의 경우 모두 국가로부터 세비와 정당국고보조금 등을 받고 입법과 선거 등에 직접 개입해야 하는 지위에 있으므로 오히려 그 공정성과 청렴성이 그 어느 공공기관 소속 공직자보다 더욱 요청된다고 볼 수 있을 것이다.

이에 비하여 사립학교 교직원이나 학교법인과 임직원 등의 경우에는 각급학교의 교육에 종사하는 지위에 있으며 이 직역의 종사자 역시 공정성과 청렴성이 요구되는 지위에 있다고 할 수 있지만, 오히려 그들은 원칙적으로 공직자라고 할 수는 없고 사인에 해당할 뿐이며, 선출직 공직자나 정당원과 비교할 때, 공직자에게 요구되는 청렴성이나 공정성과는 달리 교육자나 또는 교육기관종사자로서 요구되는 정도의 공정성이나 청렴성을 갖추고 있으면, 그것으로서 충분하다고 볼 수 있을 것이다.

그럼에도 불구하고 역으로 국회의원이나 정당의 당직자 등과 달리 사립학교 교직원이나 학교법인 임직원만을 그 적용대상자로 하고 있는 것은 법제정 과정에서 법제정자 자신들이 이 법의 구속으로부터 벗어나기 위하여 예외규정을 만든 것이라는 의심을 지울 수 없고, 이는 매우 자의적이며, 차별을 정당화할 수 있을 만한 어떠한 사유도 찾기 힘들다.

따라서 비례의 원칙에 입각한 엄격한 심사를 할 때에는 물론이거니와, 자의

금지에 입각한 완화된 심사를 한다 하더라도 이 사건 법률조항은 합리적 이유가 없이 사립학교 교직원과 학교법인 임직원을 선출직 공무원 및 정당인들과 비교하여 차별하고 있으므로 헌법 제11조에 위반된다고 할 것이다.

2. 이 사건 법률 제5조 제2항 제7호의 명확성의 원칙 위반여부(15)

(1) 명확성의 원칙의 의의(4)

명확성의 원칙이라 함은 어떠한 법률조항의 의미내용이 명확하여 무엇이 금지되고 무엇이 허용되는지 국민이 명확히 파악할 수 있고 예측할 수 있어야 한다는 것으로서 법치국가원리로부터 도출되는 원칙이다.

(2) 헌법합치적 해석 가능성(4)

통상적인 법해석방법으로 해석이 가능한 경우, 일단 애매한 법률조항에 대하여 헌법합치적으로 해석을 할 수 있도록 노력을 해야 한다. 이러한 헌법합치적 해석의 가능성도 없을 정도로 법률조항의 의미내용이 불명확할 경우에 명확성의 원칙에 위반된다고 해야 할 것이다.

(3) 심사기준(4)

침해영역에서는 급부영역에서보다 명확성의 정도가 더욱 엄격하게 요구되며, 또한 표현의 자유의 영역에서도 법률조항이 명확하지 않으면 표현행위에 대한 위축효과가 발생할 수 있기 때문에 이러한 영역에 있어서도 법률조항은 훨씬 더 명확해야 한다고 할 수 있다.

(4) 소결(3)

이 사건에서 특히 "사회상규에 따라 허용되는 금품"은 예외로 한다고 하는 규정은 사회상규의 의미가 무엇인지가 명확하지 않으며, 앞에서 열거된 규정과 유사한 내용의 금품은 제외되는 것으로 본다 하더라도, 금품제공의 형태가 매우 다양할 수 있기 때문에 무엇이 금지되고 무엇이 허용되는지 개별적인 경우에 모두 달리 판단될 수 있으므로, 그 내용을 예측할 수 없어 명확성의 원칙에도 반한다.

그리고 법률조항이 과도하게 광범위하여 위헌이라고 하는 의미에서 과도한 광범성의 원칙에도 위반될 수 있다.

3. 이 사건 법률 제10조와 제23조 제4항의 위헌여부(30)

(1) 관련되는 기본권(5)

청구인들 가운데 특히 F는 행복추구권과, 학문의 자유, 계약의 자유, 재산권, 직업의 자유의 침해를 주장하고 있다.

그런데 행복추구권은 일반적 기본권이므로 나머지 특별한 기본권이 적용될 수 있는 경우에는 그 적용이 배제된다.

그리고 공직자 등이 외부에서의 특강이나 강연 등을 의뢰받을 경우 이를 수락하여 자신의 능력에 부합하는 강연료 등을 받는 것은 교수의 경우에는 학문의 자유의 연속이 될 수도 있지만, 학교법인이나 언론기관의 임직원의 경우에는 직업의 자유의 보호영역에 포함되는 것이라고 할 수 있을 것이다.

그리고 강연료의 액수를 법령이 제한하고 이를 초과하는 경우 반환을 강제하는 것은 재산권에 대한 제한을 의미한다고 할 수 있다.

그리고 외부의 강연을 업으로 하는 사람이 아닌 경우에는 간헐적으로 외부적인 강연이나 강의를 하는 경우에는 강연료와 관련한 계약은 헌법 제10조의 행복추구권으로부터 도출되는 계약의 자유에 의하여 보호되는 행위라고 할 것이기 때문에, 계약의 자유와도 관련된다고 볼 수 있다.

다만 인간다운 생활을 할 권리의 경우 사회적 기본권으로서 이 사건과 직접 관련성은 없으므로 검토하지 않기로 한다.

결론적으로 이 사건 법률 제10조와 제23조 제4항은 청구인의 학문의 자유, 재산권, 직업선택의 자유, 계약의 자유와 모두 관련되나, 이하에서는 직업의 자유의 침해여부를 중심으로 그 위헌성을 변호사 입장에서 주장해 보기로 한다.

(2) 직업의 자유의 침해여부(25)

(가) 직업의 자유의 보호영역(3)

헌법 제15조의 직업선택의 자유는 직업행사의 자유와 좁은 의미의 직업선택의 자유로 크게 나눌 수 있으며, 직업선택의 자유에는 직종과 직장을 선택할 수 있는 자유, 전직의 자유, 그리고 직업교육장 선택의 자유까지 포함한다고 할 수 있으므로 헌법 제15조의 직업선택의 자유는 넓은 의미의 직업의 자유를 보장하는 것으로 이해할 수 있다.

(나) 제한(3)

직업의 자유에 대한 제한은 직업행사의 자유에 대한 제한과 좁은 의미의 직업선택의 자유에 대한 제한으로 나눌 수 있으며, 후자의 경우는 주관적 사유에 의한 직업선택의 자유에 대한 제한과 객관적 사유에 의한 직업선택의 자유에 대한 제한으로 나눌 수 있는데 이를 단계이론이라 한다.

이 사건 법률조항 제10조는 공직자등에 대하여 외부의 강연과 일정 액수 이상의 강연료의 수수를 제한하므로 이는 겸직의 자유나 또는 부업 등을 제한하는 것이므로 직업의 자유, 특히 직업행사의 자유에 대한 제한이라고 할 수 있다.

(다) 제한의 한계(19)

① **단계이론에 따른 제한의 한계(4)**

직업의 자유에 대한 제한은 위와 같은 단계에 따라서 먼저 직업행사의 자유에 대한 제한의 경우 입법자에게 넓은 형성의 자유가 주어지기 때문에 그 위헌 여부는 완화된 심사기준을 적용하며, 다음으로 주관적 사유에 의한 제한의 경우에는 그러한 주관적 사유에 의한 제한을 공익이 정당화하는 경우에 입법자가 할 수 있으며, 마지막으로 객관적 사유에 의한 제한의 경우에는 주관적 사유가 갖추어진 사람들에 대해서까지 직업선택을 제한하는 것이므로 압도적(우월적)으로 중요한 공익이 이러한 제한을 정당화하는 예외적인 경우가 아니면 안 된다고 하는 것이 소위 단계이론에 따른 제한의 한계이다.

이 사건 법률조항의 경우 강연료의 상한선을 정하고 그 이상을 수수하지 못하게 하는 것이므로 직업행사의 자유에 대한 제한이라고 할 수 있으므로 그에 대한 제한은 입법자에게 넓은 형성의 자유가 주어진다고 할 수 있지만, 직업행사의 자유에 대한 제한에 있어서도 어쨌든 헌법 제37조 제2항에서 요구하는 과잉금지원칙을 충족하여야 한다.

따라서 이하에서 과잉금지원칙의 위반여부를 살펴보기로 한다.

② **과잉금지원칙 위반여부(15)**

i) 목적의 정당성(3)

이 사건 법률조항이 공직자 등에 대하여 대통령령이 정하는 일정 금액 이상의 강연료를 받지 못하도록 하는 것은 강연료를 지나치게 많이 제공함으로써 사실상 부정청탁에 해당하는 행위를 하는 것을 금지하고자 함이라고 볼 수 있으므로, 목적 자체는 정당하다고 할 수 있다.

ii) 방법의 적정성(3)

또한 이 사건 법률조항이 대통령령으로 정하는 범위 내에서만 강연료 등을 수수하고 이를 신고하도록 하는 것은 강연료 등을 통한 부정청탁을 사전 또는 사후에 차단할 수 있기 때문에, 이러한 방법은 입법목적을 달성할 수 있는 것으로 방법의 적정성은 충족된다.

iii) 침해의 최소성(3)

그러나 사립학교 교직원과 학교법인의 임직원은 보통의 경우 자신의 전공과 관련하여 외부의 강연이나 특강을 자주 요청받을 수 있다. 또한 자신의 연구의 결과를 학계뿐만 아니라, 언론기관이나 그 밖에 연관된 산업체와 사회 일반에 전파하는 것은 학문의 자유에 있어서 연구결과에 대한 전파의 자유의 일환이라고 할 수 있다. 그런데 각 개인은 학문적 능력에 있어서 모두 천차만별이기 때문에 외부 강연요청이 있는 경우 학교의 장에게 신고하고 일정 금액 이상의 강연료를 받지 못하게 하는 것은, 학문의 자유와 또한 직업행사의 자유에 대한 지나친 제한이 되며, 이와 같은 방법을 동원하지 않고서 공직사회의 청렴성을 보장할 수 있는 방안으로서 가령 선출직 공무원이나 정당의 당직자들에 대한 부정청탁이나 금품수수 금지 관련 법률의 엄격한 집행 등을 통하여 입법목적을 얼마든지 달성할 수 있다. 그러므로 침해의 최소성의 원칙에 위반된다.

iv) 법익의 균형성(3)

이 사건 법률조항의 입법목적의 중요성을 어느 정도 인정할 수 있다 하더라도 이 법률조항에 의하여 침해되는 기본권, 즉 학문의 자유나 재산권, 직업의 자유, 계약의 자유의 중요성은 더욱 크다고 할 수 있으므로 법익의 균형성을 갖추었다고 할 수 없다.

v) 소결(3)

그러므로 이 사건 법률조항 제10조와 제23조 제4항은 헌법에 위반된다.

〈문 2〉

II. 나머지 심판대상인 이 사건 법률 제23조 제5항 제2호와 제24조의
위헌여부에 대하여는 청구인이 주장한 쟁점을 중심으로 헌법재판
소 재판관의 입장에서 약술해 보라(15).

1. 이 사건 법률 제23조 제5항 제2호의 양심의 자유의 침해여부(10)

헌법 제24조의 양심의 자유는 옳고 그름, 선과 악에 관한 인간의 내심에서
부터 들려오는 소리에 귀를 기울이고, 그 음성에 따라 옳고 그름과 선악 등에 대
하여 판단할 뿐만 아니라, 또한 그러한 판단에 따라서 행위를 할 자유라고 할 수
있다. 양심의 자유는 이와 같이 양심형성의 자유와 양심적 결정의 자유를 포함하
는 내심적 자유(forum internum)와 양심적 결정을 외부로 표현하고 실현할 수 있
는 양심실현의 자유(forum externum)를 포함하며, 전자의 경우는 절대적으로 보
호되지만 후자의 경우는 헌법 제37조 제2항에 따라 법률로써 제한될 수 있는 상
대적 자유이다(헌재 1998. 7. 16. 96헌바35, 구 국가보안법 제10조 위헌소원, 판례집
10-2, 159 [합헌]).

이 사건 법률조항은 배우자가 수수금지 금품 등을 수수한 경우에는 소속기
관의 장에게 신고하여야 하고, 신고하지 아니할 경우 과태료를 부과하고 있는
바, 가족의 행위에 대하여 소속 기관의 장에게 신고하는 것이 양심의 자유를 제
한하는 것이 아닌지 하는 것이 문제된다.

우리 헌법재판소에 따르면 국가보안법상 친족의 범죄에 대한 고지의무도 역
시 양심의 자유에 대한 제한은 아니라고 보고 있다. 공직사회의 청렴성 보장을
위해서 친족들에 대해서도 금지된 금품수수 사실을 알게 된 경우, 이에 대하여
신고하고 수수한 금품을 반환하도록 하는 것과 그리고 배우자의 경우도 마찬가
지로 적용하는 것은, 옳고 그름이나 선과 악에 대한 내면에서 들려오는 진지한
마음의 소리, 즉 양심형성이나 양심실현과는 다른 문제라고 보아야 할 것이다.

그러므로 이는 양심의 자유에 대한 제한이 아니고 기껏해야 헌법 제10조의
행복추구권이나 사생활의 비밀과 자유에 대한 제한에 해당하는 것으로서 헌법
제37조 제2항에 의한 정당화를 필요로 하는 것이라고 보아야 할 것이다.

2. 이 사건 법률 제24조가 형벌에 있어서 자기책임성의 원칙에 위반 되는지 여부(5)

헌법재판소는 이 사건 법률 제24조와 같은 양벌규정에 대하여 법치국가원리나 죄형법정주의원칙으로부터 도출되는, 소위 형벌에 있어서 자기책임의 원칙에 반하여 위헌이라고 하고 있다.

이러한 판례에 따를 때 이 사건 양벌규정 역시 행위자 외에 그가 속하는 법인이나 고용인 등을 처벌하는 것은 형벌에 있어서 자기책임의 원칙을 위반하는 것으로서 결과적으로 법치국가원리와 죄형법정주의원칙 그리고 헌법 제10조의 일반적 행동의 자유에 위반된다고 보아야 할 것이다.

※ 헌재 2005. 7. 21. 2004헌가30, 도로교통법 제71조의15 제2항 제8호 위헌제청, 판례집 17−2, 1, 14.

참고판례

※ **국민건강보험법 제33조 제2항 등 위헌확인**
(헌재 2000. 6. 29. 99헌마289, 판례집 12−1, 913, 934−935 [기각])

※ **구 국가보안법 제10조 위헌소원**
(헌재 1998. 7. 16. 96헌바35, 판례집 10−2, 159 [합헌])

※ **신용정보의 이용 및 보호에 관한 법률 제34조 등 위헌제청**
(헌재 2010. 9. 30. 2010헌가3, 공보 제168호, 1602 [위헌, 각하])

※ **도로교통법 제71조의15 제2항 제8호 위헌제청**
(헌재 2005. 7. 21. 2004헌가30, 판례집 17−2, 1, 14 [위헌])

사 례

甲은 장차 변호사가 될 꿈을 가지고 2013년 H 대학교 법학전문대학원에 입학하여 변호사로서의 교육과 훈련을 받고 있는 1학년 학생이다. 甲은 법학전문대학원협의회가 수립한 2011년 1월 12일 "법학전문대학원 학사관리 강화방안"에 따라 동 법학전문대학원에서 실시하고 있는 상대평가제도로 인하여 자신이 아무리 열심히 공부하고 시험을 잘 친다 하더라도 다른 사람이 자신보다 더 시험을 잘 친 경우에는 C학점이나 D학점 등 나쁜 성적을 받을 수 있으며, 이로 인하여 자신이 성실하게 공부를 한다 하더라도 유급이나 학사경고를 받을 가능성이 있을 뿐만 아니라, 그렇게 되면 졸업 후 변호사시험에 합격한다 하더라도, 좋은 로펌에 지원도 할 수 없는 형편이 될 것이라고 생각하였다. 甲은 이러한 상대평가제도가 불합리할 뿐만 아니라 자신의 장래를 가로 막을 수도 있다고 판단하고 상대평가제도의 근거가 된 관련조항들과 상대평가제도의 불합리한 운영에도 불구하고 이에 대한 감독이나 시정조치를 하지 않고 있는 교육부장관의 부작위가 자신의 기본권을 침해하여 헌법에 위반된다고 주장하면서 2013년 6월 1일 헌법재판소에 헌법소원심판을 청구하였다.

> ※ 그 사이 위와 같은 획일적인 상대평가제도는 상당부분 완화되었으나 이러한 사실은 고려하지 않고 획일적 상대평가제도가 그대로 적용되고 있음을 전제로 하여 풀이한다.

〈문 1〉 당신이 甲의 변호사라면 어떠한 관련조항을 헌법소원심판의 대상으로 삼겠는가(20).

〈문 2〉 甲의 변호사 입장에서 심판대상이 된 근거조항의 위헌성에 대하여 주장해보라(50).

〈문 3〉 상대평가제도의 불합리한 운영에 대해서 아무런 감독이나 시정조치를 명하지 않고 있는 교육부장관의 부작위에 대한 헌법소원심판청구에 대하여 헌법재판소의 입장에서 판단하라(30).

관련 법률

※ **법학전문대학원 설치·운영에 관한 법률**

제19조(학점) ① 법학전문대학원 석사학위과정의 이수에 필요한 학점은 대통령령으로 정하는 학점 이상으로 하되, 학칙으로 정한다.

② 이 법에 따른 다른 법학전문대학원 또는 법학전문대학원에 상응하는 외국 대학의 학위과정에서 취득한 학점은 대통령령으로 정하는 범위 안에서 학칙으로 정하는 바에 따라 당해 법학전문대학원의 학점으로 인정할 수 있다.

③ 법학전문대학원은 법학에 관한 학사학위 이상의 학위를 취득하여 당해 법학전문대학원에서 필요로 하는 법학지식을 습득한 것으로 인정되는 자에 대하여는 대통령령으로 정하는 범위 안에서 학칙으로 정하는 바에 따라 당해 법학전문대학원의 학점을 취득한 것으로 인정할 수 있다.

제20조(교육과정) ① 법학전문대학원은 제2조의 교육이념의 취지에 부합하는 법조인의 양성에 필요한 교과목을 개설하는 등 체계적인 교육과정을 운영하여야 한다.

② 법학전문대학원이 개설하여야 하는 교과목 등에 관하여 필요한 사항은 대통령령으로 정한다.

※ 법학전문대학원 설치·운영에 관한 법률 시행령

제12조(학점) ① 법 제19조제1항에서 "대통령령으로 정하는 학점"이란 90학점을 말한다.

② 법 제19조제2항에서 "대통령령으로 정하는 범위"란 30학점을 말한다. <개정 2012. 12. 27.>

③ 법 제19조제3항에서 "대통령령으로 정하는 범위"란 15학점을 말한다. <신설 2012. 12. 27.>

제13조(교육과정) ① 법학전문대학원은 학생에게 법조인으로서 가져야 할 가치, 법률지식 및 전문기술 등을 지도할 수 있도록 다음 각 호의 내용을 포함하는 교과목을 개설하여야 한다.

1. 법조윤리(法曹倫理)
2. 국내외 법령 및 판례 정보 등 법률정보의 조사
3. 판결문, 소장(訴狀), 변론문 등 법문서의 작성
4. 모의재판
5. 실습과정

② 법학전문대학원은 제1항 제5호에 따른 실습과정을 통하여 학생에게 사회에 봉사할 수 있는 기회를 제공하여야 한다.

※ H 대학교 대학원 학칙 법학전문대학원 시행세칙

제15조(성적평가 및 학사경고) [조 명칭변경 2010. 2. 26] ① 학업성적은 성적등급 D급 이상을 취득학점으로 인정한다. <신설 2010. 2. 26., 개정 2011. 5. 12.>

② 전문석사학위과정의 매학기 말 학업성적 평점평균이 [별표 2]의 기준에 미달하는 학생은 학사경고를 한다. 또한 수강신청을 하지 않거나 대학원 학칙 제28조(학기당 이수학점) 제1항의 최소 이수학점에 미달하는 경우에는 해당 학기 평점평균을 0.0으로 처리하고 학사경고를 한다. 다만, 학사경고 평점은 상대평가과목으로 산정하며, 계절학기 과목은 다음 학기 성적처리시 반영한다. <개정 2011. 6. 17., 2011. 10. 7., 2012. 5. 7.>

③ 학업성적의 평점평균은 [별표3]의 성적환산표에 의하여 다음과 같이 산출하며, 소수점 셋째자리에서 반올림한다. <신설 2010. 2. 26., 개정 2011. 5. 12.>

[(교과목별평점×학점)의 총합]÷ 수강신청 총학점

제16조(유급) ① 매학년 학업성적이 다음 각 호의 1에 해당하는 전문석사학위과정

의 학생은 유급한다.

1. 연속 2개 학기 상대평가과목의 합산 평점평균이 C0 이하인 경우 <개정 2011. 6. 17., 2012. 5. 7.>

2. <삭 제>

② 유급된 자의 해당 학년 기취득 학점은 무효로 되고 유급된 자는 전 교과목을 재수강하여야 한다. 다만, B 이상의 학점을 받은 경우와 P/F과목에서 P과목은 예외로 한다. <개정 2011. 5. 12., 2012. 5. 7.>

제17조(재수강) [조 명칭변경 2010. 2. 26] ① 낙제된 교과목이 필수과목인 때에는 재수강을 하여야 한다. 다만, 교육과정 변경 등으로 해당과목을 재수강할 수 없는 경우는 예외로 한다.

② 성적등급이 C+이하인 과목은 동일학수번호의 강좌에 한하여 재수강 할 수 있다. <신설 2010. 2. 26.>

제18조(수료 인정학점) 학사경고 및 유급에 의한 제적자 가운데 다음과 같이 소정의 학점을 취득한 자에게는 각 학기별 수료증을 수여할 수 있다. <개정 2009. 5. 16.>

1. 2학기 33학점, 4학기 66학점, 6학기 94학점 이상을 취득한 자 <개정 2009. 5. 16.>

부 칙
(시행일) 이 시행세칙은 법학전문대학원 인가를 받은 날부터 시행한다.

부 칙(2009. 5. 16. 공포)
(시행일) 이 세칙은 공포한 날부터 시행한다.

부 칙(2009. 9. 23. 공포)
(시행일) 이 세칙은 공포한 날부터 시행한다.

부 칙(2010. 2. 26. 공포)
(시행일) 이 세칙은 공포한 날부터 시행한다.

부 칙(2011. 5. 12. 공포)
제1조(시행일) 이 세칙은 공포한 날로부터 시행한다.
제2조(경과조치) 이 세칙 제15조 제3항은 2009학년도 및 2010학년도에 기 처리된

성적등급의 경우에도 적용한다.

부 칙(2011. 6. 17. 공포)
제1조(시행일) 이 세칙은 공포한 날로부터 시행한다.

부 칙(2011. 10. 7. 공포)
(시행일) 이 세칙은 공포한 날부터 시행한다.

부 칙(2011. 12. 15. 공포)
(시행일) 이 세칙은 공포한 날부터 시행한다.

부 칙(2012. 5. 7. 공포)
(시행일) 이 세칙은 공포한 날부터 시행한다.

부 칙(2012. 11. 23. 공포)
(시행일) 이 세칙은 공포한 날부터 시행한다.

부 칙(2013. 5. 20. 공포)
(시행일) 이 세칙은 공포한 날부터 시행한다.

※ [별표 1] 필수과목의 학점수(시행세칙 제9조)

구 분	교과목명	학점수
필수실무교과목	법조윤리	2
	법률정보의 조사 및 법문서의 작성	2
	모의재판	1
	실습과정	1
전공기초 필수과목	민법1	3
	민법2	3
	민법3	2
	민법4	2
	민사소송법1	3

	회사법	3
	형법1	3
	형사소송법 Ⅱ	3
	헌법2	3
	행정법	3
합 계	14 과목	34

※ [별표 2] 학사경고 기준(시행세칙 제15조)

이수학년, 학기		학사경고기준
전 학년	1학기	C0 이하
	2학기	

※ [별표 3] 성적환산표 (시행세칙 제15조)

등 급	점 수	평 점
A+	97 ~ 100	4.3
A0	94 ~ 96	4.0
A-	90 ~ 93	3.7
B+	87 ~ 89	3.3
B0	84 ~ 86	3.0
B-	80 ~ 83	2.7
C+	77 ~ 79	2.3
C0	74 ~ 76	2.0
C-	70 ~ 73	1.7
D	60 ~ 69	1.3
F	60점 미만	0

법학전문대학원 학사관리 강화방안 수립

2011. 01. 12
법학전문대학원협의회

1	학사경고 및 유급기준 수립

☐ 학사경고 : 매 학기 기준, Co이하

유급 : 매 학년 기준, Co이하 (연속 두개 학기 평균평점 기준)

※ 학사경고 및 유급 기준 : 학교가 C+ 이상으로 상향 할 수 있음

☐ 연속 3회 학사경고 또는 통산 2회 유급 시 제적

○ 유급 시 해당 학년(2개 학기)에 취득한 Bo이하의 모든 학점은 무효

☐ 휴학 후 복학할 경우 연속으로 봄

('연속'의 예시 : 2학년 1학기 + 휴학 + 2학년 2학기)

☐ 계절 학기에 이수한 학점은 다음 학기 성적에 포함하여 산정함

☐ 학부에서 이수한 성적, 외국대학에서 받은 학점, 외국어강의에서 취득한 성적은 제외하고 성적 산출하여 학사경고, 유급 산정해야 함

2	모든 과목 상대평가 실시

☐ 모든 과목 평가는 상대평가 실시를 원칙으로 함

○ 상대평가가 적합하지 않은 실무기초과목(법조윤리, 모의재판, 실습과정,

법문서작성, 법률정보의 조사, 리걸클리닉 등)의 경우에는 Pass/Fail로 평
가할 수 있음

○ 외국어 강의는 절대평가 가능

| 3 | 재학년한 제한 |

❑ 법학전문대학원 재학생에 대한 질 관리를 강화하고 유급제도의 실효성을 담
보하기 위해 재학년한 5년(휴학기간 제외)을 초과하는 경우 자동으로 제적처리

| 4 | 학점배분 비율 공통 적용 |

❑ 학교별 만점기준을 4.3으로 통일
   ○ 아래 표는 각 학점별 최대비율이며 하위 학점에서 사용가능
   ○ 1~9명까지는 협의회에서 작성한 표(상대평가 분포표 붙임)를 적용함

구 분	4.3 만점
A : 25%	A+ : 7%, A° : 8%, A− : 10%
B : 50%	B+ : 15%, B° : 20%, B− : 15%
C : 21%	C+ : 9%, C° : 7%, C− : 5%
D : 4%	D : 4%

※ 반올림하여 계산하며, 비율은 위에서부터 채움

ex) 1. A+ 5% 의 경우 : A0, A−에서 전체 A 25%를 넘지 않는 범위에서 사
       용가능
    2. A 전체 24%의 경우 : A, B 합계 75%를 넘지 않는 범위에서 B에서 사

용가능

3. A, B 합계 74%의 경우 : A, B, C 합계 96%를 넘지 않는 범위에서 C에서 사용가능

5	기타사항

1. 학기/학년 최소 이수학점(또는 과목 수)

☐ 매학기 최소 이수학점은 '6학점 이상'으로 함

2. 졸업요건(졸업시험, 졸업논문) 등

☐ 졸업시험(종합시험), 졸업논문 등 제도를 마련하여 자율적으로 학사관리 엄격하게 실시

3. 25개교 학사관리 현황 공개

☐ 협의회 차원에서 재학생 및 일반인에게 학사관리 현황(결과)에 대해 정보공개를 하고, 모든 법학전문대학원에서 참고할 수 있도록, 협의회에서 25개교 내규집을 제작하기로 함

 ○ 학사경고 및 유급, 제적 현황 공개

 ※ 성적이 미달되어 학사경고, 유급이 될 것 같은 학생들이 학기 중에 자퇴하는 경우가 있으므로 이 경우를 비율에 포함하여 산정

 ○ 성적평가 결과 공개

* 향후 추진일정

 ◎ 학칙 개정안 : 2011년 2월말까지(2011년 1학기부터 적용)

 ◎ 교과부와 협의회는 학사관리 현황(결과)을 모니터링

【4.3 만점의 성적등급, 평가기준 점수 및 평점】

등 급	점 수	평 점
A+	97 ~ 100	4.3
Ao	94 ~ 96	4.0
A-	90 ~ 93	3.7
B+	87 ~ 89	3.3
Bo	84 ~ 86	3.0
B-	80 ~ 83	2.7
C+	77 ~ 79	2.3
Co	74 ~ 76	2.0
C-	70 ~ 73	1.7
D	60 ~ 69	1.3
F	60점 이하	0
P	합격	
NP	불합격	

【1~9명 상대평가 분포표】

수강인원	A	B	C	D
9명	2	5	2	
8명	2	4	2	
7명	2	4	1	
6명	2	3	1	
5명	1	3	1	
4명	1	2	1	
3명	1	1	1	
2명	1	1		
1명	1			

〈문 1〉 당신이 甲의 변호사라면 어떠한 관련조항을 헌법소원심판의 대상
으로 삼겠는가(20).

1. 법률의 심판대상 가능성 여부(8)

(1) 제19조 제1항(4)

법학전문대학원 설치·운영에 관한 법률 제19조 제1항: 석사학위과정의 이수
에 필요한 학점에 관한 규정으로 최소학점만을 대통령령으로 위임한 후 나머지는
모두 학칙에 위임하고 있다. 학점에 관한 사항을 모두 학칙으로 위임한 것이 의회
유보원칙 또는 포괄위임입법금지의 원칙에 위반되는지 여부가 문제될 수 있다.

(2) 제20조 제2항(4)

법학전문대학원 설치·운영에 관한 법률 제20조 제2항: 법학전문대학원이
개설하여야 하는 교과목 등에 관하여 필요한 사항은 대통령령으로 정한다고 하
여 포괄위임입법금지의 원칙 위반여부의 문제가 제기된다.

2. 시행령의 심판대상 가능성 여부(4)

시행령은 학점 등 학생들의 성적에 관하여 어떠한 방법과 기준으로 하여야
하는지에 관하여 아무런 규정을 두지 않고 있다. 다만 제19조의 위임에 따라 최
소학점에 대하여 규정하고 있을 뿐이다. 그러므로 이 조항으로 인하여 기본권침
해가 될 가능성은 없다고 보인다.

3. 법전원 협의회 지침의 심판대상 가능성 여부(4)

그러한 와중에 법전원협의회에서 학사관리강화방안을 마련하여 그에 따라
전국 법전원이 학점을 원칙적으로 상대평가에 따라 운영하게 하고 있다. 법전원
협의회의 지침이 공권력의 행사에 해당하는지 여부가 문제될 수 있으나, 법전원
협의회는 민간기구로서 국가기관에 해당한다고 할 수 없다. 따라서 법전원 협의
회의 지침을 헌법소원심판의 대상으로 삼을 수는 없을 것이다.

4. 학칙의 심판대상 가능성 여부(4)

학칙을 심판대상으로 할 수 있을 것인지 여부는 H 대학이 국·공립대학인지
사립대학인지를 구별하여 검토해야 한다.

(1) 국·공립대학인 경우(2)

이 경우 H 대학의 학칙은 기본권침해의 원인이 될 수 있는 공권력 행사가 될 수 있을 것이다. 구체적으로 H 대학 시행세칙에서는 상대평가에 관한 규정이 없으므로 주어진 자료만으로는 심판대상으로 삼을 수 있는 조항은 보이지 않는다. 다만 H 대학 로스쿨의 성적평가지침에서 법전원협의회 지침을 그대로 받아들인 규정이 있다면 이 규정을 헌법소원심판의 대상으로 삼을 수 있을 것이다.

(2) 사립대학인 경우(2)

H 대학이 사립인 경우 이 대학은 공권력의 주체라고 할 수 없을 것이다. 다만 로스쿨은 변호사양성기관으로서 장차 판·검사의 임용 역시 로스쿨 출신 변호사들을 대상으로 하게 된다는 점을 고려해 볼 때, 사립 로스쿨의 경우도 국가기관이 해야 할 업무를 위탁받은 공무수탁사인으로서 준 국가 기관적 성격을 가지는 기관인지가 문제될 수 있으며, 그러한 한에서는 부분적으로 공권력주체로서의 성격을 인정할 여지가 있다. 그렇다면 그러한 범위 내에서는 사립 로스쿨의 학칙 역시 헌법소원심판의 대상으로 삼아서 주장해 볼 수는 있겠으나, 최근 이화여대 로스쿨 사건(헌재 2013. 5. 30. 2009헌마514)에서 헌법재판소는 사립 로스쿨의 경우 공권력의 주체성을 부인하였다. 따라서 헌재의 논리에 의한다면 H 대학이 사립인 경우 그 학칙은 공권력의 행사라고 보기 어렵다.

5. 소결

로스쿨 학생들의 학점 등에 관하여 포괄적으로 대통령령에 위임하고 있는 법학전문대학원 설치·운영에 관한 법률 제19조 제1항 및 제20조 제2항을 심판대상으로 삼을 수 있을 것이다(H 대학이 국·공립일 경우에는 학칙시행세칙에 대한 성적평가지침이 자료로 제시되었다면, 이를 심판대상으로 삼아 볼 수 있겠으나, 제공된 자료에는 이러한 지침이 나와 있지 않으므로 결국 심판대상으로 삼을 수 있는 대상은 없다고 보인다).

(한편 시행령이 평가방법에 관하여 아무런 규정을 두지 않은 채 법전원협의회 지침에 의하여 각 로스쿨의 학칙에 따라 하도록 하고 있는데 이것이 혹시 행정입법(시행령)부작위에 해당하지 않는지도 문제를 제기해 볼 수는 있을 것이다. 그리고 상대평가를 둘러싸고 여러 가지 모순적인 문제가 많이 발생하고 있음에도 이에 대하여 감독이나 시정조치를 하지 않고 있는 교육부의 부작위에 대하여 헌법소원의 대상으로 삼을 수 있을 것이다)

〈문 2〉 甲의 변호사 입장에서 심판대상이 된 근거조항의 위헌성에 대하여 주장해 보라(50).

Ⅰ. 문제의 소재(2)

법전원설치·운영에 관한 법률(이하 '법'이라 함) 제19조 제1항 및 제20조 제2항의 의회유보원칙 위반 여부, 포괄위임입법금지의 원칙 위반 여부가 문제가 된다.

Ⅱ. 본안판단(45)

1. 제19조 제1항의 위헌여부(15)

법 제19조 제1항은 석사학위과정 이수에 필요한 학점에 관한 규정을 대통령령과 학칙에 위임하는 조항이다. 이수에 필요한 최소학점은 대통령령이 정하되, 어느 정도의 학점이 필요한지에 관해서는 각 로스쿨이 정할 수 있도록 위임하고 있다.

(1) 관련되는 기본권 및 헌법원칙(5)

법 제19조 제1항은 상대평가제도의 파행적 운영과는 직접적으로 관련되어 있지는 않은 것으로 보인다. 그러나 석사학위과정의 이수를 위해서 필요한 사항에 관하여 법학전문대학원 설치·운영에 관한 법률이 정해야 할 사항을 거의 전부 학칙에 위임해 놓고 있는 것은 의회입법의 원칙과 포괄위임입법금지원칙에 대한 위반이 아닌지 하는 문제가 제기된다. 그리고 행복추구권과 직업선택의 자유와 관련될 수 있다.

(2) 의회유보(의회입법)의 원칙 위반여부(5)

법학전문대학원 석사학위과정의 이수에 필요한 학점은 학칙으로 정한다고 하는 규정은 석사학위과정의 이수에 필요한 학사관리에 관한 모든 것을 사실상 전적으로 학칙에 위임하고 있는 것과 다름없다. 이 사건에서 문제가 되고 있는 것은 로스쿨 학생들이 아무리 공부를 열심히 해서 시험을 잘 본다 하더라도, 상대평가제도에 따라 나쁜 성적을 받을 가능성이 있어, 그로 인한 불이익을 받을 수밖에 없고, 이는 자신이 변호사가 되기 위해서 필요한 법적 지식과 소양을 충분히 갖추었음에도 불구하고 낮은 학점으로 인하여 불이익을 받을 수 있다는 점에 있다.

결국 상당한 정도의 법적 지식과 소양을 갖추었다고 할 수 있는 학생들도 상대평가로 인하여 학사경고나 유급이 될 수도 있는 가능성이 있다고 할 때에는 그로 인하여 정상적으로 로스쿨을 졸업할 수 없게 되며, 또한 졸업하고 변호사시험에 합격하였다 하더라도 로펌 등에의 취직이 매우 힘들게 되는 등의 불이익을 받을 수밖에 없게 되므로 이로 인하여 청구인 甲의 직업선택의 자유와 행복추구권을 침해할 수 있는 가능성이 있다고 할 수 있다.

따라서 이러한 기본권적 불이익을 부여할 수 있는 가능성이 있는 문제는 기본권의 본질적인 내용과 관련되므로 국회가 직접 제정해야 할 필요가 있다고 할 수 있음에도 학칙으로 모두 위임한 것은 의회입법의 원칙에 위반된다고 볼 수 있을 것이다.

(3) 포괄위임입법금지원칙 위반여부(5)

포괄위임입법금지원칙의 헌법적 근거는 대통령령의 경우 헌법 제75조이다. 그리고 제95조의 경우도 "구체적으로 범위를 정하여서"라는 문구가 없기는 하지만 총리령이나 부령의 경우에도 마찬가지로 포괄위임입법금지원칙이 적용되는 것으로 본다. 그러므로 최소학점에 대해서 아무런 방향이나 기준도 마련하지 않은 채 대통령령에 위임하였으므로 포괄위임입법금지의 원칙에 반할 소지가 있다. 그리고 학칙으로의 위임의 경우에는 포괄위임입법금지원칙보다는 의회유보(의회입법의 원칙)의 위반가능성이 있다고 볼 수 있다.

2. 제20조 제2항의 위헌여부(15)

(1) 문제되는 헌법원리(5)

교과목 등에 관하여 필요한 사항은 대통령령으로 정한다고 규정함으로써, 헌법 제75조의 '구체적으로 범위를 정하여서' 위임하여야 한다고 하는 포괄위임입법금지원칙의 취지에 부합하지 않는 면이 있다.

(2) 포괄위임입법금지원칙 위반여부의 심사기준(5)

위임의 구체성·명확성의 요구 정도는 규제대상의 종류와 성격에 따라 다른 것으로 기본권침해영역에서는 급부행정영역에서보다 구체성의 요구가 강화되고, 다양한 사실관계를 규율하거나 사실관계가 수시로 변화될 것이 예상될 때에는 명확성의 요건이 완화된다(1991. 2. 11. 90헌가27).

(3) 이 사건의 경우(5)

법학전문대학원의 운영에 관한 사항은 대학의 자율영역이라고 할 수 있으므로, 이러한 자율영역에 대한 규율의 위임은 명확성의 요구정도가 그리 높다고 할 수는 없을 것이다. 그러나 상대평가와 관련하여 지나치게 엄격한 학사관리로 인하여 법학전문대학원 학생들의 기본권적 법익이 위협받고 있다고 한다면 이에 관해서는 어느 정도 위임의 구체성의 정도가 그만큼 높게 요구된다고 할 수 있을 것이다. 즉 학점 등 평가제도와 관련해서는 어느 정도의 지침이나 기준을 제시하여 위임할 필요성이 있다고 보인다. 이 사건의 경우는 거의 포괄적으로 백지위임해 놓고 있으므로 헌법 제75조 위반이라고 볼 수 있을 것이다.

3. H 대학이 국·공립인 경우 학칙의 위헌여부(15)

(1) 문제되는 조항(5)

학칙 제16조 제1항 제1호는 매학년 학업성적이 연속 2개 학기 상대평가과목의 합산 평점평균이 C0 이하인 경우 유급하는 것으로 규정하고 있으며, 제2항에서 유급된 자의 해당 학년 기취득 학점은 무효로 되고 유급된 자는 전 교과목을 재수강하여야 한다고 규정하고 있다. 다만 전술한 바와 같이 학점별 최대 배분비율을 규정하는 상대평가제도는 제공된 자료에는 보이지 않는다.

가령 동 H 대학 로스쿨의 성적평가지침규정이 법전원협의회의 상대평가제도와 같은 내용의 규정을 담고 있다면, 이 지침에 관하여 헌법소원의 대상으로 삼을 수 있을 것이다.

(2) 관련조항(성적평가지침)의 위헌여부(10)

만일 H 대학 로스쿨의 성적평가지침규정이 법학전문대학원협의회의 『법학전문대학원 학사관리 강화방안 수립』이라고 하는 제목의 지침에서 "4. 학점배분비율 공통 적용(A; 25%, B; 50%, C; 21%, D; 4%)" 등을 내용으로 하는 규정이 있다면, 이러한 내용들이 학생들이 시험성적에 구애 받지 않고서 자유롭게 법률교육을 받고 학습하면서 전인적인 법률가로 양성될 수 있는 권리를 침해하는 것은 아닌지 여부의 문제가 제기된다. 이러한 권리는 헌법 제10조의 행복추구권과 헌법 제15조의 직업선택의 자유 및 헌법 제22조의 학문의 자유에서 도출되는 권리라고 볼 수 있을 것이다.

물론 이러한 권리도 무한히 보장될 수 있는 것이 아니라 헌법 제37조 제2항에 따라서 필요한 경우에 한하여 법률로써 제한될 수 있는 권리이며, 이러한 제한의 경우에는 과잉금지의 원칙 등 기본권제한의 한계를 준수하여야 한다. 그러므로 이하에서 과잉금지의 원칙 위반여부를 간단히 검토하면 다음과 같다.

ⅰ) 소위 절대적 상대평가제도를 도입한 성적평가지침은 학점 인플레이션 등 폐해를 방지하면서 엄정한 학사관리를 통하여 양질의 변호사양성을 담보하는 것을 목적으로 한다고 할 수 있으므로 목적의 정당성은 인정된다. ⅱ) 성적평가지침이 채택한 방식은 거의 전과목에 예외 없이 적용되는 획일적 상대평가제도인데 이와 같은 방법을 동원하면 추구하는 목적을 달성할 수 있으므로 방법의 적정성도 인정된다. ⅲ) 학생들이 자유롭게 법률교육을 받고 학습할 수 있는 권리를 덜 침해하면서도 로스쿨 도입의 취지를 살릴 수 있는 방법은 여러 가지 다양하게 있을 수 있음에도 불구하고, 가령 세 사람의 수강생이 있는 경우에도 성적이 A, B, C로 각각 나뉠 수밖에 없는 구조는, 학생들로 하여금 지나치게 과잉한 경쟁을 초래하여 정상적인 법률교육과 자유로운 학습을 어렵게 할 수 있으므로 침해의 최소성에 반한다. ⅳ) 절대적 상대평가제도의 목적은 그다지 중요하다고 보기 힘든 데 반하여, 그 제도로 인하여 침해되고 있는 학생들의 기본권적 법익의 중요성은 매우 크다고 볼 수 있기 때문에 법익의 균형성에도 반한다. 절대적 상대평가제도를 도입하기로 한 것은 대학 당국이므로 대학의 자율성이나 학문의 자유에 의하여 일정 부분 학생들의 기본권이 제약되는 측면이 있을 수 있다 하더라도, 법학전문대학원협의회의 지침에 의하여 거의 전체 로스쿨의 성적평가지침이 획일화되고 있는 현실을 감안한다면 이러한 제도의 도입이 대학의 자율의 결과라고 하기는 곤란하다는 점도 지적하지 않을 수 없다. ⅴ) 결론적으로 이러한 성적평가지침은 과잉금지의 원칙에 위반된다고 보인다.

Ⅲ. 결 론(3)

결론적으로 법 제19조 제1항은 의회유보(의회입법)의 원칙에 위반되고, 법 제20조 제2항은 포괄위임입법금지의 원칙에 위반되며, H 대학이 국·공립일 경우 획일적 상대평가제도를 도입한 성적평가지침은 학생들이 자유롭게 수업을 받으며 법조인으로서 양성될 수 있는 권리를 과잉하게 침해한다고 할 수 있다.

〈문 3〉 교육부장관의 부작위에 대한 헌법소원심판청구에 대하여 헌법재판소의 입장에서 판단하라(30).

I. 심판청구의 적법여부(14)

1. 부작위에 대한 헌법소원심판이 적법하기 위한 요건(4)

헌법으로부터 유래하는 작위의무나 보호의무가 있는지 여부를 판단한다. 이 사건에서 로스쿨에서의 성적평가제도와 같은 학사관리와 관련하여 그 운영이 파행적으로 이루어지고 있을 경우에 교육부가 로스쿨에 대하여 시정조치를 하여야 할 구체적인 헌법적 작위의무가 인정될 수 있겠는가가 문제가 된다. 이 문제는 청구인 甲의 기본권보호의무의 관점에서 본다면 작위의무나 보호의무가 헌법적으로 전혀 인정되지 않는다고 할 수는 없을 것이다. 그러므로 이 관점은 인정된다.

2. 보충성의 원칙(2)

부작위위법확인소송이 있으나 법원을 통한 권리구제가능성이 확실치 않으므로 보충성의 원칙의 예외가 인정된다.

3. 청구기간(2)

공권력의 불행사로 인한 기본권 침해는 그 불행사가 계속되는 한 기본권침해의 부작위가 계속된다. 따라서 부작위에 대한 헌법소원심판은 그 불행사가 계속되는 한 기간의 제약없이 적법하게 청구할 수 있다.

4. 기본권침해의 관련성(2)

자기, 현재, 직접 관련성이 존재한다.

5. 대리인 선임(1)

변호사선임을 하였다고 가정한다.

6. 권리보호이익(2)

권리보호이익이 없다 할 수 없다.

7. 소결(1)

이 사건 헌법소원심판청구는 적법하다.

Ⅱ. 위헌여부에 대한 판단(14)

1. 위헌여부의 심사기준(9)

위헌여부의 심사기준은 교육부의 부작위가 청구인 갑의 직업선택의 자유에 대한 기본권보호의무를 위반하였는지 여부가 될 것이다. H 대학이 사립인 경우 만일 학생들이 상대평가를 원칙으로 하는 학사관리로 인하여 기본권적 불이익을 받고 있음에도 불구하고 국가가 그에 대하여 아무런 조치를 취하지 않고 있다면 기본권보호의무 위반이 아닌가 의심해 볼 수 있다. 이 경우 H 대학교와 甲이 가해자와 피해자의 관계에 있는지, 그리고 H 대학교와 甲의 기본권적 법익을 침해하거나 침해할 위험이 있음에도 불구하고 국가가 위헌적으로 아무런 보호조치를 다하지 아니하였는지가 문제될 것이며, 이러한 보호의무 위반여부를 심사함에 있어서는 원칙적으로 과소금지의 원칙에 입각하여야 할 것이다. 이 경우 교육부가 피해자들의 기본권을 보호하기 위하여 최소한으로 필요한 조치도 취하지 않았는지의 기준에 입각하여 심사한다(3).

교육부가 로스쿨학생들이 상대평가로 인하여 고통을 받고 있는 순간 어떠한 유효하고도 적절한 조치를 취하였는지 전반적으로 의심이 되며, 이렇다 할 만한 적절한 조치를 취했다고 볼 만한 자료를 찾을 수 없다. 다만 기본권보호의무를 이행함에 있어서는 그 상대방인 대학의 자율성을 침해하게 될 가능성도 배제할 수 없으므로 신중하게 형량하여야 할 것이다(3).

또한 위안부 판결에서 부작위가 위헌이기 위한 전제조건을 헌법재판소가 제시하였는데 나름 위헌여부 판단의 기준이 된다고 할 수 있을 것이다. 즉 침해되는 기본권의 중대성, 기본권침해 위험의 절박성, 기본권의 구제가능성, 작위로 나아갈 경우 진정한 국익에 반하는지 여부 등이 그것이다(헌재 2011. 8. 30. 2006 헌마788, 판례집 23-2상, 366, 367).

이러한 기준을 이 사건에 적용할 수 있는가의 문제가 제기되는데 기본권침해의 중대성, 위험의 절박성, 기본권의 구제가능성 등의 요건은 이 사건에서도 적용될 수 있을 것이다(3).

2. 이 사건의 경우(5)

교육부장관이 로스쿨의 학사관리에 대하여 어떠한 방법과 어떠한 내용으로 그리고 어느 정도로 자주 감독을 하며, 또한 문제가 있을 경우 시정조치를 명하는지 등에 대한 자료는 나와 있지 않으나 2011년 이후 지금까지 2년 이상 전국 로스쿨이 상대평가제도를 운용해 오는 과정에서 나타나는 많은 문제점과 모순점이 있으며 그에 대한 문제제기도 여러 경로로 이루어지고 있다고 할 수 있다. 현재 전국 로스쿨에서는 상대평가제도의 전면실시로 인하여 수강신청시 과도한 눈치보기현상, 제 아무리 열심히 공부하여 실력을 발휘한다 하더라도 점수는 늘 상대평가로 나쁜 결과가 나올 수도 있는 가능성 상존, 졸업 이후 상대평가에 의하여 나쁜 결과를 받은 졸업생의 경우 로펌 등에의 진출이 어렵게 될 수 있다는 점 등 기본권침해의 중대성과 그리고 이를 구제해야 할 필요성이 매우 크다고 할 수 있을 것이다(2).

그럼에도 불구하고 교육부는 이에 대한 뚜렷한 시정조치를 하려는 움직임을 보이지 않고 있는 바, 이는 甲의 직업선택의 자유에 대한 기본권보호의무를 위반할 소지가 있다고 할 수 있다(2).

다만 교육부장관이 이러한 문제를 해결하기 위하여 전국 로스쿨에 가령 절대평가제도를 도입하라고 하는 취지의 명령을 한다 하더라도, 성적평가제도는 각각 장단점을 가지고 있을 수밖에 없으며, 또한 국가의 지나친 간섭과 개입은 대학의 자율성을 침해할 우려도 있다(1).

이러한 점을 고려해 볼 때, 시행 후 2년 정도 밖에 지나지 않은 현 시점에서 교육부가 아무런 감독이나 시정조치를 취하지 않는다 해서 그것이 곧 기본권보호의무를 위반하는 것이라 단정할 수는 없을 것이다.

Ⅲ. 결 론(2)

교육부의 부작위는 기본권보호의무에 대한 위반이라고 할 수는 없다. 이 사건 헌법소원심판청구를 기각한다.

참고판례

※ 법학전문대학원 설치인가 중 입학전형계획 위헌확인 등
(헌재 2013. 5. 30. 2009헌마514, 판례집 25−1, 337 [기각, 각하])

공무원연금법상 지급정지제도의 위헌여부

　(1) 신청인들은 각 20년 이상 공무원으로 재직하다가 퇴직한 후, 신청인 김ㅇ연은 1999년 7월 7일부터 2002년 5월 15일까지 한국사학진흥재단에서, 신청인 박ㅇ규는 1997년 3월 6일부터 2000년 2월 7일까지 한국국학진흥원에서, 신청인 장ㅇ국은 1997년 1월 1일부터 1998년 7월 26일까지 강원도개발공사에서, 신청인 홍ㅇ근은 1995년 10월 1일부터 1998년 9월 30일까지 사단법인 경상북도운수연구원에서 각 근무하면서 위 각 기관으로부터 급여를 받았다.

　(2) 공무원연금관리공단은 신청인들의 퇴직 후 퇴직연금 전액을 지급하여 오다가 신청인들이 근무하던 위 각 기관이 구 공무원연금법(1995. 12. 29. 법률 제5117호로 개정되기 전의 것) 제47조 제2호·제3호에 의하여 연금지급정지대상기관으로 지정되었다는 이유로, 신청인 김ㅇ연에 대하여는 1999년 8월분부터, 신청인 박ㅇ규에 대하여는 1999년 1월분부터, 신청인 장ㅇ국에 대하여는 1997년 12월분부터, 신청인 홍ㅇ근에 대하여는 1995년 11월분부터 각 퇴직연금 중 2분의 1에 해당하는 금액의 지급을 정지하였다.

　(3) 신청인들은 2002년 12월 30일 서울행정법원에 공무원연금관리공단을 피

고로 하여 미지급퇴직연금 중 일부 금액인 각 50,000원 및 이에 대한 판결 선고일 다음날부터 완제일까지 연 25%의 비율로 계산한 지연손해금의 지급을 구하는 소송(2002구합43391)을 제기하였다.

(4) 신청인들이 당해 사건 계속 중에 구 공무원연금법(1995. 12. 29. 법률 제5117호로 개정되기 전의 것) 제47조 제2호·제3호가 헌법에 위반된다고 주장하면서 위헌여부심판의 제청신청(2004아913)을 하자, 위 법원은 이를 받아들여 2004년 8월 21일 헌법재판소에 제청하였다.

(5) 서울행정법원의 위헌제청이유는 다음과 같다.

구체적인 지급정지대상기관을 총리령으로 선별, 결정함에 있어서는 누구든지 예측가능한 일정한 기준이 있어야 할 것이므로, 정부재정지원기관 중에서 그 일부를 대상으로 선별한다면 국회는 정부재정지원의 규모와 형태에 관한 일정한 기준을 먼저 법률로 정한 다음 그 범위 내에서 하위 법규가 이를 선별하도록 위임하였어야 함에도 불구하고, 이 사건 법률 제47조 제3호는 이를 지키지 아니하여 포괄위임금지원칙에 위반된다.

또, 지급정지제도의 본질에 비추어 지급정지의 요건 및 내용을 규정함에 있어서는 소득의 유무뿐만 아니라 소득의 수준에 대한 고려는 필수적인 것임에도 불구하고 이 사건 법률 제47조 본문은 이를 규정함에 있어 지급정지와 소득수준의 상관관계에 관하여 아무런 정함이 없이 대통령령에 포괄적으로 위임하고 있어, 그 결과 소득액보다 지급 정지되는 연금액이 더 큰 경우도 발생할 수 있게 될 뿐만 아니라 소득이 적은 자와 많은 자를 가리지 아니하고 무조건 연금의 2분의 1에 해당하는 금액을 감액하도록 함으로써 지급정지제도의 본질 및 취지에 어긋난다.

(6) 행정자치부장관 및 공무원연금관리공단이사장의 의견은 다음과 같다.

이 사건 법률 제47조 제2호는 지급정지의 대상이 되는 정부투자기관 등의 기관을 '자본금의 2분의 1 이상을 출자한 기관'으로 구체적 범위를 정하여 위임하고 있고, 또 이 사건 법률 제47조 제3호는 위 제2호와 같은 명시적인 표현을 두지 아니하였으나 실제로는 위 제2호와 같은 제한 아래 운영되고 있으므로 그 위헌소지가 적다. 또, 지급정지의 요건 및 내용에 관하여 보건대, 연금지급정지제도가 도입된 1975년 이후 일관되게, 정부투자기관 등에 취업할 때에도 연금의 2분의 1만 지급 정지되어 왔다.

〈문〉 서울행정법원의 이 사건 위헌법률심판제청에 대하여 판단하라(80).

관련 법률

※ **구 공무원연금법**(1995. 12. 29. 법률 제5117호로 개정되기 전의 것) **제47조**(퇴직연금의 지급정지) 퇴직연금을 받을 권리가 있는 자가 다음 각 호의 1에 해당하는 기관으로부터 보수 기타 급여를 지급받고 있는 때에는 그 지급기간 중 대통령령이 정하는 바에 따라 퇴직연금의 전부 또는 일부의 지급을 정지할 수 있다.

1. 생략

2. 국가·지방자치단체가 자본금의 2분의 1 이상을 출자한 기관 및 한국은행(이하 "정부투자기관")과 국가·지방자치단체 또는 정부투자기관이 단독 또는 공동으로 출자한 총액이 자본금의 2분의 1 이상인 기관으로서 총리령이 정하는 기관

3. 국가 또는 지방자치단체가 직접 또는 간접으로 출연금·보조금 등 재정지원을 하는 기관으로서 총리령이 정하는 기관

※ **구 공무원연금법 시행령**(2000. 12. 30. 대통령령 제17101호로 개정되기 전의 것) **제40조**(퇴직연금·조기퇴직연금 및 장해연금의 지급정지)

② 퇴직연금·조기퇴직연금 또는 장해연금의 수급자가 선거에 의하여 취임하는 공무원이나 법 제47조 제2호 내지 제5호에 해당하는 기관의 임·직원으로 재직하고 보수 또는 이에 준하는 급여를 받게 된 경우에는 해당 연금액의 2분의 1에 대한 지급을 정지한다.

※ **구 공무원연금법 시행규칙**(2000. 1. 31. 행정자치부령 제89호로 개정되기 전의 것) **제5조**(퇴직·조기퇴직·장해연금의 지급정지대상기관)

① 공무원연금법 제47조 제2호 내지 제5호(법 제55조 제1항의 규정에 의하여 준용되는 경우를 포함한다)의 규정에 의하여 퇴직연금·조기퇴직연금 또는 장해연금의 지급이 정지되는 기관은[별표]와 같다.

〔별표〕 연금지급정지대상기관

1. 법 제47조 제2호의 규정에 의한 국가·지방자치단체의 출자기관
   나. 지방공사·공단
      (30) 강원도개발공사
2. 법 제47조 제3호의 규정에 의한 국가·지방자치단체의 출연기관
   가. 일반기관

(14) 사학진흥재단

(72) 한국국학진흥원

3. 법 제47조 제3호의 규정에 의한 국가·지방자치단체의 재정보조기관

　가. 일반기관

(112) 경상북도운수연수원

※ **공무원연금법**(2000. 12. 30. 법률 제6328호로 개정된 것) **제47조**(퇴직연금 또는 조기퇴직연금의 지급정지)

① 퇴직연금 또는 조기퇴직연금의 수급자가 이 법, 군인연금법 또는 사립학교교직원연금법의 적용을 받는 공무원·군인 또는 사립학교교직원으로 임용된 때에는 그 재직기간중 해당 연금의 전부의 지급을 정지한다.

② 퇴직연금 또는 조기퇴직연금 수급자가 연금 외의 소득세법 제19조의 규정에 의한 사업소득(대통령령이 정하는 사업소득을 제외한다) 및 제20조의 규정에 의한 근로소득이 있는 때에는 퇴직연금 또는 조기퇴직연금의 2분의 1의 범위 안에서 지급을 정지할 수 있다. 이 경우 소득의 범위 및 지급정지금액 등에 관하여 필요한 사항은 대통령령으로 정한다.

부칙 제1조(시행일) 이 법은 2001년 1월 1일부터 시행한다. 다만, 제26조 제1항·제38조·제63조·제69조 제8항 및 제69조의3의 개정규정은 2002년 1월 1일부터, 제47조의 개정규정은 5년의 범위 내에서 대통령령이 정하는 날부터 시행한다.

모범답안 및 채점기준

〈문〉 서울행정법원의 이 사건 위헌법률심판제청에 대하여 판단하라(80).

Ⅰ. 문제의 소재(5)

위헌법률심판제청이 적법한지(재판의 전제성) 여부와 심판대상 법률조항이 위헌인지 여부에 대한 판단이 필요하다.

Ⅱ. 사건의 개요와 심판의 대상(10)

1. 사건의 개요(5)

신청인들은 공무원으로서 20년 이상 재직 후 퇴임하였다가 퇴직연금의 지급정지기관에 채용되어 급여를 받게 되자 공무원연금관리공단은 각각 퇴직연금 중 1/2에 해당하는 금액의 지급을 정지하였다. 이에 신청인들은 2002년 12월 30일 서울행정법원에 공무원연금관리공단을 피고로 하여 미지급퇴직연금 중 일부 금액과 지연손해금의 지급을 구하는 소송을 제기하였으며, 소송계속 중 구 공무원연금법 제47조 제2호, 제3호가 헌법에 위반된다고 주장하면서 위헌법률심판제청신청을 하자 위 법원은 이를 받아들여 2004년 8월 21일 헌법재판소에 위헌제청을 하였다.

2. 심판의 대상(5)

심판의 대상은 구 공무원연금법(1995. 12. 29. 법률 제5117호로 개정되기 전의 것) 제47조 제2호·제3호의 위헌여부이다.

Ⅲ. 판   단(65)

1. 재판의 전제성 여부에 대한 판단(10)

(1) 재판이 법원에 계속중일 것

(2) 법률조항이 재판에 적용되는 것일 것

(3) 법률의 위헌여부에 따라 재판의 주문이 달라지거나 혹은 재판의 내용과 효력에 관한 법률적 의미가 달라지는 것일 것

(4) 이 사건의 경우: 심판대상 조항의 위헌여부에 따라 당해사건 재판의 주문이나 결론이 달라질 수 있으므로 재판의 전제성 요건을 충족한다.

2. 본안 판단(55)

(1) 관련되는 헌법원칙 또는 기본권(5)

제청법원은 심판대상조항이 포괄위임입법금지의 원칙에 위반된다는 이유로 제청하였다. 또한 제청법원은 언급하고 있지 않지만 공무원연금 수급권은 헌법

제23조의 재산권보장의 대상이 되는 공법상의 권리라고 할 수 있으므로, 재산권의 침해여부를 심사하여야 한다.

(2) 재산권 침해 여부(15)

(가) 재산권의 보호영역(5)

재산적 가치가 있는 모든 사법상의 권리와 그리고 일정한 전제조건을 갖춘 공법상의 권리는 헌법 제23조 제1항의 재산권보장의 대상이 된다고 할 수 있다. 그 전제조건은 '사적 유용성 및 배타적 권리성, 상당한 자기기여, 생존보장에의 기여'이며, 이 사건 퇴직연금은 위 세 가지 전제조건을 충족하므로 재산권보장의 대상이 된다.

(나) 제한(5)

재산권은 헌법 제23조 제1항과 제2항에 따라 공공복리 적합의무에 따른 재산권의 내용과 한계에 관한 규정에 의하여 제한될 수도 있으며, 제23조 제3항에 따라 공공필요에 의한 재산권의 사용·수용·제한도 가능하다. 재산권의 제한과 관련해서는 이와 같이 헌법 제23조 제3항에 특별조항이 있으므로 일반조항에 해당하는 헌법 제37조 제2항은 적용이 배제되거나 예외적인 경우에 보충적으로만 적용된다고 할 수 있을 것이다.

(다) 제한의 한계(5)

재산권을 제한함에 있어서도 제한법률이 갖추어야 할 요건을 갖추어야 한다. 즉 과잉금지의 원칙과 포괄위임입법금지의 원칙 등 법치국가원리에서 도출되는 제원칙을 지켜야 한다.

이 사건 법률조항은 퇴직연금의 지급정지의 범위에 관하여 대통령령에 위임할 뿐만 아니라, 지급정지 대상이 되는 구체적 기업이 어떠한 것들인지에 관하여 총리령으로 규정하도록 위임하고 있으므로 포괄위임입법금지의 원칙 위반 여부가 문제될 수 있다. 그리고 퇴직연금의 지급정지라고 하는 입법사항은 퇴직공무원의 노후생활보장이라고 할 수 있으며, 재산권보장을 받는 퇴직연금에 대한 제한에 관한 것이므로 이는 국민의 기본권제한에 있어서 본질적인 사항이라고 할 수 있으며, 따라서 이에 관하여는 형식적 의미의 입법자인 국회가 스스로 제정하지 않으면 안된다고 할 수 있을 것이다. 따라서 위임해서는 안되는 입법사항을 위임하는 경우라면 이는 의회유보의 원칙에 위반될 소지가 있으므로 의회유보의 원칙 위반여부를 살펴야 한다. 그리고 위임이 허용될 수 있는 비본질적 사항에 대해서 위임을 하는 경우에 구체적으로 범위를 정하여서 위임을 하여야 할 것이다.

그러므로 이하에서는 항을 달리하여 과잉금지원칙, 의회유보(의회입법의 원칙), 포괄위임입법금지의 원칙 위반여부에 대하여 순서대로 살펴보기로 한다.

(3) 과잉금지원칙 위반 여부(10)

이 사건 법률조항은 퇴직연금을 받을 권리가 있는 자가 국가·지방자치단체가 자본금의 1/2 이상을 출자한 기관 및 한국은행과 국가·지방자치단체 또는 정부투자기관이 단독 또는 공동으로 출자한 총액이 자본금의 1/2 이상인 기관으로서 총리령이 정하는 기관과 그리고 국가 또는 지방자치단체가 직접 또는 간접으로 출연금·보조금 등 재정지원을 하는 기관으로서 총리령이 정하는 기관으로부터 보수 기타 급여를 지급받고 있는 때에는 그 지급기간 중 대통령령이 정하는 바에 따라 퇴직연금의 전부 또는 일부의 지급을 정지할 수 있다고 규정하고 있다.

퇴직 후에 아무리 정부나 지방자치단체가 1/2 이상 출자한 기관에서 근무하여 급여를 받는다고 해서 기존에 이미 받기로 되어 있던 연금수급권 전부에 대하여 지급정지할 수 있도록 규정하는 것은 재산권제한의 한계를 넘어서 거의 보상 없는 박탈에 해당하는 것이라고 할 수 있을 것이다. 특히 공무원 자신이 부담한 기여금의 부분은 재산권적 성격이 강하고, 나머지 국가의 부담부분은 사회보장적 성격이 강하다고 하는 헌재와 대법원의 판례에 의한다 하더라도, 퇴직 후 정부출연 기관에서 급여를 받는다고 하여 퇴직연금의 1/2에 해당하는 금액까지 받지 못하게 된다면 이는 재산권의 본질적 내용을 침해하는 것이라고 볼 수 있다.

따라서 이 사건 법률조항은 목적의 정당성과 방법의 적정성은 인정될 수 있다 치더라도, 침해의 최소성이나 법익의 균형성 요건을 충족시키지 못하여 과잉금지원칙에 반한다고 할 것이다.

(4) 의회유보원칙 위반 여부(5)

이 사건 법률조항은 우선 퇴직연금의 정지를 어느 정도 할 것인지에 대하여 입법자 스스로 규정하고 있지 않고 이를 전적으로(전부 또는 일부의 지급을 정지) 대통령령에 맡기고 있다. 그러나 퇴직연금의 지급정지에 관한 사항은 퇴직공무원의 재산권에 대한 중대한 제한을 초래하므로 본질적인 입법사항이라고 할 것이므로, 이를 대통령령에 위임하는 것은 헌법 제23조 제3항이나 또는 헌법 제37조 제2항에서 보장되고 있는 의회유보 내지 의회입법의 원칙에 위반된다고 보아야 할 것이다.

가령 퇴직연금의 1/2을 넘지 않는 범위 내에서 대통령령이 정하는 범위에 따라 퇴직연금의 지급이 정지될 수 있다고 하는 정도로 규정되었다면 달리 볼 수도 있을 것이다.

(5) 포괄위임입법금지의 원칙 위반여부(10)

(가) 포괄위임입법금지원칙의 헌법적 근거와 내용

헌법 제75조는 대통령은 구체적으로 범위를 정하여 위임받은 사항에 대하여 대통령령을 정할 수 있다고 규정하고 있는 바, 이 규정은 포괄위임입법금지원칙의 헌법적 근거규정이라 할 수 있다.

한편 총리령이나 부령과 관련해서는 헌법 제95조의 위임근거조항을 마련해 놓고 있으며, 이 경우에도 명문의 조항은 없지만 구체적으로 범위를 정해서 위임하여야 한다는 것이 헌법재판소의 판시이다.

국회가 입법사항을 행정부에 위임할 경우에도 포괄적으로 하지 말고 구체적으로 범위를 정하여 위임해야 한다는 원칙이며, 위임해야 할 사항이 무엇인지 그 대강에 대하여 예측할 수 있어야 한다는 것을 말한다. '구체적으로 범위를 정하여'라고 하는 것은 법률에 대통령령 등 하위법규에 규정될 내용 및 범위의 기본 사항이 가능한 한 구체적이고도 명확하게 규정되어 있어서 누구든지 당해 법률 그 자체로부터 대통령령 등에 규정될 내용의 대강을 예측할 수 있음을 의미하고, 다만 예측가능성의 유무는 당해 특정 조항 하나만을 가지고 판단할 것이 아니라, 관련 법조항 전체를 유기적·체계적으로 종합 판단하여야 하되 대상 법률의 성질에 따라 구체적·개별적으로 검토하여야 할 것이다(헌재 2005. 10. 27. 2004헌가20).

(나) 이 사건에 대한 적용

이 사건 법률조항은 지급정지되는 퇴직연금의 범위에 대하여 대통령령에 포괄적으로 위임을 함으로써, 어떠한 범위 내에서 지급정지될 수 있는지 여부에 대하여 예측할 수 없도록 규정해 놓고 있다. 또한 지급정지대상기관의 범위와 관련해서도 제2호에서는 정부(국가 또는 지방자치단체) 출연 1/2 이상이 되는 기관이라고 적시하고 있음에도, 제3호에서 다시 국가 또는 지방자치단체가 직접 또는 간접으로 출연금·보조금 등 재정지원을 하는 기관으로서 총리령이 정하는 기관이라고만 규정함으로써, 어느 정도의 규모로 출연한 기관의 경우에 지급정지기관이 되는지를 예측할 수 없도록 포괄적으로 위임해 놓고 있다.

그러므로 이 사건 법률조항은 헌법 제75조와 제95조의 위임입법의 한계를 벗어난 조항이라고 생각된다.

(6) 결론(10)

결론적으로 이 사건 법률조항은 과잉금지원칙, 의회유보의 원칙, 포괄위임입법금지의 원칙을 위반하여 당사자의 재산권을 침해하고 있으므로 헌법에 위반된다.

다만, 이 사건 법률조항을 곧바로 위헌선언하는 경우 지급정지의 범위, 지급정지대상이 되는 공공기관의 범위 등에 관한 법률적 근거가 사라져서 법적 공백상태가 발생할 우려가 크므로 입법자가 적정한 기간 내에 이를 개정할 때까지 잠정적으로 그 효력을 계속하는 것을 명하는 헌법불합치결정을 내림이 상당하다{또는 그 필요성의 부인(=단순 위헌선언)도 가능할 것이다}.

참고판례

※ **구 공무원연금법 제47조 제2호 등 위헌제청**
(헌재 2005. 10. 27. 2004헌가20, 판례집 17-2, 205 [단순 위헌결정]).

※ **공무원연금법 제47조 제3호 위헌소원, 공무원연금법 제47조 제2호 위헌제청**(헌재 2003. 9. 25. 2000헌바94 등, 판례집 15-2상, 254 [단순 위헌결정]).

공무원연금법상 연금조정규정의 소급적용과 신뢰보호의 원칙

청구인들은 20년 이상 교육공무원으로 근무하다 1999년에 퇴직한 자로서 공무원 보수변동률에 따라 연금이 조정되도록 되어 있던 구 공무원연금법에 의한 퇴직연금을 매월 받아 오던 자들(청구인 A: 재직기간이 20년을 경과하였으나 아직 퇴직하지 아니한 청구인들도 포함)이며, 또한 재직기간이 아직 20년 미만으로 공무원으로 재직중인 자로서 장차 퇴직 후에는 공무원 보수변동률에 따른 조정에 의하여 연금을 지급받을 것을 기대하고 있던 자들(청구인 B: 재직기간이 20년을 경과하지 아니한 청구인들)이다.

그런데 2000년 12월 30일 법률 제6328호로 개정된 공무원연금법 제43조의2 제1항은 전국소비자물가변동률에 따라 매년 연금을 조정토록 하고, 동법 부칙 제9조는 기존의 연금수급자의 연금액을 개정조항에 의하여 조정토록 하였다.

청구인 A의 경우 위 법률조항과 같이 개정하기 전의 규정에 의하여 퇴직 당시의 직급과 호봉에 해당하는 현직공무원의 월보수액을 기준으로 하여 그에 대한 일정비율의 연금을 지급받아 왔고, 해당 현직공무원의 보수월액의 인상률에 맞추어 연금액도 인상되었다. 그러나 2001년 1월 1일부터 시행된 법 제43조의2는 연금액을 전국소비자물가변동률에 따라 증감하도록 하고, 부칙 제9조는 청구인들과 같은 기존 연금수급자들에 대해서도 이를 적용하도록 규정하고 있다. 그런데 우리 나라의 경우 소비자물가인상률은 공무원보수인상률에 미치지 못하는 것이 보통이므로 연금액을 전국소비자물가변동률에 따라 증감하도록 한 것은 연금수급자들의 연금액의 실질적인 감소를 초래하게 될 수 있다.

이에 청구인들은 개정된 연금조정제도를 개정법의 시행 이전에 이미 퇴직한 연금수급자들과 또한 아직 퇴직하지는 않았지만 개정법의 시행 이전에 이미 공무원연금에 가입하여 기여금을 납부해 오고 있는 자들에게 적용하는 것은 소급입법에 의한 재산권 침해이며 아울러 행복추구권을 침해하는 것이라고 주장하면서 2001년 2월 8일 헌법재판소에 이 사건 헌법소원심판을 청구하였다.

〈문〉 청구인들의 이 사건 심판청구에 대하여 판단하라(100).

관련 법률

※ **공무원연금법**(2000. 12. 30. 법률 제6328호로 개정된 것) **제27조**(급여액 산정의 기초)

①, ② 생략

③ 제46조 제1항·제2항의 규정에 의한 퇴직연금·조기퇴직연금 및 제56조 제1항 제1호의 규정에 의한 유족연금의 산정은 평균보수월액을 기초로 한다. 다만, 강임이나 강등, 전직, 보직변경 또는 재임용으로 인하여 보수월액이 감액된 자에 대하여 제66조 제4항의 규정에 의하여 감액되기 전의 보수월액에 의한 기여금을 납부하게 할 경우에는 그 보수월액을 평균보수월액 산정의 기초로 한다.

④ 생략

제43조의2(연금액의 조정)

① 연금인 급여는 통계법 제3조의 규정에 의하여 통계청장이 매년 고시하는 전전년도와 대비한 전년도 전국소비자물가변동율에 해당하는 금액을 매년 증액 또는 감액한다.

② 제1항의 규정에 의하여 조정된 금액은 당해 연도 1월부터 12월까지 적용한다.

③ 연금인 급여는 공무원보수변동률·전국소비자물가변동률 등을 고려하여 대통령이 정하는 바에 의하여 5년마다 조정한다.

제46조(퇴직연금 또는 퇴직연금일시금)

① 공무원이 20년 이상 재직하고 퇴직한 때에는 다음 각호의 1에 해당하는 때부터 사망할 때까지 퇴직연금을 지급한다.

1. 60세에 도달한 때

2.~5. 생략

②, ③ 생략

④ 재직기간 20년에 대한 퇴직연금의 금액은 평균보수월액의 100분의 50에 상당하는 금액으로 하고, 재직기간(공제일시금을 지급받는 때에는 재직기간에서 공제일시금 지급계산에 산입된 재직기간을 공제한 잔여재직기간)이 20년을 초과할 때에는 그 초과하는 매 1년(1년 미만의 매 1월은 12분의 1년으로 계산한다. 이하 같다)에 대하여 평균보수월액의 100분의 2에 상당하는 금액을 가산한 금액으로 한다. 이 경우에 퇴직연금의 금액은 평균보수월액의 100분의 76을 초과하지 못한다.

⑤, ⑥ 생략

⑦ 퇴직연금·조기퇴직연금 또는 퇴역연금의 수급자가 공무원으로 재임용되어 제24조의 규정에 의하여 재직기간의 합산을 받은 후 다시 퇴직하는 경우에 전의 퇴직 또는 퇴역당시의 급여액산정의 기초가 된 보수월액(공무원보수인상률 등을 고려하여 대통령령이 정하는 바에 의하여 현재가치로 환산한 금액을 말한다) 또는 평균보수월액(공무원보수인상률 등을 고려하여 대통령령이 정하는 바에 의하여 현재가치로 환산한 금액을 말한다)이 재임용후의 퇴직당시의 평균보수월액보다 많은 때에는 퇴직연금 또는 조기퇴직연금의 금액은 공무원으로 재임용되기 전에 받던 퇴직연금·조기퇴직연금 또는 퇴역연금에다 재임용후의 퇴직당시의 평균보수월액에 재임용 후의 재직연수를 곱한 금액의 100분의 2에 상당하는 금액을 가산한 금액으로 한다. 이 경우 재임용 전후의 재직연수는 33년을 초과하지 못한다.

⑧ 생략

제47조(퇴직연금 또는 조기퇴직연금의 지급정지)

① 생략

② 퇴직연금 또는 조기퇴직연금 수급자가 연금 외의 소득세법 제19조의 규정에 의한 사업소득(대통령령이 정하는 사업소득을 제외한다) 및 제20조의 규정에 의한 근

로소득이 있는 때에는 퇴직연금 또는 조기퇴직연금의 2분의 1의 범위 안에서 지급을 정지할 수 있다. 이 경우 소득의 범위 및 지급정지금액 등에 관하여 필요한 사항은 대통령령으로 정한다.

부칙 제9조(연금액의 조정에 관한 경과조치)

① 2000년 12월 31일 현재 연금수급자의 연금액은 2000년 12월 31일 현재의 연금액을 기준으로 제43조의2의 개정규정에 의하여 조정한다.

② 제43조의2 제3항의 개정규정에 불구하고 이 법 시행 이후 최초의 연금액의 조정은 이 법 시행 후 3년이 경과한 때 실시한다.

부칙 제11조(퇴직연금 등의 지급정지에 관한 경과조치)

제47조(제55조 제1항에서 준용하는 경우를 포함한다)의 개정규정은 동 규정의 시행일 이전에 급여의 사유가 발생한 자에 대하여도 이를 적용한다.

※ **공무원연금법**(1995. 12. 29. 법률 제5117호로 개정된 것) **제46조**(퇴직연금 또는 퇴직연금일시금)

①~④ 생략

⑤ 제3항의 퇴직연금일시금의 금액은 퇴직한 날의 전날이 속하는 달의 보수월액에 재직연수(1년 미만의 매 1월은 12분의 1년으로 계산한다. 이하 같다)를 곱한 금액의 100분의 150에 상당하는 금액에다 재직연수에서 5년을 공제한 연수의 매 1년에 대하여 퇴직한 날의 전날이 속하는 달의 보수월액에 재직연수를 곱한 금액의 100분의 1에 상당하는 금액을 가산한 금액으로 한다. 이 경우에 그 재직연수는 33년을 초과하지 못한다.

⑥, ⑦ 생략

※ **공무원연금법**(1991. 1. 14. 법률 제4334호로 개정된 것) **제61조의2**(퇴직수당)

① 생략

② 제1항의 퇴직수당의 금액은 재직기간 매 1년에 대하여 보수월액에 대통령령이 정하는 비율을 곱한 금액으로 한다.

③ 생략

※ **공무원연금법**(2003. 3. 12. 법률 제6859호로 개정된 것) **제43조의2**(연금액의 조정)

①~② 생략

③ 연금인 급여는 3년마다 조정하되, 매 연도별로 전국소비자물가변동률이 공무원보수변동률과 2퍼센트 이상 차이가 발생할 경우에는 각 연도별로 공무원보수변동률과의 차이가 2퍼센트를 초과하지 아니하도록 조정한다.

부칙 제9조(연금액의 조정에 관한 경과조치)

① 생략

② 제43조의2 제3항의 개정규정에 불구하고 이 법 시행이후 최초의 연금액의 조정은 이 법 시행후 2년이 경과한 때 실시한다.

※ **공무원연금법시행령**(1991. 4. 2. 대통령령 제13340호로 개정된 것) **제52조의3**(퇴직수당)

법 제61조의2 제2항의 규정에 의한 퇴직수당의 금액은 재직기간 매 1년에 대하여 보수월액에 다음의 구분에 따른 비율을 곱한 금액으로 한다, 이 경우 그 재직연수는 33년을 초과하지 못한다.

1. 재직기간이 1년 이상 5년 미만인 경우에는 100분의 10
2. 재직기간이 5년 이상 10년 미만인 경우에는 100분의 35
3. 재직기간이 10년 이상 15년 미만인 경우에는 100분의 45
4. 재직기간이 15년 이상 20년 미만인 경우에는 100분의 50
5. 재직기간이 20년 이상인 경우에는 100분의 60

모범답안 및 채점기준

〈문〉 청구인들의 이 사건 심판청구에 대하여 판단하라(100).

I. 문제의 소재(5)

이 문제는 공무원연금법상 전국소비자물가변동률에 의한 연금조정규정을 연금을 수급하거나 연금수급권이 이미 발생한 공무원 또는 아직 연금수급권이 발생하지는 않았지만 계속하여 납부중인 공무원에게 적용하는 것이 법치국가원리에서 파생되는 신뢰보호의 원칙에 위반하여 청구인들의 기본권을 침해하는지 여부에 대하여 판단하는 문제이다. 또한 헌법소원심판청구의 적법성 여부도 함께 검토해야 한다.

Ⅱ. 사건의 개요와 심판의 대상(10)

1. 사건의 개요(5)

청구인 A는 교육공무원으로서 20년 이상 근무하다 퇴직하여 퇴직연금을 매월 받아오던 자들이며, 청구인 B는 재직기간이 20년 미만인 자로서 퇴직 후에는 공무원 보수변동률에 따른 조정에 의하여 연금을 지급받을 것을 기대하고 있는 자들이다. 그런데 2000년 12월 30일 법률 제6328호로 개정된 공무원연금법 제43조의2 제1항은 전국소비자물가변동률에 따라 매년 연금을 조정토록 하고, 동법 부칙 제9조는 기존의 연금수급자의 연금액을 개정조항에 의하여 소급적으로 조정하도록 하였다. 이에 청구인들은 개정된 연금조정제도를 자신들에게 적용하는 것은 소급입법에 의한 재산권침해이며 행복추구권을 침해한다고 주장하면서 2001년 2월 8일 이 사건 헌법소원심판을 청구하였다.

2. 심판의 대상(5)

이 사건 헌법소원심판의 대상은 공무원연금법(2000. 12. 30. 법률 제6328호로 개정된 것) 부칙 제9조 제1항의 위헌여부이다.

Ⅲ. 적법요건에 대한 판단(20)

1. 공권력의 행사성(3)

법령에 대한 헌법소원으로서 인정된다.

2. 보충성의 원칙(3)

법령에 대한 헌법소원에는 보충성의 원칙이 적용되지 아니하므로 문제되지 않는다.

3. 대리인 선임(3)

대리인 선임을 하였는지 여부는 사안에서 정확히 나타나지 않고 있으나, 변호사를 대리인으로 선임하였다면 적법하므로 그렇게 간주하고 이하의 문제를 다룬다.

4. 청구기간(3)

헌법소원의 청구기간은 기본권침해가 있음을 안 날로부터 90일, 있은 날로부터 1년 이내에 청구하여야 한다(헌재법 제69조). 이 청구기간에 관한 규정은 2003년 3월 12일 개정되었고 이 사건 헌법소원심판은 그 전에 청구되었다. 따라서 청구기간 역시 구 헌재법 규정의 적용을 받는다. 즉 기본권침해가 있음을 안 날로부터 60일, 있은 날로부터 180일 내에 청구를 하여야 한다. 법률의 시행과 더불어서 기본권침해를 받게 되는 경우에는 시행일을 기준으로 그리고 법률이 시행된 뒤에 비로소 그 법률에 해당되는 사유가 발생하여 기본권침해를 받게 된 경우에는 그 사유가 발생한 날을 기산점으로 하여야 할 것이다.

이 사건의 경우 2000년 12월 30일 법률이 개정되어 시행된 것으로 추측되고, 2000년 12월 31일 현재 연금수급자의 연금액은 2000년 12월 31일 현재의 연금액을 기준으로 개정규정에 의하여 조정한다고 하고 있으므로, 시행과 더불어서 기본권침해를 받게 되는 사례에 해당한다. 그렇다면 시행을 안 날로부터 60일, 시행된 날로부터 180일 규정이 적용되어야 할 것이며, 이 사건 청구인들은 시행된 날로부터 60일 내인 2001년 2월 8일에 이 사건 헌법소원심판을 청구하였으므로, 청구기간을 준수하였다.

5. 기본권침해의 관련성(3)

청구인 A에 대하여 연금조정규정을 적용하는 것은 진정소급효에 의하여 그의 재산권을 제한하는 것이며, 또한 청구인 B에 대하여 연금조정규정을 적용하는 것은 부진정소급효에 의하여 재산권을 제한한다고 볼 수 있으므로, 청구인들은 이 사건 법률조항에 의하여 자신들의 기본권을 현재, 직접 침해받고 있다고 할 수 있으므로 관련성은 문제될 것 없다.

6. 권리보호이익(3)

헌법소원심판청구로 청구인이 추구하는 목적을 달성할 수 있는 가능성이 있으므로 권리보호이익이 인정된다.

7. 소결(2)

이 사건 헌법소원심판은 적법하게 청구되었으므로 본안판단으로 넘어가야 할 것이다.

Ⅳ. 위헌여부에 대한 판단(60)

1. 관련되는 기본권(10)

청구인들은 이 사건 연금조정제도의 소급적용에 의하여 행복추구권과 재산권을 침해받고 있다고 주장하고 있다. 행복추구권은 재산권에 대하여 일반적 기본권이므로 재산권에 대한 침해 여부를 심사하는 경우에는 일반적 기본권인 행복추구권의 침해여부는 심사할 필요가 없다(2). 그리고 연금수급권은 사회보험법상 급여수급권의 일종으로서 재산적 가치가 있는 공법상의 권리라고 할 수 있다. 재산적 가치가 있는 공법상의 권리라고 하여 모두 헌법 제23조 제1항의 재산권의 보호를 받는 것은 아니고, 그것이 사적 유용성이 있는 것으로서 권리주체에게 배타적으로 귀속될 것(사적 유용성), 상당한 자기기여가 있을 것(자기 기여), 생존보장에 기여하는 것일 것(생존보장 기여) 등의 세 가지 요건을 만족시켜야 한다(헌재 2000. 6. 29. 99헌마289)(6). 이 사건에서 퇴직연금수급권은 위의 세 가지 요건을 만족시키는 것으로서 헌법 제23조의 재산권의 보호를 받는다고 볼 수 있다(1). 따라서 이하에서는 이 사건 연금조정규정의 소급적 적용이 법치국가원리에서 도출되는 소급입법금지의 원칙에 위반되어 청구인들의 재산권을 침해하는지 여부를 심사해야 할 것이다(1).

2. 재산권 침해여부(15)

(1) 헌법 제23조의 재산권의 보호영역(5)

헌법 제23조 제1항은 국민의 모든 재산권을 보장하고 있으며, 그 내용과 한계는 법률로 정한다고 하고 있다. 재산권은 재산적 가치가 있는 공·사법상의 권리라고 할 수 있으나 공법상의 권리는 위에서 지적한 요건을 충족해야 헌법 제23조 제1항의 재산권의 보호를 받는다고 할 수 있다. 퇴직연금수급권은 위에서도 지적하였듯이 헌법 제23조 제1항의 재산권의 보호대상이 되는 권리라고 할 수 있다.

(2) 기본권의 제한(5)

재산권 역시 무제한한 권리가 아니라 헌법과 법률에 의한 제한이 가능하다. 우선 재산권의 내용과 한계는 법률로 정하되, 재산권의 행사는 공공복리에 적합하여야 하므로, 입법자는 공공복리에 적합한 행사를 위해서 재산권에 대한 사회적 제약을 가할 수 있다(헌법 제23조 제1항과 제2항).

한편 공공필요가 있는 경우에는 재산권에 대하여 수용, 사용, 제한을 할 수 있으나 정당한 보상을 지급하여야 하며(제23조 제3항), 또한 국가안전보장, 질서유지, 공공복리를 위하여 필요한 경우에 한하여 제한될 수 있다(제37조 제2항).

퇴직연금수급권에 대하여 전국소비자물가연동률에 따라서 연금조정을 하는 것은 원래에 받도록 예정되어 있는 수급권의 액수보다 더 적어질 수 있는 가능성이 있는 것이므로, 이러한 조정은 공무원연금의 원활한 운영이 재정고갈로 인하여 차질이 빚어지지 않기 위한 목적에 의한 것이라 볼 수 있을 것이므로 그러한 정도의 조정 내지는 제한은 수용, 사용, 제한에 해당한다고 하기보다는 헌법 제23조 제1항과 제2항에 입각한 공공복리적합의무에 따른 제한이라고 할 수 있을 것이다.

(3) 제한의 한계(5)

헌법 제23조 제1항과 제2항에 따른 재산권의 내용과 한계의 형성 내지는 공공복리적합의무에 따른 재산권의 제한에 있어서 입법자는 원칙적으로 넓은 형성의 자유를 갖는다. 따라서 제한의 한계를 일탈했는지 여부와 관련해서는 원칙적으로 완화된 심사기준을 사용해야 할 것이다. 다만 청구인 A와 청구인 B의 경우는 서로 사정이 다른데, 청구인 A의 경우에는 이 사건 법률조항이 진정소급입법이 되고 청구인 B에 대하여는 부진정소급입법이 되므로 신뢰보호원칙 위반여부의 심사의 엄격성의 정도가 서로 달라질 수 밖에 없다. 만일 이 사건 법률조항이 신뢰보호원칙에 위반되는 경우, 청구인의 재산권을 침해했다고 볼 수 있으므로, 아래에서 신뢰보호원칙 위반여부를 별도로 검토하기로 한다.

3. 신뢰보호의 원칙 위반여부(35)

(1) 신뢰보호원칙의 의의(3)

국민에게 형성된 정당한 신뢰는 보호되어야 한다는 것으로 헌법상 신뢰보호의 원칙은 주로 소급입법금지의 원칙이라고 할 수 있다. 소급입법은 진정소급입법과 부진정소급입법으로 나뉜다.

(2) 진정소급입법(9)

(가) 의의(3)

진정소급입법은 법률요건이 이미 완성되어 법률이 예정하고 있던 법률효과가 이미 발생하였음에도 불구하고 법개정을 통하여 구법의 법률효과보다 불리한 법률효과를 야기시키는 경우를 말한다.

(나) 원칙(6)

형법에 있어서는 이러한 진정소급입법은 절대적으로 금지되며, 나머지 영역에 있어서는 원칙적으로 금지된다. 예외적으로 다음과 같은 경우에는 진정소급입법도 허용된다(3).

① 소급입법을 예상할 수 있을 경우
② 법적상태가 불확실하고, 혼란하여 보호할 만한 신뢰이익이 적은 경우
③ 당사자의 신뢰이익의 손실이 경미한 경우
④ 중대한 공익상의 사유가 소급입법을 정당화하는 경우(3)

(3) 부진정소급입법(9)

(가) 의의(3)

부진정소급입법은 법률요건이 아직 완성되지 않고 진행중인 경우에, 법개정에 의하여 구법에서 예정하고 있던 법률효과보다 불리한 법률효과를 야기시키는 경우를 말한다.

(나) 원칙(3)

원칙적으로 입법자에게 넓은 형성의 자유가 주어져 있으므로 입법자는 법을 현실에 맞게 개정할 수 있다. 다만 부진정소급입법이 곧바로 허용되는 것은 아니고 부진정소급입법을 통해 추구하는 공익적 목적과 당사자의 정당한 신뢰보호이익의 형량을 통해 입법자의 형성의 자유에 제약이 가해질 수 있다.

(다) 예외(3)

다만 정당하게 형성된 신뢰를 보호하기 위하여 적절히 경과규정을 두어야 한다.

(3) 이 사건의 경우(12)

(가) 청구인 A: 진정소급입법(3)

이미 퇴직하여 연금을 수급하고 있거나 연금기여금을 20년 이상 납부하여 연금기대권이 충족된 공무원에 대해서도 물가변동률에 따른 연금조정규정을 소급적으로 적용토록 한 것은 과거에 완료된 법률요건에 불리한 법률효과를 적용시키는 것으로서 진정소급입법에 해당되어 원칙적으로 금지된다. 그렇다면 예외에 해당되는지 여부를 살펴야 할 것이다. 이 사건의 경우 당사자의 보호할 만한 신뢰이익이 거의 없거나 경미하거나 아니면 예외적으로 소급입법을 정당화해야 할 만한 중대한 공익적 사유가 있다고 하기 힘들다. 따라서 이 사건 법률조항은 진정소급입법으로 신뢰보호의 원칙에 위반하여 청구인의 재산권을 과잉하게 침해한다고 할 수 있다.

※ 이와 관련하여 헌법재판소는 재직기간이 20년 이상인 공무원 뿐만 아니라, 이미 20년 이상 기여금을 납부하고 퇴직한 공무원의 경우도 연금을 수급하고 있는 퇴직자의 경우 연금수급이 진행중이라고 하는 이유로, 이들에 대한 연금조정 역시 부진정소급입법에 해당한다고 보고 있으나, 이것은 잘못이라고 보이며, 이미 20년 이상 납부를 끝낸 공무원과 납부 이후 퇴직한 공무원에 대한 사후적 연금조정은 진정소급입법이라고 판례를 변경해야 할 것이다. 가령 헌재 2003. 9. 25, 2001헌마93, 판례집 제15권 2집 상, 319, 323 – 324.

(나) 청구인 B: 부진정소급입법(9)

공무원으로서 연금에 가입하여 기여금을 납부한지 20년이 되지 않은 청구인 B에 대하여 이 사건법률조항을 적용하는 것은 아직 법률요건이 완성되지 않은 사안에 대하여 불리한 법률효과를 귀속시키는 소위 부진정소급입법에 해당한다고 할 수 있다. 이러한 경우에 당사자의 신뢰를 보호할 수 있는 경과규정을 두면서 입법자는 변화된 현실상황에 맞추어 법률을 개정할 수 있는 넓은 형성의 자유를 가지게 된다.

이 사건에 적용해 볼 때, 임금상승률에 맞추던 것을 연금재정상황의 악화현실에 대비하여 물가상승률을 반영하기로 한 입법자의 결정은 나름대로 형성의 자유의 범위 내에 머무는 것이라고 할 수 있을 것이다. 경과규정을 두었는지 여부와 관련, 신규가입자들에 대해서 이 사건 법률조항을 적용하기로 하고, 이미 가입한 당사자들의 경우는 가령 5년, 10년, 15년, 20년 등으로 차등하여 적용여부를 달리하거나, 차등하여 유예기간을 두는 방법을 생각해 볼 수 있을 것이나, 이들은 물론 이미 가입 후 20년이 지난 청구인 A의 경우까지 모두 무차별적으로 적용하기로 한 것은 경과규정을 두지 않은 케이스라고 볼 수 있을 것이다.

그러나 원칙적으로 임금상승률을 반영하되 물가상승률도 감안하여 연금을 조정하기로 한 것은 기존 가입자들에 대해서도 앞으로 받게 될 연금액수에 있어서 그렇게 지나치게 큰 타격을 주지 않을 것이라고 본다면, 그러한 정도의 신뢰보다는 재정악화를 방지해야 한다는 공익이 보다 우선한다고 볼 수 있을 것이다.

다만 가령 10년 이상 된 가입자들에게도 그와 같이 무차별적으로 적용하는 경우에는 나름대로 상당한 타격을 받을 것이라고 본다면 그들에 대해서는 경과규정을 마련해야 할 필요성도 배제할 수 없다 할 것이다.

이러한 관점에서 청구인 B에 대한 부진정 소급입법, 가령 가입기간이 10년 이상 경과한 자들에 대해서까지 아무런 경과규정이 없이 연금조정규정을 적용하는 것은 비례의 원칙에 위반되게 당사자들의 재산권을 제한하는 것이라고 볼 수 있을 것이다. 따라서 이 사건 법률조항은 신뢰보호의 원칙에 위반하여 청구인 B의 재산권을 과잉하게 침해하고 있다(보기에 따라서 공익이 이를 정당화한다고 본다면 이 경우 합헌으로 볼 수도 있을 것임)(각각 +2 가능)

(4) 이 사건에 대한 헌법재판소 판례(2)

(가) 이 사건 법률조항에 대한 헌재결정의 내용(1)

헌재 다수견해는 청구인 A나 B를 구별하지 않고 모두 부진정소급입법에 해당한다고 보고, 합헌결정을 하였으며, 반대의견은 신뢰보호원칙에 위반된다고 보았다(헌재 2003. 9. 25. 2001헌마93, 판례집 15－2상, 319).

(나) 헌재결정에 대한 비판(1)

재직기간이 20년이 경과되어 연금기대권이 이미 완성된 공무원과 그렇지 않은 공무원을 구분하지 않고서 모두 부진정소급입법으로 판단하고 나아가 신뢰보호원칙에 위반되지 않는다고 본 것은 진정소급입법과 부진정소급입법의 차이를 간과한 잘못이 있다고 보인다. 이러한 의미에서 반대의견의 논리가 더욱 타당하다고 생각된다.

V. 결   론(5)

개정된 연금조정제도를 개정법 시행 전에 이미 퇴직하여 연금을 수급하거나 이미 재직기간이 20년이 경과한 공무원들에게 소급하여 적용하는 것은 진정소급입법으로 위헌이며, 또한 재직중인 공무원에게 적용할 경우에도 전혀 아무런 경과규정을 마련하지 않은 것 역시 그들의 신뢰이익을 지나치게 침해하는 것으로 전체적으로 신뢰보호의 원칙에 반하여 그들의 재산권을 과잉하게 침해한다고 할 수 있으므로 위헌이다(2).

이 사건 법률조항을 위헌결정하는 경우에 연금조정규정의 법적 근거 자체가 상실되어 법적 공백이 발생할 수 있다. 청구인 A와 같이 이미 퇴직연금을 수급하고 있는 자들에 대한 연금조정제도의 소급적 적용은 더 이상 허용할 수 없되, 청구인 B와 같이 아직 퇴직하지 않은 재직중인 자들에 대한 연금조정제도의 소급적 적용의 문제는 입법자가 어느 정도 탄력적인 경과규정을 마련하여 시행해야 할 필요성이 있다고 인정되므로 이러한 의미로 이 사건 법률조항을 입법자가 개정할 때까지 잠정적으로 적용할 것을 명하는 헌법불합치결정을 함이 상당하다고 판단된다(3).

참고판례

※ **화물자동차운수사업시행규칙 제3조의2 제1항 제1호 등 위헌확인·화물자동차운수사업법 제2조 제3호 등 위헌확인**
(헌재 2004. 12. 16. 2003헌마226 등, 판례집 16−2하, 580 [한정위헌, 기각, 각하])

※ **공무원연금법 제27조 제3항 등 위헌확인**
(헌재 2003. 9. 25. 2001헌마93, 판례집 15−2상, 319, 320−321 [기각, 각하])

※ **산업재해보상보험법 제38조 제6항 위헌소원 등**
(헌재 2009. 5. 28. 2005헌바20, 판례집 21−1하, 446, 446−447 [위헌])

※ **5·18 민주화운동등에 관한 특별법 제2조 위헌제청 등**
(헌재 1996. 2. 16. 96헌가2 등, 판례집 8−1, 51 [합헌])

세월호참사 피해구제 및 지원 등을 위한 특별법 시행령상 이의제기금지조항의 위헌여부

사 례

청구인 甲은 2014년 4월 16일 전라남도 진도군 조도면 부근 해상에서 여객선 세월호의 침몰로 희생된 乙의 남편이며 청구인 丙은 중국 국적을 가진 이주노동자로서 역시 세월호의 침몰로 희생된 중국 국적을 가진 丁의 아내이다. 그리고 戊는 유가족은 아니지만 세월호참사 이후에 광화문에서 유가족들과 함께 노숙을 하면서 유가족들을 위하여 자원봉사하며 그들의 권익을 대변해 오고 있는 목사이다.

국회는 4.16세월호참사 피해구제 및 지원 등을 위한 특별법안을 의결하였으며, 대통령은 2015년 1월 28일 법률 제13115호로 공포하였고, 이 법률은 공포 후 2개월이 경과한 날인 2015년 3월 29일부터 시행되었다.

정부는 4.16세월호참사 피해구제 및 지원 등을 위한 특별법 시행령을 2015년 3월 27일 제정하여, 3월 29일부터 시행하였는데 이 시행령 제15조는 법 제15조 제1항에 따라 배상금등을 지급받으려는 신청인은 별지 제15호 서식의 배상금등 동의 및 청구서에 인감증명서(서명을 한 경우에는 본인 서명 확인서를 말한다) 및 신청인의 배상금등 입금계좌통장 사본을 첨부하여 심의위원회에 제출하여야 한다고 규정하였다. 그리고 동 시행령 별지 제15호서식에는 "2. 신청인은 배상금등 또는 배상금임시지급금의 지급액 한도에서 국가 외의 자에 대한 손해배상청구권 및 그 담보에 관한 권리를 국가가 대위행사하는 데 동의합니다(민법 제480조 제2항, 제450조에 따른 통지권한의 위임을 포함합니다). 3. 신청인은 배상금등을 받았을 때에는 4.16세월호참사로 인한 손해·손실 등에 대하여 국가와 재판상 화해를 한 것과 같은 효력이 있음에 동의하고, 4.16세월호참사에 관하여 어떠한 방법으로도 일체의 이의를 제기하지 않을 것임을 서약합니다"고 하는 내용이 포함되어 있다.

해양수산부 세월호 배상 및 보상지원단은 2015년 4월 10일 서울 송파구 수협중앙회 대강당에서 '4.16세월호참사 피해구제 및 지원 등을 위한 특별법'관련 배상 및 보상 설명회를 개최하면서 신청인은 배상금등 지급액 한도 내에서 민사상 손해배상청구권을 국가에 양도한 것으로 간주되며, 그 배상금등을 받은 때에는 4.16세월호 참사로 인한 손해에 대하여 국가와 재판상 화해를 한 것과 같은 효력이 있음을 동의하며, 4.16세월호 참사에 관하여 국가에 대하여 어떠한 방법으로도 일체의 이의를 제기하지 않을 것임을 서약하여야 한다고 하는 내용이 담긴 "세월호 인적피해 배상금 등 신청 및 지급절차에 관한 안내"책자를 배부하고, 참석자들에게 같은 내용으로 설명을 하였다.

청구인 甲, 乙, 丙, 丁, 戊는 이와 같이 정부로부터 배상금을 지급받기 위해서는 4.16세월호 참사와 관련 국가에 대하여 어떠한 방법으로도 일체의 이의를 제기하지 않을 것임을 서약하지 않고서는 받을 수 없다고 한 해양수산부 세월호 배상 및 보상지원단의 설명행위와 또한 그 근거조항이라고 할 수 있는 4.16세월호참사 피해구제 및 지원 등을 위한 특별법 제15조 제2항, 동 시행령 제15조 및 별표 제15서식 중 3호는 세월호유가족들의 경제적 궁박을 이용하여 위와 같은 서약에 동의하게 함으로써 세월호참사와 관련한 국가의 책임 일체를 그 어떠한 방법으로도 묻지 못하게 하는 것이기 때문에 청구인들의 재판청구권과 재산권을 침해하는 것으로서 위헌이라고 주장을 하면서, 헌법재판소에 2015년 4월 22일 국선대리인선임을 신청하였다. 헌법재판소는 청구인들의 국선대리인선임신청을 인용하고, 변호사 변태만을 국선대리인으로 지정하였으나, 변호사 변태만은 전관예우로 변호사 개업 1년 만에 돈도 벌어 놓았겠다 날이면 날마다 골프만 치러 다니다 청구서 작성을 깜박 잊고 있다가 2015년 10월 25일에 이르러서야 비로소 헌법재판소에 헌법소원심판청구서를 제출하였다(제출시점은 이미 과거로 봄).

〈문〉 청구인들의 이 사건 헌법소원심판청구에 대하여 판단하라(100).

관련 법률

※ 4·16세월호참사 피해구제 및 지원 등을 위한 특별법

제1조(목적) 이 법은 2014년 4월 16일 전라남도 진도군 조도면 부근 해상에서 여객선 세월호가 침몰함에 따른 참사로 인하여 희생된 사람을 추모하고 신체적·정신적·경제적 피해를 입은 사람 등에 대한 신속한 피해구제와 생활 및 심리안정 등의 지원을 통하여 피해지역의 공동체 회복을 도모하는 것을 목적으로 한다.

제2조(정의) 이 법에서 사용하는 용어의 뜻은 다음과 같다.

1. "4·16세월호참사"란 「4·16세월호참사 진상규명 및 안전사회 건설 등을 위한 특별법」 제2조 제1호에 따른 사건을 말한다.

2. "희생자"란 「4·16세월호참사 진상규명 및 안전사회 건설 등을 위한 특별법」 제2조 제2호에 따른 사람을 말한다.

3. "피해자"란 다음 각 목의 어느 하나에 해당하는 사람을 말한다.

　가. 4·16세월호참사 당시 세월호에 승선한 사람 중 희생자 외의 사람(세월호의 선원으로서 여객의 구조에 필요한 조치를 하지 아니하고 탈출한 사람은 제외한다)

　나. 희생자의 배우자·직계존비속·형제자매

　다. 가목에 해당하는 사람의 배우자·직계존비속·형제자매

　라. 그 밖에 4·16세월호참사와 관련하여 희생자 또는 가목에 해당하는 사람과 나목·다목에 준하는 관계가 있는 경우 등 제5조에 따른 4·16세월호참사 배상 및 보상 심의위원회에서 인정한 사람

4. "피해지역"이란 4·16세월호참사와 관련하여 「재난 및 안전관리 기본법」에 따라 특별재난지역으로 선포된 지역을 말한다.

제15조(신청인의 동의와 배상금 등의 지급 등) ① 배상금·위로지원금 및 보상금 결정서정본을 송달받은 신청인이 배상금·위로지원금 및 보상금을 지급받고자 할 때에는 그 결정에 대한 동의서를 첨부하여 심의위원회에 지급을 신청하여야 한다.

　② 제1항에 규정된 사항 외에 배상금·위로지원금 및 보상금의 지급 절차 등에 필요한 사항은 대통령령으로 정한다.

　③ 신청인이 배상금·위로지원금 및 보상금의 지급 결정서정본을 송달받은 날부터 1년 이내에 제1항에 따른 신청을 심의위원회에 하지 아니한 경우 이 법에 따른 배상금·위로지원금 및 보상금의 지급신청을 철회한 것으로 본다.

제16조(지급결정 동의의 효력) 심의위원회의 배상금·위로지원금 및 보상금 지급 결정에 대하여 신청인이 동의한 때에는 국가와 신청인 사이에 「민사소송법」에 따른

재판상 화해가 성립된 것으로 본다.

※ 4 · 16세월호참사 피해구제 및 지원 등을 위한 특별법 시행령

제15조(신청인의 동의 및 지급청구) 법 제15조 제1항에 따라 배상금등을 지급받으려는 신청인은 별지 제15호서식의 배상금등 동의 및 청구서에 인감증명서(서명을 한 경우에는 본인서명사실확인서를 말한다) 및 신청인의 배상금등 입금계좌통장 사본을 첨부하여 심의위원회에 제출하여야 한다.

■ 4·16세월호참사 피해구제 및 지원 등을 위한 특별법 시행령 [별지 제15호서식]

[ ] 배 상 금 등
[ ] 배상금 임시지급금　동의 및 청구서

※ 색상이 어두운 난은 신청인이 적지 않습니다.

접수번호:	접수일:		처리기간:	30일

1. 신청인은 「4 · 16세월호참사 피해구제 및 지원 등을 위한 특별법」([ ]제12조 [ ]제17조)에 따라 ([ ]배상금등 지급결정 [ ]배상금 임시지급 결정)에 동의하고, ([ ]배상금등 [ ]배상금 임시지급금)을 받고자 합니다.
2. 신청인은 배상금등 또는 배상금 임시지급금의 지급액 한도에서 국가 외의 자에 대한 손해배상청구권 및 그 담보에 관한 권리를 국가가 대위 행사하는데 동의합니다(「민법」 제480조제2항, 제450조에 따른 통지권한의 위임을 포함합니다).
3. 신청인은 배상금등을 받았을 때에는 4 · 16세월호참사로 인한 손해 · 손실 등에 대하여 국가와 재판상 화해를 한 것과 같은 효력이 있음에 동의하고, 4 · 16세월호참사에 관하여 어떠한 방법으로도 일체의 이의를 제기하지 않을 것임을 서약합니다.

결정번호	제　　　　호		결정일:
결정주문			

승선자 (희생자 또는 구조된 승선자) * 해당되는 경우 작성	성명:	생년월일:
	주소:	

신청인 (신청인대표자)	성명:	생년월일:
	주소:	
	승선자와의 관계: 의	전화번호: 휴대전화번호:

대리인 (선임한 경우)	성명:	생년월일:
	연락처	전화번호: 휴대전화번호:

지급계좌	예금주:	은행명:
	계좌번호:	청구금액:

년   월   일

신청인   (서명 또는 인)

4·16세월호참사 배상 및 보상 심의위원회 귀중

첨부서류	1. 신청인(신청인대표자)의 인감증명서 또는 본인서명사실확인서(동의 및 청구서에 서명한 경우에 한정합니다) 1부 2. 신청인(신청인대표자)의 배상금등 입금계좌통장 사본 1부

210mm×297mm[백상지 80g/㎡]

〈문〉 청구인들의 이 사건 헌법소원심판청구에 대하여 판단하라(100).

Ⅰ. 문제의 소재(5)

이 사례는 세월호참사 피해구제 및 지원 등을 위한 특별법 및 동 시행령에서 정부로부터 배상금 등을 지급받기 위해서는 세월호참사와 관련하여 어떠한 방법으로도 일체의 이의를 제기할 수 없다고 하는 서약을 하지 않으면 안되도록 한 조항에 대한 헌법소원심판청구의 적법여부를 묻는 문제이다.

Ⅱ. 사건의 개요와 심판의 대상(10)

1. 사건의 개요(5)

청구인들은 2014년 4월 16일 세월호의 침몰로 인하여 희생을 당한 사람들의 유가족과 자원봉사자인데, 정부가 세월호참사 피해구제 및 지원등을 위한 특별법과 시행령을 제정 공포하여 2015년 3월 29일부터 시행을 하면서 정부로부터 배상금 등을 지원받기 위해서는 지급에 대한 합의는 재판상 화해와 동일한 효력이 있고, 국가가 국가외의 자에 대한 책임에 대하여 배상청구를 대위하며, 세월호참사와 관련하여 어떠한 방법으로도 일체의 이의를 제기하지 아니할 것을 서약하도록 하고 있는 바, 이러한 조항들이 청구인들의 재판청구권, 재산권 등을 침해한다고 주장하면서 2015년 4월 22일 헌법재판소에 국선대리인선임신청을 하기에 이르렀다.

2. 심판의 대상(5)

심판의 대상은 배보상단의 설명행위와 법 제15조 제2항 및 동 시행령 제15조의 위헌여부이다.

Ⅲ. 적법요건에 대한 판단(24)

1. 공권력의 행사 또는 불행사(대상적격)(4)

(1) 설명행위(2)

배보상단의 설명행위는 동 시행령 제15조와 별표서식15에 대한 설명행위에 불과하므로 그 자체가 별도의 독립적인 공권력행사를 구성한다고 보기 어렵다.

(2) 법 제15조 제2항, 시행령 제15조 및 별표서식 15중 제3호(2)

법령이므로 대상적격이 인정된다.

2. 보충성의 원칙(2)

법령의 경우 별도의 다른 법률에 의한 구제절차가 존재하지 않으므로 충족된다.

3. 청구기간(4)

헌법재판소법 제69조 제1항은 제68조 제1항의 규정에 의한 헌법소원 심판은 기본권침해의 사유가 있음을 안 날로부터 90일, 그 사유가 있은 날로부터 1년 이내에 청구하여야 한다고 규정하고 있다(1).

법령에 대한 헌법소원의 청구기간도 법령의 시행과 동시에 기본권침해를 받은 자는 그 법령이 시행된 사실을 안 날로부터 90일 이내에, 그 법령이 시행된 날로부터 1년 이내에 청구하여야 할 것이나, 법령이 시행된 후에 비로소 그 법령에 해당하는 사유가 발생하여 기본권의 침해를 받게 된 경우에는 그 사유가 발생하였음을 안 날로부터 90일 이내에, 그 사유가 발생한 날로부터 1년 이내에 청구하여야 할 것이다(1).

다만 헌법재판소법 제70조 제1항 제2문에 따라 국선대리인선임신청의 경우에는 그 날을 심판청구를 한 날로 본다(1).

따라서 이 사건의 경우 법령의 시행일은 2015년 3월 29일이고 국선대리인선임신청을 한 날은 4월 22일이므로 청구기간 내에 청구를 하였다(1).

4. 헌법소원청구능력(4)

갑의 경우 문제 없다(1).

을과 정의 경우 사자(死者)로서 기본권주체성이 부인되며, 또한 예외적으로 사후의 기본권주체성, 특히 생명권의 기본권주체성이 인정될 수 있는가의 문제는 세월호사건에서 ·제기되는 새로운 문제상황이나, 일반적으로 사자의 존엄권이나 인격권과 같은 경우에만 예외적으로 기본권주체성이 인정된다고 할 수 있으므로 이 사건에서 을과 정의 경우에는 기본권주체성을 인정할 수 없어 각하된다(1).

병의 경우 외국인이나 재산권은 인간으로서의 기본권으로 외국인도 기본권주체성 인정이 가능하고 재판청구권 역시 마찬가지라 할 수 있으므로 인정된다(1).

무의 경우 인정되나 청구적격이 없다(1).

5. 기본권침해의 관련성(청구적격)(4)

(1) 자기관련성(2)

무를 제외하고 인정된다(갑, 병).

(2) 현재관련성(1)

모두 인정된다.

(3) 직접관련성(1)

집행행위의 매개에 의하지 아니하고 이 규정에 의하여 직접 권리의 침해, 의무의 부과, 법적 지위의 박탈 등을 야기하므로 인정된다.

6. 권리보호이익(2)

청구적격이 인정되는 자들에 대하여 헌법소원을 통하여 권리구제의 가능성이 있으므로 인정된다.

7. 변호사선임(2)

국선대리인선임신청을 하였으므로 무자력만 소명하면 인정되는데 이 사안에서는 국선대리인이 이미 선임되었으므로 문제될 것이 없다. 무자력 소명을 위해서는 재산세미과세증명 등을 제출하면 된다.

8. 소결 (2)

결론적으로 이 사건 갑과 병의 헌법소원은 모두 적법하여 전원재판부에 회부하여야 하나, 을, 정의 경우 청구능력 결여로, 무의 경우 자기관련성 결여로 각하하여야 할 것이다.

Ⅳ. 본안판단(61)

1. 법 제15조 제2항의 위헌여부(10)

이 사건 법률 제15조 제2항은 "제1항에 규정된 사항 외에 배상금·위로지원금 및 보상금의 지급 절차 등에 필요한 사항"을 대통령령에 위임하고 있는 바, 이러한 위임조항이 헌법 제75조의 포괄위임입법금지 원칙에 위반되는 것은 아닌지 여부의 문제가 제기된다.

헌법 제75조 소정의 "법률에서 구체적으로 범위를 정하여 위임받은 사항"이라 함은 법률에 이미 대통령령으로 규정될 내용 및 범위의 기본사항이 구체적으로 규정되어 있어서 누구라도 당해 법률로부터 대통령령에 규정될 내용의 대강을 예측할 수 있어야 함을 의미한다(헌재 1991. 7. 8. 91헌가4, 판례집 3, 336, 341). 그리고 이 같은 위임의 구체성과 명확성의 요구정도는 규제대상의 종류와 성격에 따라 달라지는 바, 기본권침해영역에서는 급부행정영역에서보다는 구체성의 요구가 강화되고, 다양한 사실관계를 규율하거나 사실관계가 수시로 변화될 것이 예상될 때에는 위임의 명확성의 요건이 완화되어야 한다(헌재 1991 2. 11. 90헌가27, 판례집 3, 11, 29–30).

이 사건 시행령 제15조 제2항은 세월호참사로 인한 손해와 손실 등에 대한 배·보상에 관한 문제이고 이를 어떻게 규정하느냐에 따라서 관련 당사자들의 손해배상청구권 등에 대하여 영향을 미칠 수 있으므로 재산권과 관련되는 중요한 기본권제한 영역이라 할 수 있다. 그러므로 이러한 영역에서는 명확성의 요구정도도 그만큼 강화될 수밖에 없을 것이다.

그런데 이 사건 법률 제15조 제2항을 보면 제1항에 따른 지급신청과 "배상금·위로지원금 및 보상금의 지급절차 등에 필요한 사항"만을 시행령으로 위임한다고 규정하고 있어, 이 법 시행령에 규정될 내용은 당연히 '절차'에 관한 것만 규정될 것으로 예측될 뿐이지, 그 밖에 세월호참사로 인한 손해의 다양한 내용과 유형, 손해배상액 산정기준, 손실보상액 산정기준 등과 관련한 배·보상의 핵심적이고도 중요한 내용에 관한 입법내용이 결여되어 있다. 그리고 배·보상에 대한 합의의 법적 효과 중의 하나로 세월호참사와 관련하여 어떠한 방법으로도 일체의 이의를 제기할 수 없다고 하는 이의제기금지조항을 둘 수 있다고 하는 데 대해서도 아무런 예측가능성이 없다.

그러므로 이 사건 법률 제15조 제2항은 헌법 제75조의 포괄위임입법금지의 원칙에 위반되어 위헌이라고 할 것이다.

2. 시행령 제15조 및 별지 제15호서식의 위헌여부(46)

(1) 어떠한 기본권과 관련되는지?(5)

이 사건 시행령 제15조에 따른 별지 제15호 서식 중 제3호의 후단은 "4·16 세월호참사에 관하여 어떠한 방법으로도 일체의 이의를 제기하지 않을 것임을 서약합니다"라고 쓰여 있다.

이 이의제기금지조항은 우선 입법형식상으로는 법률 제15조 제2항이 위임하고 있는 위임입법의 한계를 넘어서서 국민의 기본권을 중대하게 침해하고 있는 것으로서 헌법 제75조와 의회유보의 원칙에 위반된다.

또한 일체의 이의제기금지조항은 4·16세월호참사와 관련된 헌법소원을 비롯하여 일체의 재판을 청구하지 못하도록 할 뿐만 아니라, 그와 관련되는 모든 표현행위를 금하는 것이므로 재판청구권, 언론·출판의 자유와 집회·결사의 자유, 국가배상청구권, 재산권 등과 관련된다고 할 수 있다.

(2) 재판청구권의 침해(25)

헌법 제27조는 모든 국민은 헌법과 법률이 정한 법관에 의하여 법률에 의한 재판을 받을 권리를 가진다고 하여 재판청구권을 보장하고 있다.

이 법 시행령 제15조의 별지 제15호 서식 제3호는 경제적·심리적으로 궁박한 상태에 있는 청구인들로 하여금 이 사건 법률에 따른 배·보상금 등을 지급받는 대신 4·16세월호 참사와 관련하여 어떠한 방법으로도 일체의 이의를 제기하지 않을 것임을 서약하게 하고 있으므로 이는 재판청구권을 제한하는 것이다.

재판청구권을 제함에 있어서도 헌법 제37조 제2항에 규정된 과잉금지원칙을 위반하거나 그 본질내용을 침해해서는 안될 것인 바, 과잉금지원칙 위반여부를 심사해 보면 다음과 같다(3).

① 목적의 정당성(5)

이 사건 법률의 입법목적은 세월호 희생자의 피해구제 및 지원을 통하여 생활 안정 및 공동체 회복을 도모하기 위하여 배상금·위로지원금의 지급, 손실보상의 원활한 이행을 위한 절차를 규정하기 위함이므로 이 입법목적 자체는 헌법 제37조 제2항의 "공공복리"에는 해당된다.

그런데 문제되는 것은 이 사건 시행령조항이 의도하고 있는 일체의 이의제기금지조항 자체의 입법목적이라고 할 것이며 그것은 세월호 희생자의 유가족과 피해자들이 이 사건 법률에 따른 배·보상에 조속히 합의하게 하여 세월호참사로 인하여 발생한 복잡한 제반 법률관계를 조속히 종료시키고자 함이라고 볼 수 있을 것이다.

그러나 이러한 이의제기금지조항의 숨은 입법의도는 세월호참사와 관련된 문제에 대하여 경제적 배·보상의 문제로 일단락시키고, 헌법적이든 법률적이든 그와 관련된 국가의 일체의 책임에 대하여 더 이상 문제제기를 하지 못하게 하려는 것이었다고 생각되는바, 이러한 입법의도는 헌법 제37조 제2항이 규정하고 있는 기본권제한입법의 목적에 결코 부합될 수 없으므로, 목적의 정당성이 결여되어 있다.

② 방법의 적정성(5)

일체의 이의를 제기하지 않을 것임을 서약하게 하는 것은 이 사건 법률의 입법목적의 달성과 전혀 무관한 방법이므로 이 사건 법률의 입법목적의 달성을 위한 방법의 적정성이 없다고 판단된다. 즉 소송을 포함한 이의제기에는 유가족들이 세월호참사로 빚어진 여러 가지 정신적·경제적 손해에 대하여 그 책임을 묻고, 경제적 배상과 보상을 통해서 생활의 안정을 도모할 수 있는 수단들도 포함될 수 있는 것이므로 이를 금지하는 것은 오히려 이 사건 법률이 추구하는 입법목적에 반할 수 있다. 그러므로 이 사건 이의제기금지조항은 이 사건 법률의 입법목적을 달성할 수 있는 적절한 수단이라 할 수 없어 방법의 적정성에 위반된다.

③ 침해의 최소성(5)

이의제기금지조항은 목적의 정당성과 방법의 적정성이 없어 이미 위헌이라고 볼 수 있으나, 침해의 최소성 역시 없다고 볼 수 있다. 다시 말해서 이 사건 법률에 의하여 배·보상절차를 진행함으로써 그러한 목적을 달성할 수 있을 것인데, 굳이 어떠한 방법으로도 일체의 이의제기를 하지 않을 것을 서약하게 하는 방법을 사용해야만 그러한 입법목적을 달성할 수 있는 것은 아니다. 그러므로 이 사건 시행령 제15조와 또한 이의제기금지조항은 침해의 최소성에 위반된다.

④ 법익의 균형성(5)

이 사건 시행령 제15조와 이의제기금지조항이 추구하는 입법목적은 세월호참사로 인하여 발생된 국가와 유가족 및 피해자들간의 법률관계를 조기에 종식시키려는 것인데, 이러한 법률관계의 조기종식보다 더 중요한 것은 세월호참사에 대한 정확한 진상규명과 정부의 책임에 비례하는 국가배상책임의 이행이라고 할 수 있다. 그에 반하여 이 사건 조항들로 인하여 제한되는 재판청구권, 국가배상청구권, 재산권, 표현의 자유 등의 기본권적 법익의 중요성은 매우 중요하므로, 이 사건 시행령 제15조와 이의제기금지조항은 법익의 균형성도 갖추지 못하여 위헌이다.

⑤ 소결(2)

이 사건 시행령 제15조와 별지 제15호서식은 헌법 제37조 제2항의 과잉금지의 원칙을 위반하여 청구인의 재판청구권을 침해한다.

(3) 표현의 자유의 침해(8)

헌법 제21조 제1항은 언론·출판의 자유와 집회·결사의 자유를 보장하는데, 전자는 개인적 표현의 자유이고, 후자는 집단적 표현의 자유라고 할 것이다.

이 사건 시행령 제15조와 별지 제15호서식의 이의제기금지조항은 세월호참사와 관련하여 어떠한 방법으로도 일체의 이의를 제기하지 않음을 서약하도록 하고 있는 바, 이는 세월호 유가족들이 세월호참사와 관련하여 정부정책을 비판하거나 반대하는 모든 의견들을 금지하는 것일 뿐만 아니라, 집회와 시위를 통하여 집단적 의사를 표시하거나 세월호진상규명을 위한 단체를 결성하는 것 자체까지도 모두 광범위하게 금지하는 것이기 때문에 표현의 자유를 제한하는 것이다.

그러나 표현의 자유를 제한하기 위해서는 명백하고도 현존하는 위험이 그 제한을 정당화하는 예외적인 경우가 아니면 헌법 제37조 제2항의 과잉금지의 원칙에 위반된다는 것이 헌법재판소의 판례이다.

그러나 세월호 유가족들이 배·보상금이나 지원금에 합의한다 하더라도 세월호참사와 관련하여 어떠한 방법으로 일체의 이의를 제기해서는 안될 만큼 명백하고도 현존하는 위험이 그들의 표현의 자유의 제한을 정당화하고 있지는 않으며, 그 밖에 위에서 본 바와 같이 과잉금지의 원칙에 위반하여 청구인들의 표현의 자유가 침해된다고 판단된다.

(4) 재산권의 침해여부(8)

헌법 제23조 제1항은 모든 국민의 재산권을 보장하고 있다.

세월호참사로 인하여 희생자의 사망에 책임이 있는 국가 외의 자와 국가에 대한 손해배상청구권은 사적 유용성이 있는 재산적 가치가 있는 권리로서 헌법 제23조 제1항에서 보장되는 재산권의 객체라고 할 수 있을 것이다.

그런데 이 사건 시행령 제15조와 별지 제15호 서식 제3호에 따르면, 청구인들은 세월호참사로 인하여 발생한 정당한 손해배상액을 요구할 수 있는 추가적인 국가배상청구 뿐만 아니라 그 밖의 일체의 소송도 제기할 수 없게 된다면, 궁극적으로는 청구인들의 재산권제한을 초래하게 될 것이며, 이러한 제한은 사회적 수인한계를 넘는 것이기에 헌법 제37조 제2항의 과잉금지의 원칙에 위반된다고 보아야 할 것이다.

3. 결론(5)

결론적으로 이 사건 시행령 제15조와 별지 제15호 서식 제3호의 이의제기금지조항은 청구인들의 재판청구권, 표현의 자유, 국가배상청구권, 재산권 등을 과잉하게 침해하여 헌법에 위반된다.

이 사건 법률조항의 위헌성이 심대하므로, 법질서에서 바로 그 효력을 제거할 필요가 있다고 사료되므로, 법적 공백상태를 방지하기 위하여 입법자가 개정할 때까지 잠정적으로 그 효력을 유지하는 계속효력명령을 내리는 것은 정당화되지 아니한다.

그러므로 단순한 위헌결정을 선고함이 상당하다.

최고보상제도의 소급적용의 위헌여부
- 산업재해보상보험법 제38조 -

사 례

(가) 청구인 甲은 외국계 회사인 한국○○ 주식회사의 직원으로 20여 년간 재직하여 오다가 1991년 11월 4일 부사장의 직책으로 위 회사 사무실에서 회의하던 중 쓰러져, 뇌경색의 진단을 받고 6개월간 입원치료하였으나 완치되지 못하고 좌반신 마비의 장해를 입게 되었고, 1993년 5월 23일 근로복지공단(이하 '공단'이라 한다)으로부터 장해등급 제3급을 판정받아 평균임금의 70%에 해당하는 장해급여를 받아 와 2003년 1월 3일경에는 당시 월 평균임금의 70%에 해당하는 월 7,630,670원의 장해보상연금을 수령하고 있었다.

(나) 그런데 1999년 12월 31일 법률 제6100호로 산업재해보상보험법이 개정되어 이른바 '최고보상제도'가 시행됨에 따라, 공단은 노동부장관이 고시한 1일 최고보상기준금액인 133,070원을 평균임금으로 산정하여 2003년 2월 3일 및 2003년 3월 3일 위 청구인에게 각 2,140,200원으로 감액한 장해보상연금만을 지급하고 종전 지급액 중 이를 초과하는 부분을 지급하지 아니하였다.

(다) 이에 위 청구인은 같은 해 3월 18일 서울행정법원에 공단을 상대로 장해연금감액처분취소의 소를 제기하고 그 소송 계속중 구 산업재해보상보험법(1999.

12. 31. 법률 제6100호로 개정되고, 2007. 4. 11. 법률 제8373호로 전부 개정되기 전의 것. 이하 '법'이라 한다) 제38조 제6항 및 법 부칙(법률 제6100호, 1999. 12. 31.) 제7조에 대한 위헌법률심판제청신청을 하였으나, 위 법원이 2005년 2월 16일 위 본안청구를 기각함과 아울러 위 신청도 기각하자, 같은 해 3월 8일 "공단의 1회 적인 보험급여 지급 결정으로 당시 청구인의 평균임금을 기준으로 산정한 장해보상연금을 사망할 때까지 받을 수 있는 권리, 즉 재산권을 취득하였는바, 심판대상조항은 법 제38조 제6항의 시행일 이전에 장해사유가 발생한 자들에게까지 위 조항을 적용함으로써 청구인들의 재산권을 소급적으로 박탈하고 있다"고 주장하면서 헌법재판소법 제68조 제2항에 따라 이 사건 헌법소원심판을 청구하였다.

〈문〉 청구인의 이 사건 헌법소원심판청구의 적법여부와 심판대상 조항이 청구인의 재산권을 침해하여 위헌인지 여부에 대하여 판단하라(100).

관련 법률

※ **산업재해보상보험법**(1999. 12. 31. 법률 제6100호로 개정되고, 2007. 4. 11. 법률 제8373호로 전부 개정되기 전의 것)

제4조(정의) 이 법에서 사용하는 용어의 정의는 다음 각 호와 같다.

1. "업무상의 재해"라 함은 업무상의 사유에 의한 근로자의 부상·질병·신체장해 또는 사망을 말한다. 이 경우 업무상의 재해의 인정기준에 관하여는 노동부령으로 정한다.

2. "근로자"·"임금"·"평균임금"·"통상임금"이라 함은 각각 근로기준법에 의한 "근로자"·"임금"·"평균임금"·"통상임금"을 말한다. 다만, 근로기준법에 의하여 "임금" 또는 "평균임금"을 결정하기 곤란하다고 인정되는 경우에는 노동부장관이 정하여 고시하는 금액을 당해 "임금" 또는 "평균임금"으로 한다.

3. "유족"이라 함은 사망한 자의 배우자(사실상 혼인관계에 있는 자를 포함한다)·자녀·부모·손·조부모 또는 형제자매를 말한다.

제38조(보험급여의 종류와 산정기준 등)

① 보험급여의 종류는 다음 각 호와 같다.

1. 요양급여

2. 휴업급여

3. 장해급여

3의2. 간병급여

4. 유족급여

5. 상병보상연금

6. 장의비

② 제1항의 규정에 의한 보험급여는 제40조, 제41조, 제42조, 제42조의3, 제43조, 제44조 및 제45조의 규정에 의한 보험급여를 받을 수 있는 자(이하 '수급권자'라 한다)의 청구에 의하여 이를 지급한다.

③ 보험급여의 산정에 있어서 그 근로자가 소속된 사업과 동일한 직종의 근로자에게 지급되는 통상임금이 변동되거나 사업의 폐지·휴업 기타 부득이한 사유가 있을 때에는 대통령령이 정하는 기준에 따라 평균임금을 증감할 수 있다.

④ 보험급여의 산정에 있어서 당해 근로자의 근로형태가 특이하여 평균임금을 적용하는 것이 적당하지 아니하다고 인정되는 경우로서 대통령령이 정하는 경우에는 대통령령이 정하는 산정방법에 따라 산정한 금액을 평균임금으로 한다.

⑤ 보험급여의 산정에 있어서 진폐 등 대통령령이 정하는 직업병으로 인하여 보험급여를 받게 되는 근로자에게 그 평균임금을 적용하는 것이 근로자의 보호에 적당하지 아니하다고 인정되는 경우에는 대통령령이 정하는 산정방법에 따라 산정한 금액을 당해 근로자의 평균임금으로 한다.

⑥ 보험급여(장의비를 제외한다)의 산정에 있어서 당해 근로자의 평균임금 또는 제3항 내지 제5항의 규정에 의하여 보험급여의 산정기준이 되는 평균임금이 대통령령이 정하는 바에 따라 매년 노동부장관이 고시하는 최고보상기준금액을 초과하거나 최저보상기준금액에 미달하는 경우에는 그 최고보상기준금액 또는 최저보상기준금액을 각각 당해근로자의 평균임금으로 한다. 다만, 최저보상기준금액을 적용함에 있어서 휴업급여 및 상병보상연금의 경우에는 그러하지 아니하다.

부칙(법률 제6100호, 1999. 12. 31.)

제1조(시행일) 이 법은 2000년 7월 1일부터 시행한다.

제7조(최고보상기준금액에 관한 경과조치) 이 법 시행일 이전에 제4조 제1호의 규정에 의한 업무상 재해를 입은 자는 제38조 제6항의 개정규정에 불구하고 2002년 12월 31일까지는 종전의 규정에 의한다.

※ **산업재해보상보험법시행령**(2000. 6. 27. 대통령령 제16871호로 개정된 것)

제26조의2(최고·최저보상기준금액)

① 법 제38조 제6항 본문의 규정에 의한 최고보상기준금액은 과거 3년간의 전체 근로자의 임금수준과 임금계층별 근로자 분포비 및 임금상승률 등을 고려하여 매년 노동부장관이 고시한 금액으로 하고, 최저보상기준금액은 최저임금법에 의한 최저임금의 전년대비 조정률 등을 기준으로 하여 매년 노동부장관이 고시한 금액으로 한다.

② 최고보상기준금액과 최저보상기준금액을 산정함에 있어서 원 단위 미만은 이를 버린다.

③ 최고보상기준금액과 최저보상기준금액의 적용기간은 당해 연도 9월 1일부터 다음 연도 8월 31일까지로 한다.

※ **노동부고시**(2002. 8. 29. 제2002－20호)

산업재해보상보험법 제38조 제6항 및 동법시행령 제26조의2의 규정에 의하여 산재보험급여 산정 시 적용할 최고·최저보상기준금액을 다음과 같이 고시합니다.

1. 최고보상기준금액 : 133,070원(1일),
   최저보상기준금액 : 33,570원(1일)
2. 적용시기 : 2002년 9월 1일~2003년 8월 31일

모범답안 및 채점기준

〈문〉 청구인의 이 사건 헌법소원심판청구의 적법여부와 심판대상 조항이 청구인의 재산권을 침해하여 위헌인지 여부에 대하여 판단하라 (100).

Ⅰ. 문제의 소재(5)

이 사건은 헌재법 제68조 제2항에 따른 헌법소원의 적법요건 충족여부와 심판대상 법률조항이 신뢰보호원칙에 위반하여 청구인의 재산권을 침해하는지 여부에 관한 문제이다(특히 공법상의 권리가 재산권의 보장을 받기 위한 전제조건 등이 문제될 것이다).

Ⅱ. 사건의 개요와 심판의 대상(10)

1. 사건의 개요(5)

청구인 甲은 회사 근무도중 좌반신 마비의 장해등급 제3급 판정을 받아 평균임금의 70%에 해당하는 장해보상연금을 수령하고 있었으나, 추후 산업재해보상보험법상 최고보상제도가 시행됨에 따라 근로복지공단은 최고보상기준금액을 상회하는 액을 감액한 장해보상연금만을 청구인에게 지급하기 시작하였다. 이에 청구인은 공단을 상대로 장해연금감액처분취소의 소를 제기하고 소송 계속 중 동법 제38조 제6항 및 법 부칙 제7조에 대한 위헌법률심판제청신청을 하였으나 2005년 2월 16일 기각되자 그 위헌을 주장하면서 같은 해 3월 8일 헌법재판소에 헌재법 제68조 제2항에 따른 헌법소원심판을 청구하게 되었다.

2. 심판의 대상(5)

청구인은 산업재해보상보험법(1999. 12. 31. 법률 제6100호로 개정되고 2007. 4. 11. 법률 제8373호로 전부 개정되기 전의 것) 제38조 제6항의 최고보상제도 자체의 위헌여부를 다툰다기보다는 부칙 제7조에서 최고보상제도의 소급적 적용의 위헌여부를 다투고 있다고 할 수 있으므로 이 사건 헌법소원심판의 대상은 동법 부칙 제7조의 위헌여부라고 할 수 있을 것이다.

Ⅲ. 적법요건 심사(25)

헌법재판소법 제68조 제2항에 따른 헌법소원심판청구가 적법하기 위해서는 다음의 요건을 충족해야 한다.

1. 위헌제청신청의 기각결정(3)

청구인은 2003년 3월 8일 서울행정법원에 공단을 상대로 장해연금감액처분취소의 소를 제기하고 그 소송 계속 중에 1999년 12월 31일에 개정된 산업재해보상보험법 제38조 제6항 및 동법 부칙 제7조에 대하여 위헌법률심판제청신청을 하였으나 2005년 2월 16일 기각되었다.

2. 재판의 전제성(14)

(1) 재판의 전제성 요건(9)

헌법재판소법 제68조 제2항에 따른 헌법소원심판청구가 적법하기 위해서는 재판의 전제성 요건을 갖추어야 하는데 그 구체적 내용은 다음과 같다.

(가) 재판이 계속중이거나 계속중이었을 것(3)

(나) 해당 법률조항이 당해사건에 적용되는 것일 것(3)

(다) 법률의 위헌여부에 따라 재판의 주문이 달라지거나 혹은 재판의 내용과 효력에 관한 법률적 의미가 달라지는 것일 것(3)

(2) 이 사건에 대한 적용(5)

감액조치는 어떠한 처분적 성격을 갖는 것이 아니고 법률의 규정에 따라 집행된 것에 불과하므로, 행정소송으로 다툴 것이 아니라, 공단을 상대로 하는 당사자소송으로 다투었어야 할 것이다(대법원 2003. 9. 5. 선고 2002두3522 판결 참조)(2).

그러나 법원으로서는 이 사건이 항고소송을 구하는 것인지 아니면 공단으로 하여금 차액에 대한 직접 지급을 구하는 당사자소송을 구하는 것인지에 대한 석명기회를 부여하여 당사자소송으로의 소 변경의 기회를 준 후, 당사자소송으로의 전환이 가능하다(대법원 2004. 7. 8. 선고 2004두244 판결 참조)(2).

이러한 소의 변경을 전제로 할 때 이 사건 법률조항의 위헌여부에 따라서 당해사건의 결론이 달라질 수 있다고 볼 수 있을 것이므로 재판의 전제성이 있다고 할 것이다(1).

3. 청구기간(3)

헌법재판소법 제69조 제2항에 따라 기각결정이 통지된 날로부터 30일 이내에 헌법소원심판을 청구하여야 한다. 서울행정법원이 위헌법률심판제청신청을 2005년 2월 16일에 기각하였고, 이에 청구인이 같은 해 3월 8일에 헌법소원심판을 청구하였으므로, 이는 적법한 청구기간 내라고 할 수 있다.

4. 대리인 선임(3)

변호사를 선임하였으므로 요건을 충족한다.

5. 결론(2)

이 사건 심판대상조항은 재판의 전제성을 갖추고 다른 요건도 모두 충족하였으므로 적법하여 본안판단으로 넘어가 주어야 한다.

Ⅳ. 위헌여부(55)

1. 관련되는 기본권 및 헌법상의 원리(5)

재산권, 평등권(2000. 7. 1. 이전에 장애보상일시금을 받은 자들과 비교하여) 침해여부 및 신뢰보호의 원칙 위반여부가 관련이 된다.

2. 재산권 침해 여부(50)

이 사건에서 산업재해보상연금수급권이 헌법 제23조의 재산권보호의 대상이 되는지 여부가 먼저 문제된다.

(1) 공법상의 권리가 재산권의 보호를 받기 위한 전제조건(10)

공법상의 권리인 사회보험수급권이 재산권의 보호를 받기 위해서는 첫째, 공법상의 권리가 권리주체에게 배타적으로 귀속되어 개인의 이익을 위해 이용가능해야 하고(사적 유용성)(2), 둘째, 국가의 일방적인 급부에 의한 것이 아니라 권리주체의 노동이나 투자, 특별한 희생에 의하여 획득되어 자신이 행한 급부의 등가물에 해당하는 것이어야 하며(수급자의 상당한 자기기여)(2), 셋째, 수급자의 생존의 확보에 기여해야 한다(생존보장에의 기여)(2).

이 사건의 경우 산업재해보상보험수급권은 청구인들에게 배타적으로 귀속되어 그들에게 사적 유용성이 있는 것이며, 이러한 수급권은 청구인들이 재직 당시에 산업재해보상보험에 가입하여 사용자가 근로자의 근로의 대가로서 납부한 기여금에 상당한 등가물에 해당한다고 할 수 있다. 또한 산업재해보상보험금은 청구인들의 생존보장에 기여한다고 할 수 있으므로 이 권리는 재산권보장의 대상이 되는 공법상의 권리라고 할 수 있다(4).

(2) 재산권의 침해 여부(40)

재산권의 침해여부는 이 사건 법률조항에 따른 최고보상제도의 소급적 시행으로 인하여 청구인의 재산권이 침해되었는지 여부가 중요한 핵심 쟁점이다. 그러므로 재산권침해여부를 심사함에 있어서 그 심사기준은 과잉금지원칙이 동원

될 수 있겠지만, 신뢰보호원칙이 더욱 중요한 심사기준이 될 것이다.

(가) 과잉금지원칙 위반 여부(20)

우선 재산권의 침해 여부의 문제가 제기될 경우에는 문제되는 법률조항이 헌법 제23조 제1항과 제2항에 따른 재산권의 내용과 한계규정으로서 사회적 기속의 한계를 넘어서는 조항인지 아니면 제3항의 공용사용, 수용, 제한에 해당하는 규정인지를 판별해 주어야 할 것이다(3). 이 사건 최고보상제도는 산업재해보상보험법상 급여의 안정을 도모하기 위한 목적으로 도입된 것으로서 미래를 향하여 적용되는 것으로 하였다면 그 자체가 헌법 제23조 제3항에 따른 재산권의 박탈에 이른 조치라기 보다는 제23조 제1항과 제2항에 따른 "내용과 한계규정"으로서 사회적인 상당성의 한계에 머무르는 경우 위헌이라고 보기는 힘들 것이다(3).

재산권의 내용과 한계를 규정함에 있어서는 원칙적으로 입법자에게 넓은 형성의 자유가 주어진다고 할 수 있으며, 명백하게 입법자가 입법재량의 한계를 일탈했다고 할 수 없는 한 최고보상제도 자체는 합헌이라고 보아야 할 것이다(3). 다만 이 사건 부칙 제7조의 경우 최고보상제도가 도입되기 전의 시기에 가입하여 이미 보상연금을 수령하기 시작한 당사자들에게까지 소급적으로 적용되어 청구인들의 경우 최고보상금액을 넘는 액수만큼 삭감을 받기 시작한 것이므로, 이 경우에 이러한 삭감이 헌법 제23조 제1항과 제2항에 따른 "내용과 한계규정"인지 아니면 제3항에 따른 "공용사용, 수용, 제한"에 가깝다고 할 수 있는지가 문제될 것이다(3).

청구인들의 경우 종래 지급받아 오던 장해보상연금 7,630,670원이 2,140,200원으로 급격하게 감액된 바, 나머지 차액들의 경우 아무런 보상조치가 없이 소급적으로 삭감당하게 되었으므로 이는 재산권의 박탈에 가깝다고 보인다(3).

그 법적 성격이 헌법 제23조 제3항에 따른 공용수용에 가깝다고 한다면, 정당한 보상조치가 없어서 헌법에 위반된다고 할 수 있을 것이다. 또한 과잉금지원칙 위반여부를 살피건대 목적의 정당성, 방법의 적정성은 인정될 수 있다 하더라도 경과규정을 도입하여 청구인들과 같이 이미 보상연금을 수령하던 자들의 재산권을 보장하면서 최고보상제도를 도입할 수 있는 보다 덜 침해적인 수단의 선택가능성이 분명히 존재하였다는 점에서 침해의 최소성에 위반되어 결과적으로 과잉금지원칙에 위반되었다고 할 수 있을 것이다(3).

또한 헌법 제23조 제1항과 제2항에 따른 내용과 한계규정에 해당되는 입법이라 하더라도 그 입법은 역시 헌법 제37조 제2항에 위반되어 사회적 상당성의 한계를 넘어서는 재산권에 대한 내용과 한계규정으로서 지나친 침해라고 아니할 수 없으므로 이 경우에도 과잉금지원칙에 위반되어 청구인의 재산권을 침해한다고 할 수 있을 것이다(2).

(나) 신뢰보호의 원칙 위반여부(20)

어떠한 법률이 소급입법에 해당하는지 여부는 진정소급입법과 부진정소급입법의 구분에 따라 판단을 하고 그 위헌여부의 심사기준이 서로 다르다(1).

진정소급입법은 이미 과거에 완료된 법률요건에 대하여 과거에 규정한 것보다 불리한 법률효과를 추후에 결부시키는 입법으로서 이는 원칙적으로 법치국가원리로부터 나오는 법적 안정성과 국민의 신뢰보호상 허용되지 않는다(3). 다만 예외적으로 법적 상태가 혼란하고 위헌성이 있어서 그 자체로 보호할만한 신뢰가 형성되었다고 보기 어려운 경우, 보호할 만한 신뢰가 경미한 경우, 소급입법을 해야 할 공익이 신뢰이익보다 훨씬 더 우월하여 소급입법이 정당화될 수 있는 경우에는 소급입법이 예외적으로 가능하다(3).

부진정소급입법은 법률요건이 이미 완성된 것이 아니라, 현재 진행형인 경우, 종전의 규정보다 훨씬 더 불리한 법률효과를 야기하는 법개정이 이루어지는 경우 원칙적으로 입법자에게는 넓은 형성의 자유가 인정되어 이러한 입법은 원칙적으로 가능하다(3). 그러나 이러한 경우에도 경과규정을 두어 당사자의 신뢰를 최대한 보장하여야 할 것이다(3).

이 사건의 경우 청구인의 장해보상요건은 이미 충족되어 보상연금의 수급이 시작되었으므로 이미 법률요건이 완성된 경우라고 할 수 있음에도 훨씬 더 불리한 최고보상제도를 적용하여 연금액을 삭감하고 있는 것이므로 이는 진정소급입법이라고 보아야 할 것이다(3). 그리고 청구인의 경우 이미 보호할 만한 신뢰가 형성되었고, 아무리 연금재정적 측면에서 장해보상연금을 삭감해야 할 필요가 있다 하더라도 이미 장해보상연금을 수급받고 있던 청구인들의 연금액을 거의 2/3에 해당하는 액수만큼 삭감해야 할 정도로 공익이 그러한 소급적 적용을 정당화한다고 보기 어렵다(3).

따라서 이러한 소급입법은 정당화될 수 없는 입법으로서 신뢰보호원칙 내지 소급입법금지의 원칙에 반하고 헌법 제13조 제2항의 재산권의 소급적 박탈금지 규정에도 위반된다(1).

3. 평등권 침해여부

이 사건 청구인들은 2000년 7월 1일 이전에 장애보상일시금을 받은 자들과 비교하여 볼 때 그들은 이미 받은 일시금에 대하여 소급적으로 반환하는 조치가 없었으므로 차별을 받았다고 할 수 있으므로, 평등권이 침해되었다고 할 수 있으나 이 문제에 대하여 더 이상 살펴 볼 필요도 없이 재산권을 침해한다고 볼 수 있으므로 평등권침해여부의 자세한 심사는 생략한다.

※ 문제에서는 재산권침해 여부만을 물었으므로 평등권침해 여부에 관해서 자세히 밝힐 필요는 없을 것임

V. 결   론(5)

이 사건 산업재해보상보험법 부칙 제7조는 헌법 제13조 제2항과 헌법 제37조 제2항에 위반하여 과잉하게 청구인의 재산권을 소급적으로 침해하고 있으므로 헌법에 위반된다(2).

이 사건 부칙 제7조 중 "2002년 12월 31일까지는" 부분의 효력을 즉시 상실시키는 경우 청구인을 비롯한 종전에 장해연금을 수령하던 자들에 대해서는 종전의 규정이 적용된다고 할 수 있을 것이므로 법적 공백상태가 발생할 우려는 없다. 따라서 단순 위헌선언을 하기로 한다(3).

참고판례

※ 산업재해보상보험법 제38조 제6항 위헌소원 등
(헌재 2009. 5. 28. 2005헌바20 등, 판례집 21-1하, 446 [위헌])

※ 산업재해보상보험법 제36조 제7항 등 위헌소원 등
(헌재 2014. 6. 26. 2012헌바382 등, 판례집 26-1하, 532 [합헌])

최고보상제도의 소급적용에 대한 두 번째 헌법소원 - 구 산업재해보상보험법 -

사 례

　　청구인 甲은 2000년 7월 1일 이전에 업무상 재해를 입은 근로자로서 자신이 종전에 지급받던 평균임금에 자신의 장해등급 내지 폐질등급에 따른 법령 소정의 지급률을 적용하여 산정된 장해보상연금(이하 '종전 산정 방식에 따른 보상연금')을 매월 750만원씩 지급받아 왔다.

　　그러나 산업재해보상보험법상 재해연금의 재정수지가 날로 어려워지자 국회는 산업재해보상보험법을 개정하여 보험급여액 산정의 기준이 되는 평균임금에 법상 최고보상한도를 설정하는 소위 '최고보상제도'를 도입하였으며, 구 산재법(1999. 12. 31. 법률 제6100호) 부칙 제7조는 "이 법 시행일 전에 업무상 재해를 입은 근로자들은 제38조 제6항의 개정규정에 불구하고 2002년 12월 31일까지는 종전의 규정에 의한다"고 규정하였고, 근로복지공단(이하 '공단')은 이 규정에 따라 청구인에 대하여 2003년 1월부터 청구인에게 고용노동부장관이 고시한 1일 최고보상기준금액을 한도로 장해보상연금 및 상해보상연금(이하 '보상연금')으로 월 250만원씩을 지급하였다.

　　이에 청구인 甲은 이 부칙조항에 대하여 신뢰보호원칙에 위반하여 자신의 재산권을 침해한다는 이유로 헌법재판소에 헌법소원심판을 청구하였는데, 헌법재판소는 2009년 5월 28일 2005헌바20 등 결정에서 이 부칙조항에 대하여 위헌선언을 하였다.

한편 이 헌법재판소의 결정이 선고되기 전인 2007년 12월 14일 산업재해보상보험법이 전부 개정되었는데, 최고보상과 최저보상의 산정기준을 법률로 명확히 하였으며, 이 개정 산재법(이하 '전부개정 산재법')은 2008년 7월 1일부터 실시되었으나, 이 전부개정 산재법은 청구인과 같이 최고보상제도가 실시되기 전에 업무상 재해를 입은 자들에 대하여 최고보상제도를 적용할 것인지 여부에 관한 경과규정을 따로 두지는 않았다,

근로복지공단은 2009년 7월 경 헌법재판소의 위헌결정을 근거로 청구인에게 2003년 1월 1일부터 2009년 5월 31일까지의 기간 동안 2003년 1월 1일 기준 청구인의 평균임금을 기준으로 하여 산정한 보상연금 합계액에서, 2003년 1월부터 최고보상기준금액을 적용하여 매달 지급하여 온 보상연금 합계액을 뺀 나머지 차액을 추가적으로 지급하되, 2003년 1월 1일 기준 평균임금을 기초로 종전(최고보상제도 시행 이전) 산정 방식에 따른 보상연금을 지급하였다.

그러자 甲은 이번에는 공단을 상대로 보상연금의 산정 기준인 평균임금을 정함에 있어서 2003년 1월 1일 기준 평균임금이 아니라 구 산재법 제38조 제3항에 따라 동일 직종 근로자의 통상 임금 변동률을 기준으로 인상된 평균임금을 기초로 보상연금을 재산정해야 한다고 주장하면서, 평균임금증감 및 보험급여 차액청구를 하였으나 공단은 청구인들이 받는 재해연금은 동종 근로자들의 통상임금 수준과 비교하여 평균임금이 낮지 않고, 2000년 7월 1일 이후에 산업재해를 입은 근로자들과 형평이 맞지 않게 된다고 하는 이유로 위 평균임금증액신청을 거부하였다(이하 '이 사건 거부처분').

그러자 甲은 이 사건 거부처분의 취소를 구하는 소송을 제기하였고, 법원은 전부개정 산재법은 그 시행전에 업무상 재해를 입은 근로자인지 여부에 따른 구분을 두지 아니하고 모든 산업재해 근로자를 적용대상으로 하고 있으므로 2008년 7월 1일 이후 전부개정 산재법에 따라 매년 전체 근로자의 임금 평균액의 증감률에 따라 평균임금을 증감하여야 하는데 이미 공단이 그보다 많은 돈을 지급하고 있어서 평균임금증액 요건에 해당하지 아니하여 2008년 7월 1일 이후의 평균임금증액신청에 대한 거부처분은 적법하다는 이유로 2008년 1월 1일부터 2008년 6월 30일까지 기간에 대한 평균임금증액신청 거부처분만을 취소하는 일부인용판결을 하였다.

이에 청구인은 소송 계속 중 전부개정 산재법 제36조 제7항 및 제8항이 구 산재법 시행일인 2000년 7월 1일 이전에 업무상 재해를 입은, 종전 산정 방식에 따른 보상연금을 지급받아 온 근로자들에게까지 적용된다고 해석하는 한 헌법에 위반된다는 취지로 법원에 위헌법률심판제청을 신청하였으나, 2012년 9월 27일 위 신청이 한정위헌청구로 부적법하다는 이유로 각하되자, 2012년 10월 25일 '전부개정 산재법 제36조 제7항 및 제8항이 헌법에 위반되는지 여부'와 '전부개정 산재법 제36조 제7항 및 제8항을 2000년 7월 1일 이전에 업무상 재해를 입은 청구인에게까지 적용하도록 하는 것이 헌법에 위반되는지 여부'를 선택적으로 구하는 이 사건 헌법소원심판을 청구하였다.

〈문〉 청구인 甲의 이 사건 헌법소원심판청구에 대하여 자신이 헌법재판소 재판관이라면 어떻게 판단할 것인지를 밝히라(100).

관련 법률

※ **구 산업재해보상보험법**(1999. 12. 31. 법률 제6100호로 개정되고, 2007. 4. 11. 법률 제8373호로 전부개정되기 전의 것)

제38조(보험급여의 종류와 산정기준등) ① 보험급여의 종류는 다음 각호와 같다. <개정 1999.12.31.>

1. 요양급여
2. 휴업급여
3. 장해급여
3의2. 간병급여
4. 유족급여
5. 상병보상연금
6. 장의비

② 제1항의 규정에 의한 보험급여는 제40조·제41조·제42조·제42조의3·제43조·제44조 및 제45조의 규정에 의한 보험급여를 받을 수 있는 자(이하 "수급권자"라 한다)의 청구에 의하여 이를 지급한다. <개정 1999. 12. 31.>

③ 보험급여의 산정에 있어서 그 근로자가 소속된 사업과 동일한 직종의 근로자에

게 지급되는 통상임금이 변동되거나 사업의 폐지·휴업 기타 부득이한 사유가 있을 때에는 대통령령이 정하는 기준에 따라 평균임금을 증감할 수 있다.

④ 보험급여의 산정에 있어서 당해근로자의 근로형태가 특이하여 평균임금을 적용하는 것이 적당하지 아니하다고 인정되는 경우로서 대통령령이 정하는 경우에는 대통령령이 정하는 산정방법에 따라 산정한 금액을 평균임금으로 한다. <신설 1999. 12. 31.>

⑤ 보험급여의 산정에 있어서 진폐등 대통령령이 정하는 직업병으로 인하여 보험급여를 받게 되는 근로자에게 그 평균임금을 적용하는 것이 근로자의 보호에 적당하지 아니하다고 인정되는 경우에는 대통령령이 정하는 산정방법에 따라 산정한 금액을 당해근로자의 평균임금으로 한다. <신설 1999. 12. 31.>

⑥ 보험급여(장의비를 제외한다)의 산정에 있어서 당해근로자의 평균임금 또는 제3항 내지 제5항의 규정에 의하여 보험급여의 산정기준이 되는 평균임금이 대통령령이 정하는 바에 따라 매년 노동부장관이 고시하는 최고보상기준금액을 초과하거나 최저보상기준금액에 미달하는 경우에는 그 최고보상기준금액 또는 최저보상기준금액을 각각 당해근로자의 평균임금으로 한다. 다만, 최저보상기준금액을 적용함에 있어서 휴업급여 및 상병보상연금의 경우에는 그러하지 아니하다.<개정 1999. 12. 31.>

부 칙(1999. 12. 31. 법률 제6100호)
제7조(최고보상기준금액에 관한 경과조치) 이 법 시행일 이전에 제4조 제1호의 규정에 의한 업무상 재해를 입은 자는 제38조 제6항의 개정규정에 불구하고 2002년 12월 31일까지는 종전의 규정에 의한다.
[2005헌바20, 2005헌바22, 2009헌바30(병합), 2009. 5. 28., 산업재해보상보험법 부칙(법률 제6100호, 1999. 12. 31.) 제7조 중 "2002년 12월 31일까지는" 부분은 헌법에 위반된다.]

※ **구 산업재해보상보험법**(2007. 12. 14. 법률 제8694호로 전부개정되고, 2010. 5.
   20. 법률 제10305호로 개정되기 전의 것)
제36조(보험급여의 종류와 산정 기준 등) ① 보험급여의 종류는 다음 각 호와 같다.
1. 요양급여
2. 휴업급여
3. 장해급여
4. 간병급여

5. 유족급여

6. 상병(傷病)보상연금

7. 장의비(葬儀費)

8. 직업재활급여

② 제1항에 따른 보험급여는 제40조, 제52조부터 제57조까지, 제60조부터 제62조까지, 제66조부터 제69조까지, 제71조 및 제72조에 따른 보험급여를 받을 수 있는 자(이하 "수급권자"라 한다)의 청구에 따라 지급한다.

③ 보험급여를 산정하는 경우 해당 근로자의 평균임금을 산정하여야 할 사유가 발생한 날부터 1년이 지난 이후에는 매년 전체 근로자의 임금 평균액의 증감률에 따라 평균임금을 증감하되, 그 근로자의 연령이 60세에 도달한 이후에는 소비자물가변동률에 따라 평균임금을 증감한다.

④ 제3항에 따른 전체 근로자의 임금 평균액의 증감률 및 소비자물가변동률의 산정 기준과 방법은 대통령령으로 정한다. 이 경우 산정된 증감률 및 변동률은 매년 노동부장관이 고시한다.

⑤ 보험급여를 산정할 때 해당 근로자의 근로 형태가 특이하여 평균임금을 적용하는 것이 적당하지 아니하다고 인정되는 경우로서 대통령령으로 정하는 경우에는 대통령령으로 정하는 산정 방법에 따라 산정한 금액을 평균임금으로 한다.

⑥ 보험급여를 산정할 때 진폐(塵肺) 등 대통령령으로 정하는 직업병으로 보험급여를 받게 되는 근로자에게 그 평균임금을 적용하는 것이 근로자의 보호에 적당하지 아니하다고 인정되면 대통령령으로 정하는 산정 방법에 따라 산정한 금액을 그 근로자의 평균임금으로 한다.

⑦ 보험급여(장의비는 제외한다)를 산정할 때 그 근로자의 평균임금 또는 제3항부터 제6항까지의 규정에 따라 보험급여의 산정 기준이 되는 평균임금이 전체 근로자의 임금 평균액의 1.8배(이하 "최고 보상기준 금액"이라 한다)를 초과하거나, 2분의 1(이하 "최저 보상기준 금액"이라 한다)보다 적으면 그 최고 보상기준 금액이나 최저 보상기준 금액을 각각 그 근로자의 평균임금으로 한다. 다만, 휴업급여 및 상병보상연금을 산정할 때에는 최저 보상기준 금액을 적용하지 아니한다.

⑧ 최고 보상기준 금액이나 최저 보상기준 금액의 산정방법 및 적용기간은 대통령령으로 정한다. 이 경우 산정된 최고 보상기준 금액 또는 최저 보상기준 금액은 매년 노동부장관이 고시한다.

제57조(장해급여) ① 장해급여는 근로자가 업무상의 사유로 부상을 당하거나 질병

에 걸려 치유된 후 신체 등에 장해가 있는 경우에 그 근로자에게 지급한다.

② 장해급여는 장해등급에 따라 별표 2에 따른 장해보상연금 또는 장해보상일시금으로 하되, 그 장해등급의 기준은 대통령령으로 정한다.

③ 제2항에 따른 장해보상연금 또는 장해보상일시금은 수급권자의 선택에 따라 지급한다. 다만, 대통령령으로 정하는 노동력을 완전히 상실한 장해등급의 근로자에게는 장해보상연금을 지급하고, 장해급여 청구사유 발생 당시 대한민국 국민이 아닌 자로서 외국에서 거주하고 있는 근로자에게는 장해보상일시금을 지급한다.

제58조(장해보상연금 수급권의 소멸) 장해보상연금의 수급권자가 다음 각 호의 어느 하나에 해당하면 그 수급권이 소멸한다.

1. 사망한 경우
2. 대한민국 국민이었던 장해보상연금 수급권자가 국적을 상실하고 외국에서 거주하고 있거나 외국에서 거주하기 위하여 출국하는 경우
3. 대한민국 국민이 아닌 장해보상연금의 수급권자가 외국에서 거주하기 위하여 출국하는 경우
4. 장해등급이 변경되어 장해보상연금의 지급 대상에서 제외되는 경우

제66조(상병보상연금) ① 요양급여를 받는 근로자가 요양을 시작한 지 2년이 지난 날 이후에 다음 각 호의 요건 모두에 해당하는 상태가 계속되면 휴업급여 대신 상병보상연금을 그 근로자에게 지급한다.

1. 그 부상이나 질병이 치유되지 아니한 상태일 것
2. 그 부상이나 질병에 따른 폐질(廢疾)의 정도가 대통령령으로 정하는 폐질등급 기준에 해당할 것

② 상병보상연금은 별표 4에 따른 폐질등급에 따라 지급한다.

모범답안 및 채점기준

〈문〉 청구인 甲의 이 사건 헌법소원심판청구에 대하여 자신이 헌법재판소 재판관이라면 어떻게 판단할 것인지를 밝히라(100).

Ⅰ. 문제의 소재(5)

이 문제는 최고보상제도를 최고보상제도가 실시되기 전에 재해를 입은 근로자들에게도 적용하는 것이 신뢰보호원칙에 위반되어 그들의 재산권을 침해한다고 하는 헌재 결정에 따라 종전의 연금 산정방식에 따라서 다시 차액을 지급하였으나, 전문 개정된 산재법에는 그들에게까지 최고보상제도를 적용할 것인지 여부에 대한 경과규정이 없어서 최고보상제도의 근거규정이 되고 있는 전부개정 산재법 제36조 제7항 및 제8항의 위헌여부 내지는 그 한정위헌을 구하는 위헌소원의 적법여부 및 기본권침해 여부를 묻는 물음이다.

Ⅱ. 사건의 개요와 심판의 대상(15)

1. 사건의 개요(5)

청구인 甲은 구 산재법상 최고보상제도가 실시되기 전에 재해를 입은 근로자이나 구 산재법 부칙 제7조가 2003년 1월 1일부터는 그들에 대해서도 최고보상제도를 적용하도록 규정하자 그에 대하여 헌재법 제68조 제2항에 따른 헌법소원심판을 청구하였으며, 헌재가 그에 대하여 위헌을 선언하였고, 공단은 이를 근거로 차액을 추가적으로 지급하였으나 2003년 1월 1일 기준 청구인의 평균임금을 기초로 종전 산정방식에 따라 보상연금을 지급하였다.

이에 甲은 구 산재법 제38조 제3항에 따라 근로자의 통상 임금 변동률을 기준으로 인상된 평균임금을 기초로 보상연금을 재산정해야 한다고 하면서 평균임금증감 및 보험급여 차액청구를 하였으나 공단측이 이를 거부하자, 그 취소를 구하는 소송을 제기하였고, 소송계속 중 전부 개정된 산재법 제36조 제7항 및 제8항을 최고보상제도가 실시되기 전에 재해를 입은 근로자들에게도 적용하는 것이 위헌이라는 취지로 법원에 위헌법률심판제청신청을 하였으나 2012년 9월 27일 그것이 기각되자 그 조항들의 위헌여부와 또한 그 한정위헌여부를 선택적으로 구하는 이 사건 헌법소원심판을 2012년 10월 25일 청구하였다.

2. 심판의 대상(10)

청구인은 전부개정 산재법 제36조 제7항과 제8항의 위헌여부 및 한정위헌을 선택적으로 청구하고 있으나, 동법이 부칙에 별도의 경과규정을 포함하고 있지 않다면 동법 시행일 이후부터는 2000년 7월 1일 이전에 재해를 입은 근로자들에게도 최고보상제도를 실시하는 것으로 보아야 할 것이다. 따라서 한정위헌청구는 결국 동법 제36조 제7항과 제8항의 위헌여부에 대한 청구에 포함된다고 할 수 있을 것이므로 한정위헌청구 자체는 심판대상에서 제외한다.

그리고 제8항은 최고보상기준 금액이나 최저 보상기준 금액의 산정방법 및 적용기간은 대통령령으로 정한다고 하면서 그 산정방법 및 적용기간에 대한 위임규정인데 청구인의 위헌주장에는 이러한 위임규정 자체의 위헌을 구하는 취지가 있는 것은 아니라고 보이므로 제8항도 심판대상에서 제외한다.

다음으로 제7항에서 청구인이 문제삼고 있는 것은 최고보상기준이므로 소위 최저보상기준 금액 부분 및 단서는 심판대상에서 제외하기로 한다.

결론적으로 이 사건 헌법소원심판의 대상은 전부개정 산재법 제36조 제7항 중 "평균임금이 전체 근로자의 임금 평균액의 1.8배(이하 "최고 보상기준 금액"이라 한다)를 초과하거나" 부분의 위헌여부가 된다.

Ⅲ. 적법요건에 대한 판단(20)

헌법재판소법 제68조 제2항에 따른 헌법소원심판청구가 적법하기 위해서는 다음의 요건을 충족해야 한다.

1. 위헌제청신청의 기각결정(2)

청구인은 구 산재법 제38조 제3항에 따른 평균임금증감 및 보험급여 차액청구거부에 대한 취소를 구하는 소송계속 중 전부 개정된 산재법 제36조 제7항과 제8항에 대하여 한정위헌을 구하는 위헌법률심판제청신청을 하였으나 동 법원이 2012년 9월 27일에 각하하였다. 이러한 각하결정도 위헌제청신청의 기각결정에 포함된다고 하는 것이 헌법재판소의 판례이므로 요건을 충족한다.

2. 재판의 전제성(8)

(1) 재판의 전제성 요건

헌법재판소법 제68조 제2항에 따른 헌법소원심판청구가 적법하기 위해서는 재판의 전제성 요건을 갖추어야 하는데 그 구체적 내용은 다음과 같다.

(가) 재판이 계속중이거나 계속중이었을 것

(나) 해당 법률조항이 당해사건에 적용되는 것일 것

(다) 법률의 위헌여부에 따라 재판의 주문이 달라지거나 혹은 재판의 내용과 효력에 관한 법률적 의미가 달라지는 것일 것

(2) 이 사건에 대한 적용

전부개정 산재법 제36조 제7항의 위헌여부에 따라서 청구인과 같이 2000년 7월 1일 이전에 재해를 입은 근로자의 경우 최고보상제도에 대한 적용여부가 달라질 수 있다고 할 수 있으므로 재판의 전제성이 인정된다.

3. 청구기간(5)

위헌제청신청에 관한 기각결정이 통지된 날로부터 30일 이내 청구해야 한다. 이 사건의 경우 2012년 9월 27일 각하되어 2012년 10월 25일 헌법소원심판을 청구하였으므로 청구기간을 준수하였다.

4. 대리인 선임(2)

사안에는 명확히 나오지 않았으나, 사선 대리인을 선임하거나 경제력이 없을 경우 무자력을 소명하여 국선대리인선임을 신청하면 된다.

5. 한정위헌청구의 적법여부(+10)

이 사건에서 한정위헌청구도 선택적으로 하고 있으나, 별도의 경과규정이 없으므로 구법의 부칙 제7조의 경과규정이 여전히 적용된다고 할 수 없을 뿐만 아니라, 그 규정은 이미 헌법재판소가 위헌결정을 하여 효력이 상실되었다고 할 수 있으므로, 최고보상제도의 근거규정인 전부개정 산재법 제36조 제7항의 위헌여부가 심판대상이 되었고, 그 위헌여부를 살피면 되므로 따로 한정위헌청구의 적법여부를 논할 필요는 없다고 하겠다.

그러나 당해사건에서 한정위헌청구를 하였고 그것이 각하된 것이며, 헌재법 제68조 제2항에 따른 헌법소원에서 한정위헌 또는 법률조항 자체의 위헌을 선택적으로 구하고 있는 바, 만일 법률조항 자체의 위헌을 주장한다면, 이는 당해사건에서의 위헌법률심판제청신청에서 주장하지 않은 심판대상을 포함시키는 것 아닌가 하는 의문을 제기할 수 있다. 만일 그러한 경우에 그 심판대상은 헌재법 제68조 제2항에 따른 헌법소원에서 부적법 각하되어야 할 것이기 때문이다.

그러나 이 사건에서는 심판대상 자체는 동일한데, 전부개정 산재법 제36조 제7항 및 제8항이 구 산재법 시행일인 2000년 7월 1일 이전에 업무상 재해를 입은 종전 산정 방식에 따른 보상연금을 지급받아 온 근로자들에게까지 적용된다고 해석하는 한 헌법에 위반된다는 취지로 법원에 위헌제청신청을 하였던 것이고, 헌법소원심판에서의 청구취지는 그러한 한정위헌이든지 또는 법률 자체의 위헌을 선언하든지 선택적으로 하고 있는 것인 바, 법률조항 자체의 위헌을 선택적으로 주장한다 하더라도 그것이 위헌제청신청 당시의 심판대상과 전혀 별개의 심판대상을 새로이 포함시켰다고 볼 성질의 것이라고 하기 보다는, 법률에 대한 해석 여하에 따라서 법률 자체를 위헌선언 하거나 법률에 대한 해석 자체를 위헌선언을 해달라고 하는 취지로 보아야 할 것이다.

또한 한정위헌을 구하는 위헌소원의 경우에도 종래 헌법재판소는 한정위헌이 당해 법률조항의 위헌을 구하는 것으로 선해할 수 있는 경우에 그것도 적법하다고 하면서, 청구인이 주장하던 바 법률의 일정한 해석의 위헌 여부가 아니라, 그 법률조항의 위헌여부를 심판대상으로 삼았었던 종래의 판례경향에 비추어 볼 때, 법률 그 자체의 위헌여부를 심판대상으로 삼는 것이 위헌제청신청에서 주장하던 범위를 넘어서는 것으로서 헌재법 제68조 제2항에 따른 헌법소원에서 적법하지 않은 심판대상이라고 할 수는 없을 것이다.

따라서 이 사건 심판대상에서 청구인들과 관련하여 최고보상제도의 소급적용 여부에 관한 경과규정이 사라진 한, 전부개정 산재법 제36조 제7항 및 제8항이 그들에 대해서까지 모두 적용된다고 보아야 할 것이다. 따라서 그 법률조항들의 위헌여부를 심판대상으로 보는 한, 그들에 대해서까지 적용된다고 하는 해석의 위헌여부를 별도의 심판대상으로 삼을 필요가 없다고 하는 것은 당연한 논리이므로, 굳이 한정위헌청구의 적법여부의 문제는 심도 있게 다루지 않아도 된다고 할 수 있을 것이다.

※ 다만 그럼에도 불구하고 청구인이 한정위헌청구를 선택적으로 구하였으며, 2013년 12월 27일 2011헌바117, 구 특정범죄가중처벌 등에 관한 법률 제2조 제1항 위헌소원 등 결정에서 헌법재판소가 한정위헌청구도 원칙적으로 가능하다고 본 법리에 의한다면, 한정위헌청구도 원칙적으로 적법할 것이며, 이 문제를 다룬 사람은 사안의 복잡성에도 불구하고 이와 관련된 문제에 대하여 상당히 공부가 많이 되어 있는

학생이므로 고려 점수(최대 10점)를 부여할 수 있을 것이다.

6. 소결(3)

결론적으로 이 사건 헌법소원심판청구는 적법하여 본안판단으로 넘어가 주어야 한다.

Ⅳ. 본안에 대한 판단(55)

1. 관련되는 기본권 및 헌법원칙(5)

청구인은 이 사건에서 자신들에 대한 연금산정의 기준이 2003년 1월 1일 기준 청구인의 평균임금이 아니라, 구 산재법 제38조 제3항에 따라 동일 직종 근로자의 통상 임금 변동률을 기준으로 인상된 평균임금을 기초로 보상연금을 재산정해야 한다고 주장하면서 평균임금증감 및 보험급여 차액청구를 하였으나 그것이 거부되자 그 거부처분취소소송과 함께 전부개정 산재법 제36조 제7항과 제8항의 위헌제청신청을 하고 그것이 기각되자 헌재법 제68조 제2항에 따라 그 위헌을 구하는 헌법소원심판을 청구하였다.

관련되는 기본권은 재산권이며, 또한 헌법원칙은 신뢰보호의 원칙이라고 할 수 있으므로, 이 사건 심판대상조항이 신뢰보호원칙에 위반하여 청구인의 재산권을 과잉하게 침해하는지 여부에 대하여 살펴보아야 한다(또한 재해일시금을 수령한 자들에 대해서 소급적으로 최고보상제도에 따른 삭감을 적용하지 않는 한에서 그들과의 차별이 발생할 수 있다는 점에서 평등권침해여부도 문제될 수도 있을 것이나 시간과 지면관계상 간단히 언급하는 정도면 족할 것으로 보인다).

2. 재산권 침해여부(45)

(1) 보호영역(10)

헌법 제23조의 재산권의 보호영역은 사적유용성이 있는 것으로서 재산적 가치가 있는 사법상의 권리와 함께 일정한 요건을 만족하는 재산적 가치가 있는 공법상의 권리도 포함한다. 재해연금수급권이 헌법 제23조의 보장대상이 되는 공법상의 권리에 해당하는지 여부가 먼저 문제된다. 산업재해보상보험법은 근로자들이 재해를 입은 경우 그들에 대한 재해보상연금이나 상병연금 등을 지급함으로써, 사고위험에 대비하여 노동능력의 상실에도 불구하고 생계를 유지할 수 있도록 한 공적 보험제도라고 할 수 있다. 이러한 공적 보험에 의한 사회보험수급권이 재산권보장을 받기 위해서는 첫째, 그것이 사적 유용성이 있는 것으로서 권리주체에게 배타적으로 귀속될 것. 둘째, 상당한 자기기여가 있을 것. 셋째, 생활보장에의 기여가 있을 것의 조건이 충족되어야 한다.

이 사건에 이를 적용해 본다면, 재해연금 등은 근로자가 재직시 입을 수 있는 재해에 대비하여 사용자가 재해보상보험료를 납부하고 또한 나머지 부담부분은 국가가 납부하여 재정을 충당하고 있으며, 사용자의 이러한 납부는 일종의 근로자에 대한 근로의 대가로서 등가성이 인정된다고 볼 수 있다. 재해보험법상 사고가 발생하여 재해보험연금이 지급되는 경우 이 연금은 근로자에게 배타적으로 귀속될 뿐만 아니라 사적 유용성이 있는 것으로서 그 근로자의 생존을 위해서 필요불가결의 것이므로 위 요건을 모두 충족한다. 따라서 재해연금 등은 헌법 제23조의 재산권보장의 대상이 되는 공법상의 권리라고 할 수 있다.

(2) 제한(5)

청구인은 최고보상제도가 실시되기 이전에 재해를 입은 근로자로서 당시의 산업재해보상보험법에 따라 이미 재해연금을 지급받고 있던 자임에도 국가가 동 산업재해보상보험법을 전부개정하면서 궁극적으로는 최고보상제도를 소급적으로 적용하여 연금액을 결과적으로 상당한 부분 삭감하였으므로 재산권에 대한 제한이라고 할 수 있다. 이러한 제한은 헌법 제23조 제1항과 제2항의 재산권에 대한 내용과 한계규정에 해당하는 제한이라고 할 수 있을 것이다.

(3) 제한의 한계: 신뢰보호원칙 위반여부(20)

이러한 제한 역시 헌법 제37조 제2항의 과잉금지원칙을 준수하여야 하고, 또한 법치국가원리에서 파생되는 신뢰보호원칙을 위반하지 않아야 한다. 여기에서는 최고보상제도의 소급적 적용여부가 문제되고 있으므로 신뢰보호원칙 위반여부에 대하여 먼저 살펴 본 후, 과잉금지원칙 위반여부를 간단히 살펴보기로 하겠다.

(가) 진정소급입법과 부진정소급입법(10)

진정소급입법은 이미 법률요건이 완료된 사실관계에 대하여 추후에 법률로 구법이 규정하고 있던 법률효과보다 불리한 법률효과를 야기시키는 경우라고 할 수 있으며, 형법에 있어서는 절대적으로 금지, 그 밖의 경우에는 원칙적으로 금지된다. 다만 예외적으로 법적 상태가 혼란하거나 위헌성이 있어서 보호할 만한 신뢰가 형성되지 않은 경우, 신뢰이익이 경미한 경우, 신뢰이익보다 더욱 중요한 공익이 소급입법을 정당화하는 경우 등에는 예외적으로 허용된다(4).

이에 반하여 법률요건이 현재 진행중인 경우에 입법자는 법률의 개정을 통하여 사회현실에 대한 법률적 적응을 도모할 수 있으며, 이러한 경우에는 원칙적으로 입법자에게 넓은 형성의 자유가 인정된다. 다만 관련 당사자에게 경과규정을 마련하는 등 그의 신뢰를 보호할 수 있는 조치를 취하지 않으면 안된다(3).

헌재는 진정소급입법의 경우에는 소급입법금지원칙을 적용하고, 부진정소급입법의 경우에는 신뢰보호원칙을 적용하면서, 신뢰보호원칙의 위배 여부를 판단하기 위하여는 한편으로는 침해받은 이익의 보호가치, 침해의 중한 정도, 신뢰가 손상된 정도, 신뢰침해의 방법 등과 다른 한편으로는 새 입법을 통해 실현하고자 하는 공익적 목적을 종합적으로 비교·형량하여야 한다(헌재 2008. 5. 29. 2006헌바99, 판례집 20-1하, 142, 158)고 하고 있다(3).

(나) 이 사건의 경우(10)

진정소급입법과 부진정소급입법의 구분을 기준으로 할 때, 이 사건의 경우 구 산재보험법상 최고보상제도가 실시된 2000년 7월 1일 이전에 재해를 입고 재해연금을 수령받기 시작한 근로자들의 경우에는 이미 법률요건이 완성되어 법률효과가 발생했다고 볼 수 있으며, 이들에 대하여 훨씬 불리한 연금수급조건을 소급하여 적용하는 것은 진정소급입법이라고 할 수 있을 것이다. 그러므로 그것은 원칙적으로 금지되나 예외적으로 허용될 수 있는지 여부를 판단해야 할 것이다.

이 사건의 경우 헌재의 위헌결정에 따라서 청구인들은 2003년 1월 1일부터 2008년 5월 31일까지의 기간동안 종전산정방식에 따른 재해연금의 합계액과 최고보상기준 산정방식에 따른 재해연금의 합계액의 차액을 다시 추가적으로 지급받았다. 그리고 전부개정 산재법이 시행되기 시작하면서 이들에 대해서도 추후에 최고보상제도가 다시 적용되는 상황을 맞이하게 된 것인데, 그들에 대한 최고보상제도의 소급적 적용이 예외적으로 정당화될 수 있는지 여부를 살펴야 할 것이다. 특히 이들이 2000년 7월 1일 이후 재해를 입은 근로자들의 경우와 비교할 때, 재해연금의 액수에 있어서의 형평문제와 재해연금재정의 악화 등의 문제를 고려하여, 이들에 대하여 약 8년 정도까지 종전 산정 방식에 따른 재해연금을 지급한 후, 그들에 대해서 최고보상제도를 적용하는 것은 예외적으로 소급입법을 정당화한다고 볼 여지도 없지 않다.

다른 한편 보기에 따라서는 이들에 대해서는 끝까지 계속해서 구법에 따른 연금을 지급해야 한다는 주장도 가능할 것이다. 그리고 이와 같이 예외적으로 소급입법이 정당화될 수 있을 것인지 여부는 결국 헌법 제37조 제2항에 따른 과잉금지원칙을 동원하여 심사할 수 있을 것이다. 왜냐하면 최종적으로 소급입법을 해야 할 공익이 당사자의 신뢰이익보다 우월하여 소급입법을 정당화할 수 있는지를 심사해야 하기 때문에 결국 이는 법익균형성의 심사라 할 수 있을 것이기 때문이다.

(4) 과잉금지원칙의 위반여부(10)

(가) 목적의 정당성(2)

산재보험은 근로자가 업무상의 사유로 부상을 당하거나 신체 등에 장해를 입은 경우 그 근로자에게 장해보상연금을 지급하는 제도이다. 따라서 손해배상 및 노동능력의 상실로 발생하는 소득의 감소를 보장하고자 하는 성격을 가진다. 그러나 종전의 산정 방식은 재해연금의 액수에 있어서 형평의 문제와 재해연금 재정의 악화문제를 발생시켰고, 이러한 문제를 해결하기 위하여 전부개정 산재법 제36조 제7항의 최고보상제도가 도입되었다. 따라서 한정된 재원으로 보다 많은 산재근로자와 유족이 적정한 보험급여 혜택을 받을 수 있도록 한 이 최고보상제도는 입법목적의 정당성이 인정된다.

(나) 방법의 적정성(2)

전부개정된 산재법 제36조 제7항은 장해연금금액을 산정함에 있어 근로자의 평균임금을 기준으로 하는 최고보상제도를 도입하고 있다. 이러한 최고보상제도는 산업재해로 인해 장해를 입은 근로자가 최소한의 생계를 유지하고, 다른 재해근로자와 비교했을 때에도 재해연금액수의 형평성을 보장하고자 하는 목적을 달성할 수 있는 방법이 되므로 방법의 적정성이 인정된다.

(다) 침해의 최소성(2)

최고보상제도를 소급적으로 적용하는 경우에도 관련당사자들의 재산권을 덜 침해하는 수단을 선택해야 한다. 이 사건의 청구인들은 구 산재법상 최고보상제도가 실시되던 2000년 7월 1일 이전에 재해를 입고 연금을 수령받기 시작했던 사람들이었고, 종전의 헌법재판소의 위헌결정에 따라 2000년 7월 1일부터 2008년 6월 30까지 종전산정방식에 따른 보상연금을 받았으며, 2008년 7월 1일 이후 전부개정 산재법이 적용되었다. 전부개정된 산재법은 보상연금액을 부분삭감하고 있어, 2000년 7월 1일 이전에 재해를 입고 연금을 수령하고 있던 산재근로자들에게도 적용하는 경우 이들의 재산권을 제한하는 결과를 야기하게 된다. 그러나 이들에 대하여 약 8년 정도까지 종전 산정 방식에 따른 재해연금을 지급한 후, 최고보상제도를 적용하도록 한 것은 충격을 최대한 완화시키기 위한 조치였다고 할 수 있다. 따라서 침해의 최소성 원칙에 위배되지 않는다.

(라) 법익의 균형성(2)

이러한 종전산정방식에 따른 재해연금지급의 문제점을 해결하기 위한 목적은 나름대로 중요성이 있는 데 반하여, 종전 산정 방식에 따라 보상연금이 계속 지급될 것이라는 청구인들의 신뢰가 영구적으로 보호된다고 보기는 어렵다. 뿐만 아니라 최고보상제도의 소급적용에 의하여 입게 되는 청구인들의 연금액의 삭감정도는 그다지 크다고 볼 수 없고, 최고보상기준금액이 전체 근로자 임금 평균액의 1.8배로 정해져 있는 점 등을 고려할 때 법익의 균형성에 위반된다고 보기 어렵다.

(마) 소결(2)

이상의 이유로 이 사건 법률조항은 과잉금지의 원칙에 위반하여 청구인들의 재산권을 침해한다고 할 수 없다. 그리고 이와 같은 논리에 의할 경우, 최고보상제도를 청구인들에게까지 적용하는 것은 비록 진정소급입법에 해당한다고 할 수 있으나 위 과잉금지원칙 위반여부 심사에서 본 바와 같이 소급입법을 해야 할 공익이 당사자의 신뢰이익보다 훨씬 더 우월하여 소급입법을 정당화하고 있다고 할 수 있으며, 당사자의 신뢰이익이 이러한 공익에 비하여 그다지 보호할 만한 가치가 있다고 보기 힘들다. 따라서 이 사건 법률조항은 신뢰보호의 원칙에 위반하여 청구인의 재산권을 지나치게 침해한다고 보기 어렵고 오히려 이는 헌법 제23조 제1항과 제2항의 사회적 수인가능서의 범위 내에 있는 재산권의 제한이라고 보아야 할 것이다.

3. 평등원칙 위반여부(5)

재해일시금을 수령한 자들에 대해서는 최고보상제도를 소급하여 적용하지 않는 한에서 그들과 청구인에 대하여 차별이 존재한다. 평등원칙 위반여부에 대한 심사기준은 완화된 자의금지심사기준과 비례의 원칙에 입각한 엄격한 심사가 있다. 이 사건의 경우 재산권에 대한 중대한 제한이 초래된다고 할 수 있으므로 엄격심사기준을 적용해야 하며, 관점에 따라서 결론적으로 평등원칙에 위반된다고 볼 수도 있지만 그 반대의 결론에 도달할 수도 있다.

Ⅳ. 결론 및 결정주문(5)

이 사건 법률조항은 신뢰보호원칙이나 과잉금지의 원칙에 위반하여 청구인의 재산권을 침해한다고 할 수 없다

※ 만일 위헌결론이 선 경우에는 과연 그대로 위헌결정하는 것이 좋을 것인지 아니면 위헌선언으로 효력을 즉시 상실시킬 경우 법적 혼란이 발생할 우려가 있는지를 고려하여 잠정적인 적용 내지는 적용중지를 명하는 헌법불합치결정을 선고할 것인지를 결정해야 할 것이다. 합헌결론에 이른 경우에는 그러한 형량의 필요성이 없다. 참고로 헌법재판소는 합헌결론(2014. 6. 26. 2012헌바382·468 등)에 도달하였다.

> **참고판례**

※ 산업재해보상보험법 제36조 제7항 등 위헌소원 등
(헌재 2014. 6. 26. 2012헌바382 등, 판례집 26-1하, 532 [합헌])

II. 기 본 권

세월호승객 구조의무 불이행에 대한 헌법소원
- 신속한 구호조치 등 부작위 위헌확인 -

사 례

　청구인들은 2014년 4월 16일 전남 진도군 병풍도 북방 1.8 마일 해상(맹골수도)을 지나던 여객선 세월호가 침몰하여 이로 인하여 희생된 망인 甲과 그의 성년 자녀인 乙 그리고 그의 아내인 丙이다. 청구인들은 피청구인이 2014년 4월 16일 위 맹골수도 수역을 지나던 여객선 세월호가 오전 8:52경 135도에서 145도로 항로를 변경하던 중 좌현으로 약 30도 가량 기울기 시작하여 동일 오전 11:18에 선수의 일부만 남기고 바다 밑으로 침몰하는 동안 승객들의 구조요청에도 불구하고, 그들의 생명을 구하기 위하여 신속하고도 유효·적절한 구호조치를 취하지 아니한 부작위는 세월호 희생자인 청구인 甲의 헌법 제10조의 인간존엄권과 생명권, 헌법 제12조의 신체의 자유, 헌법 제14조의 거주·이전의 자유, 헌법 제10조 제2문과 헌법 제34조 제6항의 기본권보호의무와 보호청구권을 침해하였으며, 또한 세월호 희생자의 유가족인 청구인들 乙과 丙의 헌법 제10조의 행복추구권, 헌법 제34조의 인간다운 생활을 할 권리를 침해하였다고 주장을 하면서, 변호사를 선임하여 2014년 12월 31일 헌법재판소에 헌법소원심판을 청구하였다. 청구인들의 주장요지는 다음과 같다.

"승객의 119 신고를 통해 상황을 처음 인지한 목포해양경찰서는 사고 현장으로 헬리콥터 1대와 경비정 1척을 출동시켰으며, 목포해경 소속 헬리콥터가 9시 30분에 현장에 도착했고, 100톤급 연안 경비정(123정)은 오전 9시 35분에 도착하였다. 그러나 사고현장에 도착한 해경은 기울어져 침몰하는 배의 선수로 접근해 조타실에 있던 선원들을 우선 구조하였다. 모든 여객선의 경우 승객들이 오갈 수 있는 출입구는 선미 쪽에 있음에도 불구하고, 해경은 선미가 아니라 선장실과 조타실로 연결된 출구가 있는 선수 쪽에서 선원들을 먼저 구조하였다. 그리고 배가 기울어져 침몰하고 있을 때에 가장 중요한 것은 구명조끼를 입고 갑판위로 나와 탈출할 준비를 하는 것임에도 불구하고, 선장은 물론 가장 먼저 도착한 해경 가운데 그 누구도 퇴선명령을 하기는커녕, 선장을 비롯한 선원들은 배안에 '가만히 있으라'는 방송만을 하고 자기들 먼저 탈출하는 사이에 그 명령을 어기고 탈출한 일부 승객들을 제외한 나머지 대부분의 세월호 승객들은 모두 수장될 수밖에 없었다. 국민이 위난에 처해 있을 때 그들의 생명을 구하기 위하여 가장 신속하면서도 유효하고 적절하게 생명권을 보호해야 할 의무를 지는 정부가 그 의무를 다하지 아니함으로 인하여 망인인 청구인의 신체의 자유, 거주·이전의 자유, 생명권과 기본권보호청구권, 인간존엄권, 그리고 그 가족인 청구인들의 행복추구권, 인간다운 생활을 할 권리가 침해되었다"는 것이다.

한편 검찰은 2014년 10월 6일 세월호 침몰사고 관련 수사 설명자료를 배포하여 세월호 침몰사고 초기 구조책임자인 123정장, 해양경찰청 차장 등을 구조 관련 위법행위로 기소하면서 세월호 관련 수사결과 및 각종 의혹에 대한 지금까지의 수사경과를 설명한 바 있다.

〈문〉 청구인들의 이 사건 헌법소원심판청구에 대하여 판단하라(100).

┃ **관련 법률**

※ **재난 및 안전관리 기본법 제4조**(국가 등의 책무) ① 국가와 지방자치단체는 재난이나 그 밖의 각종 사고로부터 국민의 생명·신체 및 재산을 보호할 책무를 지고, 재난이나 그 밖의 각종 사고를 예방하고 피해를 줄이기 위하여 노력하여야 하며, 발생한 피해를 신속히 대응·복구하기 위한 계획을 수립·시행하여야 한다. <개정

2013. 8. 6.>

② 제3조 제5호 나목에 따른 재난관리책임기관의 장은 소관 업무와 관련된 안전관리에 관한 계획을 수립하고 시행하여야 하며, 그 소재지를 관할하는 특별시·광역시·특별자치시·도·특별자치도(이하 "시·도"라 한다)와 시(「제주특별자치도 설치 및 국제자유도시 조성을 위한 특별법」 제15조 제2항에 따른 행정시를 포함한다. 이하 같다)·군·구(자치구를 말한다. 이하 같다)의 재난 및 안전관리업무에 협조하여야 한다. <개정 2012. 2. 22., 2014. 12. 30.>

[전문개정 2010. 6. 8.]

※ **수난구호법 제16조**(구조본부 등의 조치) ① 제15조에 따라 조난사실을 신고 또는 통보받거나 인지한 관할 구조본부의 장이나 소방관서의 장은 구조대에 구조를 지시 또는 요청하거나 조난현장의 부근에 있는 선박등에게 구조를 요청하는 등 수난구호에 필요한 조치를 취하여야 한다.

② 제1항에 따라 구조의 지시 또는 요청을 받은 구조대의 장은 구조상황을 수시로 관할 구조본부의 장 또는 소방관서의 장에게 보고하거나 통보하여야 한다.

③ 제1항에 따른 수난구호를 위하여 필요하다고 인정할 때에는 구조본부의 장 또는 소방관서의 장은 수난구호협력기관의 장, 수난구호민간단체에게 소속 구조지원요원 및 선박을 현장에 출동시키는 등 구조활동(조난된 선박등의 예인을 포함한다)을 지원할 것을 요청할 수 있다. 이 경우 요청을 받은 수난구호협력기관의 장과 수난구호민간단체는 특별한 사유가 없는 한 즉시 이에 응하여야 한다.

④ 구조본부의 장 또는 소방관서의 장은 생존자의 구조를 위하여 필요한 경우 수중 수색구조활동을 실시할 수 있다. 다만, 그 업무를 수행하는 사람의 건강이나 생명에 중대한 위험을 초래할 우려가 있다고 판단되는 경우에는 실시하지 아니하거나 중지할 수 있다.

※ **정부조직법 제11조**(대통령의 행정감독권) ① 대통령은 정부의 수반으로서 법령에 따라 모든 중앙행정기관의 장을 지휘·감독한다.

② 대통령은 국무총리와 중앙행정기관의 장의 명령이나 처분이 위법 또는 부당하다고 인정하면 이를 중지 또는 취소할 수 있다.

〈문〉 청구인들의 이 사건 헌법소원심판청구에 대하여 판단하라(100).

Ⅰ. 문제의 소재(5)

이 사건 헌법소원은 2014년 4월 16일 세월호침몰 사고로 희생된 희생자와 그 가족들이 국가가 국민생명이 위난에 처해 있을 때에 생명을 구할 의무가 있음에도 불구하고 그러한 의무를 다하지 않은 부작위에 의하여 기본권을 침해당했다고 주장하면서 제기한 헌법소원으로서, 국가 특히 행정부의 부작위에 대한 헌법소원이 적법하기 위한 요건을 갖추었는지, 그리고 행정부의 부작위로 인하여 청구인들의 보호청구권이나 생명권 등 기본권이 침해되었는지 여부가 쟁점이 되는 문제이다.

Ⅱ. 사건의 개요와 심판의 대상(10)

1. 사건의 개요

청구인들은 2014년 4월 16일 전남 진도군 병풍도 북방 1.8 마일 해상(맹골수도)를 지나던 여객선 세월호의 침몰로 희생된 망인과 그의 가족들이다. 2014년 4월 16일 위 맹골수도 수역을 지나던 여객선 세월호가 오전 8:52경 135도에서 145도로 항로를 변경하던 중 좌현으로 약 30도 가량 기울기 시작하여 동일 오전 11:18에 선수의 일부만 남기고 바다 밑으로 침몰하는 동안 승객들의 구조요청에도 불구하고 피청구인인 정부는 그들의 생명을 구하기 위하여 신속하고도, 유효·적절한 구호조치를 취하지 아니하였으며, 피청구인의 이러한 부작위는 세월호 희생자인 청구인의 갑의 인간존엄권과 생명권, 보호청구권 등의 기본권을 침해하고, 희생자의 유가족인 청구인 을과 병의 행복추구권, 인간다운 생활을 할 권리 등 기본권을 침해하였다고 주장을 하면서 2014년 12월 31일 헌법재판소에 헌법소원심판을 청구하였다.

2. 심판의 대상

이 사건 헌법소원의 심판대상은 피청구인인 정부가 2014년 4월 16일 전남 진도군 병풍도 북방 1.8마일 해상(맹골수도)를 지나던 여객선 세월호가 침몰하고 있을 동안 청구인 갑을 포함한 승객들의 생명을 구하기 위한 기본권보호의무를 제대로 이행하지 않은 부작위가 청구인들의 기본권을 침해하였는지 여부이다.

Ⅲ. 판   단(85)

1. 적법요건에 대한 판단(50)

(1) 공권력의 불행사: 헌법으로부터 유래하는 작위의무·보호의무의 존재여부(10)

공권력의 불행사 가운데 일종의 행정부작위가 헌법소원의 대상이 될 수 있으려면 헌법으로부터 유래하는 작위의무나 보호의무가 존재하여야 할 뿐만 아니라 그것이 법령에 구체적으로 규정되어 있어야 한다(헌재 2011. 8. 30. 2006헌마788).

우선 이 사건에서 피청구인 정부의 기본권보호의무의 헌법적 근거는 국가의 기본권보호의무를 규정하고 있는 헌법 제10조 제2문과 헌법 제34조 제6항이라고 할 수 있다.

다음으로 이러한 보호의무의 구체적인 법률적 근거로서 재난 및 안전관리 기본법 제4조 제1항은 "국가와 지방자치단체는 재난으로부터 국민의 생명·신체 및 재산을 보호할 책무를 지고, 재난을 예방하고 피해를 줄이기 위하여 노력하여야 하며, 발생한 재난을 신속히 대응·복구하기 위한 계획을 수립·시행하여야 한다."고 규정하고 있으며, 수난구호법 제16조에 의하면 "법 제15조에 따라 조난사실을 신고 또는 통보받거나 인지한 관할 구조본부의 장이나 소방관서의 장은 구조대에 구조를 지시 또는 요청하거나 조난현장의 부근에 있는 선박 등에게 구조를 요청하는 등 수난구호에 필요한 조치를 취하여야 한다"고 규정하고 있는 바, 동조는 구조본부의 장인 해양경찰청장에게 수난구호에 필요한 조치를 취해야 할 의무를 지우고 있다.

만일 구조본부의 장인 해양경찰청장이 수난구호에 필요한 조치를 취해야 할 의무를 해태하는 경우 해양경찰청뿐만 아니라 그 감독관청이라고 할 수 있는 해양수산부장관과 또한 정부의 수반인 대통령 역시 이러한 수난을 당하여 침몰위험에 빠진 여객선승객의 생명구조의무에 대한 해태 책임으로부터 결코 자유롭다고 볼 수 없을 것이다.

따라서 헌법 제10조 제2문, 헌법 제34조 제6항, 재난 및 안전관리 기본법 제4조 제1항 및 수난구호법 제16조 등을 모두 종합적으로 고려할 때, 피청구인에게 재난을 당한 국민의 생명을 보호할 헌법으로부터 유래하는 작위의무와 보호의무가 존재한다고 보아야 할 것이며, 따라서 피청구인의 부작위에 대한 헌법소원의 가장 중요한 첫 번째 적법요건은 충족되었다고 보아야 할 것이다.

(2) 보충성의 원칙(4)

행정부작위에 대하여 다툴 수 있는 권리구제절차로서 행정소송법상 부작위위법확인소송이 존재하나, 이미 종료된 사건에 관하여 소의 이익이 없어 각하해왔던 과거 대법원의 판례경향에 비추어 볼 때 이 사건의 경우 보충성원칙의 예외가 인정될 수 있다.

(3) 청구기간(10)

헌법재판소법 제69조에 따라 청구기간은 기본권침해의 사유가 있음을 안 날로부터 90일, 기본권침해의 사유가 있은 날로부터 1년 이내이다.

입법부작위의 경우는 국회가 법률을 제정하지 않고 있는 한, 그 침해상태가 계속되고 있으므로 헌법소원은 언제든지 청구할 수 있다고 하는 것이 헌법재판소 판례이다.

사안의 경우는 입법부작위가 아니라 행정부작위인 바, 행정부작위 역시 이와 같은 법리가 적용될 것인지는 논란의 여지가 있다. 이 사건 행정부작위의 경우, 2014년 4월 16일 국가가 세월호의 침몰로 인하여 사망위험에 처한 승객들을 신속히 구조해야 할 의무를 다하지 않은 부작위 책임을 묻는 것인 바, 정부의 이러한 부작위 책임은 비록 아직까지 실종자가 발견되지 않아 일부 계속되고 있다고 볼 수도 있지만, 당시에 생명구조 책임을 다하지 아니한 행위로 인하여 많은 희생자들이 발생한 사건은 당시에 이미 종료되었다고 보는 것이 타당할 것이다.

그런데 이러한 상황에서 국가의 어떠한 기관이 구체적으로 승객에 대한 생명을 구해야 할 헌법적 및 법적 의무를 다하지 않아 그로 인하여 희생자를 비롯한 유가족의 기본권이 침해되었는지를 알 수 있었던 시점, 즉 기본권침해의 사유가 있음을 안 날은 아무리 빨라도 검찰이 수사결과를 발표한 날인 2014년 10월 6일이라고 할 수 있을 것이므로 이 날을 기산일로 하면 안 날로부터 90일이 경과되지 않았다.

그리고 2014년 4월 16일 부작위가 이미 종료되었다고 보아도, 헌재법 제40조에 따라 행정소송법 제20조 제2항 제2문을 준용하여 청구기간 경과에 정당한 사유가 있었다고 보아야 한다. 왜냐하면 청구인들로서는 세월호 침몰로 가족을 잃은 슬픔에 빠져 팽목항에서 시신이라도 찾기 위한 목적으로 모든 생업을 뒤로 하고 기다리면서 모든 경황이 없었을 것이며, 이러한 차에 정부의 행정부작위로 인한 생명권과 보호청구권 등의 침해에 대하여 헌법소원심판을 청구할 것을 기대하기는 힘들었다고 볼 수 있을 것이기 때문이다. 따라서 2014년 4월 16일 정부의 행정부작위가 종료되었고 그 시점을 기본권침해의 사유가 있음을 안 날로 잡는 경우에는 청구인들의 청구기간 경과에 정당한 사유가 있었다고 보아야 할 것이다.

(4) 청구인능력과 제3자소송담당(10)

(가) 사자의 기본권주체성과 청구인능력

청구인 가운데는 이미 死者가 된 희생자 甲이 포함되어 있으므로 사자의 기본권주체성이 인정될 수 있는지 우선 문제가 된다.

사자의 기본권주체성 인정 여부와 관련하여 인간존엄권이나 인격권 등은 예외적으로 사자에게도 인정될 수 있다고 하는 것이 독일 연방헌법재판소 판례이며 또한 우리 학계의 입장이라고 할 수 있으나, 과연 생명권의 경우 사자에게도 예외적으로 생명권의 기본권주체성을 인정할 수 있을 것인지에 관하여는 아직까지 구체적 논의를 발견하기 어렵다.

하지만 국가의 생명권보호의무 불이행으로 인하여 어떠한 사람이 사망에 이르게 된 경우, 그 사자는 국가에 대하여 자신의 생명권보호의무의 불이행을 다툴 수 있어야 할 것이며, 결국 그 사자의 권리의 침해에 대하여 유족이 대리하여 헌법소원심판을 청구할 수 있다고 보아야 할 것이다. 왜냐하면 생명권의 경우 유족 자신은 침해의 당사자가 아니므로 자기관련성이 없어 헌법소원청구의 적격이 없다고 할 수 있기 때문에, 결국 국가의 작위 또는 부작위에 의한 생명권침해의 사건이 발생한 경우에는 예외적으로 사자에게도 사후적으로 생명권의 기본권주체성을 인정하고 유족이 그 침해에 대한 헌법소원심판을 청구할 수 있다고 보지 않으면 안될 것이다.

(나) 제3자소송담당 인정 가능성

그리고 다른 한편 유족은 희생자 본인의 생명권침해에 대하여 자신의 이름으로, 즉 제3자소송담당의 방법으로 헌법소원심판을 청구할 수 있다고 보아야 할 것이다.

헌법소원에 있어서 제3자 소송담당을 인정할 수 있을 것인지에 대하여 헌법재판소는 아직까지 직접적으로 다룬 판례는 보이지 않고 있으나, 피해자인 고소인이 고소 후에 사망한 경우, 피보호법익인 재산권의 상속인은 자신들이 따로 고소를 할 것 없이 피해자 지위를 수계하여 피해자가 제기한 당해 고소사건에 관한 검사의 불기소처분에 대하여 항고, 재항고도 할 수 있고, 또한 헌법소원심판도 청구할 수 있다고 한 판례가 있다(헌재 1993. 7. 29, 92헌마234).

국가의 작위 또는 부작위에 의하여 국민의 생명권의 침해가 발생한 경우 그 생명권침해를 이유로 하는 헌법소원을 청구하기 위해서는 유가족(직계존비속이나 형제자매 등)이 사자의 생명권침해를 이유로 제3자소송담당의 방법으로 국가의 생명권침해에 대한 작위 또는 부작위 책임에 대하여 다투면서 헌법소원심판을 청구할 수 있다고 보아야 할 것이다.

(다) 소결

사자의 경우 예외적으로 사후적 생명권의 기본권주체성을 인정하고 헌법소원청구능력이 있다고 보아 유가족이 이를 대리하여 행사할 수 있는 것으로 보거나 혹은 유가족이 정부의 부작위에 의한 사자의 생명권침해에 대하여 자신의 이름으로, 즉 제3자소송담당의 방법으로 헌법소원심판을 청구할 수 있다고 보든지 여하튼 사자의 헌법소원청구가능성을 인정하여야 하리라고 판단된다.

나머지 유가족의 청구능력은 기본권주체이므로 문제될 것이 없다.

(5) 기본권침해의 관련성(4)

(가) 청구인 갑의 경우

청구인 갑은 피청구인의 부작위에 의하여 자신의 생명이 침해되었음을 다투고 있으므로 자기의 기본권이 현재 직접적으로 침해되었다고 할 수 있어 기본권침해의 관련성이 모두 인정된다.

(나) 청구인 을과 병의 경우

청구인 을과 병은 정부의 이 사건 부작위로 인하여 자신의 가족이 사망에 이르게 되었고, 그로 인하여 자신들의 행복추구권이 침해되었음을 다투고 있으므로 역시 자기의 기본권이 현재 직접 침해되고 있다고 할 수 있어 기본권침해의 관련성이 모두 인정된다.

(6) 권리보호이익(4)

망자의 경우 이미 사망하였으므로 그를 살릴 수 있는 가능성이 없으므로, 주관적인 권리보호의 가능성이 없다 하더라도, 기본권침해가 앞으로도 계속 반복될 수 있는 가능성이 있으므로 이를 막기 위하여 객관적인 헌법해명의 필요성이 있다.

또한 유가족들의 경우도 이 사건에서 승소하는 경우 자신들의 기본권침해를 확인받을 수 있고 그 후, 국가배상청구권 등의 소송에 유리한 근거로 삼을 수 있게 될 것이므로 을과 병의 경우에는 주관적 권리보호이익도 인정된다.

(7) 대리인선임(4)

사안에서 변호사를 대리인으로 선임하였다고 하므로 문제될 것이 없다.

(8) 소결(4)

결론적으로 이 사건 헌법소원심판의 적법요건은 모두 갖추어졌다고 봐야 할 것이다.

2. 본안 판단(35)

(1) 관련되는 기본권(2)

망자인 청구인 甲은 신체의 자유, 거주·이전의 자유, 생명권, 인간존엄권, 보호청구권 그리고 유가족인 청구인 乙과 丙은 행복추구권과 인간다운 생활권의 침해를 주장하고 있다.

그러나 신체의 자유, 거주·이전의 자유, 인간다운 생활권은 이 사건과 직접적인 관련이 없다고 보이므로 배제하고 나머지 기본권의 침해여부를 심사한다.

(2) 행정부의 기본권보호의무위반을 인정하기 위한 요건(20)

행정부의 부작위로 인한 기본권침해를 인정하기 위해서는 헌법재판소는 위안부헌법소원결정에서 ⅰ) 침해되는 기본권의 중대성, ⅱ) 기본권침해구제의 절박성, ⅲ) 기본권의 구제가능성, ⅳ) 국익에 반하는지 여부의 네 가지 요건이 필요하다고 보았으며, 위안부 사건의 경우 사안의 성격이 이 사건과 약간은 다르다고 할 수 있으나, 이러한 요건들은 이 사건에서도 적용될 수 있다고 할 수 있으므로, 순서대로 요건충족 여부를 심사하여 보기로 한다.

(가) 침해되는 기본권의 중대성(4)

청구인들 중 세월호 희생자인 甲은 피청구인의 생명권보호의무 불이행으로 인하여 생명권이 침해되었고, 생명권은 그 어떠한 기본권보다 더욱 중요한 기본권중의 기본권이라 할 수 있을 것이므로 이 요건은 인정된다.

(나) 기본권 침해구제의 절박성(4)

세월호가 침몰하기 시작한 시점부터 완전히 침몰하기까지 걸린 약 2시간 30분 동안 승객들의 생명구조의 필요성은 그 어떤 때보다 절박하게 인정될 수 있었고, 해양경찰청의 경비정이나 헬기 등이 침몰하고 있는 세월호로 다가왔을 때에 이 승객들은 그들이 자신들을 모두 구조해 줄 것이라고 믿고 이러한 구조행위를 절박하게 기다리고 있었다.

(다) 기본권의 구제가능성(4)

당시에 세월호에 다가왔던 해양경찰이 퇴선명령만 적시에 내렸더라도 승객들을 모두 구조할 수 있었고, 구조대원들이 세월호 안으로 투입되었더라면 이들을 구조할 수 있는 가능성이 더욱 많았다.

(라) 진정으로 중요한 국익에 반하는지 여부(4)

이러한 요건이 여기에서도 심사될 필요가 있을까 의심되지만, 있다고 하더라도, 승객들의 생명을 구조하는 것이 국익에 반한다고 할 수는 없었을 것이므로 이 요건도 문제없이 인정된다.

(마) 소결(4)

헌법 제66조 제4항에 따르면 대통령은 행정부의 수반이며, 정부조직법 제11조 제1항에 따라 대통령은 정부의 수반으로서 모든 중앙행정기관의 장을 지휘·감독한다.

세월호사건과 같이 국민의 수많은 생명이 경각에 달려 있는 비상 상황의 경우에는 대통령의 재량은 영으로 수축하여 중앙행정기관의 장을 비롯한 하부 국가기관의 부적절한 행위가 있을 경우 이를 바로 잡고 국민들의 생명보호를 위하여 제대로 된 적절한 명령을 내려야 할 의무가 있다고 할 수 있다.

최일선에서 세월호 승객들의 생명구조의무를 담당하고 있던 해양경찰청장은 물론이거니와 그 관할 중앙행정기관의 장이라고 할 수 있는 해양수산부장관 그리고 이들에 대한 관리·감독의 책임을 지고 있었던 행정부의 수반으로서의 대통령 역시 이 사건 세월호의 침몰 당시 승객들에 대한 생명보호의무를 다하지 못한 헌법적 책임으로부터 자유로울 수 없다.

(4) 인간존엄권, 생명권, 보호청구권의 침해여부(5)

헌법 제10조의 인간존엄권은 인간이 자율적 인격을 가진 존엄한 존재이기 때문에 국가나 사인을 위한 단순한 수단으로 전락시켜서는 안된다고 하는 것을 의미함에도 이 사건에서 피청구인은 승객들에게 퇴선명령을 하지 않으면서 마치 물건처럼 배안에 버려둠으로 그들의 인간존엄권과 생명권을 침해하였다. 희생자들은 배가 침몰하는 순간 국가에게 그들의 생명의 구조를 요구할 수 있는 보호청구권을 가지게 되었으나 피청구인이 제대로 대응을 하지 않음으로 인하여 그들은 이러한 보호청구권도 침해받았다.

(5) 유가족인 청구인들의 행복추구권의 침해여부(5)

유가족들은 피청구인의 부작위로 인하여 가족을 잃는 슬픔을 당하는 등 수많은 고통을 받게 되었으므로 그들의 행복추구권침해 역시 인정된다.

피청구인의 이러한 부작위로 인하여 가족을 잃는 슬픔을 당한 유가족들에 대하여 그것을 단순한 반사적 불이익으로 치부하는 것은 현실을 직시하지 못하는 매우 무책임한 시각이라고 보아야 할 것이며, 가족 일원의 생명은 단순히 그 사람의 생명으로 끝나는 것이 아니라 가족 전체의 삶과 행복에 영향을 미칠 수 있다고 하는 점을 고려할 때, 유족인 청구인들은 피청구인의 부작위로 인하여 헌법 제10조의 행복추구권을 침해받았다고 보지 않으면 안될 것이다.

(6) 결론(3)

결론적으로 피청구인의 국민생명권에 대한 보호의무의 불이행은 희생자인 청구인 甲의 생명권, 인간존엄권, 보호청구권을 침해하며, 유가족인 청구인 乙과 丙의 행복추구권을 침해하였으므로 이 사건 헌법소원심판청구는 인용하여야 한다.

참고판례

※ 대한민국과 일본국 간의 재산 및 청구권에 관한 문제의 해결과 경제협력에 관한 협정 제3조 부작위 위헌확인
(헌재 2011. 8. 30. 2006헌마788, 판례집 23-2상, 366 [인용(위헌확인)])

※ 계류중인 사건: 2014헌마1189·2015헌마9, 신속한 구호조치 등 부작위 위헌확인

항공안전법상 테러방지를 위한 항공기격추명령제도의 위헌여부

사 례

　국회는 2001년 9월 11일 자행된 미국 세계무역센터에 대한 9.11테러와 같이 비행기 납치에 의한 대규모 테러사건이 대한민국에서도 발생할 수 있다고 보고, 여객기가 테러리스트에 의하여 납치되어 인구가 밀집된 도시 등에 추락하여 더 많은 인명이 살상될 가능성이 농후한 경우에는 납치된 여객기를 군이 요격할 수 있는 근거를 마련하기 위하여 항공안전법을 2014년 7월 1일 통과시켰고, 대통령은 이를 2014년 7월 21일 법률 제12345호로 공포하였으며, 이 법률은 2015년 1월 1일부터 발효할 예정이다.

　상사 등 업무로 해외출장을 자주 하는 甲과 가정주부로서 아직 해외여행을 한 번 밖에 가본 일이 없는 甲의 아내 乙, 그리고 고등학교 재학생으로서 입시준비에 여념이 없는 그들의 아들 丙은 이 항공안전법 제13조, 제14조, 제15조가 자신들의 인간존엄권, 행복추구권, 생명권, 거주·이전의 자유를 침해하여 위헌이라고 주장하면서 변호사 홍길동을 대리인으로 선임하여 헌법재판소에 2014년 12월 1일 헌법소원심판을 청구하였다.

〈문〉 과연 이 항공안전법이 청구인들이 주장하는 바와 같이 그들의 기본권을 침해하여 위헌인지 여부에 대하여 판단하라(75).

관련 법률

※ **항공안전법**(2014. 7. 20. 법률 제12345호)(가상의 법률)

제1조 이 법률은 항공교통의 안전을 위협하는 공격, 특히 비행기납치에 의한 테러리스트의 공격으로부터 국민의 생명을 보호함을 그 목적으로 한다.

제2조 국토교통부는 항공교통의 안전을 위협하는 공격을 방어할 임무를 진다.

제3조 국토교통부장관은 항공안전법이 그 권한에 관하여 별도로 규정하지 않는 한 구체적인 사건에서 항공교통의 안전에 대한 위험을 방지하기 위하여 필요한 조치를 취할 수 있다.

제13조 ① 비행기의 운항 중에 특별히 중대한 위험상황이 임박했다고 하는 사실이 이 인정되는 경우에 그에 대한 효과적인 방어를 위해서 필요한 한에서 군사적 조치가 취해질 수 있다.

② 군사적 조치에 관한 결정은 대통령의 재가를 받아 국방부장관이 한다.

제14조 ① 특별히 중대한 위험상황의 출현을 방지하기 위하여 군은 항공기를 강제로 착륙시킬 수 있으며, 무력으로 위협하거나 경고사격을 가할 수 있다.

② 여러 가지 가능한 조치들 가운데서 개인과 일반에 대하여 가장 적은 침해를 야기하는 조치를 선택하여야 한다. 이 조치는 목적상 그것이 필요한 기간과 정도에 한해서만 내려질 수 있다. 그러한 조치는 추구하는 목적에 대하여 명백하게 비례하지 않는 불이익을 초래하여서는 아니된다.

③ 직접적인 무력의 사용은 상황에 의거할 때 항공기가 인간의 생명을 살상하기 위하여 동원되었으며, 이러한 현존하는 위험을 방어하기 위한 유일한 수단일 경우에만 허용된다.

④ 제3항에 따른 조치는 대통령의 재가를 받아 국방부장관이 취할 수 있으며, 국방부장관은 국토교통부장관에게 이를 사전에 통지한다.

제15조 제14조 제1항과 제3항에 따른 조치는 우선 조사를 한 후에, 그리고 경고와 유도에 실패한 이후에 비로소 취할 수 있다. 이러한 목적을 위하여 국토교통부의 요청이 있는 경우에 군은 항공에서 항공기를 조사, 유도 또는 경고할 수 있다.

〈문〉 과연 이 항공안전법이 청구인들이 주장하는 바와 같이 그들의 기본권을 침해하여 위헌인지 여부에 대하여 판단하라(75).

Ⅰ. 문제의 소재(3)

테러리스트에 의하여 피랍된 여객기가 인구밀집지역을 향하여 대량으로 인명을 살상할 위험이 있을 경우, 그 비행기에 요격할 수 있는 실정법적 근거를 두는 항공안전법이 비행기에 탑승하고 있는 무고한 승객들의 인간존엄권과 생명권을 침해하여 위헌인지 여부를 묻는 문제이다.

Ⅱ. 사건의 개요와 심판의 대상(7)

1. 사건의 개요(3)

국회가 전술한 항공안전법을 통과시켜 이 법이 2015년 1월 1일부터 발효될 예정이다. 해외출장을 자주 가는 甲과 그 가족들은 이 항공안전법 제13조, 제14조, 제15조가 자신들의 기본권을 침해하여 위헌이라고 주장하면서 이 사건 헌법소원심판을 청구하였다.

2. 심판의 대상(4)

청구인들은 항공안전법 제13조, 제14조 제15조가 모두 기본권을 침해하고 있다고 주장하고 있다.

제13조는 중대한 위험상황이 임박한 경우에 비행기에 대하여 필요한 군사적 조치가 취해질 수 있다는 근거조항이며, 제14조는 강제착륙, 경고사격, 직접적인 무력사용에 관한 규정, 과잉금지(비례)의 원칙, 제15조는 무력사용 전단계에서 조사, 경고, 유도조치를 먼저 취해야 함을 요구하는 조항으로서 전체적으로 제13조, 제14조, 제15조는 항공기가 피랍되어 그 자체로 많은 인명을 살상할 수 있는 무기가 될 수 있는 경우에 군사적 조치를 취할 수 있는 근거조항이라고 할 수 있다.

　　따라서 이 사건 헌법소원의 심판대상은 항공안전법(2014. 7. 20. 법률 제12345호) 제13조, 제14조, 제15조(이하 '이 사건 법률조항')의 위헌여부라 할 수 있다(직접적으로 기본권 침해를 야기할 수 있는 조항은 제13조, 제14조 ①, ③, ④, 제15조라고 할 수 있지만 전체적으로 심판대상에 포함시켜도 무방해 보인다).

Ⅲ. 기본권 침해여부에 대한 판단(60)

1. 관련되는 기본권과 헌법원칙(5)

　　이 사건에서 청구인은 인간존엄권, 생명권, 행복추구권, 거주·이전의 자유가 침해되고 있다고 주장하였다. 그러나 행복추구권은 일반적 기본권으로 적용 배제되며, 거주·이전의 자유는 여기에서 직접적으로 문제되지는 않는다. 결론적으로 인간존엄권, 생명권의 침해여부가 문제될 것이며, 명확성의 원칙 위반 여부가 심사기준에 포함될 것이다.

2. 인간존엄권 침해여부(20)

(1) 인간존엄권의 보호영역(3)

　　인간으로서의 존엄과 가치는 모든 헌법질서의 가장 근본적인 원리이며 헌법 해석의 지침이 되는 객관적 가치질서로서의 측면과 또한 개인의 주관적인 권리로서의 측면을 다 가지고 있다. 주관적인 권리로서 인간존엄권은 인간이 자율적 인격체로서 결코 국가나 다른 사람을 위한 단순한 수단으로써 쓰이지 않을 권리라고 할 수 있을 것이다. 특히 인간의 신체적, 정신적, 영적 정체성과 완전성을 침해받지 아니할 권리라고 볼 것이다.

(2) 인간존엄권에 대한 제한여부(3)

　　이 사건 법률조항은 테러리스트에 의하여 피랍된 여객기가 인구밀집지역 등에 떨어져서 다수의 인명을 살상할 수 있는 무기로 돌변할 경우, 더 큰 인명의 피해를 막기 위하여 그 비행기를 요격하는 것을 내용으로 하고 있다. 이 법률은 테러리스트에 의하여 납치된 기장과 승무원 그리고 승객들을 마치 무기의 한 일부로서 보고, 더 이상의 피해를 방지하기 위하여 요격의 대상으로 삼고 있다. 따라서 이들에 대하여 목적적 존재로서가 아니라, 피해확산 방지를 위하여 없애야 할 대상으로 삼고 있다는 점에서, 그들의 생명과 전인적인 완전성을 침해하고 있다고 할 수 있으므로, 인간존엄권에 대한 제한이라고 볼 수 있을 것이다.

(3) 제한의 한계(정당화)(14)

(가) 인간존엄권과 헌법 제37조 제2항의 적용(3)

인간존엄권은 인간이 국가나 사회 또는 개인의 목적을 위한 단순한 수단으로써 취급되어서는 안된다고 하는 내용의 권리로서, 원칙적으로 다른 사람의 인간존엄권이나 생명권과 충돌하는 예외적인 경우가 아니면, 결코 제한할 수 없는 본질적인 내용으로 이루어진 기본권이라고 보아야 할 것이다. 따라서 인간존엄권으로부터 도출되는 인격권 등을 제외한 인간존엄권 본연의 내용들은 원칙적으로 헌법 제37조 제2항에 의하여 제한할 수 없는 기본권이라고 보아야 할 것이다. 그러므로 예외적으로 제한가능한 경우에는 다른 사람의 인간존엄권이나 생명권과의 충돌의 경우라고 할 수 있으므로, 이 경우에도 결코 과잉한 제한이 이루어져서는 안될 것이다(비례의 원칙 과잉금지의 원칙).

(나) 심사기준(1)

인간존엄권에 대한 제한은 그 법익의 중대성을 고려할 때, 비례의 원칙에 입각한 엄격한 심사를 할 필요가 있을 것이다.

(다) 과잉금지원칙 위반여부(10)

① 목적의 정당성(2)

동법은 피랍된 여객기가 인구밀집지역에 추락하여 더 많은 인명의 살상 위험이 임박했을 경우에 군사적 조치를 취하여 그 피해를 줄이기 위한 목적으로 제정된 것으로서 그 목적 자체는 헌법 제37조 제2항상의 정당한 목적에 해당한다고 할 수 있을 것이다.

② 방법의 적정성(2)

이 사건 법률조항은 전술한 목적을 달성하기 위하여 피랍된 여객기의 요격을 포함하는 군사적 조치를 취하는 것을 그 수단으로 하고 있으며, 이러한 수단은 목적달성에 기여할 수 있다고 할 수 있으므로 방법의 적정성이 인정된다.

③ 침해의 최소성(2)

이 사건 법률조항은 직접적인 무력사용을 하기 전 단계로서 강제착륙, 유도, 경고사격 등을 규정하고 있으므로, 덜 침해적인 방법을 사용할 것을 규정하고 그것이 현존하는 위험을 방어하기 위한 유일한 수단일 경우에는 직접적인 무력사용도 허용하고 있다.

즉 이 사건 법률조항 제14조 제2항과 제3항 그리고 제15조는 모두 비례의 원칙을 명문으로 규정하고 있는 것으로서 이 조항만으로는 침해의 최소성 원칙을 지키고 있다고 봐야 할 것이다.

④ 법익의 균형성(2)

추구하는 목적의 중요성은 침해되는 법익의 중요성보다 우위에 있어야 한다. 그러나 이 사건의 경우 지상에 있는 불특정 다수의 생명을 구하기 위해서 피랍된 비행기 내의 승객들의 생명을 앗아가는 방법을 취하고 있는데, 과연 생명의 가치를 단순히 숫자로 비교하여 다수의 인명살상위험을 방지한다는 목적으로 비행기에 피랍된 승객들의 생명을 추락 전에 빼앗아도 되는 것인지가 문제될 수 있다. 단순히 평면적으로 생각하면 더 많은 수의 생명을 살리기 위해서 적은 수의 생명을 희생시키는 것이 정당화된다고 볼 수도 있을 것이지만, 공중에서 발생한 여객기 납치사건의 경우 시시각각으로 사태가 어떻게 바뀔는지 지상에서 정확하게 예측하거나 장담할 수 없는 상태에서, 요격명령을 내려 막연한 위험방지를 위해서 승객들의 목숨을 희생시킨다고 하는 것은 법익의 균형성의 측면에서 문제가 된다고 볼 수 있을 것이다.

⑤ 소결(2)

이 사건 법률조항은 법익균형성의 원칙을 충족하지 못하여 과잉금지의 원칙에 위반되어 승객들의 인간존엄권을 침해하고 있다고 할 수 있을 것이다.

3. 생명권 침해여부(15)

(1) 생명권의 헌법적 근거(3)

생명권은 헌법이 명문으로 규정하고 있지는 않지만 헌법 제10조의 인간존엄권이나 헌법 제12조 제1항의 신체의 자유로부터 도출될 수 있는 기본권으로서, 다른 기본권행사의 전제가 되는 기본권이라고 할 수 있다(3).

헌재 역시 "인간의 생명은 고귀하고, 이 세상에서 무엇과도 바꿀 수 없는 존엄한 인간존재의 근원이다. 이러한 생명에 대한 권리는 비록 헌법에 명문의 규정이 없다 하더라도 인간의 생존본능과 존재목적에 바탕을 둔 선험적이고 자연법적인 권리로서 헌법에 규정된 모든 기본권의 전제로서 기능하는 기본권 중의 기본권이라 할 것이다."고 판시한 바 있다(3).

※ 참고판례

헌재 1996. 11. 28. 95헌바1, 판례집 8-2, 537, 545; 헌재 2008. 7. 31. 2004헌바81, 판례집 20-2상, 91, 101-101.

(2) 생명권의 보호영역(3)

생명권의 보호영역은 생명 그 자체라고 할 수 있을 것이며, 자신의 생명을 국가나 사인에 의하여 빼앗기지 않을 권리라고 할 수 있다.

(3) 제한(3)

생명권은 비록 다른 기본권의 전제가 되는 중요하고도 본질적인 권리이지만 필요한 경우에 헌법 제37조 제2항에 따라서 제한될 수 있는 권리라고 볼 수 있을 것이며, 이 사건 법률조항의 경우에도 피랍된 여객기의 승객들의 생명권을 제한하는 규정이라고 할 수 있다.

(4) 제한의 한계(6)

생명권의 제한의 경우에도 헌법 제37조 제2항의 과잉금지의 원칙에 위반되지 않아야 하며, 생명권이나 인간존엄권과 같이 생명권 이상으로 중요한 법익의 보호를 위하여 필요한 예외적인 경우에만 제한될 수 있는 것이라고 보아야 할 것이다(2). 그리고 생명권의 침해여부에 대한 심사 역시 엄격한 심사기준에 따라 심사하여야 한다(2). 이에 따라 과잉금지원칙 위반여부를 심사할 필요가 있는 바, 이 부분은 위 인간존엄권 침해여부의 심사와 마찬가지로, 법익균형성의 원칙에 위반되어 과잉금지원칙에 위반된다고 판단된다(1). 한편 이와 같이 과잉금지원칙에 위반된다고 할 수 있으므로, 또한 이 사건 법률조항은 생명권의 본질내용도 침해하고 있다고 할 수 있으므로 헌법에 위반된다고 생각된다(1).

4. 명확성의 원칙 위반여부(7)

명확성의 원칙은 국민의 기본권을 제한하는 법률은 그 뜻이 불분명해서는 안되고 명확하여야 함을 요구하는 원칙이다(1). 이 명확성의 원칙은 특히 급부영역에서보다는 침해영역에서 그리고 표현의 자유의 영역에서 더욱 엄격하게 요구된다고 볼 수 있다(1).

이 사건과 같이 국민의 생명을 침해하는 가장 침해적인 영역에서는 명확성의 원칙이 더욱 엄격하게 요구된다고 할 수 있을 것이다(1). 이 사건 법률조항

중 제13조 제1항, 제14조 제1항의 경우 "특별히 중대한 위험상황"이라고 하는 표현을 쓰고 있는데, 어떠한 위험상황이 특별히 중대한 위험상황인지, 국민이 예측하기 어렵다. 군사적 조치의 결정권자의 판단여하에 따라서는 불특정 다수의 생명이 위협되는 경우가 아니더라도 특별히 중대한 위험상황이 발생할 것이라고 판단하는 경우에는 군사적 조치를 취할 위험도 배제할 수 없을 것이다(3). 그러므로 이 사건 법률조항들은 명확성의 원칙에도 위반되어 헌법에 위반된다고 판단된다(1).

5. 기본권 충돌과 기본권보호의무 충돌의 문제(8)

(1) 기본권충돌의 문제

(가) 기본권충돌의 해결방법(1)

이 사건의 경우 피랍된 승객의 생명권과 인구밀집지역에 거주하는 불특정 다수 시민들의 생명권이 서로 충돌하는 상황이라고 볼 수도 있을 것이다. 이와 같은 기본권충돌의 경우에 이를 해결하는 일반적인 방법으로서는 기본권의 서열이론에 따른 해결, 법익형량에 의한 해결, 실제적 조화의 원리에 따른 해결 등을 들 수 있다(1).

(나) 해결방법에 대한 검토(2)

첫째, 기본권의 서열이론에 따른 해결은 처음부터 동일한 서열의 기본권이 충돌되고 있으므로 해결책이 될 수 없다. 둘째, 법익형량에 의한 해결 역시 충돌하는 양 법익이 생명권인데, 단순히 숫자가 더욱 많다고 해서 지상의 불특정다수의 시민들의 생명권이 피랍된 승객의 생명권보다 우월하다고 간주할 수는 없다고 보인다. 끝으로 실제적 조화의 원리에 의한 해결인데, 실제상황이 발생하였을 때에는 가령, 비행기 내부에서 시시각각으로 사건이 어떻게 변화되고 있는지 알기 어렵다. 또한 지상에서의 판단은 기장과의 교신에 의존할 수밖에 없으나, 그러한 교신에 의한다 하더라도 기내의 상황을 전체적으로 확실하게 판단할 수 없는 상황에서 지상의 불특정다수의 생명을 보호한다는 명목으로 피랍된 승객의 생명을 경시할 수는 없을 것이다. 이 법률조항이 경우에 따라서는 남용될 수 있는 위험도 있다는 점을 고려해 볼 때, 피랍된 승객의 생명권과 지상의 불특정 다수의 생명을 보호하기 위하여 최적의 방법이 무엇인지를 그때그때 판단하여 결정할 수 밖에 없는, 항공안전을 담당하고 있는 경찰력에게 고도의 재량이 주어져

야 할 것이다. 따라서 실제적 조화의 원리가 타당 또는 적용될 수도 있을 것이라
고 보인다.

(다) 충돌과 제한(1)

기본권의 충돌문제는 기본권제한의 문제로 화한다고 할 수 있으므로, 위 인
간존엄권과 생명권의 침해여부에 대한 심사에서 이 사건 법률조항이 청구인들의
기본권을 과잉하게 침해하는지 여부를 심사하면서 이 문제가 고려되어야 할 것이
다.

(2) 기본권보호의무의 충돌문제(4)

피랍자들의 생명을 보호해야 할 의무와, 인구밀집지역에 사는 시민들의 생
명권을 보호해야 할 의무가 충돌한다고 볼 때, 누구의 생명을 보호해야 할 의무
가 더 우선한다고 보아야 할 것인지의 문제가 제기될 수 있다(1).

그러나 만일 지상의 불특정 다수의 보다 더 많은 시민들의 생명을 보호하기
위하여 국가가 군사적 조치를 감행한다면, 피랍된 여객기 내의 승무원들과 승객
의 생명을 보호할 국가의 의무는 완전히 도외시되고 방기되어 버리는 것이며, 역
으로 그들의 인간존엄권과 생명권을 침해하는 방법으로 지상의 시민들의 생명권
을 보호하는 것에 다름 없을 것이다(1). 결국 국가가 취할 수 있는 지상 시민들
의 생명에 대한 보호의무실행의 한계는 피랍된 여객기에 탑승한 승객의 인간존
엄권과 생명권을 침해하지 않는 선이라고 보아야 할 것이기 때문에, 지상 불특정
다수의 생명보호를 목적으로 하는 기본권보호의무이행은 피랍된 여객기 승객들
의 생명을 빼앗는 것을 정당화할 수 없다고 할 수 있을 것이다(2).

Ⅳ. 결론 및 결정주문(5)

이상과 같은 이유로 이 사건 법률조항들은 청구인들의 인간존엄권과 생명권
을 침해하여 헌법에 위반되므로 위헌을 선언해야 하며, 이 법률조항을 곧바로 위
헌결정하여 그 효력을 상실시킨다 하더라도 법적 공백상태나 그 밖의 혼란상태
가 발생할 염려는 없다고 할 것이어서 곧바로 단순 위헌결정을 내림이 상당하다.

참고판례

※ **독일 항공안전법 제14조 제3항의 위헌여부에 관한 독일 연방헌법재판소의 위헌·무효판결**: BVerfGE 115, 118 (1 BvR 357/05)

※ **노동조합 및 노동관계조정법 제81조 제2호 단서 위헌소원**
(헌재 2005. 11. 24, 2002헌바95, 판례집 17−2, 392, 401 [합헌])

"이와 같이 두 기본권이 충돌하는 경우 그 해법으로는 기본권의 서열이론, 법익형량의 원리, 실제적 조화의 원리(=규범조화적 해석) 등을 들 수 있다. 헌법재판소는 기본권 충돌의 문제에 관하여 충돌하는 기본권의 성격과 태양에 따라 그때그때마다 적절한 해결방법을 선택, 종합하여 이를 해결하여 왔다. 예컨대, 국민건강증진법시행규칙 제7조 위헌확인 사건에서 흡연권과 혐연권의 관계처럼 상하의 위계질서가 있는 기본권끼리 충돌하는 경우에는 상위기본권우선의 원칙에 따라 하위기본권이 제한될 수 있다고 보아서 흡연권은 혐연권을 침해하지 않는 한에서 인정된다고 판단한 바 있다(헌재 2004. 8. 26. 2003헌마457, 판례집 16−2, 355, 361 참조). 또 정기간행물의 등록 등에 관한 법률 제16조 제3항 등 위헌 여부에 관한 헌법소원 사건에서 동법 소정의 정정보도청구권(반론권)과 보도기관의 언론의 자유가 충돌하는 경우에는 헌법의 통일성을 유지하기 위하여 상충하는 기본권 모두가 최대한으로 그 기능과 효력을 발휘할 수 있도록 하는 조화로운 방법이 모색되어야 한다고 보고, 결국은 정정보도청구제도가 과잉금지의 원칙에 따라 그 목적이 정당한 것인가 그러한 목적을 달성하기 위하여 마련된 수단 또한 언론의 자유를 제한하는 정도가 인격권과의 사이에 적정한 비례를 유지하는 것인가의 관점에서 심사를 한 바 있다."

태아의 생명권과 부모의 알권리
- 의료법 제19조의2 제2항 -

사 례

　청구인 甲은 2003년 3월 23일 청구외 乙과 결혼하여 2003년 4월경 혼인신고를 마친 사람으로서, 2004년 5월경 乙이 임신함에 따라 2005년 1월말경 2세의 출산을 앞둔 예비 아빠이다.

　청구인은 2004년 12월 23일 출산예정일을 약 1달 앞두고서 태아의 성별에 대하여 의사에게 물어보았으나, 의사는 "의료인은 태아 또는 임부에 대한 진찰이나 검사를 통하여 알게 된 태아의 성별을 임부 본인, 그 가족 기타 다른 사람이 알 수 있도록 하여서는 아니된다"고 규정하고 있는 의료법 제19조의2 제2항에 따라서 태아의 성별을 알려주는 행위는 금지되어 있다고 하면서 거부하였다.

　이에 청구인은 위 의료법 규정이 헌법상 보장된 자신의 알권리와 행복추구권을 침해한다고 주장하면서 2004년 12월 28일 이 사건 헌법소원심판을 청구하였다.

〈문 1〉 청구인의 이 사건 헌법소원심판이 과연 적법한지, 즉 헌법소원심판을 위한 전제조건을 갖추었는지 여부에 대하여 판단하라(30).

〈문 2〉 이 사건 의료법 제19조의2 제2항(이 사건 법률조항)이 청구인의 어떠한 기본권과 관련되는지를 먼저 밝히고, 과연 청구인의 관련 기본권들을 침해하는지 여부에 대하여 판단하라(50).

관련 법률

※ 의료법 제19조의2 제2항

의료인은 태아 또는 임부에 대한 진찰이나 검사를 통하여 알게 된 태아의 성별을 임부 본인, 그 가족 기타 다른 사람이 알 수 있도록 하여서는 아니된다.

모범답안 및 채점기준

〈문 1〉 청구인의 이 사건 헌법소원심판이 과연 적법한지, 즉 헌법소원심판을 위한 전제조건을 갖추었는지 여부에 대하여 판단하라(30).

1. 공권력의 행사성(4)

이 사건 법률조항은 법률로서 기본권침해가 가능한 공권력의 행사에 해당한다.

2. 보충성의 원칙(4)

법률에 대한 직접적인 헌법소원심판의 경우, 다른 법률에 의한 구제절차가 존재하지 않으므로 보충성의 원칙의 예외에 해당한다고 할 수 있으므로 요건을 충족한다.

3. 청구기간(4)

청구인은 기본권침해의 사유가 있음을 안 날로부터 90일 있은 날로부터 1년 내에 헌법소원심판을 청구하여야 한다(헌재법 제69조 제1항). 그런데 법률의 경우 기본권침해의 사유가 법률이 시행된 이후에 발생한 경우에는 그 사유가 발생한 날로부터, 그리고 시행과 동시에 발생한 경우에는 시행일을 기산일로 하여야 한다. 이 사건에서 청구인의 기본권침해의 사유가 발생한 것은 의사에게 태아의 성감별결과를 알려달라고 하였으나 의사가 이를 거부한 2004년 12월 23일이라고 할 수 있고, 그로부터 90일 이내인 2004년 12월 28일 이 사건 헌법소원심판을 청구하였으므로, 청구기간은 준수하였다.

4. 변호인의 선임(4)

문제의 지문에서는 분명하게 나타나고 있지 않지만, 변호사를 대리인으로 선임하였다면 요건은 충족되며, 무자력의 경우 이를 소명하여 국선대리인선임신청을 하는 경우에도 역시 요건이 충족된다.

5. 기본권침해의 관련성(10)

(1) 자기관련성(4)

청구인은 태아의 아버지로서 태아의 성별에 대하여 알고자 하는 권리는 일단 헌법 제10조의 행복추구권에 의하여 보호된다고 할 수 있고, 이러한 권리가 이 사건 법률조항에 의하여 제한되고 있다. 이 사건 법률조항의 직접 수범자는 의사이지 청구인은 아니나, 청구인은 이 사건 법률조항으로 인하여 자녀의 성별정보에 대하여 접근할 수 없게 되었으므로 그 알권리나 행복추구권이 제한된다고 할 수 있다. 그러므로 자기관련성은 충족된다.

(2) 현재관련성(3)

이 사건 법률조항은 심판청구 당시 시행되고 있던 법률조항이므로 현재관련성도 충족된다.

(3) 직접관련성(3)

이 사건 법률조항은 어떠한 집행행위를 매개로 하지 아니하고도 청구인의 기본권을 직접 제한하고 있으므로 직접관련성도 인정된다.

6. 권리보호이익(4)

이 사건 법률조항에 대하여 위헌결정이 내려진다 하더라도, 이미 청구인은 자녀를 출산하여 더 이상 구제받을 만한 실익 자체가 사라졌으므로, 권리보호이익이 없다고 일응 볼 수도 있으나, 이러한 기본권침해가 앞으로도 계속해서 반복될 수 있는 가능성이 있으므로, 객관적인 심판의 이익을 인정하여 예외적으로 권리보호이익을 인정할 수 있다 할 것이다.

7. 소결

따라서 이 사건 헌법소원심판청구는 모든 요건을 갖추었으므로 적법하다.

〈문 2〉 이 사건 의료법 제19조의2 제2항(이 사건 법률조항)이 청구인의 어떠한 기본권과 관련되는지를 먼저 밝히고, 과연 청구인의 관련 기본권들을 침해하는지 여부에 대하여 판단하라(50).

1. 관련되는 기본권(10)

청구인은 이 사건 법률조항으로 인하여 알권리와 행복추구권을 침해받고 있다고 주장하고 있다. 알권리는 헌법 제21조의 언론출판의 자유나, 또는 헌법 제37조 제1항, 헌법 제10조의 행복추구권으로부터 도출되는 권리로서 일반적으로 접근 가능한 정보에 자유롭게 접근하여 정보를 취득할 수 있는 권리라고 할 수 있다. 헌법재판소는 임야조사서열람거부처분에 대한 헌법소원심판에서 이러한 알권리는 적극적으로 정부에 국민이 일정한 정보에 대하여 접근할 것을 요구할 수 있는 청구권적 기본권의 성격을 가짐을 인정하였다.

자신의 자녀의 성별에 대하여 알권리는 적극적으로 정부에 일반적으로 접근 가능한 정보원에 대하여 접근할 수 있도록 요구할 수 있는 권리에 해당된다고 보기는 어려우나, 자녀의 성별에 대하여 알고자 하는 호기심이나 욕구를 충족할 수 있는 권리 내지 자유는 굳이 이러한 알권리로부터 도출되지 않는다고 하더라도 헌법 제10조의 행복추구권으로부터 도출되는 일반적 행동의 자유에 의하여 보호된다고 볼 수 있을 것이다.

헌법재판소는 태아의 성별에 대하여 알권리를 헌법 제10조의 일반적 인격권으로부터 도출되는 하나의 기본권으로 파악한 바 있다. 요컨대, 태아의 성별에 대하여 알권리는 일단 헌법 제10조의 일반적 인격권 내지는 일반적 행동의 자유로부터 도출될 수 있는 권리라고 할 수 있을 것이다. 그러므로 이하에서는 그 기본권의 침해여부에 대하여 판단하기로 한다.

(그 밖에 의사가 헌법소원심판을 청구한 경우에는 직업선택의 자유에 대한 침해여부도 문제될 것이나, 이 사건에서는 직접적으로 관련되지 않으므로 직업선택의 자유의 침해

여부 문제는 다루지 아니한다. 또한 부모의 양육권의 침해여부가 문제될 수 있으나, 부모의 양육권은 헌법재판소 판례에 따르면 헌법 제36조 제1항으로부터 도출되는 권리로서, 출생한 자녀들에 대하여 그들의 교육을 어떻게 할 것인지를 결정할 수 있는 권리라고 할 수 있으므로 이 사건에서는 문제가 되지 않을 뿐만 아니라, 청구인이 그 권리의 침해를 주장하고 있지도 아니하므로 이에 대하여는 살피지 않기로 한다.)

2. 태아의 성별에 대하여 알권리의 침해여부(35)

(1) 보호영역(5)

태아의 성별에 대하여 알권리는 헌법이 명문으로 보장하고 있는 권리라고 하기는 힘들고, 행복추구권으로부터 도출되는 권리라고 할 수 있다. 이는 자녀의 성에 대하여 미리 알고, 출산을 준비하고자 하는 태아의 부모나 가족 등의 자연스러운 권리라고 할 수 있을 것이다.

(2) 제한(5)

태아의 성별에 대하여 알권리 역시 행복추구권의 일종으로서 무제약적으로 보호되는 권리는 아니고 헌법 제37조 제2항에 의하여 제한될 수 있는 권리이다. 이 사건 법률조항은 이러한 태아의 성감별의 결과를 고지하지 못하도록 하고 있으므로 헌법 제10조로부터 나오는 청구인의 태아의 성별에 대하여 알권리를 제한하고 있다고 할 수 있다. 이 제한은 헌법 제37조 제2항에 의한 제한이라고 할 수 있다.

(3) 제한의 한계(25)

이 사건 법률조항이 청구인의 기본권을 제한하더라도 과잉금지의 원칙 등 헌법상 제한의 한계를 준수하여야 한다.

(가) 목적의 정당성(5)

이 사건 법률조항의 목적은 남아선호사상에 따른 여태아에 대한 낙태의 위험을 감소시키는 것을 목적으로 하며, 이러한 목적은 헌법 제37조 제2항에 따른 공공복리에 해당하는 목적이라고 할 수 있다. 특히 태아에 대한 생명권에 대하여 국가가 기본권보호의무를 진다고 하는 것을 고려할 때, 우리나라에서 낙태가 형법상 금지되고 있기는 하지만 모자보건법상의 낙태허용요건이 상당히 광범위하게 규정되어 있는 등으로 사실상 낙태가 실효성 있게 처벌되지 않아, 태아의 생명권의 보호가 제대로 되지 못하고 있으며, 특히 남아선호사상이 아직까지 완전히 불식되었다고 볼 수 없는 상태에서, 입법자는 성감별의 결과고지를 금지함으로써, 이러한 태아의 생명권의 보호의무를 이행하고 있다고 할 수 있다.

(나) 수단의 적합성(5)

태아의 성감별을 고지하지 않게 되면, 남아선호사상에 물들어 있는 부모들이 여아에 대하여 낙태할 수 있는 가능성이 현저히 줄어들 수 있다고 하는 점 등을 고려할 때 수단의 적합성이 인정된다고 할 수 있다.

(다) 침해의 최소성(5)

입법목적이 정당하더라도 기본권을 보다 덜 침해할 수 있는 수단을 선택하여 목적을 달성하려 하여야 한다는 것이 침해의 최소성 원칙이다.

이와 관련하여 가령 임신 후 28주 이후에 낙태를 하는 경우에는 산모나 태아의 생명에 모두 위험을 끼칠 수 있다고 하는 점을 감안하여, 그 이후에는 태아의 성감별을 허용한다 하더라도, 특별히 여아라고 해서 낙태를 할 가능성은 거의 없다고 하는 점을 감안하면, 임신 전기간 동안 성감별 고지를 금지하기보다는 사실상 낙태의 가능성이 거의 없다고 볼 수 있는 임신 후기에는 태아의 성감별을 허용하는 방법이 있을 수 있지 않는가 생각해 볼 수 있다.

그러나 그렇게 하여 보호되는 이익이란 부모가 태아의 성에 대하여 알고자 하는 호기심이나 1-2달 먼저 출산을 준비할 수 있다고 하는 이익 외에 아무것도 아닌 데 반하여, 혹시 있을지 모를 낙태로 인한 태아의 생명권의 침해가능성은 생명에 관한 문제이므로, 그 빈도수가 혹시 떨어질지는 모른다 하더라도 그 중대성은 훨씬 크다고 아니할 수 없다. 그러므로 입법자가 임신 후기에 대하여도 엄격히 성별고지를 금지한다고 해서 침해의 최소성에 위반된다고 보기 어렵다.

(라) 법익의 균형성(5)

위에서 언급한 바와 같이 입법목적의 중요성은 큰 데 반하여 이로 인하여 침해되는 부모의 기본권의 중요성은 상대적으로 떨어진다고 할 것이기 때문에, 법익의 균형성도 침해하지 않는다.

(마) 소결(5)

결론적으로 이 사건 법률조항은 국가의 태아의 생명권에 대한 보호의무를 이행하기 위한 입법으로서 그 입법목적의 정당성이 인정되고, 그 밖에 청구인의 기본권을 일부 제한하는 측면이 있으나 그것이 과잉하다고 볼 수 없으므로, 기본권침해의 주장은 그 이유가 없다 할 것이다.

3. 결론(5)

이 사건 법률조항은 헌법에 위반되지 아니한다. 이러한 의미에서 이 사건 법률조항이 헌법에 위반된다고 선언한 헌법재판소의 결정은 태아의 생명권에 대한 국가의 보호의무의 관점을 등한시 했다고 하는 비판을 면할 수 없을 것이다.

참고판례

※ **민법 제3조 등 위헌소원**

(헌재 2008. 7. 31. 2004헌바81, 판례집 20-2상, 91 [합헌, 각하])

※ **의료법 제19조의2 제2항 위헌확인 등**

(헌재 2008. 7. 31. 2004헌마1010 등, 판례집 20-2상, 236 [헌법불합치])

이 사건 규정의 태아 성별 고지 금지는 낙태, 특히 성별을 이유로 한 낙태를 방지함으로써 성비의 불균형을 해소하고 태아의 생명권을 보호하기 위해 입법된 것이다. 그런데 임신 기간이 통상 40주라고 할 때, 낙태가 비교적 자유롭게 행해질 수 있는 시기가 있는 반면, 낙태를 할 경우 태아는 물론, 산모의 생명이나 건강에 중대한 위험을 초래하여 낙태가 거의 불가능하게 되는 시기도 있는데, 성별을 이유로 하는 낙태가 임신 기간의 전 기간에 걸쳐 이루어질 것이라는 전제 하에, 이 사건 규정이 낙태가 사실상 불가능하게 되는 임신 후반기에 이르러서도 태아에 대한 성별 정보를 태아의 부모에게 알려 주지 못하게 하는 것은 최소침해성 원칙을 위반하는 것이고, 이와 같이 임신후반기 공익에 대한 보호의 필요성이 거의 제기되지 않는 낙태 불가능 시기 이후에도 의사가 자유롭게 직업수행을 하는 자유를 제한하고, 임부나 그 가족의 태아 성별 정보에 대한 접근을 방해하는 것은 기본권 제한의 법익 균형성 요건도 갖추지 못한 것이다. 따라서 이 사건 규정은 헌법에 위반된다 할 것이다.

사 례

　甲은 지방 출신 근로자로서 서울지역 회사로 근무지를 옮기게 되어 2014년 3월 5일 서울 소재 아파트를 구입하여 이사를 오게 되었다. 甲은 아파트의 소유권이 전등기를 하면서 동시에 은행에서 장기주택저당차입금을 융자하였으며, 이듬해 근로소득공제 연말정산서류를 제출하기 위하여 국세청 연말정산간소화프로그램을 통하여 연말정산 증빙서류들을 출력하였다. 이 서류에는 청구인이 취득한 아파트에 대하여 장기주택저당차입금과 관련한 서류가 포함되어 있어 甲은 이 장기주택저당차입금에 대한 소득공제 신청서류를 근무처에 제출하였고 근무처는 국세청에 그대로 신고하였으나, 국세청은 甲의 아파트가 취득 당시 기준시가 4억이 넘는 규모이기 때문에 소득공제의 대상이 되지 않는다고 하면서 장기주택저당차입금의 이자상환액 부분에 대한 소득공제적용을 거부하고 나머지 근로소득공제항목들을 정산하여 2015년 2월 25일 처리하였다.

　甲은 국세청이 이와 같이 자신이 납부한 장기주택저당차입금의 이자상환액에 대하여 소득공제적용을 거부한 처분은 헌법 제11조에서 보장하는 평등원칙에 반하여 기준시가 4억 이하 규모의 아파트를 취득한 사람들에 비하여 자신을 부당하게 차별하는 것으로서 위법하다고 주장하면서 국세심판절차를 경유한 후 기각되자, 장기주택저당차입금 이자상환액에 대한 근로소득공제적용 거부처분의 취소를 구하는 행정소송을 2015년 3월 5일 서울중앙지방법원에 제기하였다. 그리고 소송 계속 중 그 근거가 되는 소득세법 제52조 제5항 본문에 대한 위헌법률심판을 제청해 줄 것을 신청하였으나, 동 법원은 이는 합리적 차별에 해당하여 헌법에 위반되지 아니한다고 하면서 2015년 5월 27일 이 신청을 기각하였다(기각결정의 통지일은 5월 29일).

그러자 청구인은 헌법재판소법 제68조 제2항에 따라 소득세법 제52조 제5항 본문과 소득세법 시행령 제112조 제14항의 위헌을 구하는 헌법소원심판을 2015년 6월 29일 청구하였다.

참고로 장기주택저당차입금의 이자상환액에 대한 특별공제제도는 2000년 10월 23일 소득세법 제52조 제3항(법률 제6276호)으로 신설되었는데 당시 개정이유에 따르면 중산층 및 서민층의 주택마련을 지원하기 위한 것이라고 밝히고 있다.

〈문〉 갑의 이 사건 헌법소원심판청구에 대하여 판단하라(100).

관련 법률

※ **소득세법**(2015. 1. 6. 법률 제12989호로 개정된 것)

제52조(특별소득공제)

⑤ 근로소득이 있는 거주자로서 주택을 소유하지 아니하거나 1주택을 보유한 세대의 세대주(세대주가 이 항, 제4항 및 「조세특례제한법」 제87조 제2항에 따른 공제를 받지 아니하는 경우에는 세대의 구성원 중 근로소득이 있는 자를 말한다)가 취득 당시 제99조 제1항에 따른 주택의 기준시가가 4억원 이하인 주택을 취득하기 위하여 그 주택에 저당권을 설정하고 금융회사등 또는 「주택도시기금법」에 따른 주택도시기금으로부터 차입한 대통령령으로 정하는 장기주택저당차입금(주택을 취득함으로써 승계받은 장기주택저당차입금을 포함하며, 이하 이 항 및 제6항에서 "장기주택저당차입금"이라 한다)의 이자를 지급하였을 때에는 해당 과세기간에 지급한 이자 상환액을 다음 각 호의 기준에 따라 그 과세기간의 근로소득금액에서 공제한다. 다만, 그 공제하는 금액과 제4항 및 「조세특례제한법」 제87조 제2항에 따른 주택청약종합저축 등

에 대한 소득공제 금액의 합계액이 연 500만원(차입금의 상환기간이 15년 이상인 장기주택저당차입금에 대하여 적용하며, 이하 이 항 및 제6항에서 "공제한도"라 한다)을 초과하는 경우 그 초과하는 금액은 없는 것으로 한다. <개정 2012. 1. 1., 2013. 8. 13., 2014. 1. 1., 2014. 12. 23., 2015. 1. 6.>

1. 세대주 여부의 판정은 과세기간 종료일 현재의 상황에 따른다.

2. 세대 구성원이 보유한 주택을 포함하여 과세기간 종료일 현재 2주택 이상을 보유한 경우에는 적용하지 아니한다.

3. 세대주에 대해서는 실제 거주 여부와 관계없이 적용하고, 세대주가 아닌 거주자에 대해서는 실제 거주하는 경우만 적용한다.

4. 무주택자인 세대주가 「주택법」에 따른 사업계획의 승인을 받아 건설되는 주택(「주택법」에 따른 주택조합 및 「도시 및 주거환경정비법」에 따른 정비사업조합의 조합원이 취득하는 주택 또는 그 조합을 통하여 취득하는 주택을 포함한다. 이하 이 호에서 같다)을 취득할 수 있는 권리(이하 이 호에서 "주택분양권"이라 한다)로서 대통령령으로 정하는 가격이 4억원 이하인 권리를 취득하고 그 주택을 취득하기 위하여 그 주택의 완공 시 장기주택저당차입금으로 전환할 것을 조건으로 금융회사 등 또는 「주택도시기금법」에 따른 주택도시기금으로부터 차입(그 주택의 완공 전에 해당 차입금의 차입조건을 그 주택 완공 시 장기주택저당차입금으로 전환할 것을 조건으로 변경하는 경우를 포함한다)한 경우에는 그 차입일(차입조건을 새로 변경한 경우에는 그 변경일을 말한다)부터 그 주택의 소유권보존등기일까지 그 차입금을 장기주택저당차입금으로 본다. 다만, 거주자가 주택분양권을 둘 이상 보유하게 된 경우에는 그 보유기간이 속하는 과세기간에는 적용하지 아니한다.

5. 주택에 대한 「부동산 가격공시 및 감정평가에 관한 법률」에 따른 개별주택가격 및 공동주택가격이 공시되기 전에 차입한 경우에는 차입일 이후 같은 법에 따라 최초로 공시된 가격을 해당 주택의 기준시가로 본다.

⑥ 제5항 단서에도 불구하고 장기주택저당차입금이 다음 각 호의 어느 하나에 해당하는 경우에는 연 500만원 대신 그 해당 각 호의 금액을 공제한도로 하여 제5항 본문을 적용한다. <신설 2014. 12. 23.>

1. 차입금의 상환기간이 15년 이상인 장기주택저당차입금의 이자를 대통령령으로 정하는 고정금리 방식(이하 이 항에서 "고정금리"라 한다)으로 지급하고, 그 차입금을 대통령령으로 정하는 비거치식 분할상환 방식(이하 이 항에서 "비거치식 분할상환"이라 한다)으로 상환하는 경우: 1천 800만원

2. 차입금의 상환기간이 15년 이상인 장기주택저당차입금의 이자를 고정금리로 지

급하거나 그 차입금을 비거치식 분할상환으로 상환하는 경우: 1천 500만원

3. 차입금의 상환기간이 10년 이상인 장기주택저당차입금의 이자를 고정금리로 지급하거나 그 차입금을 비거치식 분할상환으로 상환하는 경우: 300만원

⑦ 삭제 <2014. 1. 1.>

⑧ 제1항·제4항 및 제5항에 따른 공제는 해당 거주자가 대통령령으로 정하는 바에 따라 신청한 경우에 적용하며, 공제액이 그 거주자의 해당 과세기간의 합산과세되는 종합소득금액을 초과하는 경우 그 초과하는 금액은 없는 것으로 한다. <개정 2012. 1. 1., 2014. 1. 1.>

⑨ 삭제 <2014. 1. 1.>

⑩ 제1항·제4항·제5항 및 제8항에 따른 공제를 "특별소득공제"라 한다. <개정 2014. 1. 1.>

⑪ 특별소득공제에 관하여 그 밖에 필요한 사항은 대통령령으로 정한다. <개정 2014. 1. 1.>

[전문개정 2009. 12. 31.]

[제목개정 2014. 1. 1.]

※ **소득세법 시행령 제112조**(주택자금공제)

⑧ 법 제52조 제5항 각 호 외의 부분 본문에서 "대통령령으로 정하는 장기주택저당차입금"이란 다음 각 호의 요건을 모두 갖춘 차입금을 말하며, 같은 항 단서 및 같은 조 제6항 제1호부터 제3호까지의 규정에 따라 차입금의 상환기간을 산정할 때에 해당 주택의 전소유자가 해당 주택에 저당권을 설정하고 차입한 장기주택저당차입금에 대한 채무를 양수인이 주택 취득과 함께 인수한 경우에는 해당 주택의 전소유자가 해당 차입금을 최초로 차입한 때를 기준으로 하여 계산한다. 이 경우 해당 요건을 충족하지 못하게 되는 경우에는 그 사유가 발생한 날부터 법 제52조 제5항을 적용하지 아니한다. <개정 2003. 12. 30., 2009. 2. 4., 2010. 2. 18., 2013. 9. 9., 2015. 2. 3.>

1. 삭제 <2015. 2. 3.>

2. 주택소유권이전등기 또는 보존등기일부터 3월 이내에 차입한 장기주택저당차입금일 것

3. 장기주택저당차입금의 채무자가 당해 저당권이 설정된 주택의 소유자일 것

⑨ 법 제52조 제6항 제1호에서 "대통령령으로 정하는 고정금리 방식"이란 차입금의 100분의 70 이상의 금액에 상당하는 분에 대한 이자를 상환기간 동안 고정금리(5년 이상의 기간 단위로 금리를 변경하는 경우를 포함한다)로 지급하는 경우를 말하

며, "대통령령으로 정하는 비거치식 분할상환 방식"이란 차입일이 속하는 과세기간의 다음 과세기간부터 차입금 상환기간의 말일이 속하는 과세기간까지 매년 다음 계산식에 따른 금액 이상의 차입금을 상환하는 경우를 말한다. 이 경우 상환기간 연수 중 1년 미만의 기간은 1년으로 본다. <개정 2012. 2. 2., 2013. 9. 9., 2015. 2. 3.>

⑩ 다음 각 호의 어느 하나에 해당하는 경우 해당 차입금은 제8항에도 불구하고 법 제52조 제5항 각 호 외의 부분 본문에 따른 "대통령령으로 정하는 장기주택저당차입금"으로 본다. 다만, 제2호 또는 제4호에 해당하는 경우에는 기존의 차입금의 잔액을 한도로 한다. <개정 2001. 12. 31., 2002. 12. 30., 2003. 11. 29., 2003. 12. 30., 2005. 2. 19., 2007. 2. 28., 2009. 2. 4., 2009. 4. 21., 2010. 2. 18., 2013. 9. 9., 2015. 2. 3., 2015. 6. 30.>

1. 「조세특례제한법」 제99조에 따른 양도소득세의 감면대상 신축주택을 최초로 취득하는 자가 금융회사 등 또는 「주택도시기금법」에 따른 주택도시기금으로부터 차입한 차입금으로 해당 주택을 취득하기 위하여 차입한 사실이 확인되는 경우

2. 제8항에 따른 장기주택저당차입금의 차입자가 해당 금융회사 등 내에서 또는 다른 금융회사 등으로 장기주택저당차입금을 이전하는 경우(해당 금융회사 등 또는 다른 금융회사 등이 기존의 장기주택저당차입금의 잔액을 직접 상환하고 해당 주택에 저당권을 설정하는 형태로 장기주택저당차입금을 이전하는 경우만 해당한다). 이 경우 해당 차입금의 상환기간은 15년 이상이어야 하며, 상환기간을 계산할 때에는 기존의 장기주택저당차입금을 최초로 차입한 날을 기준으로 한다.

3. 주택양수자가 금융회사 등 또는 「주택도시기금법」에 따른 주택도시기금으로부터 주택양도자의 주택을 담보로 차입금의 상환기간이 15년 이상인 차입금을 차입한 후 즉시 소유권을 주택양수자에게로 이전하는 경우

4. 법 제52조 제5항에 따라 제8항 제2호 및 제3호의 요건에 해당하나 그 상환기간이 15년 미만인 차입금의 차입자가 그 상환기간을 15년 이상으로 연장하거나 해당 주택에 저당권을 설정하고 상환기간을 15년 이상으로 하여 신규로 차입한 차입금으로 기존 차입금을 상환하는 경우로서 상환기간 연장 당시 또는 신규 차입 당시 법 제99조 제1항에 따른 주택의 기준시가 또는 제15항에 따른 주택분양권의 가격이 각각 4억원 이하인 경우. 이 경우 제8항 제2호를 적용할 때에는 신규 차입금에 대하여는 기존 차입금의 최초차입일을 기준으로 한다.

5. 「조세특례제한법」 제98조의3에 따른 양도소득세 과세특례대상 주택을 2009년 2월 12일부터 2010년 2월 11일까지의 기간 중에 최초로 취득하는 자가 해당 주택을 취득하기 위하여 금융회사 등 또는 「주택도시기금법」에 따른 주택도시기금으로부터

차입한 차입금으로서 상환기간이 5년 이상인 경우. 이 경우 해당 차입금은 제8항 제2호 및 제3호의 요건을 충족하여야 한다.

⑪ 제8항을 적용할 때 주택취득과 관련하여 해당 주택의 양수인이 장기주택저당차입금의 채무를 인수하는 경우에는 같은 항 제2호의 요건을 적용하지 아니한다. <개정 2009. 2. 4., 2013. 9. 9.>

⑫ 법률 제5584호 「조세감면규제법개정법률」로 개정되기 전의 「조세감면규제법」 제92조의4에 따른 주택자금 차입금이자에 대한 세액공제를 받는 자에 대하여는 해당 과세기간에 있어서는 해당 주택취득과 관련된 차입금은 제8항에도 불구하고 법 제52조 제5항 각 호 외의 부분 본문에 따른 "대통령령으로 정하는 장기주택저당차입금"으로 보지 아니한다. <신설 2000. 12. 29., 2005. 2. 19., 2009. 2. 4., 2010. 2. 18., 2013. 9. 9.>

⑭ 제11항을 적용할 때 주택양수인이 주택을 취득할 당시 법 제99조 제1항에 따른 주택의 기준시가가 4억원을 초과하는 경우에는 법 제52조 제5항 각 호 외의 부분 본문에 따른 "대통령령으로 정하는 장기주택저당차입금"으로 보지 아니한다. <신설 2006. 2. 9., 2009. 2. 4., 2013. 9. 9., 2014. 2. 21.>

⑮ 법 제52조 제5항 제4호 본문에서 대통령령으로 정하는 가격"이란 다음 각 호의 어느 하나에 해당하는 가격을 말한다." <신설 2006. 2. 9., 2009. 2. 4., 2010. 2. 18.>

1. 법 제52조 제5항 제4호 본문에 따른 주택분양권 중 제2호에 따른 조합원입주권을 제외한 주택분양권 : 분양가격

2. 법 제89조 제2항 본문의 규정에 따른 조합원입주권

가. 청산금을 납부한 경우

기존건물과 그 부수토지의 평가액 + 납부한 청산금

나. 청산금을 지급받은 경우

기존건물과 그 부수토지의 평가액 − 지급받은 청산금

[전문개정 2000. 10. 23.]

모범답안 및 채점기준

〈문〉 甲의 이 사건 헌법소원심판청구에 대하여 판단하라(100).

Ⅰ. 문제의 소재(5)

이 사건은 소득세법상 장기주택저당차입금 이자상환액에 대한 소득공제 기준을 취득시 기준시가 4억원 이하인 주택만 해당되는 것으로 하고 있는 소득세법 제52조 제5항(이하 "이 사건 법률조항") 본문과 동시행령 제112조 제14항이 청구인의 평등권과 재산권을 침해하는지 여부에 대하여 헌재법 제68조 제2항에 따라 제기한 헌법소원심판청구로서 그 적법요건(특히 헌법소원대상성, 재판의 전제성, 청구기간 준수여부)의 충족여부와 적법한 경우 심판대상조항이 청구인의 기본권을 침해하여 위헌인지 여부가 쟁점이 되는 문제이다.

Ⅱ. 사건의 개요와 심판의 대상

1. 사건의 개요(5)

청구인 갑은 자신이 2014년 3월 취득한 주택에 대한 장기주택저당차입금의 이자상환액 부분에 대하여 소득세법상 근로소득공제신청을 하였으나 국세청이 이를 거부하자 그 거부처분의 취소를 구하는 행정소송을 제기하였고, 소송계속 중 동 처분의 근거조항인 소득세법 제52조 제5항 본문의 위헌법률심판제청신청을 하였으나 2015년 5월 27일 법원이 이를 기각하자 2015년 6월 29일 소득세법 제52조 제5항 본문과 동시행령 제112조 제14항에 대하여 헌재법 제68조 제2항에 따른 헌법소원심판을 청구하였다.

2. 심판의 대상(5)

소득세법 제52조 제5항 본문의 위헌여부이다. 청구인은 소득세법시행령 제112조 제14항에 대해서도 심판대상에 포함시키고 있으나 헌재법 제68조 제2항에 따른 헌법소원의 대상은 형식적 의미의 법률이어야 하므로, 이 시행령조항은 심판대상에서 제외한다(물론 심판의 대상에는 포함시켜 주고 이하 적법요건 판단에서 대상적격이 없다는 이유로 부적법 각하하는 방법을 취할 수도 있을 것이다).

Ⅲ. 판   단

1. 적법요건에 대한 판단(20)

헌재법 제68조 제2항에 따른 헌법소원심판청구가 적법하기 위해서는 다음의 요건을 충족해야 한다.

(1) 위헌제청신청이 기각되었을 것(2)

청구인은 서울중앙지방법원에 국세청의 근로소득공제거부처분의 취소를 구하는 행정소송을 제기하고 재판 계속 중 이 사건 법률조항의 위헌법률심판제청을 신청하였으나 동 법원이 2015년 5월 27일 이를 기각하였다.

(2) 재판의 전제성(10)

(가) 재판의 전제성 요건

헌법재판소법 제68조 제2항에 따른 헌법소원심판청구가 적법하기 위해서는 재판의 전제성 요건을 갖추어야 하는데 그 구체적 내용은 다음과 같다.

① 재판이 계속중이거나 계속중이었을 것.

② 해당 법률조항이 당해사건에 적용되는 것일 것.

③ 법률조항의 위헌여부에 따라 재판의 주문이 달라지거나 혹은 재판의 내용과 효력에 관한 법률적 의미가 달라지는 것일 것.

(나) 이 사건의 경우

청구인 갑은 해당 과세기간 동안 장기주택저당차입금 이자상환액에 대한 근로소득공제신청에 대하여 국세청이 거부하자 이에 대한 행정소송을 제기하였고 이 소송에서 이 사건법률조항이 적용되는 것일 뿐만 아니라 그 위헌여부에 따라 재판의 결론이 달라질 수 있으므로 재판의 전제성 요건이 충족된다.

(한편 청구인이 심판대상으로 포함시킨 소득세법시행령 제112조 제14항은 형식적 의미의 법률이 아니므로 헌재법 제68조 제2항으로 다툴 수 있는 헌법소원대상이 아니어서 적법하지 아니하다.)

(3) 청구기간(4)

헌법재판소법 제68조 제2항에 의한 헌법소원심판청구는 위헌법률심판 제청신청의 기각결정이 통지된 날로부터 30일 이내에 하여야 한다(헌법재판소법 제69

조 제2항).

위헌법률심판제청신청이 기각된 날은 2015년 5월 27일이고 기각결정이 통지된 날은 5월 29일이므로 그로부터 30일 내인 6월 28일까지는 심판청구를 하여야 하나 그 날이 일요일이므로 그 다음 날인 6월 29일에 한 이 사건 청구는 적법하다고 할 수 있다.

(4) 대리인선임(2)

지문에서는 대리인선임여부가 명확히 나오지는 않으나, 사선대리인을 선임하거나 경제력이 없을 경우 무자력을 소명하여 국선대리인선임을 신청하면 되므로 이 요건은 충족된 것으로 간주한다.

(5) 소결(2)

이 사건 법률조항에 대한 헌법소원심판청구는 적법하다(한편 이 사건 시행령 조항에 대한 헌법소원심판청구는 대상적격이 없어 적법하지 아니하다).

2. 본안판단(60)

(1) 관련되는 기본권(2)

청구인은 이 사건 법률조항으로 인하여 자신의 평등권과 재산권이 침해되었다고 주장하고 있다. 그러므로 이하에서는 평등권과 재산권의 침해여부에 대하여 검토해 보기로 한다.

(2) 평등원칙 위반여부(29)

(가) 평등원칙의 의의와 보호영역(5)

헌법 제11조에서 모든 국민은 법앞에 평등하다고 규정하고 있는 바 이를 평등의 원칙이라 한다.

평등의 원칙은 입법자가 같은 것은 같게, 다른 것은 다르게 취급하여야 하지, 같은 것을 자의적으로 다르게, 다른 것을 자의적으로 같게 취급해서는 안된다고 하는 원칙이다.

여기에서 무엇이 같고 무엇이 다른지를 결정함에 있어서 원칙적으로 입법자에게는 넓은 형성의 자유가 인정된다.

(나) 심사기준(12)

평등원칙의 위반여부와 관련해서는 원칙적으로 입법자에게 넓은 형성의 자유가 주어지기 때문에 입법자가 같은 것을 자의적으로 다르게, 다른 것을 자의적으로 같게 취급하였는지 여부에 대한 심사, 즉 자의금지를 기준으로 한 심사에 국한하는 것이 원칙이다.

그러나 헌법재판소의 제대군인가산점 판결(헌재 1999. 12. 23. 98헌마363) 이래로 헌법재판소는 헌법이 특별히 평등을 명하거나 차별을 금지하는 경우, 또는 차별로 인하여 다른 기본권에 대한 중대한 제한이 초래되는 경우에는 입법자의 형성의 자유는 축소되어 비례의 원칙에 입각한 엄격한 심사를 하여야 한다고 한다.

이 사건 법률조항의 경우 기준시가 4억원인 주택을 기준으로 하여 그 이하의 경우에만 장기주택저당차입금 이자상환액에 대하여 소득공제를 하고 있는데, 이러한 차별기준은 헌법이 특별히 차별을 금지하고 있는 그러한 기준이라고 할 수는 없다. 그리고 이러한 기준에 의한 차별은 일단 소위 인적 집단에 대한 차별이 아니라 사항적 내지는 물적 차별이라고 할 수 있으므로 이러한 차원에서만 본다면 일응 자의금지를 기준으로 하는 완화된 심사를 하는 것이 타당한 것으로 보인다.

그러나 다른 한편 기준시가 4억을 상회하여 장기주택저당차입금의 이자상환액에 대한 소득공제를 받지 못하게·되는 경우 이는 당사자의 재산권에 대한 상당한 제한을 초래하게 된다고 볼 수 있다. 그렇다면 이 점은 비례의 원칙에 입각한 엄격한 심사를 해야 하는 요건이 될 수 있다.

그러므로 이 사건이 평등의 원칙에 위반되는지 여부에 대해서는 비례의 원칙, 즉 차별되는 집단들간의 차이만큼 걸맞는 정도의 다른 대우가 이루어지고 있는지 아니면 지나친 차별적 대우가 이루어지고 있는지를 검토해 보기로 한다.

(다) 이 사건 법률조항의 평등원칙 위반여부(12)

이 사건 법률조항은 기준시가 4억인 주택을 기준으로 하여 그 이하 규모의 주택의 경우에는 주택을 담보로 융자한 장기차입금에 대한 이자상환액에 대하여 근로소득에서 공제하여 그만큼 소득세에서 제외를 해 주고 있는 데 반하여, 가령 취득 당시 4억 2,000만원의 주택을 담보로 하여 장기차입금을 융자한 근로소득자에 대해서는 담보융자금 가운데 일정비율 내지 상한액에 해당하는 부분만큼만 소득공제를 해 주는 것이 아니라, 한푼도 소득공제의 혜택을 받지 못하게 된다.

그렇다면 기준시가 4억을 기준으로 하여 그 이하규모의 주택소유자와 그 이상의 주택소유자간의 경제력의 차이가 그와 같은 차별을 정당화해 줄 만큼 결정적인지 여부가 문제될 것이다.

이 사건의 경우 기준시가 4억인 주택을 장기주택저당차입금으로 취득한 근로소득자와 기준시가 4억 2,000인 주택을 마찬가지로 취득한 근로소득자간에는 오히려 전자가 후자보다 경제력이 더 나을 수도 있고, 그 반대일 수도 있다. 이 사건 법률조항이 과거에는 국민주택규모(기준시가 3억을 기준)를 기준으로 하여 소득공제 인정 여부를 구분한 것은 그 나름대로 저소득 계층의 주택구입을 촉진시켜 국민생활의 안정을 도모하고자 한 입법취지가 있었을 것이라고 할 수 있고 나름대로 그러한 목적은 정당화될 수 있다고 볼 수 있을 것이다.

그러나 기준시가가 4억 이상의 주택을 구입하는 경우에도 역시 장기주택저당차입금을 융자해서 하는 경우가 많고, 이 경우에는 적어도 기준시가 4억을 상한으로 하는 장기주택저당차입금에 대한 이자상환액 부분만이라도 소득공제를 해 주는 것이 비례의 원칙에 합당하다고 보아야 할 것이다. 즉 4억 이상의 주택을 취득한 경우에는 장기주택저당차입금에 대한 이자상환액에 대하여 소득공제를 한푼도 인정하지 않는 것은 그러한 차별을 정당화해 줄 수 있는 합리적 사유가 보이지 않기 때문에 서로 다른만큼 적절하게 차별을 한 것이 아니라, 사실상 거의 다르지 않음에도 불구하고 완전히 차별적으로 대우한 것이어서 비례의 원칙에 맞지 않는다고 보아야 할 것이다.

그렇다면 이 사건 법률조항은 헌법 제11조의 평등의 원칙에 위반된다.

(3) 재산권의 침해여부(29)

(가) 재산권의 보호영역(5)

헌법 제23조 제1항에 따라 모든 국민의 재산권은 보장된다. 재산권의 내용과 한계는 법률로 정한다고 하며, 동조 제2항은 재산권의 행사는 공공복리에 적합하여야 한다고 함으로써 국민의 재산권을 보장하고 있다.

재산권은 사적 유용성이 있는 것으로서 권리주체에게 배타적으로 귀속될 수 있는 사법상의 권리와 또한 사적 유용성·배타적 귀속성, 자기기여성, 생활보장에의 기여성의 세 가지 요건을 갖춘 공법상의 권리는 헌법 제23조에 의하여 보장되는 재산권의 보호영역에 포함된다.

이 사건에서 근로소득은 자신의 노력에 대한 대가로서 받게 되는 반대급부인데 이는 재산적 가치가 있는 사법상의 권리로서 헌법 제23조에 의하여 보호되는 재산권에 속한다.

(나) 제한(5)

헌법 제23조의 재산권 역시 헌법 제37조 제2항에 따라 제한이 가능한 기본권이다. 그런데 재산권의 제한은 헌법 제23조 제1항 제2문과 결합하여 제2항에서 규정하고 있는 소위 재산권의 내용과 한계에 관한 규율, 혹은 재산권의 사회적 기속에 해당하는 제한이 있으며, 또한 헌법 제23조 제3항에 따라 공공필요에 의하여 정당한 보상을 필요로 하는 사용, 수용, 제한에 해당하는 제한으로 나누어진다.

이 사건 법률조항은 공공필요에 의하여 재산권의 박탈을 초래하는 정도의 헌법 제23조 제3항에 따른 제한에 해당한다고 하기보다는 재산권의 내용과 한계에 관한 규율에 해당한다고 할 수 있다.

(다) 제한의 한계(19)

이러한 재산권의 내용과 한계에 관한 규율 역시 헌법 제37조 제2항의 과잉금지의 원칙 내지 비례의 원칙을 준수하면서 이루어져야 하며, 사회적 수인한도를 넘어서서 지나치게 재산권자에 대하여 특별한 희생을 강요하게 될 경우에는 이는 위헌적인 재산권침해가 될 수 있다.

① 목적의 정당성(4)

일정 규모의 주택을 장기주택저당차입금을 통하여 취득하는 경우에 그 차입금의 이자상환액에 대하여 소득세법상 소득공제를 해 주려는 것은 국민들의 안정된 주거생활과 생계에 도움을 주고자 하는 것으로서 이러한 입법목적은 우리 헌법이 채택하고 지향하고 있다고 할 수 있는 사회국가원리의 실현에 있다고 할 수 있으므로 이러한 입법목적은 헌법적으로 정당화될 수 있을 것이다.

② 방법의 적정성(4)

입법자가 이러한 입법목적을 달성하기 위하여 선택한 방법은 일정규모, 즉 기준시가 4억원인 주택을 기준으로 그 이하의 주택취득을 위하여 장기주택저당차입금을 융자한 경우에는 이러한 지원을 해주고 그 이상 규모주택의 취득의 경우에는 아무런 지원을 해주지 않는 방법을 취하고 있다.

그런데 이러한 방법은 결국 장기주택저당차입금을 통해서 다같이 주택을 마련하였음에도 불구하고 일정규모 이하의 주택을 취득한 국민들은 소득공제의 혜택을 받는 데 반하여, 일정규모 이상의 주택을 취득한 국민들은 그러한 혜택을 전혀 받지 못하게 됨으로써 주거생활의 안정이나 생계에 도움이 되지 못하는 측면도 있다고 할 수 있으나, 서민들의 주거생활지원과 생계에 도움이 되는 측면은 부인할 수 없으므로 방법의 적정성은 인정된다.

③ 침해의 최소성(4)

기본권을 제한함에 있어서는 가장 덜 침해적인 수단을 선택하여야 한다. 이러한 차원에서 검토해 본다면 위 평등원칙 위반여부에서도 지적하였듯이, 기준시가 4억을 기준으로 하여 그 이상 규모의 주택구입자에 대해서는 근로소득공제의 혜택을 전혀 받지 못하게 하는 것이 아니라, 기준시가 4억을 기준으로 하는 장기주택저당차입금에 해당하는 부분의 이자상환액에 대해서만이라도 소득공제의 혜택을 부여하는 방법이 있다. 그럼에도 불구하고, 4억을 기준으로 하여 소득공제의 혜택을 부여하거나 하지 않는 극단적인 방법을 선택하고 있으므로 이는 침해의 최소성에 반한다고 보아야 할 것이다.

④ 법익의 균형성(4)

도시 근로자들의 경우 근로소득을 하기 위해서는 피치 못하게 일정규모 이상 고가의 주택을 구입하여 거주하면서 직장생활을 해야 하는 경우가 대부분이라고 할 수 있다. 그럼에도 불구하고 4억을 기준으로 하여 장기주택저당차입금 이자납부에 대한 소득공제 혜택 여부를 좌우시키는 것은 그로 인하여 혜택을 받지 못하게 되는 국민의 경우 사회적 수인한도를 넘어서 지나치게 특별한 희생을 강요당하는 것이 되며, 결과적으로 이는 재산권에 대한 지나친 제한을 초래하게 된다. 따라서 법익의 균형성 역시 갖추지 못하였다고 보아야 할 것이다.

⑤ 소결(3)

이 사건 법률조항은 청구인에게 재산권제한을 사회적 수인한도를 넘어서 지나치게 강요하고 있으므로 헌법 제37조 제2항의 과잉금지의 원칙에 반한다.

Ⅳ. 결론 및 주문(5)

입법자가 일정한 국민들에 대하여 평등의 원칙에 위반하여 혜택을 배제하는 사례의 경우 그러한 위헌성을 제거하는 방법은 지금까지 혜택을 받던 국민들로부터도 그러한 혜택을 모두 배제하는 방법이 있으며, 또한 지금까지 배제되었던 국민들에게 혜택을 확대하여 포함시키는 방법도 있는 바, 이 가운데 어느 것 하나만이 헌법에 합치한다고 단정할 수는 없다.

그러므로 이와 같이 위헌을 제거하는 방법이 여러 가지가 있을 경우에는 입법자가 법률을 개정할 때까지 법률의 적용을 중지하는 것을 명령하는 헌법불합치결정을 선고하는 것이 타당할 것이다.

그리고 위헌결정을 하는 경우 법적 공백상태가 발생하여 더욱 위헌적인 상태가 초래될 수 있는 경우에는 입법자가 개정할 때까지 잠정적으로 위헌법률을 계속 적용할 것을 명령하는 잠정적인 계속적용명령으로서의 헌법불합치결정을 내릴 수 있다.

이 사건에서는 입법자가 개정할 때까지 적용을 중지하고 법률을 개정한 이후에 그 기준에 따라서 법률을 적용할 필요가 있다고 할 것이므로 적용중지를 명하는 헌법불합치결정을 선고하는 것이 타당하다고 생각된다.

참고판례

남성에게만 병역의무를 부과하고 있는 병역법 제3조 제1항의 위헌여부

사 례

　　우리 헌법상 국방의무는 모든 국민이 지도록 되어 있지만, 병역법상 병역의무는 대한민국 국민인 남자만 지도록 되어 있다. 대한민국 남자 국민으로서 공무원임용시험을 준비 중이었던 甲은 1992년 1월 1일 생으로서 병역법 제8조에 따라 만 18세가 되는 2010년 1월 1일 제1국민역에 편입되었으며, 그 사이에는 H 대학교에 재학 중인지라 입영이 연기되었으나, 졸업 후인 2014년 3월 1일 같은 해 7월 1일자로 입대할 것을 명하는 입영통지서를 받게 되어 그가 준비해 왔던 공무원임용시험도 더 이상 준비할 수 없게 되었다. 그러자 甲은 남자만이 병역의무를 지도록 하고 있는 병역법 제3조 제1항과 병역법 제8조가 자신의 행복추구권, 평등권, 공무담임권과 직업선택의 자유를 침해한다면서 2014년 5월 4일 헌법재판소에 헌법소원심판을 청구하기 위하여 국선대리인선임신청을 하였다. 국선대리인은 2014년 10월 5일 헌법재판소에 헌법소원심판청구서를 접수하였다.

〈문 1〉　먼저 심판대상을 확정하고 청구인의 헌법소원이 헌법재판소법상의 요건을 갖추었는지 여부에 대하여 판단하라(35).

〈문 2〉 병역법 제3조 제1항이 청구인의 기본권을 침해하여 위헌인지 여부에 대하여 판단하라(65).

관련 법률

※ **병역법**(시행 2009. 12. 10.)(2009. 6. 9., 법률 제9754호, 일부개정)

제3조(병역의무)

① 대한민국 국민인 남성은 헌법과 이 법에서 정하는 바에 따라 병역의무를 성실히 수행하여야 한다. 여자는 지원에 의하여 현역으로만 복무할 수 있다.

제8조(제1국민역 편입) 대한민국 국민인 남자는 18세부터 제1국민역에 편입된다.

모범답안 및 채점기준

〈문 1〉 먼저 심판대상을 확정하고 청구인의 헌법소원이 헌법재판소법상의 요건을 갖추었는지 여부에 대하여 판단하라(35).

Ⅰ. 심판의 대상(5)

청구인은 남자에게만 병역의무를 지우는 병역법 조항을 문제삼고 있으므로, 병역법 제3조 제1항 제2문은 심판대상에서 제외될 수 있을 것이다. 그러므로 이 사건 헌법소원심판의 대상은 병역법 제3조 제1항 제1문과 제8조의 위헌여부라고 할 수 있다.

Ⅱ. 적법요건에 대한 판단(30)

1. 공권력의 행사(3)

이 사건은 법률에 대한 헌법소원이므로 공권력의 행사성이 인정된다.

2. 보충성의 원칙(3)

법률에 대한 헌법소원의 경우 헌재법 제68조 제1항 단서의 "다른 법률에 의한 구제절차"가 존재하지 않으므로 보충성원칙 적용의 예외에 해당한다는 것이 헌법재판소의 판례이다.

3. 청구기간(10)

헌재법 제69조 제1항에 따르면 기본권침해의 사유가 있음을 안 날로부터 90일, 그 사유가 있은 날로부터 1년 이내에 청구하여야 한다. 다만, 법령의 경우 시행과 더불어 기본권침해의 사유가 있을 경우에는 시행일을, 시행 이후에 기본권침해의 사유가 발생한 경우에는 그 사유가 발생한 날을 기산점으로 한다.

이 사건의 경우, 남자만 병역의무를 지게 하는 병역법 제3조 제1항과 제1국민역에 편입시키는 규정인 제8조는 청구인이 태어나기 훨씬 전부터 시행되어 오던 조항이며, 제8조의 경우 청구인에게 기본권침해의 사유가 발생한 날은 제1국민역에 편입된 날인 2010년 1월 1일이 될 것이다. 그러므로 그 날로부터 1년이 넘은 2014년 5월 4일 청구한 헌법소원은 청구기간이 경과되어 부적법하다고 보아야 할 것이다. 남자에게만 병역의무를 지우고 있는 병역법 제3조 제1항에 의하여 청구인의 평등권침해의 사유가 발생한 날 역시 빠르게 보면 2010년 1월 1일이 될 것이다. 하지만 청구인의 경우 학업을 이유로 하여 병역연기신청이 받아들여졌으므로, 이 기간까지는 아직까지 병역의무를 이행하지 않아도 되었다고 하는 의미에서 아직 기본권침해의 사유가 발생하지 않았다고 본다면, 늦어도 2014년 3월 1일 입영통지서를 받게 된 날을 기본권침해의 사유가 발생한 날로 볼 수 있을 것이다. 이 경우 청구인은 같은 해 5월 4일 헌법소원심판을 청구하기 위하여 국선대리인선임신청을 하였으며, 이 날을 헌법소원심판을 청구한 날로 볼 수 있으므로(헌재법 제70조 제1항 제2문), 남성만의 병역의무의 근거조항인 병역법 제3조 제1항에 대한 청구기간은 준수되었다고 볼 수 있을 것이다.

※ **참고판례**

헌재 2010. 11. 25. 2006헌마328, 판례집 22-2하, 446; 헌재 2011. 6. 30. 2010헌마460, 판례집 23-1하, 519: 모두 이와 같이 접근한 것으로 추정된다. 즉 제1국민역편입규정은 청구기간 경과로 각하, 병역의무규정은 적법한 것으로 처리하였다.

그러나 병역의무 규정 자체도 제1국민역편입규정과 마찬가지로 볼 수 있는 여지가 있다고 보이기 때문에 약간은 논란의 여지가 있어 보인다.

4. 기본권침해의 관련성(6)

청구인은 제1국민역에 편입된 자로서 병역의무를 지는 고로 자기관련성이 인정되며, 또한 병역법에 의하여 병역의무를 지게 되었으므로, 현재관련성도 인정된다. 그리고 병역법 제3조 제1항의 경우 평등권의 측면에서 본다면 별도의 집행행위의 매개가 없이 남성인 청구인에 대하여 의무를 부과하고 있으므로 기본권침해의 직접성도 인정된다.

5. 대리인선임(3)

무자력을 소명한다면 국선대리인선임신청이 받아들여질 수 있을 것이고 사안에서는 실제 받아들여졌으므로 문제될 것이 없다.

6. 권리보호이익(3)

이 사건 헌법소원심판청구가 인용되는 경우에, 청구인이 목적하는 바도 달성될 수 있으므로 권리보호이익은 인정된다.

7. 소결(2)

병역법 제8조의 경우 청구기간 경과로 부적법하다. 제3조 제1항은 모든 요건을 갖추었으므로, 적법하다고 볼 수 있을 것이다(다만 기본권침해의 사유가 언제 발생하였는가를 보는 시점에 따라서는 병역법 제3조 제1항 역시 청구기간 경과로 부적법하다고 볼 수 있다고 생각된다).

〈문 2〉 병역법 제3조 제1항이 청구인의 기본권을 침해하여 위헌인지 여부에 대하여 판단하라(65).

Ⅲ. 본안 판단(65)

1. 관련되는 기본권(15)

청구인은 행복추구권, 평등권, 공무담임권, 직업선택의 자유의 침해를 주장하나, 행복추구권은 일반적 기본권으로서 특별한 기본권이 적용될 경우 그 적용이 배제되며, 공무담임권은 공직에 취임할 수 있는 기회를 보장하는 권리이며, 병역의무의 이행으로 인하여 일시적으로 공무원임용시험에 응시하지 못하게 된다 하더라도, 병역의무 이행 후에 또 다시 응시하는 것까지 금하는 것은 아니므로 이를 공무담임권의 직접적인 제한이라고 할 수는 없을 것이다. 직업선택의 자유는 공무담임권의 일반적 기본권으로서 적용이 배제된다. 그리고 공무담임권의 제한이 인정되지 아니하는 마당에 직업선택의 자유에 대한 제한 역시 인정될 수 없을 것이다. 그러므로 여기에서는 평등권 침해 여부가 주로 문제될 것이다.

2. 평등권 침해여부(45)

(1) 심사기준(15)

(가) 제대군인 가산점 판결(5)

헌법이 특별히 평등을 요구하는 경우와 차별로 인하여 다른 기본권에 중대한 제한을 초래하는 경우 엄격심사, 나머지 경우는 원칙적으로 완화된 심사를 한다.

(나) 헌재 심사기준의 문제점(5)

인적 집단에 대한 차별의 경우 엄격심사, 사항적 차별의 경우 완화된 심사로 보완하여야 할 것이다.

(다) 사건의 적용(5)

이 사건의 경우 남자와 여자에 대한 차별이며, 남자와 여자에 대한 차별의 경우 생물학적 차이에 기인하는 차별이 아닌 경우에는 원칙적으로 헌법이 특별히 차별을 금하는 경우에 해당하므로 엄격심사 대상이 될 것이다.

(2) 차별의 존재여부(5)

대한민국 남자에게만 병역의무를 지도록 하고 있으므로 일단 남자와 여자에 대한 차별이 존재한다.

(3) 차별을 정당화하는 사유가 존재하는지 여부(20)

남자와 여자에 대한 차별이라 하더라도, 남녀의 생물학적 차이에 기인하는 차별의 경우는 합리적 사유가 있는 것으로서 정당화될 수 있다고 할 것이다. 병역의무는 과연 남자만이 질 수 있는가에 관하여 검토해야 할 것이다.

동서고금을 막론하고 병역의무는 주로 남성이 지는 것으로 하고 있는데(이스라엘과 최근 노르웨이의 경우 예외), 병역은 매우 힘든 육체적 훈련을 전제로 할 뿐만 아니라, 생명에 대한 위험과 희생을 전제로 하게 된다. 이러한 일들은 주로 남성이 떠맡고, 여자는 출산과 육아에 종사하게 함으로써, 전체 사회가 유지되게끔 하는 목적을 가졌을 것으로 보인다. 그리고 여자는 사실상 신체적으로 남자보다 약하여, 남자와 똑같이 병역의무를 이행하기에 적합하지 않다. 스포츠의 경우에도 남자와 여자를 나누어서 하는 것을 보면 알 수 있다. 그렇다면 원칙적으로 남자에게만 병역의무를 지도록 하는 것은 남자와 여자의 생물학적 차이에 기인하는 합리적 차별이라고 볼 수 있을 것이므로 위헌이라고 할 수 없을 것이다. 뿐만 아니라, 여자의 경우에도 원하는 경우 지원하여 병역의무를 이행할 수 있는 가능성을 열어 두었으므로, 남자와 여자 간에 존재하는 차이보다 훨씬 상회하는 정도의 차별이라고 할 수 없을 것이다.

※ 참고판례

헌법재판소는 완화된 심사의 결과 합헌으로 보았음: 헌재 2010. 11. 25. 2006헌마328, 판례집 22−2하, 446; 헌재 2011. 6. 30. 2010헌마460, 판례집 23−1하, 519.

(4) 소결(5)

이 사건 조항은 평등원칙에 위반되지 아니한다.

3. 결론(5)

이 사건 조항은 甲의 평등권을 침해하지 아니한다. 이 사건 甲의 헌법소원 심판은 기각함이 상당하다.

참고판례

※ 병역법 제3조 제1항 위헌확인

(헌재 2014. 2. 27. 2011헌마825. 결정문 [기각])

※ 병역법 제3조 제1항 등 위헌확인

(헌재 2011. 6. 30. 2010헌마460, 판례집 23−1하, 519, 519−520 [기각, 각하])

이 사건 법률조항은 헌법이 특별히 양성평등을 요구하는 경우나 관련 기본권에 중대한 제한을 초래하는 경우의 차별취급을 그 내용으로 하고 있다고 보기 어려우며, 징집대상자의 범위 결정에 관하여는 입법자의 광범위한 입법형성권이 인정된다는 점에 비추어 이 사건 법률조항이 평등권을 침해하는지 여부는 완화된 심사기준에 따라 판단하여야 한다.

집단으로서의 남자는 집단으로서의 여자에 비하여 보다 전투에 적합한 신체적 능력을 갖추고 있으며, 개개인의 신체적 능력에 기초한 전투적합성을 객관화하여 비교하는 검사체계를 갖추는 것이 현실적으로 어려운 점, 신체적 능력이 뛰어난 여자의 경우에도 월경이나 임신, 출산 등으로 인한 신체적 특성상 병력자원으로 투입하기에 부담이 큰 점 등에 비추어 남자만을 징병검사의 대상이 되는 병역의무자로 정한 것이 현저히 자의적인 차별취급이라 보기 어렵다. 한편 보충역이나 제2국민역 등은 국가비상사태에 즉시 전력으로 투입될 수 있는 예비적 전력으로서 병력동원이나 근로소집의 대상이 되는바, 평시에 현역으로 복무하지 않는다고 하더라도 병력자원으로서 일정한 신체적 능력이 요구된다고 할 것이므로 보충역 등 복무의무를 여자에게 부과하지 않은 것이 자의적이라 보기도 어렵다. 결국 이 사건 법률조항이 성별을 기준으로 병역의무자의 범위를 정한 것은 자의금지원칙에 위배하여 평등권을 침해하지 않는다.

18 변호사시험성적 비공개제도의 위헌여부
- 변호사시험법 제18조 제1항 제1문 -

청구인 甲은 A 대학교 법학전문대학원을 졸업하고 2012년 제1회 변호사시험에 응시하여 합격한 자이다. 甲은 로스쿨에 들어와 열심히 공부를 하고, 실무수습에도 성실히 임하였으나, 절대적 상대평가로 인하여 자신이 노력한 만큼 성적은 나오지 않았다. A는 서울 소재 유수 로펌에 지망을 하였으나, 지망할 때마다 번번히 불합격통지를 받았다. 제1회 변호사시험을 상당히 우수하게 잘 치루었다고 생각한 청구인 甲은 만일 자신의 우수한 변호사시험 성적을 로펌에 제시할 수만 있다면, 지금과 같은 불이익을 당하지는 않았을 것이라고 생각하고, 법무부에 자신의 변호사시험 성적을 공개해 줄 것을 청구하였으나, 법부무는 변호사시험법상 변호사시험은 불합격자만을 제외하고 공개가 금지되어 있다는 이유로 시험성적의 공개를 거부하였다.

이에 甲은 변호사시험을 치룬 당사자들은 모두 자신이 어떠한 성적으로 합격하였는지에 대하여 마땅히 알권리가 있을 뿐만 아니라, 만일 자신이 우수한 성적으로 변호사시험에 합격하였음에도 불구하고 비교적 저조한 로스쿨 성적을 이유로 로펌에서 불합격되었다고 한다면, 변호사시험성적의 비공개로 인하여 자신이 로펌에 취직할 수 있는 기회를 잃게 되어 자신의 행복추구권과 직업선택의 자유가 침해되는 것이라고 주장을 하면서, 변호사시험법 제18조 제1항 제1문에 대하여 헌법소원심판을 청구하기로 하고 2012년 3월 30일 헌법재판소에 국선대리인선임신청을 하였다.

〈문 1〉 甲의 헌법소원심판청구가 적법한지 여부를 판단하라(30).

〈문 2〉 변호사시험법 제18조 제1항 제1문은 甲의 어떠한 기본권과 관련되는가?(20)

〈문 3〉 甲의 기본권이 침해되었는지 여부에 대하여 판단하라(50).

관련 법률

※ **변호사시험법**(2011. 7. 25. 법률 제10923호로 제정되고 시행된 것)

제1조(목적) 이 법은 변호사에게 필요한 직업윤리와 법률지식 등 법률사무를 수행할 수 있는 능력을 검정하기 위한 변호사시험에 관하여 규정함을 목적으로 한다.

제2조(변호사시험 시행의 기본원칙) 변호사시험(이하 "시험"이라 한다)은 「법학전문대학원 설치·운영에 관한 법률」에 따른 법학전문대학원(이하 "법학전문대학원"이라 한다)의 교육과정과 유기적으로 연계하여 시행되어야 한다.

제18조(시험정보의 비공개) ① 시험의 성적은 시험에 응시한 사람을 포함하여 누구에게도 공개하지 아니한다. 다만, 시험에 불합격한 사람은 시험의 합격자 발표일부터 6개월 내에 법무부장관에게 본인의 성적 공개를 청구할 수 있다(개정 2011. 7. 25.).

② 법무부장관은 채점표, 답안지, 그 밖에 공개하면 시험업무의 공정한 수행에 현저한 지장을 줄 수 있는 정보는 공개하지 아니할 수 있다.

모범답안 및 채점기준

〈**문 1**〉 甲의 헌법소원심판청구가 적법한지 여부를 판단하라(30).

1. 공권력의 행사성(4)

이 사건의 경우 변호사시험법 제18조 제1항 제1문에 대한 헌법소원으로 법률에 대한 헌법소원이므로 문제될 것 없다.

2. 보충성의 원칙(4)

법률에 대한 직접적인 헌법소원의 경우 다른 구제절차가 없어 보충성의 원칙의 예외를 인정하는 것이 헌법재판소 판례이므로 문제될 것 없다.

3. 청구기간(5)

기본권침해의 사유가 있음을 안 날로부터 90일, 있은 날로부터 1년이 청구기간이다. 법령에 대한 헌법소원에 있어서 시행일과 더불어 기본권침해의 사유가 발생한 경우에는 시행일을 기준으로 시행일 이후에 기본권침해의 사유가 발생한 경우에는 그 사유가 발생한 날을 기산점으로 하면 된다.

이 사건의 경우 제1회 변호사시험이 실시되어 합격자 발표가 된 날은 2012년 3월 23일이다. 청구인 甲은 이 날 자신이 변호사시험에 합격한 사실을 비로소 알게 되었고, 또한 그 때 이후로 합격자로서 자신의 시험성적에 대하여 알고자 하였으나 법무부로부터 거부를 당하였으므로 국선대리인선임신청을 한 3월 30일은 적법한 청구기간 내라고 볼 수 있다. 국선대리인선임신청이 인용되어 국선대리인이 헌법소원심판청구서를 제출한 날이 헌법소원청구일이 아니고, 국선대리인 선임신청을 한 날이 청구일이므로 3월 30일은 적법한 청구기간 내라고 볼 수 있다.

4. 기본권침해의 관련성(5)

청구인 甲은 변호사시험 응시자로서 합격한 자이며 이 사건 조항에 의하여 자신의 알권리가 현재 침해되었음을 주장하고 있으므로 자기관련성과 현재관련성이 인정된다.

그리고 이 사건 법률조항은 시험성적의 공개를 직접 금지하고 있으므로 집행행위의 매개를 필요로 하지 않아 직접관련성 역시 인정된다.

5. 대리인 선임(4)

국선대리인 선임신청을 하였으므로 무자력을 소명하기만 하면 문제될 것이 없다.

6. 권리보호이익(4)

만일 이 사건 법률조항이 위헌선언되는 경우 법무부는 시험성적을 공개하여야 하고 청구인은 목적한 바를 달성할 수 있으므로 권리보호이익이 인정된다.

7. 소결(4)

결론적으로 이 사건 헌법소원심판청구는 적법하여 본안판단을 하여야 한다.

〈문 2〉 변호사시험법 제18조 제1항 제1문은 갑의 어떠한 기본권과 관련 되는가?(20)

1. 청구인의 주장과 문제의 소재(5)

청구인은 이 사건 법률조항으로 인하여 자신의 알권리, 직업선택의 자유, 행복추구권이 침해되고 있다고 주장하고 있다. 어떠한 공권력행사가 한 사람의 기본권주체의 여러 가지의 기본권과 관련되는 경우 이를 기본권경합이라 하며, 일단 일반·특별의 관계에 있는 경우 특별한 기본권을, 그리고 상상적 경합관계에 있는 경우 복수의 기본권을 기준으로 그 침해여부를 심사하여야 한다.

2. 관련되는 기본권(15)

우선 행복추구권의 침해를 청구인이 주장하고 있으나 이는 일반적인 기본권으로서 특별한 기본권, 즉 알권리 등이 문제될 수 있는 경우에는 적용이 배제된다(5). 이 사건에서 청구인은 직업선택의 자유의 침해도 주장하고 있으나, 이 사건 법률조항이 청구인의 직업선택의 자유와 직접적으로 관련된다고 보기는 어렵다. 즉 청구인이 가정하듯이 좋은 성적으로 변호사시험을 합격하였을 경우에는 그 성적의 공개를 통하여 보다 나은 로펌 등에 합격할 수 있는 기회가 주어질 수 있는 것은 사실이나, 이것은 사실상의 문제라고 할 수 있을 뿐, 동 조항이 청구인의 직업에 대하여 직접 제약적 효과를 야기한다고 보기는 어렵다(5). 그렇다면 이 사건에서 문제되는 것은 청구인의 알권리라고 볼 수 있을 것이다(5).

〈문 3〉 청구인의 기본권이 침해되었는지 여부에 대하여 판단하라(50).

1. 알권리의 헌법적 근거(5)

알권리는 우리 헌법상 명문의 규정이 없다. 그러나 헌법재판소는 알권리를 헌법상 표현의 자유에 포함되는 권리로 보고 있으며, 또한 자유민주적 기본질서를 천명하고 있는 헌법전문과 제1조 및 제4조의 해석상 당연히 인정되는 권리로 보고 있다. 생각건대 알권리는 표현의 자유로부터 도출되는 권리라고 볼 수 있을 것이다.

2. 알권리의 보호영역(5)

알권리는 일반적으로 접근가능한 정보원에 대하여 접근할 수 있는 권리라고 할 수 있으며, 헌법재판소는 이 알권리에 청구권적 성격까지 부여하고 있다(89헌마22). 따라서 자신과 관련되는 정보는 물론이거니와 자신과 관련되지 않는다 하더라도, 특별히 개인의 사생활의 보호와 국가안전보장상 국가기밀로서 보호해야 할 사항을 제외하고 나머지 정보들은 일반적으로 접근가능한 정보라고 보아야 할 것이다. 헌법재판소에 의하면 알권리는 정보에의 접근, 수집, 처리의 자유라고 보고 있다.

3. 알권리의 제한가능성(5)

표현의 자유도 헌법 제37조 제2항에 따라 국가안전보장, 질서유지, 공공복리를 위하여 제한될 수 있는 바와 같이, 알권리 역시 같은 목적으로 제한될 수 있다. 이 사건 법률조항의 경우는 변호사시험 합격자의 성적공개를 금지하고 있는 것이므로, 관련된 당사자의 알권리를 제한하고 있는 사례에 해당된다. 그러나 그러한 제한은 헌법 제37조에 따른 형식적 및 실질적 전제조건, 즉 과잉금지의 원칙에 따라 필요한 최소한의 제한만 가능하다고 볼 수 있을 것이다.

4. 알권리의 제한의 한계: 과잉금지원칙 위반여부(30)

(1) 심사기준(5)

알권리는 헌법 제21조에 의하여 보호되는 표현의 자유에 내포되는 기본권일 뿐만 아니라, 어떠한 정보에 대하여 접근하여 자신이 알 수 없는 경우에는 민주주의에서 누릴 수 있는 언론의 자유 자체가 무색해질 수 있으며, 또한 자신과 관련된 정보에 대하여 자신이 접근할 수 없는 경우에는 그 정보를 기초로 전개할 수 있는 그 밖의 자유의 향유를 더 이상 할 수 없게 된다는 점에서, 이 알권리는 자유권의 핵심적이고도 중요한 기본권이라고 볼 수 있을 것이다. 따라서 이러한 알권리에 대한 제한은 헌법 제37조 제2항에 따른 과잉금지원칙을 심사하되 엄격한 심사기준에 의하여 그 심사를 하여야 할 것으로 사료된다.

(2) 과잉금지원칙 위반여부(25)

(가) 목적의 정당성(5)

① 목적의 정당성 인정설

이 사건법률조항의 입법목적은 변호사시험성적이 공개될 경우, 시험성적의 서열화를 통한 획일적 임용가능성 등의 폐해를 줄이고자 함이라고 추정할 수 있다. 이러한 입법목적은 사법시험과 연수원성적순의 임용 및 그와 관련된 여러 가지 가능한 폐해를 줄이고자 하는 것으로서 나름대로 입법목적의 정당성은 인정할 수 있다.

② 목적의 정당성 부인설

보기에 따라서는 시험성적의 서열화를 통한 임용의 획일성 방지라고 하는 것은 막연한 목적으로서 과연 그 목적의 정당성이 있는지를 문제삼을 수 있을 것이다. 오히려 법학전문대학원의 학과성적이 오늘날처럼 획일적으로 전면적인 상대평가에 따른 경우, 아무리 공부를 열심히 해도 좋은 성적이 안 나올 수 있으나, 변호사시험을 잘 치는 경우에는 그러한 성적으로 보다 나은 임용이나 로펌에의 취직을 도모할 가능성을 전면적으로 봉쇄 당하는 결과가 될 것이다. 그러므로 이러한 입법목적 자체가 정당성이 없다고 볼 수도 있다. 그러나 그 경우에도 일단 입법목적의 정당성을 가정하고 이하의 심사를 진행한다.

(나) 방법의 적정성(5)

이 사건 법률조항은 변호사시험 합격자의 시험성적을 전면적으로 제한하는 방법을 택하고 있다. 나름대로는 이러한 방법으로 가능한 폐해를 막을 수는 있을 것이라 할 수 있으므로 적정성 인정된다. 만일 입법목적의 정당성이 없다면, 방법의 적정성도 인정할 수 없을 것이나, 일응 성적공개로 인한 획일적 임용가능성을 폐해로 본다면 그 목적을 일단 달성할 수 있을 것이다.

(다) 침해의 최소성(5)

기본권이 가장 최소한으로 침해되는 방법을 선택하여야 한다는 것이 침해의 최소성이다. 이 사건 법률조항과 같이 변호사시험성적의 공개금지라고 하는 극단적인 방법을 취하지 않더라도, 가령 교과과정의 다양화와 충실화를 통하여 양질의 교육과정을 이수하게 하고, 또한 로스쿨에서의 성적평가 방법도 전면적인 상대평가 제도를 채택하기보다는 Pass or Fail 등의 방법을 통하여 학교성적에 대한 부담을 가질 필요가 없이 자유롭고 창의적으로 다양한 변호사 교육과정을 이수할 수 있게 하며, 또한 임용에 있어서 변호사시험 성적은 다양한 평가요소들 중 하나로 할 수 있도록 의무화시키거나 권장하는 등의 방법으로, 변호사시험만을 기준으로 하는 획일적 임용가능성의 폐해는 얼마든지 완화시킬 수 있는 가능성이 있다. 그러므로 이 사건 법률조항은 침해의 최소성 요건도 충족하지 못한다.

(라) 법익의 균형성(5)

변호사시험 성적에 따른 획일적 임용가능성으로 인한 폐해 예방이라고 하는 공익은 막연하고도 구체적으로 입증되지 않은 법익인데 반하여, 알권리의 제한으로 입게 되는 기본권침해의 중대성은 매우 크다고 볼 수 있을 것이다. 이 사건 청구인은 변호사시험을 잘 쳤다고 생각하는 자로서, 만일 성적공개가 되고, 또한 자신의 성적이 우수한 경우에는 보다 나은 로펌에의 취직 기회가 보장될 수 있는 가능성이 있다. 그렇지 않을 경우에는 일반적으로 법학전문대학원의 성적과 보통 세간에 알려진 명문 로스쿨 출신 학생인지 여부에 따라 결정될 것이므로 그로 인하여 받게 되는 불이익이 적다고 할 수 없을 것이다. 그러므로 이 사건 법률조항은 법익의 균형성을 충족시키지 못하여 헌법에 위반된다고 할 것이다.

(마) 소결(5)

결론적으로 이 사건 법률조항은 침해의 최소성과 법익의 균형성에 위반된다.

V. 결정주문과 결론(5)

1. 결정주문

위헌이지만 이 사건 법률조항에 대하여 곧바로 위헌결정을 하는 것이 나을지 아니면 헌법불합치결정을 하는 것이 나을지를 고려해야 한다. 그러나 이 사건 법률조항을 곧바로 위헌결정하여 효력을 상실시킨다고 하여 법적 공백상태나 혼란이 초래되는 것은 아니므로, 곧바로 위헌결정을 선고하는 것이 타당하다고 생각된다.

2. 결론

이상의 이유로 이 사건 법률조항은 청구인의 알권리를 과잉하게 침해하므로 헌법에 위반된다.

참고판례

※ 변호사시험법 제18조 제1항 위헌확인

(헌재 2015. 6. 25. 2011헌마769등, 공보 제225호, 1020 [위헌])

[재판관 이정미, 재판관 강일원의 반대의견]

"변호사시험 성적이 공개되지 않을 경우, 법학전문대학원에서의 이수 교과과정, 활동과 성취도 등 다양한 기준에 의하여 평가가 이루어질 수 있어 학생들은 성적의 고득점보다는 인성과 능력개발을 위한 노력을 하게 되므로 변호사시험 성적을 공개하지 않는 것은 입법목적을 달성하기 위한 적절한 수단이다. 그리고 출신 학교만을 기준으로 한 몇 년간의 한정된 자료만으로 성적 비공개가 법학전문대학원의 서열화를 고착화시킨다고 단정하기 어렵고, 변호사시험 성적이 법학전문대학원의 학업성과를 측정·반영할 수 있는 객관적 지표로서 채용과 선발의 객관적 기준으로 활용될 수 있다고 보기도 어렵다. 변호사시험 성적을 공개하지 않을 경우 법학전문대학원과 학생들은 시험 준비 위주의 교육에서 벗어날 수 있고, 변호사 채용에 있어서도 다면적인 기준에 의한 평가를 할 수 있으며, 석차만을 공개하지 않거나 법학전문대학원별 성적을 공개하지 않는 등의 방안으로는 법학전문대학원에서의 교육이 시험위주로 변질될 우려 및 성적공개로 인해 대학의 서열화 및 과다 경쟁을 방지할 수 있다고 보기 어려우므로 심판대상조항은 침해의 최소성 원칙에 위배되지 않는다.

청구인들이 제한받는 사익은 자신의 변호사시험 성적을 알 수 없다는 것인데, 이러한 청구인들의 사익은 심판대상조항이 보호하고자 하는 공익보다 크다고 할 수 없으므로 법익의 균형성의 요건도 갖추었다고 할 것이므로, 심판대상조항은 청구인들의 알 권리를 침해한다고 볼 수 없다."

※ 공공기관의 정보공개에 관한 법률 제9조 제1항 제5호 위헌소원

(헌재 2011. 3. 31. 2010헌바291, 공보 제174호, 603 [합헌])

※ 공권력에 의한 재산권침해에 대한 헌법소원

(헌재 1989. 9. 4. 88헌마22, 판례집 1, 176 [인용(위헌확인), 기각])

영상물등급위원회 수입추천제도의 위헌여부
- 구 음반·비디오물 및 게임물에 관한 법률 제16조 제1항 -

사 례

甲은 영상물등급위원회의 추천을 받지 않고서, 외국의 인터넷 사이트를 통하여 음란성과 선정성 그리고 폭력성이 적나라하게 묘사되어 있는 외국영화 DVD 수백 점을 수입하여, 이를 자신이 개설한 인터넷 홈페이지를 통하여 유통하거나 유통목적으로 보관하였다가 A 지방법원에 기소되었다. 甲은 소송계속 중 영상물등급위원회의 수입추천제도를 규정하고 있는 구 「음반·비디오물 및 게임물에 관한 법률」 제16조 제1항 등에 대하여 위헌제청신청을 하였고, A 법원은 이를 받아들여 헌법재판소에 위헌법률심판을 제청하였다.

〈문〉 외국에서 제작된 비디오물을 수입하고자 할 경우에는 공연법 제17조의 규정에 의한 영상물등급위원회의 추천을 받도록 규정할 뿐만 아니라, 이러한 추천을 받지 아니하고 외국비디오물을 수입, 제작, 유통·시청제공을 하는 자에 대하여 형사처벌을 규정하고 있는 구 「음반·비디오물 및 게임물에 관한 법률」 상 영상물등급위원회의 수입추천제도의 위헌여부에 대하여 판단하라(50).

관련 법률

※ **구 음반·비디오물 및 게임물에 관한 법률**(1999. 2. 8. 법률 제5925호로 제정되고, 2001. 5. 24. 법률 제6473호로 전면개정되기 전의 것)

제1조 (목적) 이 법은 음반·비디오물 및 게임물의 질적 향상을 도모하고 음반·비디오물 및 게임물산업의 진흥을 촉진함으로써 국민의 문화생활 및 정서생활에 이바지함을 목적으로 한다.

제16조 (음반·비디오물 또는 게임물의 수입) ① 외국에서 제작된 음반(음반의 원판을 포함한다. 이하 "외국음반"이라 한다)·비디오물(비디오물의 원판을 포함한다. 이하 "외국비디오물"이라 한다) 또는 게임물(게임물의 원판을 포함한다. 이하 "외국게임물"이라 한다)을 수입하고자 하는 자는 공연법 제17조의 규정에 의한 영상물등급위원회(이하 "영상물등급위원회"라 한다)의 추천을 받아야 한다. 다만, 대통령령이 정하는 경우에는 그러하지 아니하다.

② 제1항의 규정에 의한 수입추천을 받지 아니한 외국음반·외국비디오물 또는 외국게임물을 국내에서 제작하고자 할 경우에도 제1항의 규정에 의한 추천을 받아야 한다.

③ 제1항의 규정에 의한 수입추천은 제작업자 또는 음반·비디오물·게임물 배급업을 영위하는 유통관련업자에 한하여 받을 수 있다.

④ 제1항 및 제2항의 규정에 의한 추천에 관하여 필요한 사항은 대통령령으로 정한다.

⑤ 영상물등급위원회는 외국음반·외국비디오물 또는 외국게임물이 다음 각호의 1에 해당하는 경우에는 수입추천을 할 수 없다.

1. 헌법의 민주적 기본질서에 위배되거나 국가의 권위를 손상할 우려가 있는 경우

2. 폭력·음란 등의 과도한 묘사로 미풍양속을 해치거나 사회질서를 문란하게 할 우려가 있는 경우

3. 국제적 외교관계, 민족의 문화적 주체성 등을 훼손하여 국익을 해할 우려가 있는 경우

※ **공연법**(1999. 2. 8. 법률 제5924호로 전문개정된 것) **제17조** (영상물등급위원회) 공연의 공공성 및 윤리성을 유지함과 아울러 연소자 관객을 보호하기 위하여 영상물등급위원회를 둔다.

모범답안 및 채점기준

〈문〉 외국에서 제작된 비디오물을 수입하고자 할 경우에는 공연법 제17
조의 규정에 의한 영상물등급위원회의 추천을 받도록 규정할 뿐만
아니라, 이러한 추천을 받지 아니하고 외국비디오물을 수입, 제작,
유통·시청제공을 하는 자에 대하여 형사처벌을 규정하고 있는 구
음반·비디오물및게임물에관한법률상 영상물등급위원회의 수입추천
제도의 위헌여부에 대하여 판단하라(50).

Ⅰ. 문제의 소재(3)

이 문제는 영상물등급위원회의 외국비디오물 수입추천제도가 이를 수입, 제
작, 유통하는 자들의 어떠한 기본권을 제한하는 것이며, 그러한 제한이 헌법상
제한의 한계를 준수한 것으로 정당화될 수 있는 것인지 아니면 위헌인지 여부를
묻는 문제이다.

(※ 헌재는 이 문제에 관하여 이미 헌법 제21조 제2항이 금지하고 있는 사전검열에
해당한다는 이유로 위헌선언한 바 있다. 헌재가 들고 있는 사전검열의 요소에 대하
여 인식하고 있는지, 그리고 그러한 판례에 대하여 개인적으로 어떠한 의견을 가지
고 있는지를 테스트하는 것이 출제자의 의도이다.)

Ⅱ. 관련되는 기본권(3)

영상물등급위원회의 수입추천제도는 외국비디오물을 수입하여 유통하는 자
들의 어떠한 기본권과 관련되는가가 우선 문제된다. 헌법재판소는 곧바로 헌법
제21조 제1항의 표현의 자유를 제한하는 것으로 보았는데, 비디오물을 수입, 유
통하는 행위가 언론·출판의 자유에 포함되는가의 문제를 먼저 살펴야 할 것이
다. 동시에 이 제도의 경우 외국비디오물을 수입하여 유통시키는 것을 업으로 하
는 자들의 경우에 직업선택의 자유, 특히 직업행사의 자유와도 관련된다. 결국
이 두 가지 기본권은 상상적으로 경합되므로 그 위헌여부를 별도로 심사하여야
할 것이다.

Ⅲ. 언론·출판의 자유의 위반여부(20)

1. 보호영역(5)

언론·출판의 자유는 국민이 자신의 의사를 말과 글과 그림 그리고 각종의 매체를 동원하여 표현하고 전파할 수 있는 자유를 보호한다. 이 경우 그 매체의 형태는 불문하므로 비디오, 영상 등을 통한 의사표현도 언론·출판의 자유의 보호영역에 포함된다. 다만 다른 사람이 제작한 표현물을 수입하고 이를 유통하는 행위가 이러한 의사표현의 자유에 포함되는지가 문제될 수 있다. 만일 의사표현의 자유에 포함된다고 보는 경우에는 그 제한의 한계도 헌법 제21조 제2항의 사전검열금지가 적용될 수 있을 것임에 반하여, 그렇지 않은 경우에는 다른 기본권 즉, 직업선택의 자유의 제한에 있어서의 한계원리인 단계이론 등을 통한 과잉금지의 원칙만이 적용될 수 있을 것이기 때문이다. 그렇다면 이러한 비디오물의 수입·배포가 언론·출판의 자유의 보호영역에 포함되는지를 먼저 살펴보아야 할 것이다.

우리 헌법재판소는 "음반 및 비디오물도 의사형성적 작용을 하는 한 의사의 표현·전파의 형식의 하나로 인정되며, 이러한 작용을 하는 음반 및 비디오물의 제작은 언론·출판의 자유에 의해서도 보호된다"고 보고 있다(헌재 2005. 2. 3. 2004헌가8, 판례집 17－1, 61). 그리고 외국비디오물의 수입·배포행위도 의사형성적 작용이라는 관점에서 당연히 의사의 표현·전파 형식의 하나에 해당함을 인정할 수 있으므로, 외국비디오물의 수입·배포행위 역시 언론·출판의 자유의 보호범위 내에 있고, 이러한 영역에 대한 사전검열은 우리나라 헌법이 금지하는 것으로 허용되지 않는다"고 한다(헌재 2005. 2. 3. 2004헌가8, 판례집 17－1, 61). 따라서 이러한 헌재 판례에 따른다면, 외국비디오물의 수입·배포행위는 언론·출판의 자유의 보호영역에 해당된다.

2. 기본권의 제한(3)

이러한 외국비디오물의 수입을 위해서는 영상물등급위원회의 추천을 받지 않으면 안되도록 할 뿐만 아니라, 위반시 형사처벌까지 받게 하고 있으므로 이러한 추천제도는 자유로운 수입·배포행위에 대한 제한이라고 할 수 있다. 이러한 제한은 헌법 제37조 제2항과 헌법 제21조 제4항에 근거를 둔 제한이라고 할 수 있을 것이다.

3. 제한의 한계(12)

이러한 제한이 헌법적으로 정당화되려면 제한의 한계를 지켜야 한다. 특히 이것이 언론·출판의 자유의 보호영역에 해당하는 것이라면, 헌법 제21조 제4항과 제37조 제2항에 규정된 목적적 한계 내에 있어야 할 뿐만 아니라, 또한 과잉금지원칙을 지켜야 하고, 언론·출판의 자유의 본질내용을 침해하지 말아야 하며, 특히 제21조 제2항의 검열금지의 원칙을 준수하여야 한다.

(1) 과잉금지의 원칙(5)

(가) 목적의 정당성(1)

영상물등급위원회의 수입추천제도의 목적은 수입추천불가 판정의 기준에 관한 관련조항(법 제16조 제5항)을 고려할 때, 외국비디오물을 수입하기 전에 그 내용을 검토하여, 폭력·음란의 과도한 묘사로부터 청소년 및 공서양속을 보호하고, 기타 국가안전보장이나 질서유지를 위해서 외국비디오물의 국내반입을 규제하기 위한 것이라고 할 수 있다. 이러한 목적은 헌법 제21조 제4항의 "공중도덕"이나 "사회윤리"는 물론, 헌법 제37조 제2항의 "국가안전보장", "질서유지", "공공복리"에 부합하는 목적으로서 정당하다고 볼 수 있을 것이다.

(나) 방법의 적정성(1)

입법자는 이러한 목적을 달성하기 위하여 사전의 수입허가에 버금가는 수입추천제도를 채택하고 있는데, 이러한 방법은 목적달성에 어느 정도 기여를 할 수 있다고 보이므로 방법의 적정성은 존재한다.

(다) 침해의 최소성(2)

외국비디오물을 수입하기 위해서는 영상물등급위원회의 수입추천을 받지 않으면 안되며, 이를 위반하고 수입할 경우에는 형사처벌을 받게 된다. 따라서 외국비디오물의 음란성이나 폭력적 묘사 또는 국가안전보장에 대한 위험요소의 방지를 위해서 그와 같이 허가제에 가까운 방법을 취할 수밖에 없는가, 덜 침해적인 다른 수단은 없는가 하는 문제가 제기된다.

사실상 외국비디오물의 수입을 이와 같이 영상물등급위원회가 일일이 체크하여 규제함으로써 어느 정도는 목적하는 바 효과를 거둘 수 있을는지 모르겠으

나, 오늘날 인터넷의 광범위한 발달로 인하여 다른 방법을 통한 그와 같은 비디
오물의 국내유입은 기술적으로 막을 수 없는 것이 현실이다. 그렇다면, 외국비디
오물의 수입업자에게 사실상 허가에 가까운 정도의 규제를 통해서 그와 같은 목
적을 추구할 것이 아니라, 가령 전기통신사업법이나 정보통신망이용촉진 및 정
보보호 등에 관한 법률상의 음란 및 폭력물 규제 등의 방법으로도 상당한 규제
가 가능할 것이기 때문에 굳이 이러한 수입허가제와 같은 방식을 사용하지 않는
다 하더라도 그 목적을 달성할 수 있을 것이라고 본다. 따라서 이러한 허가제에
가까운 수입추천제는 침해의 최소성에 반하는 과도한 조치라고 할 수 있을 것
이다.

(라) 법익의 균형성(1)

추구하는 목적 자체는 중요하지만, 이러한 목적 달성은 다른 법률의 입법목
적과 상당 부분 겹치는 바가 있다. 그런데 비하여 외국비디오물의 수입추천제를
통해서 입게 되는 기본권침해의 중대성은 상당히 심대하다고 볼 수 있으므로 법
익의 균형성도 결여되어 있다.

(2) 본질내용침해 금지: 사전검열 해당 여부(5)

헌법 제37조 제2항은 본질내용침해를 금지하고 있으며, 언론·출판의 자유
와 관련해서는 제21조 제2항에서 검열과 허가제를 금지하고 있다. 우리 헌법재
판소는 헌법적으로 금지되고 있는 사전검열의 판단기준으로, '허가를 받기 위한
표현물의 제출의무, 행정권이 주체가 된 사전심사절차, 허가를 받지 아니한 의사
표현의 금지, 심사절차를 관철할 수 있는 강제수단' 등의 요소를 제시하고 있다.
이상의 기준에 비추어 볼 때, 외국비디오물의 수입허가제는 이상의 4가지 요건
을 모두 갖추었다고 사료되며, 따라서 수입추천제도는 사전검열에 해당한다고
하는 것이 우리 헌법재판소의 입장이기도 하다(헌재 2005. 2. 3. 2004헌가8, 판례집
17－1, 51, 64).

(3) 소결(2)

그렇다면 이 사건 외국비디오물 수입추천제도는 과잉금지의 원칙에 위반될
뿐만 아니라, 헌법 제21조 제2항의 사전검열금지에도 위반되므로 위헌이다.

IV. 직업선택의 자유의 침해여부(12)

1. 보호영역(2)

만일 외국비디오물의 수입·배포 행위가 수입업자의 개인적 의사표현행위와는 상관이 없이 상업적 목적으로 이를 통하여 수익을 남길 목적으로만 이루어지는 것이라면, 이러한 행위는 헌법 제15조의 직업선택의 자유와 관련된 것이다. 왜냐하면 비디오제작자가 아닌 비디오물의 유통업자로서 이 사람은 이 비디오물을 통하여 자신의 의사를 표현하는 것을 목적으로 유통시킨다고 하기 보다는 그와 상관없이 비디오물의 유통을 통한 상업적 이윤획득을 위하여 이와 같은 일에 종사할 뿐이기 때문이다.

우리 헌법재판소는 직업의 개념요소로서 생활수단성과 계속성·반복성을 요구하고 있다. 생계를 유지하기 위하여 계속적 반복적으로 종사하는 일이 직업이라고 한다면, 외국비디오물을 수입하여 배포하는 업에 종사하는 행위는 우리 헌법 제15조의 직업선택의 자유의 보호영역에 포함된다.

2. 기본권의 제한(2)

직업의 자유도 헌법 제37조 제2항에 따라 국가안전보장·질서유지·공공복리를 위하여 필요한 경우에 한하여 법률로써 제한할 수 있다. 외국비디오물의 수입을 영상물등급위원회의 추천을 받지 않으면 할 수 없도록 한 것은 헌법 제37조 제2항의 질서유지와 공공복리를 위한 제한이라고 할 수 있을 것이다.

3. 제한의 한계(8)

직업선택의 자유의 제한은 직업행사의 자유와 주관적 사유에 의한 직업선택의 자유의 제한 그리고 객관적 사유에 의한 직업선택의 자유의 제한의 단계로 나갈수록 제한을 정당화할 수 있는 공익의 중요성이 더 우월적이고 엄격할 것을 요구한다(소위 단계이론)(1).

직업행사의 자유에 대한 제한의 경우는 그 제한의 효과가 선택의 자유에 대한 제한의 경우보다는 약하기 때문에 입법자에게 넓은 형성의 자유가 인정되며, 과잉금지의 원칙의 적용도 선택의 자유의 제한에 있어서 보다는 훨씬 더 완화된 기준을 사용하여 한다(1).

이 사건에서 외국비디오물을 일단 영상물등급위원회가 심사하고 그 수입추천에 따라서 수입여부를 허가하도록 한 것은 비디오물 유통업자에게는 직업행사의 자유의 제한이라고 할 수 있다(1).

따라서 이러한 경우 입법자에게는 넓은 형성의 자유가 인정되나 그러한 제한도 공익목적에 의해서 정당화될 수 있어야 되므로 과잉금지의 원칙 위반을 살펴야 할 것이다.

(1) 목적의 정당성(1)

목적의 정당성은 위에서 살핀 바와 같이 인정된다.

(2) 방법의 적정성(1)

영상물등급위원회의 수입추천의 방법은 위 목적을 달성하기 위해서 어느 정도 기여를 할 수 있다.

(3) 침해의 최소성(1)

침해의 최소성을 심사함에 있어서도 직업행사의 자유의 제한에 있어서는 입법자에게 넓은 형성의 자유가 인정된다고 할 수 있으므로, 완화된 심사기준을 사용하여야 할 것이다. 외국비디오물의 경우 음란성이나 선정성 그리고 폭력성을 적나라하게 묘사하는 경우가 많고 이것이 청소년들에게 미칠 해악이나 우리 사회에 미칠 악영향을 고려해 볼 때, 이러한 내용을 사전에 차단하는 방법으로는 수입 자체를 규제하는 방법 외에 별다른 대안을 생각하기 힘든 측면이 있으며, 이러한 수입추천제도를 거쳐서 외국비디오물을 수입한다고 하더라도 비디오물유통업자의 직업행사의 자유를 심대하게 침해하는 것이라고 보기는 어렵다. 따라서 침해의 최소성에 반한다고 볼 수 없다.

(4) 법익의 균형성(1)

입법목적의 중요성과 비디오물수입유통업자의 직업행사의 제한의 정도를 고려해 볼 때 법익의 균형성이 해쳐졌다고 보기 어렵다.

(5) 소결(1)

그렇다면 이 사건 법률조항이 갑의 직업선택의 자유를 과잉하게 침해하였다고 할 수 없다.

4. 소결

결론적으로 이 사건 법률조항이 헌법 제37조 제2항의 기본권제한의 한계를 넘어서 갑의 직업선택의 자유를 본질적으로 과잉하게 침해했다고 보기 어려우며, 따라서 헌법재판소의 결정과는 달리 영상물등급위원회의 수입추천제도는 헌법에 반하지 않는다.

V. 결 론(10)

1. 기본권경합이론 적용의 결론

이 사건에서 볼 수 있듯이 어떠한 기본권을 적용시키는가에 따라서 제한의 한계의 적용이 달라지고, 경우에 따라서는 위헌여부의 결론도 달라질 수 있다고 보인다(2).

이러한 경우 과연 어떠한 기본권이 관련되는지 여부가 분명히 밝혀져야 할 것이다. 만일 비디오물유통업자의 경우 자신의 일정한 의사표현과 의사형성을 목적으로 하지 않고서 단지 그 어떠한 비디오물이든지 상업적 목적으로 수입하여 유통하고자 한다면 그러한 행위는 언론·출판의 자유에 의해서가 아니라, 직업선택의 자유에 의해서 보호될 뿐이고, 따라서 기본권제한의 한계도 단계이론에 따라서 직업행사의 자유에 적용되는 완화된 심사기준을 적용하면 될 것이다(2).

하지만 예외적인 경우에 유통업자 자신의 의사를 표현하고 전파할 목적으로 외국비디오물을 수입하여 배포하는 경우에는 직업선택의 자유와 경합될 수 있으므로, 이 경우에는 기본권제한의 한계에 관한 법리를 단계이론에 따라 적용해야 할 것인지 아니면, 헌법 제21조 제2항의 사전검열금지 등의 엄격한 기준에 따를 것인지를 선택하여야 할 것이다(2). 이 경우에 최강효력설이나, 최약효력설은 어느 것도 만족할 만한 결론을 가져다주지 못한다. 오히려 이 경우에는 어떠한 헌법적 법익이 보다 우세한 것으로 볼 것인지를 헤아려서 양 법익을 잘 비교·형량하는 방법으로 제한의 한계 법리를 적용하여야 하리라고 본다(2).

구체적으로 이 사건에서는 당사자의 주된 관심사와 헌법적 법익은 비디오물의 수입·유통을 통한 수익창출에 있는 것이지, 자신의 일정한 의사의 표현과 전파에 있는 것이 아니다. 후자는 있다 하더라도 매우 드문 경우만 그러할 뿐이라고 생각된다. 이에 반하여 비디오물에 내포되어 있는 악성 음란성과 선정성 그리고 폭력성에 대한 적나라한 묘사는 청소년과 사회에 끼치는 해악이 지대하여 이를 방지함으로써, 공서양속을 보호할 필요성과 그 법익은 매우 중요하다고 볼 수 있다. 따라서 이 경우에는 이를 보호하기 위하여 입법자가 넓은 형성의 자유를 가지고 외국비디오물의 수입을 적절히 규제할 수 있도록 하는 것이 타당할 것이며, 따라서 이 경우에는 사전검열금지의 엄격한 법리보다는 직업행사의 자유에 적용되는 완화된 심사기준의 적용이 더 사리에 맞다고 생각된다(2).

이러한 관점에서 양 기본권이 경합되는 것으로 볼 경우에도, 제한법리는 직업행사의 자유에 대한 제한법리로 접근하고, 검열금지의 법리의 적용은 배제하는 것이 타당하다고 생각된다.

2. 결론(2)

그러한 관점에서 헌법재판소의 이 사건 조항에 대한 위헌결론과는 달리 이 사건 조항은 헌법에 위반되지 않는다고 생각한다.

참고판례

※ 음반·비디오물 및 게임물에 관한 법률 제35조 제1항 등 위헌제청
(헌재 2006. 10. 26. 2005헌가14, 판례집 18-2, 379 [위헌])

※ 청소년의 성보호에 관한 법률 제2조 제3호 등 위헌제청
(헌재 2002. 4. 25. 2001헌가27, 판례집 14-1, 251 [합헌])

세월호 추모집회와 경찰의 차벽설치 및 최루액 물대포 사용의 위헌여부

사 례

4.16가족협의회와 4.16연대(세월호 유가족과 국민대책회의 등이 설립한 상설단체)는 2015년 4월 16일 세월호 참사 1주년을 맞이하여 세월호 희생자들을 추모하기 위한 집회를 개최하였다. 그런데 경찰은 버스로 광화문 앞에 차벽을 설치하여 더 이상 집회에 참여한 사람들이 청와대 쪽으로 행진하지 못하도록 차단하였다. 한편 집회에 참가한 시위대가 청와대 쪽으로 진출하려 하면서 경찰이 설치해 놓은 차벽으로부터 10m 거리 이내로 접근해 오자 경찰은 곧바로 시위대를 향하여 최루액이 섞인 물대포를 1,500 rpm(5bar)의 직사살수의 방법으로 발사하였고, 이 강력한 최루액 물대포를 직격으로 맞은 시위참가자들 가운데 상당수가 그 자리에 쓰러지는 등 다수의 부상자가 발생하여 더 이상 정상적인 집회와 시위를 계속 할 수가 없게 되었다.

이에 4.16가족협의회와 4.16연대 및 당시 이 추모집회에 참석하여 부상을 당한 세월호 유가족 A와 시민단체 관계자 B 그리고 지나가는 행인 C는 2015년 7월 15일 경찰의 이러한 차벽의 설치는 자신들의 행복추구권, 거주·이전의 자유, 집회의 자유, 통행의 자유를 침해하는 것이며, 한편 경찰의 최루액 물대포의 사용은 경찰 내부 지침인 살수차운용지침에만 있을 뿐, 경찰관직무집행법 등 어디에도 그 법적 근거가 없는 것으로서 법률유보의 원칙에 위반되며 또한 자신들의 신체의 자유를 침해하였다고 주장하면서, 경찰의 위 조치들의 위헌확인을 구하는 이 사건 헌법소원심판을 청구하기 위하여 헌법재판소에 국선대리인선임신청을 하였다.

헌법재판소는 2015년 7월 23일 변호사 변승소를 국선대리인으로 선임하였으나 변승소는 자신이 맡은 민사사건들이 많이 밀려 있기도 하고, 다른 한편 무료변론봉사 예약도 꽉 짜여 있어, 이 사건 헌법소원심판청구서의 제출을 차일피일 미루다가 헌법재판소법 제70조 제5항에 규정된 60일이 훨씬 지난 다음인 2015년 9월 30일에야 비로소 심판청구서를 헌법재판소에 제출하였다.

〈문〉 청구인들의 이 사건 헌법소원심판청구가 헌법재판소법상의 요건을 갖추어 적법한지 여부와 경찰의 위 조치들의 위헌여부에 대하여 판단하라(100).

관련 법률

※ **헌법재판소법 제70조**(국선대리인) ① 헌법소원심판을 청구하려는 자가 변호사를 대리인으로 선임할 자력(資力)이 없는 경우에는 헌법재판소에 국선대리인을 선임하여 줄 것을 신청할 수 있다. 이 경우 제69조에 따른 청구기간은 국선대리인의 선임신청이 있는 날을 기준으로 정한다.

② 제1항에도 불구하고 헌법재판소가 공익상 필요하다고 인정할 때에는 국선대리인을 선임할 수 있다.

③ 헌법재판소는 제1항의 신청이 있는 경우 또는 제2항의 경우에는 헌법재판소규칙으로 정하는 바에 따라 변호사 중에서 국선대리인을 선정한다. 다만, 그 심판청구가 명백히 부적법하거나 이유 없는 경우 또는 권리의 남용이라고 인정되는 경우에는 국선대리인을 선정하지 아니할 수 있다.

④ 헌법재판소가 국선대리인을 선정하지 아니한다는 결정을 한 때에는 지체 없이 그 사실을 신청인에게 통지하여야 한다. 이 경우 신청인이 선임신청을 한 날부터 그 통지를 받은 날까지의 기간은 제69조의 청구기간에 산입하지 아니한다.

⑤ 제3항에 따라 선정된 국선대리인은 선정된 날부터 60일 이내에 제71조에 규정된 사항을 적은 심판청구서를 헌법재판소에 제출하여야 한다.

⑥ 제3항에 따라 선정한 국선대리인에게는 헌법재판소규칙으로 정하는 바에 따라

국고에서 그 보수를 지급한다.

[전문개정 2011. 4. 5.]

※ 경찰관직무집행법 제10조(경찰장비의 사용 등) ① 경찰관은 직무수행 중 경찰장비를 사용할 수 있다. 다만, 사람의 생명이나 신체에 위해를 끼칠 수 있는 경찰장비(이하 이 조에서 "위해성 경찰장비"라 한다)를 사용할 때에는 필요한 안전교육과 안전검사를 받은 후 사용하여야 한다.

② 제1항 본문에서 "경찰장비"란 무기, 경찰장구(警察裝具), 최루제(催淚劑)와 그 발사장치, 살수차, 감식기구(鑑識機具), 해안 감시기구, 통신기기, 차량·선박·항공기 등 경찰이 직무를 수행할 때 필요한 장치와 기구를 말한다.

③ 경찰관은 경찰장비를 함부로 개조하거나 경찰장비에 임의의 장비를 부착하여 일반적인 사용법과 달리 사용함으로써 다른 사람의 생명·신체에 위해를 끼쳐서는 아니 된다.

④ 위해성 경찰장비는 필요한 최소한도에서 사용하여야 한다.

⑤ 경찰청장은 위해성 경찰장비를 새로 도입하려는 경우에는 대통령령으로 정하는 바에 따라 안전성 검사를 실시하여 그 안전성 검사의 결과보고서를 국회 소관 상임위원회에 제출하여야 한다. 이 경우 안전성 검사에는 외부 전문가를 참여시켜야 한다.

⑥ 위해성 경찰장비의 종류 및 그 사용기준, 안전교육·안전검사의 기준 등은 대통령령으로 정한다.

[전문개정 2014. 5. 20.]

※ 위해성 경찰장비의 사용기준 등에 관한 규정(2014. 11. 19. 대통령령 제25733호로 개정된 것. 시행 2014. 11. 21)

제2조(위해성 경찰장비의 종류) 「경찰관 직무집행법」(이하 "법"이라 한다) 제10조 제1항 단서에 따른 사람의 생명이나 신체에 위해를 끼칠 수 있는 경찰장비(이하 "위해성 경찰장비"라 한다)의 종류는 다음 각 호와 같다. <개정 2014. 11. 19.>

1. 경찰장구: 수갑·포승(捕繩)·호송용포승·경찰봉·호신용경봉·전자충격기·방패 및 전자방패

2. 무기: 권총·소총·기관총(기관단총을 포함한다. 이하 같다)·산탄총·유탄발사기·박격포·3인치포·함포·크레모아·수류탄·폭약류 및 도검

3. 분사기·최루탄등: 근접분사기·가스분사기·가스발사총(고무탄 발사겸용을 포함한다. 이하 같다) 및 최루탄(그 발사장치를 포함한다. 이하 같다)

4. 기타장비: 가스차·살수차·특수진압차·물포·석궁·다목적발사기 및 도주차량차단장비

[제목개정 2014. 11. 19.]

제13조(가스차·살수차·특수진압차·물포의 사용기준) ① 경찰관은 불법집회·시위 또는 소요사태로 인하여 발생할 수 있는 타인 또는 경찰관의 생명·신체의 위해와 재산·공공시설의 위험을 억제하기 위하여 부득이한 경우에는 현장책임자의 판단에 의하여 필요한 최소한의 범위안에서 가스차 또는 살수차를 사용할 수 있다.

② 경찰관은 소요사태의 진압, 대간첩·대테러작전의 수행을 위하여 부득이한 경우에는 필요한 최소한의 범위 안에서 특수진압차를 사용할 수 있다.

③ 경찰관은 불법해상시위를 해산시키거나 정선명령에 불응하고 도주하는 선박을 정지시키기 위하여 부득이한 경우에는 현장책임자의 판단에 의하여 필요한 최소한의 범위 안에서 경비함정의 물포를 사용할 수 있다. 다만, 사람을 향하여 직접 물포를 발사하여서는 아니된다.

「살 수 차 운 용 지 침」

제 1 장 개   요

1. 목   적

이 지침은 「경찰관직무집행법」, 「경찰장비의 사용기준 등에 관한 규정」 및 「경찰장비관리규칙」에 따른 살수차의 사용요건과 절차, 살수방법 및 관리 교육 등에 관련된 사항을 규정함을 목적으로 한다.

2. 정   의

가. 살수차란 기동장비 중 특수용 차량으로써 군중의 해산을 목적으로 고압의 물줄기를 분사하는 장비를 말한다.

나. 경고살수란 소량으로 분산살수하는 방법을 말한다.

다. 분산살수란 물줄기가 소낙비 형태로 시위대에게 떨어지도록 좌우로 반복하여 살수하는 방법을 말한다.

라. 곡사살수란 물줄기가 포물선 형태로 시위대에게 떨어지도록 공중을 향해 살수하는 방법을 말한다.

마. 직사살수란 물줄기가 일직선 형태로 시위대에게 도달되도록 살수 하는 방법을 말한다.

바. "bar"와 "rpm"은 살수차에서 살수되는 물줄기의 세기(이하 "물살 세기"라 한다)를 나타내기 위한 단위로 "bar"는 물줄기의 단위면적당 압력을 말하고, "rpm"은 물줄기를 분사하기 위한 엔진의 회전수를 말한다.

3. 근거법령

가. 경찰관직무집행법 제10조(경찰장비의 사용 등)

나. 경찰장비의 사용기준 등에 관한 규정 제2조(경찰장비의 종류) 제4호, 제3조(경찰장비의 일반적 사용기준), 제13조(가스차·살수차·특수진압차·살수차의 사용기준)

4. 적용 범위

위 법령에서 규정한 사항 외의 살수차의 사용 및 취급 등 구체적 운용 사항에 관하여 이 지침을 적용한다.

제 2 장   살수차의 사용

1. 살수차 사용명령권자

가. 살수차 사용명령은 관할 경찰서장, 지방경찰청장 또는 관할 경찰서장, 지방경찰청장으로부터 권한을 부여 받은 경찰관이 한다.

나. 다만, 방화 또는 분신, 화염병 출현 등 긴급을 요하는 경우, 사용 후 명령권자에게 즉시 보고한다.

2. 살수차의 일반적 사용요건

가. 살수차는 다음 각 호의 어느 하나에 해당할 경우 사용한다.

1) 불법집회·시위 또는 소요사태로 인하여 타인 또는 경찰관의 생명·신체에 대한 위해를 억제하기 위하여 필요한 경우

2) 불법집회·시위 또는 소요사태로 인하여 타인의 재산·공공시설 등의 위험을 억제하기 위하여 필요한 경우

3) 범인의 체포·도주의 방지, 자기 또는 타인의 생명·신체에 대한 방호, 공무집행에 대한 항거의 억제를 위하여 필요한 경우

4) 화재 진압 또는 분신의 방지 등을 위해 필요한 경우

3. 집회시위현장 살수차 운용방법

가. 기본 절차

살수차를 사용할 경우, 먼저 살수차를 사용할 것임을 경고방송하고 소량으로 경고
살수를 한 후 본격 살수한다.

• 분산·곡사·직사살수

나. 살수 방법

1) 분산살수

가) 살수요령: 분사각도는 45° 이상으로 하고 물살세기는 2,500rpm(10bar) 이하로
   살수한다.

나) 사용요건: 시위대가 도로 등을 불법 점거하고 해산하지 않는 경우

2) 곡사살수

가) 살수요령: 공중을 향하여 물줄기가 포물선 형태로 되게 하고, 물살세기는
   2,500rpm(10bar) 이하로 살수한다.

나) 사용요건

   (1) 분산살수를 하여도 해산하지 않는 경우
   (2) 시위대가 폭력시위용품을 소지하지 않고 폴리스라인을 침범 하거나, 불법
       행진 강행 또는 시설물 진입 등을 시도하는 경우

3) 직사살수

가) 살수요령: 물줄기가 일직선 형태로 되게 하고, 물살세기 3,000rpm(15bar) 이하
   로 살수한다.

나) 사용요건

   (1) 도로 등을 무단점거하여 일반인의 통행 또는 교통소통을 방해 하고 경찰
       의 해산명령에 따르지 아니하는 경우
   (2) 쇠파이프·죽봉·화염병·돌 폭력시위용품을 소지하거나 경찰관 폭행 또는
       경력과 몸싸움 하는 경우

(3) 차벽 등 폴리스라인의 전도·훼손·방화를 기도하는 경우

4) 최루액 혼합살수

가) 살수요령: 살수차의 물탱크에 최루액 등 작용제를 불법행위자 제압에 필요한 적정 농도로 혼합하여 살수하며, 주변의 제3자에게 피해가 최소화되도록 노력하여야 한다.

나) 사용요건: 곡사 또는 직사살수로도 해산치 않는 경우, 지방경찰 청장의 허가를 받아 사용한다.

5) 염료 혼합살수

가) 살수요령: 살수차의 물탱크에 염료액을 혼합하여 살수하며, 주변의 제3자에게 피해가 최소화되도록 노력하여야 한다.

나) 사용요건: 곡사 또는 직사 살수로도 해산치 않거나 현장체포가 곤란하여 사후 체포 등에 활용하고자 하는 경우, 지방 경찰청장의 허가를 받아 사용한다.

다. 살수차 사용시 주의사항

1) 살수차 조작요원은 살수차 사용명령을 받은 경우, 살수차 사용시기·방법·범위를 지휘관으로부터 재확인하여 사용한다.

2) 살수차 발사 전, 살수차를 사용할 것임을 알리는 경고방송을 실시하여 어린이, 장애인, 여성, 시위 참가자가 아닌 일반인 등을 안전 지역으로 이동할 수 있도록 조치한다.

3) 본격살수 이전에 경고살수를 통해 시위대의 자진해산을 유도하고, 일반인과 시위 참가자를 격리하여 시민 피해를 감소시킨다.

4) 최루액·염료를 혼합하여 사용한 후에는 현장을 물청소하여 시민 불편을 최소화한다.

5) 직사살수를 할 때에는 안전을 고려하여 가슴 이하 부위를 겨냥하여 사용한다.

6) 살수차 사용시 살수차와 시위대간의 거리 등 제반 현장상황을 고려하여 거리에 따라 물살세기에 차등을 두고 안전하게 사용하여야 한다.

※ 거리에 따른 물살세기 예시(통상적인 시위대인 경우)
- 시위대가 10m 거리에 있는 경우 1,000rpm(3bar) 내외
- 시위대가 15m 거리에 있는 경우 1,500rpm(5bar) 내외
- 시위대가 20m 거리에 있는 경우 2,000rpm(7bar) 내외

7) 영하의 기온에서는 살수차 사용을 자제하여야 한다. 다만, 불법의 중대성을 고려하여 지방경찰청장의 허가를 받아 사용할 수 있다.

8) 집회시위 현장에서 살수차 운용시 차량파손 등에 대비하여 '살수차 보호조'를 운용한다.

9) 살수차 사용 중 부상자가 발생한 경우, 즉시 구호조치하고 지휘관에게 보고한다.

4. 살수차의 사용기록 및 보고

가. 살수차 사용시 살수차에 부착된 채증장비로 현장상황을 영상 녹화한다.

나. 살수차 사용 후 그 사용결과를 별지서식 #1에 따라 지방경찰청장에게 보고한다.

(이하생략)

모범답안 및 채점기준

〈문〉 청구인들의 이 사건 헌법소원심판청구가 헌법재판소법상의 요건을 갖추어 적법한지 여부와 경찰의 위 조치들의 위헌여부에 대하여 판단하라(100).

Ⅰ. 문제의 소재(5)

이 문제는 2015년 4월 16일 세월호참사 1주년을 맞이하여 광화문 앞에서 추모집회를 개최하던 4.16 세월호 유가족과 4.16연대 및 집회 참여자들이 경찰의 차벽설치와 또한 최루액 물대포로 인하여 청와대로의 진출이 저지되자 거주·이전의 자유와 신체의 자유 등 기본권이 침해되었다고 주장하면서 제기한 헌법소원인 바, 헌법소원의 대상적격, 보충성의 원칙, 청구기간 등 헌법소원심판청구의 요건구비 여부와 청구인들의 어떠한 기본권이 침해되었는지 여부가 문제된다.

Ⅱ. 사건의 개요와 심판의 대상

1. 사건의 개요(5)

청구인들은 4.16가족협의회 소속 세월호 유가족과 4.16연대 소속 시민단체

관계자로서 4.16추모집회에 참여하여 청와대 방향으로 진행하려 하였고 행인 역시 시위와 상관 없이 청와대 방향으로 통과하고자 하였으나 경찰이 차벽으로 막았을 뿐 아니라, 다가가는 시위대를 향하여 최루액 물대포를 직사로 발사하여 시위대를 해산시켰으며 이로 인하여 다수의 부상자가 발생하였다.

　이에 청구인들은 경찰의 차벽설치는 자신들의 거주·이전의 자유 등 기본권을 침해하는 것이며, 최루액 물대포의 발사는 법률적 근거가 없이 이루어진 것으로서 법률유보 원칙에 위반하여 자신들의 신체의 자유를 침해하는 것이라고 주장하면서 2015년 7월 15일 국선대리인선임신청을 하였으며, 헌법재판소는 2015년 7월 23일 변호사 변승소를 국선대리인으로 선임하였으나 국선대리인 변승소는 2015년 9월 30일에 이르러서야 헌법소원심판청구서를 제출하였다.

2. 심판의 대상(5)

　2015년 4월 16일 광화문 앞 광장에서 경찰이 차벽을 설치하여 통행을 저지한 행위가 청구인들의 기본권을 침해하는지 여부와 최루액 물대포의 살수 행위가 법률유보의 원칙을 위반하여 청구인들의 기본권을 침해하였는지 여부이다.

Ⅲ. 적법요건심사(30)

1. 공권력의 행사 여부(3)

　이 사건 차벽의 설치행위와 최루액 물대포 살수행위는 일종의 권력적 사실행위에 해당하며, 이러한 권력적 사실행위는 헌법소원심판의 대상이 되는 공권력 행사라고 하는 것이 헌법재판소 판례이다.

2. 보충성의 원칙(3)

　경찰의 차벽설치나 최루액 물대포 살수행위는 2015년 4월 16일 세월호추모집회에 참여한 시위대가 청와대로 진입하는 것을 방지하기 위하여 이루어진 행위로서 그에 대하여 행정소송을 제기한다 하더라도 이미 종료된 행위로서 권리보호이익이 없다는 이유로 각하될 것이 확실시 되는 바, 그럼에도 불구하고 행정소송을 거칠 것을 요구하는 것은 불필요한 우회절차를 강요하는 것이어서 이러한 경우에는 보충성의 원칙의 예외에 해당한다고 볼 수 있다.

3. 청구기간(5)

경찰의 차벽설치와 최루액물대포의 발사행위는 2015년 4월 16일 이루어졌으므로, 그로부터 90일 이내인 7월 15일 이내에 헌법소원심판을 청구하거나 국선대리인선임신청을 하여야 한다. 청구인들은 7월 15일 국선대리인선임신청을 하였으므로 이 날이 헌법소원심판을 청구한 날이 된다(헌재법 제70조 제1항).

한편 국선대리인은 선임된지 60일 이내에 청구서를 제출하여야 함(헌재법 제70조 제5항)에도 국선대리인은 그 기간이 경과한 9월 30일에 제출하였으므로 헌법소원이 적법한지 여부가 문제될 수 있다.

그러나 국선대리인의 청구서제출기한은 권고적 규정인 것으로 보아야 할 것이지 이 기간의 경과를 이유로 하여 청구인에게 불리하게 청구기간이 경과되었다고 적용할 것은 아니라고 판단된다.

따라서 청구기간은 준수되었다.

4. 대리인 선임(1)

국선대리인이 선임되었으므로 이 요건은 충족되었다.

5. 청구인 능력(6)

청구인 가운데 4.16가족협의회와 4.16연대라고 하는 단체가 헌법소원청구능력을 가지는지 여부가 문제된다.

법인이나 단체(권리능력 없는 사단도 포함)도 성질에 따라서 자연인만이 향유할 수 있는 기본권이 아닌 한 기본권의 주체가 될 수 있다. 가령 재산권이나 직업의 자유, 계약의 자유, 그 밖의 재판청구권과 같은 절차적 기본권이 그러한 것들이다.

이 사건에서 청구인들은 행복추구권, 거주·이전의 자유, 통행의 자유, 신체의 자유 등의 침해를 주장하고 있는 바, 이러한 기본권들은 자연인을 전제로 하는 기본권이라고 할 수 있다.

다만 집회의 자유와 관련해서는 내국 사법인과 권리능력 없는 사단도 집회에 직접 참가는 할 수 없다 하더라도, 집회를 개최하고 주관할 수는 있다는 점에서 집회의 자유의 주체가 될 수 있다고 본다.

4.16가족협의회와 4.16연대가 법인인지 여부는 사안에서 분명히 밝혀지지

않고 있으나 최소한 권리능력 없는 사단이라고는 할 수 있을 것이며, 이들은 집회의 자유의 주체가 될 수 있으므로 헌법소원청구능력도 인정된다고 할 것이다.

6. 청구인 적격(6)

(1) 4.16가족협의회와 4.16연대

4.16가족협의회와 4.16연대는 4.16세월호참사 1주년 기념집회를 개최하였다가 경찰에 의하여 강제 해산을 당하였다고 주장하고 있으므로 집회의 자유와 관련하여 자기관련성, 현재관련성, 직접관련성이 모두 인정된다.

(2) 청구인 A와 청구인 B

청구인 A와 B는 이 사건 집회에 참여하였다가 경찰의 최루액물대포 살수에 의하여 부상을 입었다고 주장하고 있는 바, 이들은 집회의 자유, 신체의 자유와 관련하여 자기관련성, 현재관련성, 직접관련성이 모두 인정된다.

(3) 청구인 C

지나가는 행인인 청구인 C는 특별히 집회의 자유와는 상관 없이 경찰의 차벽설치로 인하여 가고자 하였던 청와대 방향으로의 진출이 차단되었으므로 C는 통행의 자유를 침해받았다고 할 수 있다. 따라서 C 역시 자기관련성, 현재관련성, 직접관련성 모두 인정된다.

(4) 소결

청구인들은 모두 기본권침해의 관련성이 인정되어 청구적격이 있다.

7. 권리보호이익(3)

이 사건 경찰의 차벽설치와 최루액살수 행위는 이미 한번 이루어진 권력적 사실행위에 해당하여 청구인들이 헌법소원에서 승소한다 하더라도 자신들의 주관적 기본권침해가 구제되기는 힘들다고 할 수 있기 때문에 주관적 권리보호이익은 없다. 그러나 이러한 차벽설치행위나 최루액 물대포살수행위는 앞으로도 계속적으로 반복될 수 있는 가능성이 있고, 그 위헌여부에 대하여 헌법적 해명의 필요성이 인정되므로 객관적인 심판의 이익이 있다고 할 수 있다. 그러므로 권리보호이익이 인정된다.

8. 소결(3)

청구인들의 헌법소원심판청구는 모두 적법하여 본안판단이 필요하다.

Ⅲ. 본안판단(50)

1. 관련되는 기본권(10)

청구인들은 행복추구권, 거주·이전의 자유, 통행의 자유, 집회의 자유, 신체의 자유의 침해를 주장하고 있다.

행복추구권은 일반적 기본권이므로 특별한 기본권이 적용될 수 있는 경우에는 그 적용이 배제된다는 것이 헌법재판소 판례이다.

거주·이전의 자유는 통상적으로 거주할 목적으로 주거를 자유로이 이전하는 것을 보호영역으로 하므로, 이 사건과 같이 집회와 시위를 할 목적으로 일정한 지역을 통과하는 경우는 거주·이전의 자유의 보호영역에 해당하는 것이 아니라, 통행의 자유 또는 집회의 자유에 의하여 보호된다고 보아야 할 것이다. 다만 이 사건에서 경찰의 차벽을 넘어서서 청와대까지 행진하는 것이 정당한 집회의 범위에 포함된다면 전체적으로 집회 및 시위의 자유가 통행의 자유보다 특별한 기본권이라고 볼 수 있으므로, 집회의 자유의 침해여부만 심사하면 될 것이다.

그러나 지나가는 행인의 경우 통행이 제지된 경우에는 그는 처음부터 집회 참여의 목적이 없었음에도 불구하고 통행을 저지당하였으므로 헌법 제10조의 일반적 행동의 자유에 의하여 보호되는 통행의 자유와 관련된다고 할 수 있을 것이다(동지, 헌재 2011. 6. 30. 2009헌바406, 서울특별시 서울광장 통행저지행위 위헌확인, 판례집 23-1하, 457, 468).

또한 최루액 살수로 인하여 신체에 상해를 입는 경우에는 이로 인하여 신체를 훼손당하지 않을 권리가 침해된다고 할 수 있는 바, 이 신체불훼손권은 신체의 자유에 전제된 것으로 볼 수 있으므로 신체의 자유와도 관련된다고 볼 수 있다.

그러므로 이하에서는 집회의 자유, 통행의 자유와 신체의 자유의 침해여부에 대하여 검토해 보기로 한다.

2. 집회의 자유의 위반여부(35)

(1) 보호영역(3)

헌법 제21조 제1항의 집회의 자유는 국민이 국가의 일정한 정치적 쟁점에 대하여 집단적으로 의사표현을 해야 할 필요성이 있을 때, 함께 모여 자신의 의사를 표출할 수 있는 자유이다. 집회라고 하기 위해서는 복수의 사람이 모여야 할 것이지만, 특정한 목적을 위해서 모이는 경우 단 2인이라고 하더라도 집회의 성격을 인정하여야 할 필요가 있다.

헌법상 보호되는 영역에 집회의 목적은 불문하며, 정치적·경제적·사회적·문화적 목적의 집회가 모두 가능하고, 특히 정치적 목적과 관련된 집회의 경우 민주주의에 있어서 정치적 의사와 여론형성에 직접 영향을 미칠 수 있을 뿐만 아니라, 정치권력에 대한 비판과 통제의 기능을 가지기 때문에 헌법상 집회의 자유에 의해 가장 중심적으로 보호되어야 한다.

그리고 헌법 제21조가 말하는 집회의 개념에는 일정한 장소에서 이동하지 않고 모이는 집회뿐만 아니라, 다른 장소로 이동하면서 다중에게 집단적 의사나 위력을 나타내는 집회, 다시 말해서 시위의 자유도 포함된다고 할 수 있다.

(2) 제한(3)

헌법상 집회의 자유 역시 헌법 제37조 제2항에 따라 국가안전보장·질서유지·공공복리를 위하여 필요한 경우에 한하여 법률로써 제한할 수 있다.

경찰은 이 사건 차벽설치를 통하여 4.16 추모집회 참여자들의 청와대 방향으로의 시위진행 경로를 공간적으로 차단하고 있으므로 일단 이는 집회 및 시위의 자유에 대한 제한이라고 할 수 있다.

(3) 제한의 한계

집회의 자유에 대한 제한이 헌법적으로 정당화되려면 과잉금지의 원칙 등 법치국가원리와 헌법 제37조 제2항에서 요구되는 한계를 지켜야 한다.

특히 차벽설치행위와 최루액 물대포 살수행위가 과연 기본권제한의 한계를 갖추고 있는지 여부를 우선 과잉금지의 원칙과 그리고 법률유보의 원칙에 입각해서 심사해 보면 다음과 같다.

(가) 과잉금지의 원칙 위반여부(15)

① 목적의 정당성(3)

경찰이 광화문 앞에 차벽을 설치하여 시위대가 청와대 방향으로 더 이상 진출하지 못하도록 저지한 행위는 사전에 허가된 시위장소를 중심으로 시위하고 더 이상 그 장소를 벗어나지 못하게 함으로써 질서와 안전을 수호하고자 한 것이라 할 수 있으므로 일단 목적의 정당성은 인정할 수 있다.

② 방법의 적정성(3)

경찰은 시위대의 진출을 차단하기 위하여 차벽을 설치하는 방법을 선택하였다. 그리고 최루액 물대포 살수를 동원하였다. 이러한 방법은 일단 일정한 저지선 이상을 시위대가 통과하지 못하도록 할 수 있으므로 목적달성을 위한 방법의 적정성도 인정할 수 있다.

③ 침해의 최소성(3)

침해의 최소성이란 목적을 달성하기 위하여 적합한 수단 가운데 가장 덜 침해적인 수단을 선택하라고 하는 원칙이다. 경찰은 시위대가 청와대로 진행하는 것을 방지하기 위하여 차벽을 설치하였을 뿐만 아니라, 10m 이내로 접근하여 오자 최루액 물대포를 직사살수의 방법으로 쏘았다. 살수차 운용지침에 의하면, 살수 전에 경고방송과 경고살수를 실시하도록 하고 또한 시위대가 10m 거리에 있는 경우에는 1,000rpm 내외의 강도로 살수하되 분산살수와 곡사살수로 안될 경우에 비로소 직사살수를 하도록 되어 있다.

그럼에도 불구하고 경찰은 경고방송이나 경고살수의 단계를 거치지 아니한 채 곧바로 시위대를 향하여 직사살수를 한 정황이 사안에서 드러나고 있는 바, 이는 침해의 최소성 원칙에 위반되는 것이라고 할 수 있다.

또한 차벽설치의 경우 집회와 상관 없는 일반인의 통행까지 차단할 필요가 없었음에도 청구인 C까지 통행저지를 한 것 역시 침해의 최소성원칙에 위반되었다고 할 수 있다.

④ 법익의 균형성(3)

차벽설치와 최루액물대포 살수행위의 입법목적은 질서유지를 위한 것이므로 그 자체의 중요성은 인정할 수 있다고 할 수 있으나, 그 목적을 달성하기 위하여 선택한 수단으로 인하여 침해되는 집회 및 시위의 자유, 통행의 자유, 신체

의 자유에 대한 침해의 중대성이 더욱 크다고 할 수 있기 때문에 법익의 균형성
역시 갖추어졌다고 할 수 없다.

⑤ 소결(3)

그러므로 이 사건 차벽설치와 최루액 물대포 살수행위는 헌법 제37조 제2항
의 과잉금지의 원칙에 위반된다.

(나) 법률유보원칙 위반여부(10)

헌법 제37조 제2항은 국민의 기본권을 제한할 경우에는 법률로써 하라고 명
령하고 있다. 여기에서 말하는 법률의 개념은 반드시 형식적 의미의 법률일 것만
을 의미한다고 할 수는 없으나 국민의 기본권과 관련되는 본질적이고도 중요한
내용은 반드시 형식적 입법자인 국회가 제정하는 법률로 하여야 할 것을 명하는
것이다(의회유보 내지 의회입법의 원칙).

이 사건 최루액 물대포의 살수행위는 국민의 집회 및 시위의 자유와 통행의
자유를 중대하게 제한하는 행위라 할 수 있기 때문에, 살수장비의 사용 및 최루
액이 첨가된 살수장비의 사용은 반드시 법률에 근거가 있지 않으면 안된다고 해
야 할 것이다.

이 사건 살수장비의 법적 근거에 대해서는 대통령령인 '위해성 경찰장비의
사용기준 등에 관한 규정' 제2조 제4호에 규정되어 있으며, 또한 그 사용기준에
대해서는 동 규정 제13조에 규정되어 있다.

그러나 이 규정에도 최루액이 첨가된 살수차의 사용근거는 명시적으로 존재
하지 않으며, 또한 이와 같이 국민의 신체를 훼손할 수 있는 장비의 사용과 관련
해서는 반드시 법률에 그 근거가 있지 않으면 안된다고 보아야 할 것인데, 경찰
관직무집행법 제10조 제2항에는 경찰장비란 무기, 경찰장구, 최루제와 그 발사장
치, 살수차, 감식기구, 해안 감시기구, 통신기기, 차량·선박·항공기 등 경찰이
직무를 수행할 때 필요한 장치와 기구를 말한다고 정의하고 있으며, 동조 제6항
에서 위해성 경찰장비의 종류 및 그 사용기준, 안전교육·안전검사의 기준 등은
대통령령으로 정한다고 하여 대통령령에 위임해 놓고 있다.

다만 위 경찰관직무집행법 제10조에는 최루제와 그 발사장치, 살수차가 명
시되어 있으므로 최루액 물대포를 살수차로 발사하는 것의 법률적 근거가 완전
히 없다고 할 수는 없다고 생각된다.

그러나 그 사용기준과 방법에 관해서는 적어도 대통령령인 '위해성 경찰장비의 사용기준 등에 관한 규정'에 구체적으로 규정되어 있어야 함에도 불구하고 경찰 내부 지침에 불과한 살수차 운용지침에 규정되어 있는 것은 법률유보원칙에 위반된다고 판단된다. 특히 '위해성 경찰장비의 사용기준 등에 관한 규정' 제13조 제3항은 불법해상시위 해산을 목적으로 사용할 수 있는 물포의 경우도 사람을 향하여 직접 발사해서는 안된다고 규정하고 있음에도 불구하고 불법시위 진압을 위한 살수차 사용의 방법이나 기준에 관해서는 아무런 자세한 규정이 없다.

그러므로 이 사건 최루액물대포 살수행위는 법률유보원칙에도 위반된다.

3. 기타 통행의 자유와 신체의 자유의 침해여부(4)

일반인인 청구인 C의 통행의 자유와 그 밖의 시위참여자인 청구인들(A와 B)의 신체의 자유의 침해 여부에 대해서도 위 집회의 자유의 침해와 관련하여 심사한 기준들이 그대로 적용된다고 할 수 있다.

Ⅳ. 결 론(5)

이 사건 2015년 4월 16일 광화문 앞에서의 경찰의 차벽설치행위와 최루액물대포 살수행위는 청구인들의 집회의 자유, 통행의 자유와 신체의 자유를 과잉하게 침해하였으므로 헌법에 위반된다.

참고판례

※ **서울특별시 서울광장통행저지행위 위헌확인**
(헌재 2011. 6. 30. 2009헌마406, 판례집 23−1하, 457 [인용(위헌확인)])

※ **영화법 제12조 등에 대한 헌법소원**: 법인의 기본권 주체성
(헌재 1991. 6. 3. 90헌마56, 판례집 3, 289 [각하])

소위 3불정책과 대학의 자치

사 례

국립 S 대학교는 교육인적자원부가 고수하고 있는 기여입학제, 고교등급제, 본고사 불가 등 소위 3불 정책이 대학의 자율을 침해할 뿐만 아니라, 장기적으로 국내 대학의 국제적 경쟁력을 해치는 요인이 된다고 보고, 2009학년도 입시부터는 그 중 하나인 본고사제도를 도입하기로 하는 "2009학년도 대학입학고사주요요강"을 마련하여 발표하였다. 그러자 교육인적자원부는 "소위 3불 정책은 헌법과 교육기본법상에 규정된 '능력에 따라 균등하게 교육받을 권리'를 보장하고, 그 동안 우리 사회에서 학벌로 인한 부작용을 최소화하기 위해 지난 50여년 간의 경험에서 나온 최소한의 사회적 규약으로서 교육인적자원부는 확고한 입장을 견지하며, 계속해서 3불 정책을 유지하겠다"고 전제하고, "S 대학교의 2009학년도 대학입학고사주요요강을 철회하고 계속하여 수학능력시험과 고교 내신성적으로만 전형하는 현 입시제도를 유지하지 않으면 이미 예정된 연구비지원을 감축하고 입학정원을 축소하는 등의 적절한 제재를 가하겠다"고 하는 취지의 공문을 2007년 4월 4일자로 S 대학교 측에 발송하였다. 특히 "본고사는 국·영·수 위주의 시험으로 대학입학이 이루어져 고교교육과정의 파행은 물론, 사교육 팽창, 본고사 성적에만 의존한

'한줄 세우기' 심화 등 교육적으로, 그리고 사회경제적으로 큰 폐해가 우려된다"는 것이 본고사 불가의 주된 이유라는 것이다.

이에 S 대학교는 이러한 교육부의 통보는 명백히 대학의 자치와 학문의 자유를 침해하는 것이라고 하는 이유로 2007년 4월 10일 헌법재판소에 헌법소원심판을 청구하였다.

〈문〉 이 사건 헌법소원심판청구에 대하여 판단하라(100).

모범답안 및 채점기준

〈문〉 이 사건 헌법소원심판청구에 대하여 판단하라(100).

Ⅰ. 문제의 소재(2)

이 문제는 공법인의 기본권주체성과 대학의 자치 및 학문의 자유에 대한 침해여부가 쟁점이 되는 것으로서 헌법소원의 적법요건에 대한 검토를 한 후 심판대상의 위헌여부에 대하여 판단하기로 한다.

Ⅱ. 심판대상(3)

교육인적자원부의 2007년 4월 4일자 공문이 S 대학교의 대학의 자치와 학문의 자유를 침해하는지 여부이다.

Ⅲ. 적법요건 심사(20)

1. 헌법소원능력: 공법인의 기본권 주체성 문제(6)

이 사건에서 우선 해결해야 할 쟁점은 S 대학교가 헌법소원심판을 청구할 수 있는 기본권주체가 될 수 있는가 하는 문제이다.

(1) 원칙(2)

공법인은 원칙적으로 기본권주체가 될 수 없다는 것이 통설이자 판례이다.

(2) 예외(2)

다만 예외적으로 국·공립 대학교와 국·공립 방송국과 같이 어떠한 공법인이 기본권적으로 보호되는 생활영역에 귀속되어 있는 경우, 그 기본권주체성을 인정해 줄 필요가 있다는 것이 독일 연방헌법재판소의 판례이다. 우리 헌법재판소 역시 1994년 서울대학교 입시요강에 관한 헌법소원결정에서 공립대학교가 기본권주체가 될 수 있음을 방론으로 판시한 바 있다.

(3) 이 사건의 경우(2)

국립대학인 S 대학교는 특정한 국가목적(대학교육)에 제공된 인적·물적 종합시설로서 공법상의 영조물이다(헌재 1992. 10. 1, 92헌마68, 판례집 4, 659−707). 이 S 대학교는 다른 국가기관 내지 행정기관과는 달리 공권력의 행사자의 지위와 함께 기본권의 주체라는 성격을 함께 가진다고 할 수 있다. 따라서 헌법소원능력이 인정될 수 있다.

2. 헌법소원적격: 기본권침해의 관련성(2)

국립 S 대학교는 교육부의 3불정책 불가의 통보를 통하여 자신의 대학의 자치권을 직접 현재 침해받고 있으므로 자기관련성, 현재관련성, 직접관련성 모두 인정된다.

3. 대상적격: 공권력의 행사·불행사(2)

2007년 4월 4일자 교육인적자원부의 S 대학교에 대한 입시요강철회 요구와 불응시 제재방침 통보는 헌법소원의 대상이 될 수 있는 공권력의 행사에 해당한다고 볼 수 있다.

4. 보충성의 원칙(4)

이러한 통보에 대해서는 우선 먼저 이 사건 통보의 위법성을 다투는 행정소송을 제기해 볼 수도 있겠으나, 행정소송에서 문제되는 것은 행정처분의 위법여부에 대한 것이 주된 소송대상인데 반하여, 이 사건에서는 과연 교육인적자원부의 그와 같은 통보가 대학의 자치나 학문의 자유를 침해하는지 여부의 헌법적 문제가 쟁점이 된다고 할 수 있다. 그러므로 이와 같은 헌법적 쟁점을 행정소송을 통해서 해결하도록 기대하는 것은 불필요한 우회절차를 강요하는 것이 될 수 있다. 따라서 보충성의 원칙의 예외를 적용하여, 적법하다고 보고 그 위헌여부를 판단할 필요가 있다고 하겠다.

5. 청구기간(2)

교육인적자원부의 통지가 있은 후 6일만인 4월 10일자로 헌법소원심판을 청구하였으므로 적법하다.

6. 대리인선임(2)

사안에는 명시되지 않았으나, 변호인을 선임하였다면 적법하다 하겠다.

7. 권리보호이익(2)

만일 승소하는 경우 본고사를 도입키로 한 S 대학교의 2009학년도 입시요강은 유효하게 되므로 권리보호이익이 있다.

Ⅳ. 위헌여부(70)

1. 관련되는 기본권과 심사기준(4)

청구인은 대학의 자율과 학문의 자유의 침해를 주장하고 있다. 우선 대학의 자율은 헌법 제31조 제4항에 의하여 보장되기도 하지만 헌법 제22조 제1항의 학문의 자유의 내재적 보장내용이라고 볼 수도 있을 것이다. 따라서 대학의 자율을 학문의 자유의 내재적 보장내용이라고 보는 경우에도 결국 대학의 자율의 침해여부가 문제된다고 볼 수 있다(2).

또한 청구인은 주장하지 않고 있으나 대학의 자율을 제한함에 있어서 법률유보원칙을 지키고 있는지 여부도 중요한 심사대상이 될 것이다(2).

2. 대학의 자율성의 침해여부(66)

(1) 대학의 자율성의 보호영역(6)

우리 헌법 제31조 제4항은 "대학의 자율성은 법률이 정하는 바에 의하여 보장된다"고 규정하고 있다. 이는 대학에 대한 공권력 등 외부세력의 간섭을 배제하고 대학구성원 자신이 대학을 자주적으로 운영할 수 있도록 함으로써 대학인으로 하여금 연구와 교육을 자유롭게 하여 진리탐구와 지도적 인격의 도야라는 대학의 기능을 충분히 발휘할 수 있도록 하기 위한 것이며, 교육의 자주성이나 대학의 자율성은 헌법 제22조 제1항이 보장하고 있는 학문의 자유의 확실한 보장수단으로 꼭 필요한 것으로서 이는 대학에게 부여된 헌법상의 기본권이다. 여기서 대학의 자율은 대학시설의 관리·운영만이 아니라 학사관리 등 전반적인 것이라야 하므로 연구와 교육의 내용, 그 방법과 그 대상, 교과과정의 편성, 학생의 선발, 학생의 전형도 자율의 범위에 속해야 하고 따라서 입학시험제도도 자주적으로 마련할 수 있어야 한다(헌재 1992. 10. 1, 92헌마68·76, 판례집 4, 659, 670).

(2) 제한(2)

이 사건 교육인적자원부의 통보는 학생의 선발에 관한 것이므로 대학의 자율의 보호영역을 제한하는 조치이다.

(3) 제한의 한계(56)

이러한 제한이 합헌적이기 위해서는 제한의 한계를 준수하는 것이어야 한다.

(가) 심사의 강도(6)

이러한 대학의 자율성은 법률이 정하는 바에 따라 보장된다고 헌법 제31조 제4항이 규율하고 있으며, 헌법 제31조 제6항에 따라 학교제도에 관한 포괄적인 규율권한이 있으므로 입법자에게 상당히 넓은 형성의 자유가 주어진다(헌재 2006. 4. 27, 2005헌마1047, 판례집 18-1상, 601). 다만 그러한 형성의 자유의 한계는 학문의 자유의 본질적인 내용에 해당하는 범위 내에서의 대학의 자율영역을 침해하지 않는 범위까지라고 할 것이다.

이 사건 통보는 입법자가 제정한 법률이 아니고, 행정부의 처분적 성격을 띤 것이므로 이 경우는 입법자에게 인정되는 만큼의 넓은 형성의 자유가 아니라, 법률유보의 원칙과 법률이 허용하는 재량이 인정될 뿐이다. 그러므로 이 사건 통보가 그러한 기본권제한의 한계와 법치국가원리에서 나오는 제원칙을 준수하였는지를 심사하여야 할 것이다.

(나) 형식상의 한계(26)

① 법률유보의 원칙 위반여부(10)

대학의 자율성을 제한하는 행정부의 조치는 헌법 제37조 제2항과 제31조 제4항의 법률유보에 따라서 법률로 이루어져야 한다. 따라서 법률적 근거가 결여되어 있다면 법률유보의 원칙에 위반된다. 만일 이러한 헌법소원심판이 청구된다면 교육인적자원부에 이 사건 통보와 같은 조치의 법적 근거가 무엇인지에 관하여 사실조회를 할 필요가 있다.

사안에서 나타난 법적 근거를 보면 헌법과 교육기본법상의 '능력에 따라 균등하게 교육받을 권리'를 이 사건 통보의 법적 근거로 삼고 있는 듯하다. 만일 입법자가 이와 같이 헌법 제31조 제1항의 능력에 따라 균등하게 교육을 받을 권리를 근거로 대학의 본고사제도 도입을 금지하는 법률을 규정한다면(물론 이러한 법률조항의 위헌여부는 별론으로 하더라도), 이를 근거로 행정부가 대학입학 본고사의 실시를 제지할 수 있을 것이나, 행정부가 헌법 제31조 제1항을 근거로 그리고 이와 문언이 거의 같은 교육기본법상의 조항만을 근거로 본고사실시를 금지할 수는 없을 것이다. 대학입학시험을 어떻게 실시할 것인지의 문제는 학문의 자유의 한 내용에 속할 뿐만 아니라, 헌법 제31조 제4항에서 보장하고 있는 대학의 자율성의 중요한 구성부분에 속하기 때문에 법률에 의하여 형성 또는 제한되지 않으면 안된다.

② 포괄위임입법금지의 원칙 위반여부(10)

한편 법률적 규정이 존재한다 하더라도 대학의 자율성에 대한 제한권한을 행정부에 행정입법으로 포괄적으로 위임하였다면 헌법 제75조의 포괄위임입법금지의 원칙에 위반되는지 여부도 심사하여야 할 것이다. 국회가 행정부에 국민의 기본권을 제한하는 규정을 위임하는 경우에는 구체적으로 범위를 정하여서 위임하여야 하며 백지위임하면 안된다는 것이다. 물론 위임의 명확성과 구체성의 정도는 침해행정의 경우에는 보다 엄격히 요구되는 데 반하여 급부행정 영역에 있어서는 완화된 기준을 적용할 수 있다.

이 사건의 경우 대학의 자율성을 제한하는 것은 대학의 학문의 자유의 본질적인 내용을 제한할 수 있기 때문에 본질적인 내용들은 국회 스스로가 형식적 의미의 법률로 제정하지 않으면 안된다. 사안에서 법률적 근거의 내용이 따로 제시되어 있지 않기 때문에 구체적 결론을 내릴 수 없으나 이와 같은 기준에 따라서 결론을 도출해야 할 것이다.

③ 소결(6)

결론적으로 만일 교육인적자원부가 대학의 본고사실시를 금지하는 구체적인 법률조항이 존재하지 않음에도 불구하고 행정적 금지만을 가해 온 경우, 이는 법률유보원칙 위반으로 위헌이다. 그리고 법률조항이 존재하기는 하나, 행정부에 포괄적으로 위임해 놓은 경우에는 헌법 제75조의 포괄위임입법금지의 원칙에 위반되어 위헌이다. 다만 이러한 본고사실시금지가 보다 더 중요한 입법목적에 의하여 정당화될 수 있는지 여부에 대한 실체적 심사 결과 정당성이 인정되는 경우에는 입법자가 법률적 근거를 마련할 때까지 잠정적으로 이 사건 통보의 효력을 인정하는 의미에서 잠정적인 계속적용명령을 내릴 수도 있을 것이다.

(다) 과잉금지의 원칙 위반여부(24)

한편 만일 본고사금지의 법률적 근거규정이 존재한다고 할 경우, 그러한 규정이 그리고 그 근거규정이 없을 경우에는 이 사건 통보가 과잉금지의 원칙에 위반되어 위헌이 아닌지의 여부에 대해서도 검토하여야 할 것이다(2).

① 목적의 정당성(6)

교육인적자원부가 상정하고 있는 본고사금지의 목적은 국·영·수 시험위주의 대학입학으로 인한 고교교육과정의 파행, 사교육 팽창, 본고사 성적에만 의존한 '한줄 세우기' 심화 등의 방지를 들 수 있을 것이다. 그런데 이러한 입법목적은 그 자체가 헌법 제37조 제2항 소정의 국가안전보장, 질서유지, 공공복리에 포함되는 것인지 다소 의심이 간다. 다만 본고사가 가져오는 고교교육의 파행, 사교육 팽창 등의 부작용과 폐해를 방지한다고 하는 추상적인 입법목적 그 자체는 일단 공공복리에 포함되는 것으로 받아들일 수는 있을 것이다.

그러나 본고사 성적에만 의존한 '한줄 세우기' 방지라고 하는 목적은 그 의미가 불분명하고 애매하다. 즉 본고사는 각 대학이 따로 실시하여 그 대학의 특성에 맞게 우수한 학생을 선발할 수 있는 장치가 되는 것인데, 서로 다른 시험을 통해서 어떻게 소위 '한줄 세우기'가 가능한 것인지 그리고 그것을 방지한다고 하는 것이 무엇을 의미하는지가 불분명하다. 따라서 이러한 입법목적은 처음부터 헌법적으로 정당화되기 힘든 목적이라고 보아야 할 것이다.

② 방법의 적정성(6)

이러한 목적달성을 위하여 본고사 금지라고 하는 방법을 선택하였는 바, 이는 전술한 목적달성에 어느 정도 기여할 수 있는지가 문제이다. 본고사가 존재하지 않는 현재에도 국·영·수 시험위주의 입시교육과 사교육의 열풍은 가라앉지 않고 있는 것이 현 실정이다. 따라서 어떻게 본다면 본고사 금지를 통한 입법목적달성은 이미 실패하였다고 해도 과언이 아니다. 다만 본고사를 부활시킬 경우에 그러한 현상이 더욱 증가할 것이라는 입법자의 예측판단이 있을 수 있으며,

그러한 예측판단이 명백히 잘못되었다고 볼만한 자료는 현재 보이지 않는다. 따라서 방법의 적정성은 인정할 수 있을 것이다.

③ 침해의 최소성(6)

입법목적을 달성하기 위하여 보다 덜 침해적인 다른 수단이 존재하는가가 문제이다. 국·영·수 위주의 고교교육을 방지하고 사교육의 열풍을 잠재우기 위해서는 본고사금지 외의 다른 방법이 없는가 하는 점이다. 각 대학에게 본고사를 허용하면서도 그 시험과목 등의 다양성을 확보하도록 어느 정도의 제한을 가한다면 각 대학의 자율성을 존중하면서도 고교교육의 파행을 막을 수 있을 것이다. 또한 각 대학이 다양한 입시제도를 구사하도록 허용한다면, 그에 부합하여 각 고등학교는 그러한 입시제도에 맞는 맞춤형 교육을 가능하게 함으로써 국·영·수 위주의 획일화된 입시교육의 폐해로부터 벗어날 수 있는 길이 열리게 될 수도 있다. 따라서 이와 같이 보다 덜 침해적인 수단이 존재함에도 불구하고 학문의 자유의 본질적 내용 중 하나라고 할 수 있는 대학의 자율성을 침해하는 수단을 선택한 것은 침해의 최소성에 반한다고 보인다.

④ 법익의 균형성(6)

고교교육의 정상화와 사교육 열풍의 방지라고 하는 입법목적의 중요성과 대학의 자율성이라고 하는 기본권 침해의 중대성을 비교하여 볼 때, 그러한 입법목적을 위하여 그러한 침해를 정당화할 만큼 더 중요하다고 보기 힘들다. 따라서 법익의 균형성도 결여되어 있다.

(4) 소결(2)

그러므로 침해의 최소성, 법익의 균형성이 결여되어 이 사건 법률조항은 헌법 제37조 제2항의 과잉금지원칙에 반하여 대학의 자율성의 본질내용을 침해하므로 헌법에 위반된다.

Ⅴ. 결　　론(5)

이 사건 통보는 법률적 근거가 없는 기본권제한조치로서 법률유보의 원칙에 위반될 뿐만 아니라, 가사 그 내용이 법률로 규정되었다 하더라도 그 법률의 내용은 헌법 제37조 제2항의 과잉금지의 원칙에 위반되어 헌법 제25조의 대학의 학문의 자유 및 헌법 제31조 제4항의 대학의 자율성을 침해하므로 헌법에 위반된다. 이 사건 교육인적자원부의 S 대학교 2009학년도 대학입학고사주요요강 철회명령은 이를 취소한다.

참고판례

※ 1994學年度 新入生選拔入試案에 대한 憲法訴願
(헌재 1992. 10. 1. 92헌마68 등, 판례집 4, 659 [기각])

※ 2009학년도 대학 신입학생 입학전형 안내 취소 등
(헌재 2008. 9. 25. 2008헌마456, 판례집 20-2상, 647 [각하])

※ 법학전문대학원 설치인가 중 입학전형계획 위헌확인 등
(헌재 2013. 5. 30. 2009헌마514, 판례집 25-1, 337 [기각, 각하])

담뱃값 대폭인상조치의 위헌여부
- 국민건강증진법 제23조 -

사 례

　　국회는 우리나라 성인 남성 흡연율이 OECD 국가 중 최고 수준으로 흡연으로 인한 건강상 위해를 예방하고 사회적 비용을 감소시키기 위하여 적극적인 금연정책을 추진할 필요가 있다고 보고서, 담배에 부과되는 건강증진기금을 대폭 인상함으로써 흡연율을 낮추어 국민건강을 증진하려는 목적으로 국민건강증진법중개정법률을 2013년 9월 12일 통과시켰으며, 이 법률은 2013년 10월 12일 법률 제12345호로 공포되었고, 또한 2014년 1월 1일부터 시행되었는데 그 내용은 다음과 같다. 먼저 담배에 부과되는 국민건강증진부담금을 궐련 20개비당 354원에서 841원으로 인상하고, 전자담배 등 궐련 이외의 담배도 궐련 담배와 같은 수준으로 인상하였다. 또한 물가상승에 따라 담배의 실질가격이 하락하는 것을 방지하기 위하여 흡연율, 물가상승률 등이 부담금에 지속적으로 반영되는 물가연동제를 도입하였다. 즉 부담금 금액의 100분의 30 범위에서 흡연율, 소비자물가상승률 등을 고려하여 대통령령으로 가감할 수 있도록 하였다.

　　평소에 직장에서 각종 스트레스를 받을 때마다 흡연을 즐겨하면서 노동효율성을 증진시키고 담배가 자신의 행복추구에 상당한 역할을 하고 있다고 생각하고 있던 甲은 갑자기 담뱃값이 인상되면 경제적 부담이 더욱 배가할 뿐만 아니라, 결국 자기와 같은 서민들은 경제적 부담으로 인하여 담배를 더 이상 사 피울 수 없게 될 가능성이 크므로, 이것은 자신의 행복추구권과 재산권을 침해하는 것이며, 또한 담배를 자유롭게 사 피울 수 없게 됨에 따라 그만큼 노동효율성도 떨어지는 등 전체적으로 자신의 근로의 권리와 직업선택의 자유까지도 침해하고 또한 특별히 담배의 소비에 대해서만 이와 같이 급격하게 부담금의 인상을 하는 것은 평등의 원칙에 위반된다는 이유로 이 개정 국민건강증진법 제23조에 대하여 헌법재판소에 헌법소원심판을 청구하기로 하고, 2014년 4월 1일 헌법재판소에 국선대리인선임신청을 하였다.

헌법재판소는 이 신청을 받아들여 2014년 4월 21일 변호사 변태만을 국선대리인으로 선임하였으나, 평소 변론보다는 골프를 일상으로 삼아 오던 변태만 변호사는 헌법소원심판청구서를 제출하는 일을 까맣게 잊고 있다가 국선 선임일로부터 60일을 훨씬 경과한 2014년 6월 30일에야 비로소 헌법재판소에 헌법소원심판청구서를 제출하였다.

〈문〉 청구인 甲의 이 사건 헌법소원심판청구가 적법한지 또한 그의 기본권이 침해되었는지 여부에 대하여 판단하라(100).

관련 법률

※ **국민건강증진법**(2013. 10.12. 법률 제12345호, 시행 2014. 1. 1.)

제23조(국민건강증진부담금의 부과·징수 등) ① 보건복지부장관은 제조자등이 판매하는 「담배사업법」 제2조에 따른 담배에 다음 각 호의 구분에 따른 부담금(이하 "부담금"이라 한다)을 부과·징수한다.

1. 궐련: 20개비당 841원(종전 354원)
2. 전자담배: 니코틴 용액 1밀리리터당 525원(종전 221원)
3. 파이프담배: 1그램당 30.2원(종전 12.7원)
4. 엽궐련(葉卷煙): 1그램당 85.8원(종전 36.1원)
5. 각련(刻煙): 1그램당 30.2원(종전 12.7원)
6. 씹는 담배: 1그램당 34.4원(종전 14.5원)

7. 냄새 맡는 담배: 1그램당 21.4원(종전 9원)

8. 물담배: 1그램당 1050.1원(종전 442원)

9. 머금는 담배: 1그램당 534.5원(종전 225원)

② ～ ⑦ (생 략)

⑧ 제1항에 따른 부담금은 그 금액의 100분의 30의 범위에서 흡연율, 소비자물가 상승률, 담배 소매가격 등을 고려하여 대통령령으로 가감할 수 있다.

모범답안 및 채점기준

〈문〉 청구인 갑의 이 사건 헌법소원심판청구가 적법한지 또한 그의 기본 권이 침해되었는지 여부에 대하여 판단하라(100).

Ⅰ. 문제의 소재(5)

담뱃값의 과도한 인상을 내용으로 하는 국민건강증진법에 대한 헌법소원의 적법요건과 기본권침해여부에 대해 판단해야 한다.

Ⅱ. 사건의 개요와 심판의 대상(10)

1. 사건의 개요(5)

국회는 금연정책을 추진하기 위하여 국민건강증진부담금을 궐련 20개비당 354원에서 841원으로 급격하게 인상하고 물가상승률을 부담금에 지속적으로 반 영하는 물가연동제를 도입하는 국민건강증진법 개정을 단행하였다. 평소에 흡연 을 통하여 스트레스를 해소하여 온 청구인 甲은 이러한 부담금의 과격한 인상이 자신의 행복추구권, 재산권, 평등권, 근로의 권리와 직업선택의 자유 등을 침해 한다는 이유로 2014년 4월 1일 헌법재판소에 국선대리인선임신청을 하였고, 국 선대리인은 헌법소원심판청구서를 2014년 6월 30일 헌법재판소에 제출하였다.

2. 심판의 대상(5)

청구인은 담배에 대하여 과도한 부담금의 인상을 가져온 이 사건 국민건강증진법(2013. 10. 12. 법률 제12345호) 제23조 제1항과 또한 물가연동제를 도입하면서 그 범위를 대통령령에 위임하고 있는 동법 제23조 제8항의 위헌여부이다.

Ⅲ. 적법요건에 대한 판단(30)

1. 공권력의 행사성(4)

법률은 헌법소원의 대상이 될 수 있는 공권력의 행사에 해당한다.

2. 보충성의 원칙(4)

법률에 의한 기본권침해에 대해서는 다른 법률에 의한 구제절차가 따로 존재하지 않으므로 보충성원칙이 문제될 것이 없다.

3. 청구기간(8)

기본권침해의 사유가 있음을 안 날로부터 90일, 있은 날로부터 1년 이내에 청구를 해야 하지만, 법령의 경우 시행과 더불어 기본권침해가 있는 경우에는 시행일을 안 날로부터 90일, 시행 후 1년 내에, 그리고 시행 이후에 기본권침해의 사유가 발생한 경우에는 그 사유가 발생하였음을 안 날로부터 90일, 발생한 날로부터 1년 내에 청구하여야 한다.

이 사건의 경우는 기본권침해는 법령의 시행과 더불어서 발생하고 있다고 할 수 있으며, 시행일은 2014년 1월 1일이고, 청구인이 국선대리인선임신청을 한 날이 청구한 날에 해당하므로, 2014년 4월 1일이 청구일이 된다. 그러므로 이 날은 시행일로부터 90일 이내이므로 적법하다{국선대리인은 선임된 날부터 60일 내에 청구서를 제출해야 하지만(헌재법 제70조 제5항), 국선대리인이 기한을 지키지 못한 것을 청구인에게 불리하게 적용해서는 안될 것이다}.

4. 기본권침해의 관련성(4)

(1) 자기관련성

청구인 甲은 흡연자로 직접 이 사건 법률의 적용대상이 된다고 할 수 있으므로 자기관련성이 인정된다.

※ 참고판례

일회용도시락 2003헌마428 사건, 환경부담금 - 판매업자에게 부담을 줌

(2) 현재관련성

이 사건 법률의 시행일은 2014년 1월 1일이다. 따라서 헌법소원심판 청구시점에는 이미 법률이 시행중에 있으므로 기본권침해의 현재성이 인정된다.

(3) 직접관련성

집행행위의 매개가 필요 없이, 동법 제23조 제1항은 부담금을 부과·징수한다고 하여 강행규정으로 되어 있으므로 인정된다.

5. 대리인 선임(4)

청구인이 재산세미과세증명 등을 통하여 무자력을 소명하고 국선대리인선임신청을 하였고 그것이 수리되었으므로 인정된다.

6. 권리보호이익(4)

이 사건 헌법소원심판청구를 통하여 심판대상 법률조항이 위헌으로 선언되는 경우 부담금부과의 근거조항이 효력을 상실하므로 인정된다.

7. 소결(2)

이 사건 헌법소원심판청구는 적법하여 본안판단을 해 줘야 한다.

Ⅳ. 본안에 대한 판단(50)

1. 관련되는 기본권과 헌법원칙(10)

청구인은 행복추구권, 재산권, 직업선택의 자유, 근로의 권리, 평등권을 모두 주장하고 있다. 행복추구권은 나머지 특별한 기본권이 문제되는 경우 그 적용이 배제된다. 과도한 부담금은 청구인의 재산권에 대한 제한이 될 수 있다. 근로의 권리는 근로할 수 있는 기회를 국가에게 요구하고 쾌적한 근로환경에서 일할 수 있는 권리로서 청구권적 기본권이므로 이 사건 법률조항과는 아무런 상관이 없다. 직업선택의 자유 역시 비록 부담금을 부과한다고 하더라도 청구인이 선택한 직업활동을 수행하지 못하게 하거나 또는 직업선택을 방해한 것이 아니므로 관련되지 않는다. 평등권의 경우, 다른 개별적 소비와 달리 담배에 대하여만 과도한 부담금을 부과하였다면 그 자체가 차별이라고 볼 여지가 있으므로, 이 사건 법률조항은 청구인의 재산권과 평등권을 제한하는 것이라 할 수 있을 것이다 (7).

그리고 물가연동제의 범위를 30%의 범위 내에서 대통령령으로 위임하고 있으므로 의회유보 또는 포괄위임입법금지원칙에 위반되는지 여부도 문제가 된다(3).

2. 재산권 침해여부(15)

(1) 재산권의 보호영역(2)

헌법 제23조의 재산권은 우선 물권, 채권, 유가증권 등과 같이 사적 유용성이 있는 것으로서 권리주체에게 배타적으로 귀속될 수 있는 사법상의 재산적 가치 있는 권리와 또한 공법상의 재산적 가치 있는 것으로서 마찬가지로 사적 유용성과 배타적 권리성, 상당한 자기기여, 생활보장에의 기여 등의 요건을 만족시키는 권리를 포함한다.

(2) 재산권의 제한(2)

흡연가인 청구인에 대하여 담배소비에 대한 과도한 부담금을 부과하는 경우이는 재산권에 대한 제한이 된다고 할 수 있다. 이러한 제한의 법적 성격은 헌법 제23조 제1항과 제2항의 재산권에 대한 내용과 한계규정 내지는 공공복리적합의무에 해당하는 제한이라고 할 수 있다.

(3) 제한의 한계(2)

공공복리 적합의무에 따른 재산권의 제한이라 하더라도 그 정도가 지나치면 헌법 제37조 제2항에 위반된다고 할 수 있다. 다만 재산권의 내용과 한계규정 또는 공공복리적합의무의 구체적 형성은 입법자에게 맡겨진 사항으로서 넓은 형성의 자유가 인정되므로 완화된 과잉금지원칙 심사로서 족하다고 할 수 있다.

(4) 과잉금지원칙 위반여부의 심사(8)

(가) 목적의 정당성(2)

이 사건법률은 국회가 금연정책을 추진하기 위하여 개정된 것으로서, 개정된 국민건강증진법 제23조는 금연정책을 통해 궁극적으로 국민의 건강을 도모하고자 하는 목적을 가지고 있다. 따라서 그 입법목적의 정당성은 인정된다.

(나) 방법의 적정성(2)

개정된 국민건강증진법 제23조는 각 담배의 종류에 따라 징수되던 부담금을 대폭 인상하였으며, 물가상승률이 지속적으로 반영되는 물가연동제를 도입하고 있다. 이러한 담뱃값인상 정책으로 인하여, 국민들은 담배를 구매하는 것을 경제적 부담으로 느끼게 되고, 이는 국민들의 담배 소비량을 줄어들게 할 수 있다. 따라서 담뱃값인상 정책은 흡연율을 낮출 수 있게 된다. 그러므로 부담금의 인상을 통한 방법은 금연정책이라는 목적을 달성할 수 있는 방법이 되므로, 방법의 적정성 원칙을 충족한다.

(다) 침해의 최소성(2)

금연정책을 실행하여 국민의 건강상 위해를 예방하기 위한 목적을 추구하는 데 있어서 기본권의 제한을 최소화할 수 있는 다른 수단이 있다면, 보다 덜 침해적인 수단을 선택해야 한다. 담뱃값을 인상하는 방법 외의 금연정책으로 예컨대, 흡연의 위험성에 대한 계도와 계몽, 절연교육과 캠페인 등의 여러 가지 다른 수단이 있을 수 있다. 그러나 그 효과가 어느 정도일지 알 수 없어 입법 목적을 달성하기 위한 효과적인 수단이라 하기 어렵다. 이러한 점을 고려했을 때 담뱃값 인상 정책이 침해의 최소성 원칙을 위반하였다고 보기 어렵다.

(라) 법익의 균형성(2)

국민보건이라고 하는 목적의 중요성은 큰 데 비하여, 부담금의 목적은 담배 소비를 줄이기 위한 목적이라고 할 수 있으므로, 금연을 하는 경우 재산권에 대한 침해의 가능성은 줄어든다고 할 수 있을 것이다. 그러므로 법익의 균형성을 충족한다.

(5) 소결(1)

이 사건 법률조항은 재산권을 침해하지 아니한다.

3. 평등권 침해여부(15)

(1) 차별의 존재 여부(3)

금연정책과 국민건강증진의 목적으로 담배소비에 대해서만 과도한 부담금을 부과하고 다른 소비 가령, 비만 또는 건강의 위해를 초래할 수 있는 주류, 햄버거나 또는 탄산음료 등의 소비에 대해서는 아무런 부담금을 부과하지 않는다고 한다면 차별은 일응 존재한다 할 것이다.

(2) 심사기준(5)

제대군인가산점 판결에 따를 때 헌법이 특별히 평등을 명하거나 차별로 인하여 다른 기본권에 대한 중대한 제한을 초래할 수 있는 경우에는 비례의 원칙에 입각한 엄격한 심사를 하여야 한다. 그렇지 않은 경우 입법자는 다른 것은 다르게 같은 것은 같게 취급할 수 있으므로 명백히 자의적인 경우가 아니면 평등 원칙에 위반된다고 할 수 없다고 하는 자의금지원칙을 적용할 수 있을 것이다(2).

이 사건의 경우, 담배에 대한 부담금의 과도한 부과는 첫째 헌법이 특별히 평등을 명하고 있는 경우나 또는 인적 차별에 해당하거나 다른 기본권에 대한 중대한 제한을 초래하는 경우라고 보기는 힘들고, 오히려 물적(사항적) 차별에 해당한다고 할 수 있다. 그러므로 입법자에게는 넓은 형성의 자유가 주어지며, 입법자의 결정이 자의적이라고 할 수 없다면 평등원칙에 위반되지 아니한다(3).

(3) 이 사건의 경우(5)

금연정책을 추진하기 위하여 담뱃값의 두 배 이상의 인상을 초래하는 부담 금의 부과를 하였지만, 경제적 부담을 받지 않기 위해서는 비록 괴롭더라도 담배 를 끊는 방법을 취할 수 있을 것이므로, 이러한 정책이 명백하게 자의적으로 차 별하는 것이라고 하기는 힘들다고 보인다. 물론 주류, 탄산음료나, 패스트푸드의 규제 등을 위한 목적으로 부담금 부과의 방법을 취할 수도 있으나, 이러한 음식 으로 인한 비만 등 건강에 대한 위해의 효과는 담배의 위해와 비교할 때 미약하 다고 할 수 있을 것이므로, 그에 대한 차등적 대처가 명백히 자의적이라고 하기 는 어렵다.

(4) 소결(2)

결론적으로 이 사건 법률조항이 평등원칙에 위반된다고 하기 힘들다.

4. 의회유보 또는 포괄위임입법금지원칙 위반여부(10)

이 사건 법률 제23조 제8항은 그 밖에 물가연동을 시키기 위하여 30%의 범 위 내에서 대통령령으로 부담금의 인상폭을 정할 수 있도록 대통령령에 위임하 고 있는 바, 이와 같이 물가에 따라서 부담금을 인상할 수 있도록 하는 것이 반 드시 의회가 입법해야 할 규율대상이라고 하기 힘들다. 따라서 의회유보원칙에 위반된다고 보기 힘들다.

또한 위임가능한 입법이라 하더라도 헌법 제75조에 따라 구체적으로 범위를 정하여 위임하도록 하고 있는 포괄위임입법금지원칙에 위반되는지 여부가 문제 되는 바, 이 사건 법률 제23조 제8항은 30%의 범위 내에서 물가를 반영할 수 있 도록 구체적으로 범위를 정하고 있으므로 포괄적으로 위임하였다고 할 수 없으 므로 동 원칙에 위반된다고 할 수 없다.

Ⅴ. 결론 및 결정주문(5)

이 사건 법률조항들은 어느 모로 보나 헌법에 위반된다고 할 수 없다(위헌으로 결론 내는 경우, 법적 공백상태의 발생 여부나 또는 합헌상태의 회복가능성 여하에 따라서 잠정적인 계속적용을 명하는 헌법불합치나, 또는 적용중지를 명하는 헌법불합치결정을 할 수 있을 것이다).

참고판례

※ 국민건강증진법 제9조 제4항 제23호 등 위헌확인
(헌재 2013. 6. 27. 2011헌마315 등, 판례집 25-1, 570 [기각,각하])

※ 국민건강증진법 제9조 제4항 제23호 위헌확인
(헌재 2014. 9. 25. 2013헌마411 등, 판례집 26-2상, 609 [기각])

※ 학교용지 확보 등에 관한 특례법 제2조 제2호 등 위헌제청
(헌재 2009. 9. 25. 2007헌가1, 판례집 20-2상, 401 [합헌])

※ 먹는물관리법 제28조 제1항 위헌소원
(헌재 2004. 7. 15. 2002헌바42, 판례집 16-2상, 14 [합헌])

사 례

　갑은 S 대학교에 재학중인 학생으로서 2006년 동계 겨울방학을 이용하여 학원에 취직하여 학원강사로서 활동을 하면서, 등록금과 생활비를 벌기 위하여 입시학원강사 모집에 응모하였으나, 「학원의설립·운영 및 과외교습에 관한 법률」제13조 제1항 및 동법 시행령 제12조 제2항과 그에 따른 별표 2의 일반학원 자격기준 항목 제2호의 규정으로 인하여 학원강사가 될 수 없었다.

　이에 갑은 위 조항들이 자신의 직업의 자유, 평등권, 행복추구권을 침해한다고 주장하면서 헌법재판소법 제68조 제1항에 따른 헌법소원심판을 청구하기 위하여 2007년 2월 10일자로 국선대리인선임신청을 하였다.

〈문〉　이 사건 헌법소원심판청구에 대하여 판단하라(50).

관련 법률

※ **학원의 설립·운영 및 과외교습에 관한 법률**(2001. 4. 7. 법률 제6463호로 최후 개정된 것, 시행 2001. 7. 8.)

제13조 (강사등) ① 학원에서 교습을 담당하는 강사는 대통령령이 정하는 자격을 갖춘 자이어야 한다.

②, ③ 생략

※ **학원의 설립·운영 및 과외교습에 관한 법률 시행령**(2001. 7. 7. 대통령령 제17296호로 최후 개정된 것, 시행 2004. 7. 8.)

제12조 (강사) ① 생략

② 법 제13조 제1항의 규정에 의한 학원강사의 자격기준은 별표 2와 같다.

③ 삭제

[별표 2] 학원강사의 자격기준(제12조 제2항 관련)

일반학원 자격기준

1. 생략

2. 대학 졸업 또는 이와 동등 이상의 학력이 있는 자

3.~9. 생략

모범답안 및 채점기준

〈문〉 이 사건 헌법소원심판청구에 대하여 판단하라(50).

Ⅰ. 문제의 소재(3)

이 사안은 주관적 사유에 의한 직업선택의 자유의 제한의 과잉성 여부와 평등의 원칙 위반여부를 묻는 문제이다. 동시에 헌법소원심판의 적법요건 준수 여부를 잘 심사하여야 할 것이다.

Ⅱ. 심판대상(2)

심판대상은 학원강사의 요건을 제한하고 있는 학원의 설립·운영 및 과외교습에 관한 법률 제13조 제1항 및 동법 시행령 제12조 제2항과 그에 따른 별표 2의 일반학원 자격기준 항목 제2호의 규정의 위헌여부이다.

Ⅲ. 적법요건 심사(10)

1. 대상적격(1)

법령에 대한 헌법소원심판으로서 공권력의 행사성을 갖추었다.

2. 보충성의 원칙(1)

법령에 대한 헌법소원의 경우는 다른 법률에 의한 구제절차가 존재하지 않으므로 보충성의 원칙이 문제되지 않는다.

3. 청구기간(2)

법령에 대한 헌법소원의 경우 법령의 시행과 동시에 기본권침해의 사유가 발생한 경우에는 시행일을 기산일로, 법령의 시행 후에 기본권침해의 사유가 발생한 경우에는 기본권침해의 사유가 발생할 날을 기산일로 하여 기본권침해의 사유가 있음을 안 날로부터 90일 있은 날로부터 1년 이내에 헌법소원심판을 청구하여야 한다(1). 이 사건의 경우 2006년 겨울방학을 맞아 학원강사에 응모하려 하였으나, 이 사건 법률조항으로 인하여 강사가 될 수 없었으므로 기본권침해의 사유가 발생한 것은 2006년 겨울방학 무렵이었으며, 그 사실을 안 날로부터 90일 이내와 있은 날로부터 1년 이내인 2007년 2월 10일 심판을 청구하였으므로 적법하다(1).

4. 대리인 선임(1)

무자력자인 학생으로서 국선대리인선임신청을 하였으므로 적법하다.

5. 기본권침해의 관련성(4)

(1) 자기관련성(1)

청구인은 이 사건 법률조항에 의하여 자신의 기본권이 침해됨을 주장하므로 자기관련성이 인정된다.

(2) 현재관련성(1)

현재관련성 역시 문제될 것이 없다

(3) 직접관련성(2)

우선 「학원의 설립·운영 및 과외교습에 관한 법률」 제13조 제1항은 "학원에서 교습을 담당하는 강사는 대통령령이 정하는 자격을 갖춘 자이어야 한다"고 규정하고 있다. 따라서 강사의 자격을 대통령령에 위임하고 있으므로 이 조항에 직접관련성이 있는지가 의심될 수 있으나, 일정한 자격요건을 갖출 것을 의무로 하고 있으므로 이 조항의 직접성은 인정된다고 본다(1). 다음 이 사건 시행령 제12조 제2항은 "법 제13조 제1항의 규정에 의한 학원강사의 자격기준은 별표 2와 같다." [별표 2] 학원강사의 자격기준: 일반학원 자격기준 "2. 대학 졸업 또는 이와 동등 이상의 학력이 있는 자."로 규정하고 있는 바, 이 시행령 조항 역시 직접관련성이 인정된다고 본다(1).

6. 권리보호이익(1)

이 사건 조항이 위헌결정되는 경우 학원강사가 될 수 있으므로 심판청구의 이익이 있다.

Ⅳ. 위헌여부의 판단(30)

1. 관련되는 기본권(2)

행복추구권은 직업의 자유의 일반적 기본권이라고 할 수 있으므로 일단 적용에서 배제하고 직업의 자유와 평등권침해 여부를 심사하면 된다(1). 그 밖에 포괄위임입법금지의 원칙 위반 여부도 심사하여야 할 것이다(1).

2. 직업의 자유의 침해여부(18)

(1) 직업의 자유의 보호영역(1)

직업의 자유는 직업행사의 자유와 좁은 의미의 직업선택의 자유를 포함한다. 직업선택의 자유에는 또한 전직의 자유, 직장선택의 자유, 직업교육장 선택의 자유가 포함되는 것으로 보아야 할 것이다. 그리고 겸직의 자유와 부업의 자유 역시 보장된다.

(2) 직업의 자유의 제한(3)

(가) 단계이론(1)

직업선택의 자유에 대한 제한은 다음과 같은 단계로 이루어질 수 있는데 이를 단계이론이라 한다.

① 직업행사의 자유에 대한 제한

② 주관적 사유에 의한 직업선택의 자유의 제한

③ 객관적 사유에 의한 직업선택의 자유의 제한

(나) 단계이론과 입법자의 형성의 자유(1)

각 단계마다 이러한 제한의 정당화사유가 보다 엄격하게 요구가 되므로 직업행사의 자유에 대한 제한 단계에서는 입법자의 형성의 자유가 넓게 인정되는 반면, 객관적 사유에 의한 직업선택의 자유의 제한에 가까울 수록 입법자의 형성의 자유는 좁아진다.

(다) 사안의 적용(1)

이 사건 조항은 주관적 사유에 의한 직업선택의 자유의 제한이다. 따라서 직업행사의 자유에 있어서 비례의 원칙보다는 엄격하지만 객관적 사유에 의한 제한에 있어서보다는 덜 엄격한 공익에 의한 정당화가 필요하다고 할 수 있다. 한편 우리 헌법재판소는 주관적 사유에 의한 직업선택의 자유의 제한, 즉 자격요건에 관한 규율에 있어서 입법자가 넓은 형성의 자유를 가진다는 입장을 가지고 있다.

(3) 제한의 한계(14)

(가) 비례의 원칙 위반여부(7)

주관적 사유에 의하여 직업선택의 자유를 제한하기 위해서는 그러한 제한을 정당화하기 위한 공익적 사유가 존재하여야 하고 그 제한의 정도가 비례의 원칙에 부합하여야 한다.

① 목적의 정당성(1)

학원교육을 함에 있어서 자격을 갖춘 강사에 의한 보다 양질의 교육을 하기 위해서는 강사의 자격요건을 제한할 필요성이 있으므로 학원교육의 질적 수준확보라고 하는 목적은 정당화될 수 있다.

② 방법의 적정성(1)

목적을 달성하기 위한 방법으로서 대학졸업자라고 하는 자격요건을 사용하여 학원강사 자격을 제한하였는데, 이러한 요건은 목적 달성에 어느 정도 기여가 가능하므로 방법의 적정성이 인정된다.

③ 침해의 최소성(3)

가능한 여러 가지 수단 중 가장 덜 침해적인 수단을 사용하였는가의 문제이다(1). 학원교육과 관련해서 교육수준의 유지를 위해서는 강사를 대학졸업자 이상으로 제한하는 방법 외에도, 그러한 제한이 없이 강사채용을 가능하게 하면서도, 교육성과 등을 통하여 강사들의 질적 수준을 가리는 방법 등이 있을 수 있으나, 후자의 경우 그 방법이 복잡하며, 교육의 질에 대한 사후적 통제 자체가 쉽지 않은 점 등을 고려할 때, 이러한 방법이 침해의 최소성을 위반하였다고 보기는 힘들다(1). 또한 대학재학생의 경우, 과외교습 등의 방법으로 등록금을 벌 수 있는 방법이 있으므로 이 정도가 침해의 최소성을 위반했다고 보기 어렵다(1).

④ 법익의 균형성(1)

학원교육의 질적 수준 유지라고 하는 공익과 자격제한으로 발생하는 기본권 침해의 중대성을 비교해 볼 때, 법익의 균형성을 잃었다고 보기 어렵다.

⑤ 소결(1)

결론적으로 비례의 원칙에 위반되지 않는다(※ 그러나 결론은 상이할 수 있다).

(나) 형식상의 한계 위반여부: 포괄위임입법금지의 원칙(7)

① 의의(1)

기본권을 제한하는 법률은 일단 그 기본적이고 본질적인 사항은 민주적으로 정당화된 입법자인 국회가 스스로 규정하여야 한다는 것이 의회입법의 원칙이다. 그리고 행정부에 그 입법사항을 위임할 경우에는 그 위임을 구체적으로 하여야 하지 포괄적으로 위임해서는 안된다는 것이 헌법 제75조의 포괄위임입법금지의 원칙이다.

② 위임의 구체성·명확성의 정도(2)

위임의 구체성·명확성의 정도는 기본권제한의 중대성 정도에 따라서 달라질 수 있다. 즉 침해적 영역에서는 그 구체성·명확성의 정도가 엄격하여야 하지만 급부영역에서는 그 정도가 덜 할 수 있다는 것이 헌재 판례이다(1). 직업선택의 자유의 제한입법의 경우도 행정입법으로 위임하는 경우 위임의 구체성·명확성의 정도는 직업행사의 자유에 대한 제한입법의 경우 가장 덜 엄격한 데 반하여 객관적 사유에 의한 직업선택의 자유에 대한 제한입법의 경우 가장 엄격하게 요구된다고 생각된다(1).

③ 이 사건의 경우(2)

이 사건 규정의 경우 주관적 사유에 의한 직업선택의 자유에 대한 제한이며, 그 자격요건을 대통령령으로 위임하고 있다(1). 이 사건의 경우 자격요건에 대한 대강의 내용을 예측할 수 있도록 국회가 어느 정도의 윤곽을 규정한 후, 이를 대통령령에 위임하여야 함에도 불구하고 자격요건에 관한 사항을 전체적으로 대통령령에 위임함으로써, 자격요건에 대하여 전혀 예측할 수 없도록 포괄적으로 위임하고 있다. 따라서 포괄위임입법금지의 원칙에 위반된다(1).

④ 본질내용침해금지(1)

비례의 원칙 심사의 결론과 크게 다르지 않다.

⑤ 소결(1)

이 사건 규정들은 내용상 청구인의 직업선택의 자유를 과잉하게 침해한다고 볼 수는 없으나, 입법형식상 포괄위임입법금지의 원칙에 위반될 소지가 있다고 보인다.

3. 평등권 침해 여부(10)

(1) 심사기준(5)

(가) 자의금지: 사항적 차별(2)

완화된 심사기준을 적용하는 것으로, 입법자가 그러한 차별을 할 만한 합리적 사유가 있고, 명백히 잘못이라고 인정할 수 없는 경우 합헌으로 간주한다.

(나) 비례의 원칙에 입각한 엄격심사: 인적 집단에 대한 차별의 경우(2)

우리 헌재판례에 의할 때, 헌법이 명시적으로 차별을 금지하는 경우 차별로 인하여 다른 기본권의 행사를 중대하게 제한하게 되는 경우 엄격심사기준을 적용한다. 그러나 여기에 인적 집단에 대한 차별을 할 경우 엄격심사기준이 적용되어야 한다는 의미에서 보완이 필요하다.

(다) 사안의 적용(1)

대학졸업자와 비졸업자를 학원강사의 자격요건의 기준으로 삼음으로써 차별하고 있다. 그것은 인적 집단에 대한 차별이 아니라, 사항적 차별에 가깝다. 그러므로 완화된 자의금지 심사로 충분하다.

(2) 평등권의 침해여부(5)

(가) 차별의 존재(2)

대학졸업자와 비졸업자를 구별하여 학원강사 임용자격 요건을 정하고 있으므로 양자 사이에 차별이 존재한다.

(나) 자의금지 심사(2)

학원교육의 질적 수준 유지라고 하는 공익 목적에 비추어 볼 때, 이러한 기준으로 자격요건을 제한하는 것이 현저히 잘못된 입법자의 결정이라고 볼 만한 자료는 보이지 않는다.

(다) 소결(1)

그러므로 평등권을 침해하지 않는다.

V. 결 론(5)

이 사건 규정은 청구인의 직업선택의 자유나 평등권을 침해하지는 않으나, 입법형식상 포괄위임입법금지의 원칙에 위반된다고 보인다(3).

따라서 주문형식상 헌법불합치결정을 선택하고, 입법자가 이러한 입법형식상의 흠결을 보완할 때까지 잠정적으로 계속 적용할 것을 명할 수 있을 것이다(2).

참고판례

※ **학원의 설립·운영 및 과외교습에 관한 법률 제13조 제1항 등 위헌확인**

(헌재 2003. 9. 25. 2002헌마519, 판례집 15−2상, 454, 457 [기각])

〈해설〉 헌법재판소의 법정의견은 이 사건 법률조항이 헌법에 위반되지 않는다고 보았으나 5명의 위헌의견은 이 사건 법률조항이 포괄위임입법금지의 원칙에 위반되어 위헌이고 나머지 시행령조항도 위헌이라고 보았다.

[재판관 윤영철, 재판관 김영일, 재판관 권 성, 재판관 송인준, 재판관 전효숙의 위헌의견]

"이 사건 법률조항은 그 문언 자체로 볼 때 도무지 입법으로써 어떠한 범위에서 무엇을 기준으로 강사의 자격기준을 정할 것인지를 제시하지 아니한 채 그에 대한 규율 일체를 하위법규인 대통령령에 백지위임하고 있고, 관련 법조항을 유기적·체계적으로 살펴보아도 그 구체적인 자격기준으로 삼을 만한 어떠한 단서도 찾아볼 수 없다. 그 결과 강사의 자격기준을 정하는 위임입법에서 다른 직종과 유사하게 소정의 자격시험을 통과할 것을 요건으로 할 것인지, 아니면 교습과정과 관련한 학력이나 지식·기술 등의 구비 여부를 위주로 자격요건을 정할 것인지, 그도 아니면 단지 추상적으로 무형의 인격적 자질 따위를 요구하는 데 그칠 것인지 도무지 예측할 수 없다. 따라서 이 사건 법률조항은 헌법에 위반되므로 그에 근거하여 학원강사의 구체적인 자격기준을 규정하고 있는 하위법규인 이 사건 시행령조항 또한 헌법에 위반된다."

※ **법무사법시행규칙에 대한 헌법소원**
(헌재 1990. 10. 15. 89헌마178, 판례집 2, 365 [위헌])

24 영업시간제한과 의무휴업일지정제도의 위헌여부
- 유통산업발전법 제12조의2와 전주시 조례 -

청구인 사단법인 한국체인스토어협회는 1975년 9월 8일 사단법인등기(서울민사지방법원 등기번호 제1419호)를 마친 이래, 삼성테스코, GS리테일, 신세계 이마트, 롯데쇼핑 롯데마트 등 27개 대형유통업체를 정회원으로, 71개의 회사를 특별회원으로 하고 있는 법인이다.

그런데 국회는 유통산업발전법(2012. 1. 17. 법률 제11175호)(이하 '이 사건 법률') 제12조의2를 신설하여 대규모점포와 준대규모점포에 대하여 영업시간 제한이나 의무휴업일을 지정하여 의무휴업을 명할 수 있도록 하였다(제1항). 또한 동조 제2항에서는 오전 0시부터 오전 8시까지의 범위에서 영업시간을 제한할 수 있도록 하고 있으며, 제3항에서는 매월 1일 이상 2일 이내의 범위에서 의무휴업일을 지정할 수 있도록 하였다. 제4항에서는 위의 각 항에 대하여 영업시간 제한 및 의무휴업일 지정에 필요한 사항은 해당 지방자치단체의 조례로 정하도록 하였다.

또한 이 사건 법률 제12조의2 신설에 따라, 전주시 의회는 전주시 대규모점포 등의 등록 및 조정 조례(2012. 2. 27. 조례 제2955호)(이하 '이 사건 조례') 제11조의2를 신설하여 대형유통매장의 영업시간을 오전 0시부터 오전 8시까지로 제한하고, 두 번째 일요일과 네 번째 일요일로 지정하여 의무휴업을 명하였다.

한편 이 사건 법률 제52조에서는 제12조의2를 위반하는 경우 3천만원 이하의 과태료를 부과할 것을 규정하고 있다.

이에 청구인은 대형유통매장을 운영하는 회사들의 단체로서, 이 사건 법률과 이 사건 조례의 시행으로 영업시간이 제한되고 의무휴업이 강제됨에 따라 대형유통매장의 운영에 크나큰 타격을 입을 것으로 예상되며, 이러한 영업제한은 대형유통매장 등의 운영의 효율성을 떨어뜨려 운영비를 증가시키고 이는 제품 판매가에 반영돼 장바구니 물가의 상승을 초래할 것이라고 지적을 하고, 이 사건 법률 제12조의2와 이 사건 조례 제11조의2가 헌법상 보장되는 청구인의 행복추구권, 평등권과 직업선택의 자유를 침해하고, 시장경제질서를 바탕으로 한 경제상의 자유를 침해한다고 주장하면서 2012년 2월 17일 헌법재판소에 헌법소원심판을 청구하였다.

〈문〉 청구인의 이 사건 헌법소원심판청구가 청구를 위한 적법요건을 갖추었는지 여부와 이 사건 법률조항 및 조례가 규정하고 있는 영업시간제한 및 의무휴업일 지정제도가 대형유통업체의 기본권을 침해하여 위헌인지 여부에 대하여 각각 판단하라(100).

관련 법률

※ **유통산업발전법**(2012. 1. 17. 법률 제11175호) **제12조의2**(대규모점포등에 대한 영업시간의 제한 등)

① 시장·군수·구청장은 건전한 유통질서 확립, 근로자의 건강권 및 대규모점포등과 중소유통업의 상생발전을 위하여 필요하다고 인정하는 경우 대규모점포 중 대통령령으로 정하는 것과 준대규모점포에 대하여 다음 각 호의 영업시간 제한을 명하거나 의무휴업일을 지정하여 의무휴업을 명할 수 있다. 다만, 연간 총매출액 중 「농수산물 유통 및 가격안정에 관한 법률」에 따른 농수산물의 매출액 비중이 51퍼센트 이상인 대규모점포등으로서 해당 지방자치단체의 조례로 정하는 대규모점포등에 대하여는 그러하지 아니하다.

1. 영업시간 제한
2. 의무휴업일 지정

② 시장·군수·구청장은 제1항 제1호에 따라 오전 0시부터 오전 8시까지의 범위에서 영업시간을 제한할 수 있다.

③ 시장·군수·구청장은 제1항 제2호에 따라 매월 1일 이상 2일 이내의 범위에서 의무휴업일을 지정할 수 있다.

④ 제1항부터 제3항까지의 규정에 따른 영업시간 제한 및 의무휴업일 지정에 필요한 사항은 해당 지방자치단체의 조례로 정한다.

[본조신설 2012. 1. 17.]

※ **전주시 대규모점포 등의 등록 및 조정 조례**(2012. 2. 27. 조례 제2955호)

제11조의2(대규모점포 등에 대한 영업시간의 제한 등) 시장은 「유통산업발전법」 제12조의2에 따라 건전한 유통질서 확립, 근로자의 건강권 및 대규모점포 등과 중소유통의 상생발전을 위하여 전주시내에 있는 대규모점포 중 「유통산업발전법 시행령」에서 정하는 것과 준대규모점포에 대하여 다음 각 호와 같이 영업시간 제한을 명하고, 의무휴업일을 지정하여 휴업을 명하여야 한다. 다만, 연간 총매출액 중 「농수산물 유통 및 가격안정에 관한 법률」에 따른 농수산물의 매출액 비중이 51퍼센트 이상인 대규모점포 등은 제외한다. <신설 2012. 2. 27 조례2955>

1. 영업시간 제한은 「유통산업발전법」 제12조의2 제1항 제1호 및 제2항에 따라 오전 0시부터 오전 8시까지 한다.

2. 의무휴업일은 「유통산업발전법」 제12조의2 제1항 제2호 및 제3항에 따라 매월 2일로 하며, 두 번째 일요일과 네 번째 일요일로 지정하여 의무휴업을 한다. 다만, 전주시에 본점을 둔 대규모점포 등은 예외로 한다.

모범답안 및 채점기준

〈문〉 청구인의 이 사건 헌법소원심판청구가 청구를 위한 적법요건을 갖추었는지 여부와 이 사건 법률조항 및 조례가 규정하고 있는 영업시간제한 및 의무휴업일지정제도가 대형유통업체의 기본권을 침해하여 위헌인지 여부에 대하여 각각 판단하라(100).

Ⅰ. 문제의 소재(5)

대형유통매장에 대한 영업시간제한과 의무휴업일지정제도에 대한 이 사건 청구인(사단법인 한국체인스토어협회)의 헌법소원과 관련한 적법요건과 기본권침해 여부에 대한 판단이 문제가 된다.

Ⅱ. 사건의 개요와 심판의 대상(5)

1. 사건의 개요(2)

국회는 유통산업발전법을 개정하여 대형유통매장에 대하여 영업시간 제한 및 의무휴업일 지정에 관한 근거규정을 두고 필요한 사항은 지방자치단체의 조례로 정하도록 하였고 이를 근거로 전주시 의회는 영업시간을 제한하고 의무휴업일을 명하는 조례를 신설하였다. 이 사건 청구인은 대형유통매장을 회원으로 하고 있는 사단법인 한국체인스토어협회로서 이러한 유통산업발전법과 조례로 인하여 자신의 행복추구권, 평등권, 직업선택의 자유를 침해당하였다고 주장을 하면서 2012년 2월 17일 이 사건 헌법소원심판을 청구하였다.

2. 심판의 대상(3)

청구인은 주로 유통산업발전법상의 영업시간제한과 의무휴업일강제규정에 관하여 다투고 있는 것이므로, 이 사건 헌법소원심판의 대상은 유통산업발전법(2012. 1. 17. 법률 제11175호) 제12조의2 제1항, 제2항, 제3항, 제4항의 위헌여부라고 할 수 있다. 그리고 구체적인 영업시간제한과 의무휴업일지정은 조례를 통하여 이루어지고 있으므로, 전주시 대규모점포 등의 등록 및 조정 조례(2012. 2. 27. 조례 제2955호) 제11조의2의 위헌여부가 심판의 대상이 된다.

Ⅲ. 적법요건에 판단(40)

1. 공권력의 행사 또는 불행사(4)

법률조항과 조례는 헌법소원심판의 대상이 되는 공권력의 행사에 속한다.

2. 보충성의 원칙(10)

법률에 대한 헌법소원의 경우 다른 구제절차가 존재하지 않으므로 충족한다(2).

조례에 대한 헌법소원의 경우, 조례는 일단 항고소송의 대상성이 인정되는가 하는 문제가 제기되는 바, 대법원은 조례가 집행행위의 개입 없이 그 자체로서 직접 국민의 구체적인 권리의무나 법적 이익에 영향을 미치는 등의 법률상 효과를 발생시키는 경우 그 조례는 항고소송의 대상이 되는 행정처분에 해당된다고 판시한 바 있다(대법원 1996. 9. 20 선고 95누8003 판결). 따라서 처분적 성격을 갖는 조례의 경우 항고소송의 대상이 될 수 있으므로 먼저 법원에 행정소송을 다투어야 한다(3).

조례의 성격상 처분적 성격을 가졌다고 보기 어려운 경우에는 그것이 항고소송의 대상이 된다고 단정할 수도 없고, 그에 관한 법원의 판례도 없을 경우에는 헌법소원의 대상성을 인정해야 할 것이다. 그리고 행정소송으로 다투어 봐도 권리구제에 대한 기대가능성이 없거나 불필요한 우회절차만을 강요하는 것이 된다고 볼 수 있을 경우에는 보충성의 원칙의 예외를 인정할 수도 있을 것이다(3).

이 사건의 경우 영업시간제한과 의무휴업일의 지정은 개별적이고 구체적인 처분적 성격을 갖는 조례라고 할 수 있으므로, 먼저 행정소송으로 다투어도 좋을 것으로 보인다(2).

3. 청구기간(4)

이 사건 법률조항은 2012년 1월 17일 그리고 이 사건 조례는 2012년 2월 27일 공포·시행될 것으로 보이며, 헌법소원심판청구는 2012년 2월 17일이므로 사유발생을 안 날로부터 90일 이내, 사유발생일로부터 1년 이내의 청구기간을 준수하였다. 다만 법령소원은 원칙적으로 시행중인 법률이어야 하지만, 시행전이라도 기본권침해가 확실히 예측되는 경우에는 헌법소원을 청구할 수 있다.

4. 헌법소원청구능력: 기본권주체성(4)

청구인은 법인으로 일정한 범위에서 성질상 기본권 주체가 될 수 있는 경우에는 기본권주체로 등장할 수 있으며 이 사안에서는 주로 직업선택의 자유의 침해를 주장하고 있으므로 문제될 것이 없다.

5. 기본권침해의 관련성(8)

(1) 자기관련성(2)

구성원인 대형유통매점의 경우 기본권침해를 받을 수 있음은 별론으로 하되, 그 대형유통매점들을 회원으로 거느리고 있는 체인협회인 청구인이 이 사건 법률이나 조례에 의하여 직접 자신의 기본권이 침해된다고 할 수는 없으므로 자기관련성이 없다.

(2) 현재관련성(2)

자기관련성이 없다면 현재관련성 역시 없다고 할 수 있다.

(3) 직접관련성(4)

이 사건 법률에 따르면 시장·군수·구청장의 집행행위의 매개에 의하여 비로소 기본권이 침해될 수 있으므로 기본권침해의 직접성이 결여된다. 그러나 조례에 의하면 "의무휴업일을 지정하여 휴업을 명하여야 한다"는 기속규정으로 되어 있으므로 직접관련성이 인정된다.

6. 권리보호이익(4)

이 사건 법률과 조례가 위헌으로 효력을 상실하는 경우 권리구제가 가능하므로 충족한다.

7. 대리인 선임(4)

사안에서는 변호사 선임 여부가 불분명하나 선임하였다면 요건은 충족된다.

8. 소결(2)

청구인의 이 사건 법률조항에 대한 헌법소원심판청구는 자기관련성과 직접성이 결여되어 있으므로 각하된다. 그리고 조례에 대한 헌법소원심판 부분은 조례가 처분적 성격이 있는 것으로 항고소송의 대상이 될 수 있다고 보이므로 보충성의 원칙에 위반될 뿐만 아니라, 또한 기본권침해의 자기관련성이 없어 부적법하여 각하해야 할 것으로 판단된다.

Ⅳ. 본안에 대한 판단(45)

1. 관련되는 기본권과 헌법원칙(5)

직업선택의 자유와 평등권이 상상적으로 경합된다. 행복추구권은 일반적 기본권으로 적용이 배제된다. 그 밖에 유통산업발전법 제12조의2 제4항은 영업시간제한과 의무휴업일지정을 조례로 위임하고 있으므로 의회입법의 원칙이나 포괄위임입법금지원칙에 위반되지 않는지의 문제도 제기될 수 있는 바, 청구인의 주장은 없었으므로 직권으로 심사 가능하다.

2. 직업선택의 자유의 침해여부(20)

(1) 보호영역(2)

직업행사의 자유와 직업선택의 자유, 직장선택의 자유, 전직의 자유, 직업교육장 선택의 자유가 모두 포함된다.

(2) 기본권의 제한(3)

영업시간제한 및 의무휴업지정은 직업행사의 자유에 대한 제한에 해당한다.

(3) 제한의 정당화(한계)(15)

(가) 직업선택의 자유에 있어서 단계이론(5)

① 직업행사의 자유에 대한 제한은 입법자에게 넓은 형성의 자유가 인정되므로 완화된 과잉금지의 원칙 위반여부의 심사기준을 적용한다.

② 직업선택의 자유에 대한 제한의 경우 주관적 사유에 의한 제한은 보다 엄격한 심사기준을 적용한다.

③ 객관적 사유에 의한 제한은 월등하게 중요한 공익이 제한을 정당화하는 예외적인 경우에만 허용되어 가장 엄격한 심사기준을 적용한다.

(나) 사안에의 적용(10)

이 사건의 경우 영업시간제한 및 의무휴업일지정제도는 일종의 직업행사의 자유에 대한 제한이므로 완화된 과잉금지의 원칙 심사로 족할 것이다.

① 목적의 정당성(2)

영업시간제한 및 의무휴업일지정제도의 목적은 영세한 중소유통업을 보호하고 대형매장유통업 종사자들의 근로조건을 향상시키기 위한 목적으로 보인다.

따라서 목적의 정당성이 인정된다.

② 방법의 적정성(2)

영업시간제한 및 의무휴업일지정제도는 위 목적을 달성하기에 적합하다고 볼 수 있으므로 방법의 적정성도 인정된다.

③ 침해의 최소성(2)

영업시간을 0시부터 8시까지의 영업으로 국한하여 제한하는 것보다 덜 침해적인 방법은 없다고 사료되고, 또한 의무휴업일의 경우도 매월 1일 이상 2일의 범위 내에서 지정하는 방법을 택하고 있으므로 마찬가지이다.

④ 법익의 균형성(2)

이 사건 영업시간제한과 의무휴업일지정제도의 입법목적의 중요성은 매우 큰 데 비하여 그로 인해 초래되는 대형유통매장의 영업의 자유에 대한 제한의 정도는 그다지 크다고 볼 수 없으며 또한 수인가능한 범위라고 볼 수 있으므로 법익의 균형성 역시 충족된다.

⑤ 소결 (2)

과잉금지의 원칙을 준수하였다고 생각된다.

3. 평등권의 침해여부(15)

(1) 차별의 존재 유무(3)

대형유통매장의 경우도 연간 총매출액 중 농수산물 유통 및 가격안정에 관한 법률에 따른 농수산물의 매출액 비중이 51% 이상인 대규모점포 등으로서 해당지방자치단체의 조례로 정하는 대규모점포 등에 대하여는 영업시간제한이나 의무휴업일지정제도가 적용되지 않으므로 차별이 존재한다.

(2) 심사기준(3)

인적 집단에 대한 차별이 아니라 사항적 차별이므로 자의금지 기준을 적용해야 한다.

(3) 자의금지 기준 위반여부(6)

차별에 있어서 합리적 사유가 없이 자의가 존재하는지 여부를 살핀다(3).

농·수산물을 취급하는 대규모점포 등은 일반 대규모점포와 비교할 때 농어민들과의 직거래를 통한 유통을 주로 담당하는 등, 영업시간제한이나 의무휴업일 등을 적용하게 되면 농·수산물의 신선도의 유지가 더욱 어려워질 수 있는 등의 특수성이 있다고 할 수 있으므로 입법자의 그러한 결정이 자의적이라고 하기는 힘들 것이다(3).

(4) 소결(3)

평등원칙에 위반되지 않는다.

4. 의회유보의 원칙, 포괄위임입법금지의 원칙 위반여부(5)

청구인이 주장하지는 않았으나, 이 사건 법률조항은 영업시간제한과 의무휴업일지정의 구체적인 내용은 조례에 의하도록 위임하고 있으므로, 그것이 의회유보의 원칙에 위반되는지 그리고 포괄위임입법금지의 원칙에 위반되는지 여부가 문제될 수 있다(2).

그러나 영업시간제한과 의무휴업일의 범위를 이 사건 법률이 구체적으로 규정하고 있고, 그러한 범위 내에서 조례로 정하도록 하고 있기 때문에, 본질적인 내용에 대한 위임금지를 의미하는 의회입법의 원칙에 위반된다고 볼 수 없으며, 또한 영업시간제한과 의무휴업일의 범위 내에서 조례가 적절한 시간과 요일을 정할 것으로 충분히 예측할 수 있다고 보이므로, 포괄위임입법금지의 원칙도 위반되지 않는다고 생각된다(3).

V. 결   론(5)

이 사건 법률조항과 조례에 의한 영업시간제한과 의무휴업일지정제도는 대형유통매점의 평등권, 직업선택의 자유나 그 밖의 시장경제질서를 바탕으로 한 경제상의 자유를 침해한다고 볼 수 없어 헌법에 위반되지 않는다.

참고판례

※ **유통산업발전법 제12조의2 등 위헌확인**
(헌재 2013. 12. 26. 2012헌마162 등, 공보 제207호, 142 [각하])

※ **전주시 대규모 점포 등의 등록 및 조정 조례 제11조의2 제2호 위헌확인**
(헌재 2013. 12. 26. 2012헌마196, 공보 제207호, 147 [각하])

※ 부산광역시 학원의 설립·운영 및 과외교습에 관한 조례 제9조 위헌확인
(헌재 2009. 10. 29. 2008헌마454, 판례집 21-2하, 402, 409 [기각])

"이 사건 조항은 학교교과교습학원 및 교습소의 교습시간을 제한하고 있을 뿐이므로 비록 그로 인하여 학원 운영자 등이 교습시간을 제한받는다고 하여도 위 조항을 그 상대방과 적용사건이 특정되는 처분적 조례로서 항고소송의 대상이 된다고 볼 수 있을지는 의문이다. 그렇다면 이 사건 조항에 대한 소송을 일반 법원에 제기하더라도 이 사건 조항이 항고소송의 대상이 되는 행정처분에 해당하는지 여부가 객관적으로 불확실하고 이 사건 조항에 대하여 법원에서 항고소송의 대상으로 인정받은 적도 없는바, 청구인들에게 항고소송에 의한 권리구제절차를 거치도록 요구하거나 기대할 수 없으므로 보충성의 예외를 인정하여 헌법소원을 허용함이 상당하다."

선거방송토론위원회의 TV 대담·토론회 초청 후보자의 선별과 배제된 후보자의 기본권

사 례

청구인들은 2012년 12월 19일 실시된 제18대 대통령선거에서 군소정당인 A 정당과 B정당 후보자로 입후보하였다가 낙선하였다. 그런데 공직선거법(2010. 1. 25. 법률 제9974호로 일부개정된 것) 제82조의2에 의하여 공영방송사가 대통령선 거의 선거운동기간 중 3회 이상 개최하여 보도하도록 되어 있는 '대통령후보자 초 청 공영방송 텔레비전 대담·토론회'의 주관자인 대통령선거방송토론위원회는 위 선거 실시 전인 2012년 11월 23일 제18대 대통령선거의 방송토론회의 진행과 관련 하여, 3회에 걸쳐 다자간 합동방송토론회를 개최하되, 초청대상 후보자는 원내교섭 단체 보유 정당의 대통령후보자와 5개 이상의 중앙종합일간지와 3개 텔레비전 방 송사가 조사한 후보등록 이전 10일간의 여론조사결과 평균지지율 10% 이상인 후 보자로 하며 다만 위 기준에 해당하지 않는 후보자에 대해서도 대담·토론의 기회 를 줄 수 있다고 결정하여 공표하였다.

위 기준에 해당하지 않는 청구인들은 방송토론위원회의 위 결정이 부당하다고 판단하고, "공직선거법의 취지에 따를 때, 공영방송사는 모든 후보자들이 3회 이상 초청되도록 하여 방송토론회를 개최하되 다만 그 방법으로서 1회에 1인 또는 수인을 초청하는 형식 중 어느 하나를 선택할 수 있다는 것이다. 그리고 방송토론회는 다른 선거운동방식과는 비교가 되지 않을 정도로 그 영향력이 크고 광범위하며, 후보자간의 정견이나 정책을 그 자리에서 명확하게 상호 비교·평가할 수 있다는 점에서 후보자간의 우열을 뚜렷이 알게 해 주는, 선거운동의 사활이 걸린 매우 중차대한 것이다. 따라서 공직선거법에 의하여 대통령선거와 관련된 공적인 임무를 부여받은 토론위원회로서는 헌법상 기회균등의 원칙과 적법절차의 이념 및 공직선거법상 선거의 공정성이라는 이념을 최대한 구현할 수 있는 방식으로 방송토론회의 진행사항을 결정하여야 할 헌법적, 법률적 의무를 부담하고 있다 할 것인데도 불구하고 토론위원회는 그 의무에 위배하여 대통령후보자 중 일부인 소위 주요 후보 3인만을 초청하여 3회에 걸쳐 방송토론회를 개최하겠다고 결정·공표함으로써 그 초청대상에서 제외된 청구인들을 합리적 이유 없이 차별할 뿐만 아니라 청구인들의 공무담인권마저 침해하고 있다"고 하면서, 2013년 2월 21일 헌법재판소에 이 사건 헌법소원심판을 청구하였다.

〈문〉 청구인들의 이 사건 헌법소원심판청구가 적법한지 그리고 청구인들의 기본권이 침해되었는지 여부에 대하여 판단하라(50).

관련 법률

(이하의 공직선거법의 내용과 공포 및 시행일은 가정으로서 실제 적용법률의 그것과 다를 수 있음)

※ **공직선거법**(2010. 1. 25. 법률 제9974호로 일부개정된 것. 시행 2010. 1. 25.)

제82조의2(공영방송 텔레비전 대담·토론회) ① 공영방송사(한국방송공사와 방송문화진흥회법에 의한 방송문화진흥회가 출자한 방송법인을 말한다. 이하 이 조에서 같다)는 공동하여 대통령선거에 있어서 선거운동기간중 후보자 중에서 1인 또는 수인을 초청하여 소속정당의 정강·정책이나 후보자의 정견 기타사항을 알아보기 위하여 텔레비전방송을 이용한 대담·토론회를 3회 이상 개최하여 보도하여야 한다.

② 공영방송사는 공동하여 제1항의 규정에 의한 대담·토론회를 주관하게 하기 위하여 대통령선거일전 60일까지 대통령선거방송토론위원회(이하 이 조에서 "토론위원회"라 한다)를 설치하여야 한다.

③ 토론위원회는 방송법인·방송학계·대한변호사협회·언론인단체 및 시민단체 등이 추천하는 자와 국회에 의석을 가진 정당이 추천하는 각 1인을 포함하여 11인 이내의 위원으로 구성한다. 이 경우 토론위원회의 위원을 추천하는 방송법인·방송학계·언론인단체 및 시민단체 등의 범위와 추천절차 등은 공영방송사가 협의하여 결정한다.

④ 토론위원회의 위원은 정당에 가입할 수 없다.

⑤ 토론위원회는 초청 후보자와 사회자·질문자의 선정, 대담·토론의 형식, 주제와 시간의 설정 기타 제1항의 규정에 의한 대담·토론회의 진행에 관하여 필요한 사항을 결정하여 이를 공표하여야 한다.

⑥ 공영방송사는 공동하여 제1항의 규정에 의한 대담·토론회의 개최일 전일까지 중앙선거관리위원회에 대담·토론회의 개최신고를 하여야 한다.

⑦, ⑧ 생략

모범답안 및 채점기준

〈문〉 청구인들의 이 사건 헌법소원심판청구가 적법한지 그리고 청구인들의 기본권이 침해되었는지 여부에 대하여 판단하라(50).

Ⅰ. 문제의 소재(3)

이 문제는 원내교섭단체 보유 정당의 대통령후보자와 5개 이상의 중앙종합일간지와 3개 텔레비전 방송사가 조사한 후보등록 이전 10일간의 여론조사결과 평균지지율 10% 이상인 후보자로만 공영방송 대담·토론회의 대상자로 선정한 선거방송토론위원회의 결정이 청구인들의 평등권과 공무담임권 등을 침해하여 위헌인지 여부와 청구인들의 헌법소원심판의 적법여부에 대하여 묻는 물음이다.

Ⅱ. 사건의 개요와 심판의 대상(7)

1. 사건의 개요(3)

청구인들은 2012년 12월 19일 실시된 18대 대통령선거에서 후보자로 출마한 군소정당 후보로, 원내교섭단체 보유 정당 소속이 아닐 뿐만 아니라, 후보등록 이전 10일간 주요 언론사가 실시한 여론조사에서 10% 이상의 지지율을 얻지 못한 후보자들로서 위 대담·토론회의 초청대상에서 제외되자, 청구인들은 선거방송토론위원회의 위 결정이 자신들의 평등권과 공무담임권 등을 침해하였다고 주장하면서 2013년 2월 21일 헌법재판소에 헌법소원심판을 청구하였다.

2. 심판대상(4)

이 사건 헌법소원심판의 대상은 대통령선거방송토론위원회가 제18대 대통령선거 실시 전인 2012년 11월 23일 제18대 대통령선거의 방송토론회의 진행과 관련하여, 3회에 걸쳐 다자간 합동방송토론회를 개최하되, 초청대상 후보자는 원내교섭단체 보유 정당의 대통령후보자와 5개 이상의 중앙종합일간지와 3개 텔레비전 방송사가 조사한 후보등록 이전 10일간의 여론조사결과 평균지지율 10% 이상인 후보자로 하며 다만 위 기준에 해당하지 않는 후보자에 대해서도 대담·토론의 기회를 줄 수 있다고 결정하여 공표한 행위가 청구인들의 기본권을 침해하는지 여부이다.

Ⅲ. 판   단(40)

1. 적법요건에 대한 판단(14)

(1) 공권력의 행사성(2)

위 대통령선거방송토론위원회의 제18대 대통령선거의 방송토론회의 진행과 관련한 결정과 공표행위는 헌법소원의 대상이 될 수 있는 공권력행사에 해당하므로 인정된다.

(2) 보충성의 원칙(2)

선거방송토론위원회의 결정과 공표행위에 대하여 다툴 수 있는 다른 법률에 의한 구제절차가 존재한다고 볼 수 없을 뿐만 아니라, 설사 행정소송 등으로 이를 다툴 수 있다 하더라도, 소의 이익이 없어 각하될 수 있는 등 권리구제의 기대가능성이 없다고 할 수 있으므로, 보충성의 원칙의 예외가 인정될 수 있는 사례에 해당된다.

(3) 청구기간(2)

헌재법 제69조 제1항에 따라 기본권침해의 사유가 있음을 안날로부터 90일, 있은 날로부터 1년 이내에 헌법소원심판을 청구해야 한다.

이 사건 결정은 2012년 11월 23일 이루어졌으며, 그로부터 90일 이내인 2013년 2월 21일 심판청구를 하였으므로 청구기간을 준수하였다.

(4) 대리인 선임(2)

사안에서는 분명치 않으나 사선대리인을 선임하든지 무자력을 소명하여 국선대리인선임신청을 하면 된다고 할 수 있으므로 충족된 것으로 간주한다.

(5) 기본권침해의 관련성(2)

청구인들은 방송토론위원회의 결정에 의하여 자신들의 기본권이 현재 침해되었을 뿐만 아니라, 별도의 매개행위에 의하여 비로소 기본권침해가 발생하는 것이 아니라, 위원회의 결정에 의하여 대담·토론회에 나갈 수 없게 되었으므로 기본권침해의 직접성도 인정된다.

(6) 권리보호의 이익(2)

이 사건 헌법소원심판청구를 통하여 청구인들이 승소하는 경우라 하더라도 더 이상 18대 대통령선거에서 대담·토론회에 나갈 수 있는 가능성은 사라졌으므로 주관적 권리보호이익은 없다 할 수 있다. 그러나 그렇다 하더라도 이러한 행위가 앞으로도 계속하여 반복될 수 있는 가능성을 배제할 수 없으므로 객관적인 심판의 이익이 인정된다고 할 수 있을 것이다.

(7) 소결(2)

헌법소원심판청구의 모든 요건들을 충족하므로 본안판단으로 넘어가야 한다.

2. 기본권침해여부에 대한 판단(26)

(1) 관련되는 기본권(2)

청구인들은 평등권과 공무담임권의 침해를 주장한다. 이는 일반·특별관계가 아니라 상상적으로 경합관계에 있다고 할 수 있으므로 두 가지 기본권의 침해여부에 대하여 심사하여야 한다.

(2) 평등권 침해여부(12)

(가) 평등권의 보호영역과 심사의 기준(5)

헌법 제11조는 일체의 차별적 대우를 금지하는 것이 아니라 합리적 사유가 있는 차별은 허용된다(1).

심사의 기준은 입법자의 형성의 자유에 달려 있으며, 헌법이 특별히 평등을 명하거나 차별을 금지하는 경우와, 다른 기본권에 대한 중대한 제한을 초래하는 경우에는 비례의 원칙에 입각한 엄격한 심사를 하지만, 그렇지 않은 경우에는 원칙적으로 자의금지에 입각한 완화된 심사를 한다는 것이 헌법재판소의 제대군인 가산점판결 이후의 판례이다(2).

이 사건의 경우 헌법이 정치적 영역에서의 차별금지를 요구하고 있음은 사실이고 이러한 영역에서의 차별은 결국 공무담임권에 대한 제한을 초래할 수 있는 것도 사실이나, 그렇다고 하여 이러한 모든 경우에 다 비례의 원칙에 입각한 엄격한 심사를 해야 하는 것은 아니라고 할 수 있을 것이다(1).

우선 대통령선거와 관련한 대담·토론회의 개최와 관련하여 모든 후보자들을 동등하게 대우하라고 하는 헌법적 명령이 있다 할 수 없으며, 또한 공무담임권의 경우 법률이 정하는 바에 의하여 가질 수 있는 기본권이므로 입법자의 형성의 자유가 넓게 인정된다 할 수 있을 것이다. 그러므로 어느 모로 보나 이 사건의 경우에는 자의금지 기준에 입각한 완화된 심사를 하면 족할 것으로 보인다(1).

(나) 이 사건에의 적용(7)

① 차별의 존재(2)

원내교섭단체 보유정당후보와 또한 직전 여론조사결과 10% 이상의 지지를 받았는지 여부를 대담·토론회의 초청대상자로 포함시킬 것인지 여부에 대한 결정기준으로 삼고 있으므로 차별이 일단 존재한다.

② 자의적 차별인지 여부(3)

그러나 이러한 차별이 자의적인가와 관련하여, 원내교섭단체 보유 정당의 경우에는 보통 정당내부 경선을 거쳐서 상당한 정도의 당내민주주의에 의한 검증을 거친 후보들이라고 할 수 있으며, 또한 주요 언론에 의한 후보등록 이전 10일간의 여론조사 결과 10% 지지율이라고 하는 기준 역시, 상당한 범위에서 국민적 지지를 받는 후보와 그렇지 못한 후보로 나누는 기준으로서 명백히 자의적인 것이라고 판단할 자료는 보이지 않는다.

③ 소결(2)

그러므로 이 사건 방송토론위원회의 결정은 청구인들의 평등권을 침해하지 아니한다.

(3) 공무담임권 침해여부(10)

(가) 보호영역(2)

공무담임권은 헌법 제25조에 의하여 법률이 정하는 바에 의하여 보장되는 권리로서 누구든지 공무에 대한 접근가능성에 있어서 차별받지 아니할 권리라고 할 수 있을 것이다.

(나) 제한(2)

공무에 대한 접근가능성을 제약하거나 사실상 불가능하게 하는 모든 공권력조치는 공무담임권에 대한 제한이라고 할 것이며, 이는 헌법 제37조 제2항에 따라 법률로써 하여야 한다.

(다) 제한의 한계(6)

헌법 제25조가 비록 공무담임권을 법률이 정하는 바에 의하여 보장하지만 그에 대한 제한은 국가안전보장·질서유지·공공복리를 위하여 필요한 경우에 한하여 법률로써 제한할 수 있으며, 제한하는 경우에도 그 본질내용은 침해할 수 없다(1).

그러나 평등심사에 있어서와 마찬가지로 공무담임권 침해여부의 심사에 있어서도 입법자에게 넓은 형성의 자유가 인정된다고 할 수 있으므로, 명백하게 공무담임권을 유명무실하게 하는 경우가 아니라면 위헌이라고 할 수 없을 것이다(완화된 심사)(2).

위 평등권 침해여부의 심사에서 살펴보았듯이, 원내교섭단체를 보유한 정당 출신 후보인가 또는 후보등록 이전 10일 이내의 여론조사결과 10% 지지율을 얻었는가 여부는 나름대로 입법자가 대담·토론회의 초청대상자로 선정하기 위한 기준이 되며 이것이 자의적이라고 할 수는 없을 것이다(1).

뿐만 아니라, 우리 헌법 제8조는 정당설립과 활동의 자유를 보장하고 정당제 민주주의를 채택하고 있으므로, 원내교섭단체를 구성한 정당에 대하여 어느 정도 우월적 지위를 부여하는 것은 평등권침해가 아니라는 것이 우리 헌법재판소 판례이기도 하다(1).

이러한 점들을 고려할 때, 위 토론위원회의 결정이 목적의 정당성이나, 방법의 적정성, 침해의 최소성, 법익의 균형성에 위반되어 위헌이라고 하기 힘들다고 할 것이다(1).

(4) 결론(2)

그러므로 이 사건 방송토론위원회의 결정은 청구인들의 기본권을 침해한다고 할 수 없으므로 심판청구를 기각함이 상당하다.

참고판례

※ **방송토론회진행사항결정행위 등 취소**
(헌재 1998. 8. 27. 97헌마372 등, 판례집 10-2, 461 [기각])

지방선거에서 배제된 외국인의 헌법소원
- 공직선거법 제15조 제2항 제3호 -

사 례

　중국국적을 가지고 있는 재외동포 甲은 한국으로 입국하여 안산의 모 식당의 점원 등으로 일해 왔으며, 지방선거가 있었던 지난 2014년 6월 2일 당시 아직은 영주체류자격 취득 후 3년이라고 하는 요건에 하루가 모자라서 지방선거에 참여할 수 없었다. 그에 반하여 이란 국적을 가지고 있는 乙은 안산공단에 취직하여 甲보다는 먼저 영주체류자격신청을 하여 이를 취득한지 이미 3년이 넘었기 때문에 지방선거에 참여할 수 있었다. 甲은 생각하기를 자신의 동료인 乙과 같은 날 한국에 입국하였으나, 자신은 일에 바쁘다보니 영주체류자격을 신청하기 힘들어서 다소 늦게 하였고, 그로 인하여 영주체류자격을 늦게 취득할 수밖에 없었다. 그렇지만 甲은 자신의 동료와 마찬가지로 지방선거에 대한 관심을 많이 가지고 있을 뿐만 아니라, 자신이 선거권을 행사할 수만 있다면 지역에 가장 적합한 인물을 선출하는 데 자신이 나름의 역할을 할 수 있고, 또한 후보자의 당선을 위해서 선거운동도 할 수 있었을 것이라고 생각하면서, 그럼에도 불구하고 영주체류자격 신청일이 다소 늦어서 취득 후 3년 요건에 하루가 늦은 사실만으로 지방선거에 참여할 수 없게 되었는데, 이것은 자신의 헌법 제11조의 평등권, 헌법 제24조의 선거권은 물론 그로 인하여 헌법 제10조의 인간으로서의 존엄과 가치 및 행복추구권까지도 침해하는 것이라고 주장하면서, 공직선거법 제15조 제2항 제3호에 대하여 2014년 8월 30일 헌법재판소에 헌법소원심판을 청구하였다.

〈문 1〉 甲은 헌법소원심판을 청구할 수 있는 자격이 있는지 판단하라(10).

〈문 2〉 한편 乙은 자신이 지방선거에는 참여할 수 있었지만 대통령선거와 국회의원 선거에는 참여할 수 없기 때문에, 공직선거법 제15조 제1항 제1문은 자신의 헌법 제11조의 평등권 및 선거권을 침해하여 위헌이라고 주장을 하면서 역시 헌법소원심판을 청구하기로 하였다. 乙은 헌법소원심판을 청구할 수 있는 자격이 있는가?(10)

〈문 3〉 甲의 헌법소원심판청구가 적법하다고 가정하고 기본권침해 여부에 대하여 판단하라(40).

관련 법률

※ **공직선거법 제15조**(선거권)

① 19세 이상의 국민은 대통령 및 국회의원의 선거권이 있다. 다만, 지역구 국회의원의 선거권은 19세 이상의 국민으로서 제37조 제1항에 따른 선거인명부작성기준일 현재 다음 각 호의 어느 하나에 해당하는 사람에 한하여 인정된다. <개정 2011. 11. 7., 2014. 1. 17.>

1. 해당 국회의원지역선거구 안에 주민등록이 되어 있는 사람
2. 「재외동포의 출입국과 법적 지위에 관한 법률」 제6조 제1항에 따라 국내거소신고를 하고 국내거소신고인명부(이하 "국내거소신고인명부"라 한다)에 3개월 이상 계속하여 올라 있는 사람으로서 해당 국회의원지역선거구 안에 국내거소신고가 되어 있는 사람

② 19세 이상으로서 제37조 제1항에 따른 선거인명부작성기준일 현재 다음 각 호의 어느 하나에 해당하는 사람은 그 구역에서 선거하는 지방자치단체의 의회의원 및 장의 선거권이 있다. <개정 2009. 2. 12., 2011. 11. 7., 2014. 1. 17.>

1. 해당 지방자치단체의 관할 구역에 주민등록이 되어 있는 사람
2. 국내거소신고인명부에 3개월 이상 계속하여 올라 있는 국민으로서 해당 지방자

치단체의 관할구역에 국내거소신고가 되어 있는 사람
3. 「출입국관리법」 제10조에 따른 영주의 체류자격 취득일 후 3년이 경과한 외국
인으로서 같은 법 제34조에 따라 해당 지방자치단체의 외국인등록대장에 올라
있는 사람

※ **출입국관리법 제10조**(체류자격)
① 입국하려는 외국인은 대통령령으로 정하는 체류자격을 가져야 한다.
② 1회에 부여할 수 있는 체류자격별 체류기간의 상한은 법무부령으로 정한다.

모범답안 및 채점기준

〈문 1〉 甲은 헌법소원심판을 청구할 수 있는 자격이 있는지 판단하라(10).

이 사건은 외국인의 기본권주체성과 청구능력에 관한 문제이다.
甲의 기본권주체성이 인정될 수 있는 기본권은 평등권이다. 즉 乙과 비교했
을 때, 영주체류자격을 취득한지 3년에 하루가 모자란다고 하는 이유로 지방선
거권을 행사할 수 없었기 때문에 같은 외국인끼리 비교하여 차별이 존재하였으
며, 헌법 제11조의 평등권은 이러한 관점에서 외국인인 甲에게 인정될 수 있을
것이다. 나머지 인간으로서의 존엄과 가치 및 행복추구권의 기본권주체성은 인
정되나, 이 사건에서 직접적인 관련성이 없다고 할 것이다.
그러므로 甲은 헌법소원을 청구할 수 있다(청구능력이 인정된다).

〈문 2〉 한편 乙은 자신이 지방선거에는 참여할 수 있었지만 대통령선거
와 국회의원선거에는 참여할 수 없기 때문에, 공직선거법 제15
조 제1항 제1문은 자신의 헌법 제11조의 평등권 및 선거권을 침
해하여 위헌이라고 주장을 하면서 역시 헌법소원심판을 청구하기
로 하였다. 乙은 헌법소원심판을 청구할 수 있는 자격이 있는
가?(10)

乙의 경우 국정선거권에 참여할 수 없다고 하는 이유로 헌법소원심판을 청구하였다. 이 때, 乙에게 헌법소원심판을 청구할 자격이 있는지 판단하는, 청구적격에 관한 문제이다.

대통령이나 국회의원선거에 참여할 수 있는 선거권은 국민에게만 인정될 수 있는 권리이므로 외국인인 乙의 경우는 기본권주체성이 없어서 헌법소원심판을 청구할 수 있는 능력, 즉 청구능력이 없다(10).

〈문 3〉 甲의 헌법소원심판청구가 적법하다고 가정하고 기본권침해 여부에 대하여 판단하라(40)

1. 관련되는 기본권(10)

甲은 인간으로서의 존엄과 가치, 행복추구권, 평등권, 선거권침해를 주장하고 있으나, 전술한 바와 같이 평등권의 침해여부가 주로 문제된다고 할 수 있을 것이다. 지방선거권은 법률이 보장한 권리이고, 헌법이 외국인에게 보장한 기본권이라고 할 수 없다.

2. 평등권 침해여부(30)

(1) 차별의 존재 여부(10)

영주체류자격 취득 후 3년을 기준으로 이 기간을 충족한 외국인과 충족하지 못한 외국인 사이에 지방선거권행사에 있어서 차별을 하고 있으므로 차별이 존재한다.

(2) 평등권 침해여부의 심사기준(10)

헌법이 특별히 평등을 명하거나 차별로 인하여 다른 기본권행사에 대한 중대한 제한이 초래되는 경우에는 비례의 원칙에 입각한 엄격한 심사를 하고, 그렇지 않은 경우에는 원칙적으로 자의금지 기준에 입각한 완화된 심사를 한다는 것이 헌법재판소의 제대군인 가산점사건 판례이다.

이 판례에 따를 때, 이 사건에서는 영주체류자격 취득일로부터 3년을 기준으로 차별하고 있는 것이므로, 특별히 헌법이 차별을 금지하거나 평등을 명한 사례에 해당되지 않는다. 또한 지방선거권의 경우 외국인들에게 헌법이 보장한 기본권이라고 할 수 없어서 차별로 인하여 다른 기본권행사에 중대한 제한이 초래되는 경우라고 할 수는 없다. 따라서 자의금지 기준에 입각한 완화된 심사를 하는 것이 타당하다.

(3) 평등원칙 위반 여부(10)

자의금지 기준에 입각한 심사는 ⅰ) 본질적으로 같은 것을 다르게 취급하고 있는가? ⅱ) 이러한 차별취급이 자의적인가? 의 순서로 심사한다. 이 사건에서 외국인에게 지방참정권을 부여하는 기준으로서 영주체류자격 취득 후 3년이라고 하는 기준을 세웠는데, 외국인에 대하여 체류기간을 기준으로 한 차별은 1년이든 2년이든 아니면 몇 년이든 간에 있을 수 밖에 없는 것이고, 그러한 기준설정으로부터 파생되는 차별의 결과가 결코 자의적이라고 할 수는 없을 것이다.

3. 결론

따라서 이러한 차별이 甲의 평등권을 침해한다고 볼 수는 없을 것이다.

참고판례

※ 산업기술연수생 도입기준 완화결정 등 위헌확인
(헌재 2007. 8. 30. 2004헌마670, 판례집 19-2, 297 [위헌, 각하])

※ 재외동포의출입국과법적지위에관한법률 제2조 제2호 위헌확인
(헌재 2001. 11. 29. 99헌마494, 판례집 13-2, 714 [헌법불합치])

탈법방법에 의한 선거운동금지와 선거운동의 자유
- 공직선거법 제93조 제1항에 대한 헌법소원 -

사 례

청구인들은 컴퓨터, 스마트폰 등을 이용하여 트위터 서비스를 이용하는 대한 민국 국민으로서, 2010년 6월 2일에 실시된 지방선거에서 정당 및 후보자에 관한 트윗(tweet, 140자 미만의 단문으로 된 짧은 글)을 작성하여 그의 팔로워(follower)와 공람하거나, 그가 팔로잉(following)하고 있는 자들(지방선거 후보, 예비후보, 선거운동원 등을 포함)이 트윗한 글을 자신의 팔로워들과 돌려보는 리트윗(Retweet, 이하에서는 트윗과 리트윗을 총칭하여 트윗 등이라 함)을 하려는 자들이었다.

그런데 공직선거법 제93조 제1항(이하 '이 사건 법률조항')은 '누구든지 선거일 전 180일부터 선거일까지 선거에 영향을 미치게 하기 위하여 이 법의 규정에 의하지 아니하고는 정당 또는 후보자를 지지·추천하거나 반대하는 내용이 포함되어 있거나 정당의 명칭 또는 후보자의 성명을 나타내는 광고, 인사장, 벽보, 사진, 문서·도화, 인쇄물이나 녹음·녹화테이프 그 밖에 이와 유사한 것을 배부·첩부·살포·상영 또는 게시할 수 없다'고 규정하고, 같은 법 제255조 제2항 제5호는 위 규정에 위반할 경우 2년 이하의 징역 또는 400만원 이하의 벌금에 처하도록 하고 있는 바, 중앙선거관리위원회는 2010년 2월 12일 "선거관련 트위터 이용 가능범위 제시"라는 제하의 보도자료를 배포하여 위 조항의 '그 밖에 트위터를 이용해 특정 후보 혹은 정당에 관한 지지, 반대를 표시하거나, 선거운동정보가 담긴 트윗을 리트윗하는 행위'가 이 사건 법률조항에 반하는 것으로 규제하겠다는 방침을 밝혔다.

이에 청구인들은 2010년 6월 2일 지방선거일로부터 180일전 기간에 해당하는 시점에서 정당이나 후보들의 이름이 나오는 트윗과 리트윗을 했다가 순식간에 선거사범으로 몰릴지 모르는 상황에 처하게 되었고, 이에 이 사건 법률조항의 "그 밖에 이와 유사한 것"이라는 부분은 지나치게 광범위하고 불명확하여 헌법의 명확성의 원칙에 반하고, 그로 인하여 청구인들의 표현의 자유, 선거운동의 자유를 침해하며, 비교적 자유롭게 정당과 후보들에 대하여 언급하는 언론사들과 비교할 때, 평등권을 침해한다는 이유로 변호사 홍길동을 대리인으로 선임하여 2010년 3월 25일 헌법재판소에 헌법소원심판을 청구하기에 이르렀다.

〈문〉 이 사건 헌법소원심판청구에 대하여 판단하라(100).

관련 법률

※ **공직선거법**(2010. 1.25. 법률 제9974호로 개정된 것)

제93조(탈법방법에 의한 문서·도화의 배부·게시 등 금지)

① 누구든지 선거일전 180일(보궐선거 등에 있어서는 그 선거의 실시사유가 확정된 때)부터 선거일까지 선거에 영향을 미치게 하기 위하여 이 법의 규정에 의하지 아니하고는 정당(창당준비위원회와 정당의 정강·정책을 포함한다. 이하 이 조에서 같다) 또는 후보자(후보자가 되고자 하는 자를 포함한다. 이하 이 조에서 같다)를 지지·추천하거나 반대하는 내용이 포함되어 있거나 정당의 명칭 또는 후보자의 성명을 나타내는 광고, 인사장, 벽보, 사진, 문서·도화, 인쇄물이나 녹음·녹화테이프 그 밖에 이와 유사한 것을 배부·첩부·살포·상영 또는 게시할 수 없다. 다만, 다음 각 호의 어느 하나에 해당하는 행위는 그러하지 아니하다.

1. 선거운동기간 중 후보자, 제60조의3 제2항 각 호의 어느 하나에 해당하는 사람(같은 항 제2호의 경우 선거연락소장을 포함하며, 이 경우 "예비후보자"는 "후보자"로 본다)이 제60조의3 제1항 제2호에 따른 후보자의 명함을 직접 주는 행위

2. 선거기간이 아닌 때에 행하는 「정당법」 제37조 제2항에 따른 통상적인 정당활동

제255조(부정선거운동죄)

② 다음 각 호의 어느 하나에 해당하는 자는 2년 이하의 징역 또는 400만원 이하의 벌금에 처한다.

5. 제93조(탈법방법에 의한 문서·도화의 배부·게시 등 금지) 제1항의 규정에 위반하여 문서·도화 등을 배부·첩부·살포·게시·상영하거나 하게 한 자, 같은 조 제2항의 규정에 위반하여 광고 또는 출연을 하거나 하게 한 자 또는 제3항의 규정에 위반하여 신분증명서·문서 기타 인쇄물을 발급·배부 또는 징구하거나 하게 한 자

모범답안 및 채점기준

〈문〉 이 사건 헌법소원심판청구에 대하여 판단하라(100).

Ⅰ. 문제의 소재(5)

이 사건은 최근 정보통신과 스마트폰의 발달로 점차 광범위하게 유행하고 있는 소위 트위터 등 SNS(Social Network Service)를 통한 정치적 의사표현행위가 공직선거법 제93조 제1항의 소위 탈법방법에 의한 선거운동에 해당하여 금지되는 것인지, 이러한 금지를 내용으로 하고 있는 이 사건 법률조항은 헌법상 언론·출판의 자유와 선거운동의 자유에 대한 침해는 아닌지에 관한 판단을 묻는 문제이다(2).

이와 함께 이 문제는 이 사건 헌법소원심판에 대하여 판단하라고 하고 있으므로, 헌법소원심판의 적법요건을 갖추었는지에 대하여도 판단을 하여야 한다(1).

Ⅱ. 사건의 개요와 심판의 대상(10)

1. 사건의 개요(5)

청구인들은 트위터 서비스에 가입하여 트윗과 리트윗을 통하여 자유로이 의견교환을 하고 있으며, 2010년 지방선거일 전 180일의 시점에서도 후보자와 정당의 명칭이 들어가 있는 내용의 트윗, 리트윗을 하고 있으나, 중앙선관위의

2010년 6월 2일의 보도자료에 의하면 이러한 트위터의 이용도 공직선거법 제93조 제1항(이하 '이 사건 법률조항')에 규정된 "그 밖에 이와 유사한 것"에 해당하여 금지되는 것이었다. 이에 청구인들은 이 사건 법률조항과 공직선거법 제255조 제2항 제5호의 처벌규정은 청구인들의 표현의 자유와 선거운동의 자유, 평등권을 침해하여 위헌이라고 주장하면서 2010년 3월 25일 이 사건 헌법소원심판을 청구하였다.

2. 심판의 대상(5)

이 사건 헌법소원심판의 대상은 공직선거법(2010. 1. 25. 법률 제9974호로 개정된 것) 제93조 제1항(이하 '이 사건 법률조항'), 제255조 제2항 제5호 중 "그 밖의 이와 유사한 것" 부분의 위헌여부이다.

Ⅲ. 판   단(80)

1. 헌법소원심판의 적법요건에 관한 판단(20)

(1) 공권력의 행사성(2)

이 사건 헌법소원심판은 법률에 대한 헌법소원이며 법률은 공권력의 행사에 해당하여 문제될 것이 없다.

(2) 보충성의 원칙(2)

법률이 직접 국민의 기본권을 침해할 경우 이에 대한 사전적 권리구제절차는 헌법소원심판 말고 존재하지 않는다. 따라서 법률에 대한 헌법소원은 보충성의 원칙이 적용되지 않거나 보충성의 원칙의 예외에 해당하여 문제될 것이 없다.

(3) 청구기간(6)

헌법재판소법 제69조 제1항은 제68조 제1항의 규정에 의한 헌법소원의 심판은 그 사유가 있음을 안 날로부터 90일 이내에, 그 사유가 있은 날로부터 1년 이내에 청구하여야 한다고 규정하고 있다.

법령에 대한 헌법소원의 청구기간도 법령의 시행과 동시에 기본권침해를 받은 자는 그 법령이 시행된 사실을 안 날로부터 90일 이내에, 그 법령이 시행된 날로부터 1년 이내에 청구하여야 할 것이나, 법령이 시행된 후에 비로소 그 법령에 해당하는 사유가 발생하여 기본권의 침해를 받게 된 경우에는 그 사유가 발생하였음을 안 날로부터 90일 이내에, 그 사유가 발생한 날로부터 1년 이내에 청구하여야 할 것이다.

이 사건의 경우, 법령이 시행된 후에 비로소 그에 해당하는 사유가 발생하였으므로 그 사유가 발생하였음을 안 날, 즉 중앙선거관리위원회가 트위터 규제방안을 제시하는 보도자료를 배포한 2010년 2월 12일로부터 90일 이내의 요건을 충족한다.

(4) 대리인 선임(2)

변호사를 선임하였기 때문에 요건을 충족한다.

(5) 기본권침해의 관련성(4)

(가) 자기관련성과 현재관련성

청구인들은 모두 트위터를 이용하여 선거와 관련한 글을 이용하거나 이용하려는 자들이었고, 중앙선거관리위원회의 확인에 의하면 이 사건 당시의 시점에 그러한 행위는 이 사건 법률조항에 위반되는 행위라고 하고 있으므로 이 사건 법률조항에 의하여 청구인들의 기본권이 현재 관련되고 있다.

(나) 직접관련성

이 사건 법률조항은 어떠한 집행행위의 매개에 의하지 아니하고 이 사건 법률조항 자체로 청구인들의 권리를 제한하거나 의무를 부과하고 있으므로 직접관련성이 인정된다.

(6) 권리보호이익(2)

이 사건 헌법소원심판이 인용되는 경우에 청구인들은 이 사건 법률조항에 의한 표현행위의 제한을 더 이상 받지 않게 될 것이므로 권리보호이익이 인정된다.

(7) 소결(2)

이 사건 헌법소원심판청구는 모든 요건을 갖추어 적법하므로 본안판단으로 들어간다.

2. 위헌여부에 대한 판단(60)

(1) 관련되는 기본권(5)

청구인들은 이 사건 법률조항은 자신의 표현의 자유와 선거운동의 자유 그리고 평등권을 침해하고 또한 헌법상 명확성의 원칙에 위반된다고 주장하고 있다. 이 사건 법률조항은 탈법방법에 의한 문서·도화 녹음·녹화테이프 그 밖에 이와 유사한 것들을 통하여 선거일 전 180일부터 선거일까지 선거에 영향을 미치는 표현을 할 경우 이를 금지하는 것이므로 우선 헌법 제21조의 언론·출판의 자유와 관련된다. 그리고 이러한 금지는 청구인들이 선거와 관련하여 자유로이 영향을 미칠 수 있는 자유, 즉 민주적 선거원칙의 한 내용이라고 할 수 있는 자유선거의 원칙으로부터 나오는 선거운동의 자유와 관련된다고 할 수 있다.

한편 선거와 관련한 표현의 자유는 주로 선거운동의 자유에 의하여 보호된다고 볼 수 있다. 그러므로 이 경우 선거운동의 자유가 일반적인 표현의 자유에 비하여 특별한 기본권이라고 할 수 있으며, 그러한 범위 내에서 선거운동의 자유가 우선 적용된다고 볼 수 있을 것이므로, 일반적 기본권에 해당하는 표현의 자유의 침해여부의 문제는 필요한 경우 보충적으로 적용하면 되는 것으로 기본권 경합문제를 해결할 수 있을 것이다(일반 특별의 관계에서 보충적 적용가능성을 인정하는 방법으로).

또한 한편으로 선거운동의 자유는 여러 헌법조항으로부터 도출되는 기본권인 데 반하여, 언론·출판의 자유는 헌법 제21조에 명문으로 보장되고 있는 기본권이라고 하는 점, 선거운동과 관련한 표현의 자유의 제한은 그 밖에 다른 표현의 자유까지 위축시킬 수 있는 가능성이 있다고 하는 점 등을 고려한다면, 양자를 상상적 경합관계로 풀 수도 있을 것이다. 그러한 경우에 기본권제한의 한계와 관련하여 한편으로는 언론·출판의 자유에 대한 제한의 한계조항인 헌법 제21조 제2항(사전 검열금지), 제4항(헌법직접적 한계)과 다른 한편으로는 헌법 제37조 제2항의 일반적 법률유보조항 중 무엇을 기준으로 기본권제한의 한계를 풀어나가야 할 것인가가 문제될 수 있을 것이다. 이 문제와 관련해서는 선거운동의 자유는 민주적 선거의 원칙의 중요한 구성부분이고, 그 제한은 헌법 제37조 제2항에 따라 불가피한 경우에만 정당화될 수 있다고 하는 점, 동시에 선거운동과 관련된 표현 역시 헌법 제21조 제2항에 의하여 보호될 수 있는 표현물이므로 사전검열금지의 원칙에 의하여 엄격히 보호된다는 점, 하지만 타인의 명예나 권리를 침해하는 경우에는 입법적 규제가 가해질 수 있다고 하는 점(헌법 제21조 제4항)을 고려할 때, 기본권제한의 한계규정 역시 중첩적으로 그리고 경합적으로 적용해야 할 것이지 상호 적용을 배제하는 관계로 풀어서는 안 될 것이다.

특히 이 사건 법률조항에서 청구인이 문제삼고 있는 것은 "그 밖에 이와 유사한 것"이라고 하는 조항이 지나치게 불명확하여 위헌이라고 하는 것이므로, 이 규정이 명확성의 원칙에 위반되는지 여부와 또한 그 위반의 경우 처벌을 하는 처벌규정이 형벌법규의 명확성의 원칙에 위반되는 것은 아닌지가 문제된다고 볼 수 있다. 형벌법규와 또한 표현의 자유를 제한하는 법규의 경우 그 명확성의 요구정도는 일반적 규정에 있어서보다는 훨씬 엄격하다고 할 수 있다.

한편 후보자나 정당과 관련하여 표현할 수 있는 자유의 관점에서 트위터를 이용한 표현행위가 금지된다 하더라도, 이는 언론기관도 역시 포함되는 것이므로 굳이 이 사건 법률조항에 의하여 언론기관과 트위터 사용자가 차별대우를 받고 있다고 할 수는 없을 것이므로 평등권과는 관련이 없다고 하겠다.

그러므로 이하에서는 이 사건 법률조항이 청구인의 표현의 자유와 선거운동의 자유를 침해하는지 여부를 살펴보되, 청구인이 주장하고 있는 바, 헌법상 명확성의 원칙 등 헌법상 객관적인 원칙에 대한 위반여부를 중심으로 판단하기로 한다.

(2) 선거운동의 자유의 침해여부(20)

(가) 선거운동의 자유의 의의, 근거와 보호영역(2)

선거는 국민의 대표를 선출하는 행위로서, 선거가 국민의 뜻에 따른 민주적 선거가 되기 위해서는 선거의 원칙을 준수하는 선거가 이루어져야 하며, 이러한 선거의 원칙에는 보통·평등·직접·비밀 그리고 자유선거의 원칙이 존재한다.

우리 헌법에는 자유선거의 원칙이 명문으로 규정되어 있지는 않지만 국민주권의 원칙이나 자유민주적 기본질서, 민주주의의 헌법원칙, 그리고 헌법 제24조의 선거권에 의하여 당연한 전제로 보장되고 있다고 할 수 있다. 자유선거의 원칙에는 선거운동의 자유가 포함된다. 선거운동이란 당선되게 하거나 되지 못하게 하는 등 선거에 영향을 미치는 행위라고 할 수 있는데, 이러한 행위가 자유롭게 이루어질 수 없다면, 국민의 뜻에 따른 선거는 실현되기 힘들다. 결국 선거운동의 자유란 이러한 선거운동을 자유롭게 할 수 있는 권리라고 할 것이다.

(나) 제한(2)

이러한 선거운동에 대하여 방법상으로나 시기적으로 그리고 내용적으로 규제하는 공권력의 행사가 있다면 이는 선거운동의 자유에 대한 제한이라고 할 수 있을 것이다. 이러한 제한은 헌법 제37조 제2항에 따라 국가안전보장, 질서유지, 공공복리를 위하여 필요한 경우에 법률로써 할 수 있을 것이다. 또한 선거운동을 위한 표현행위는 언론·출판의 자유에 포함되므로, 타인의 명예나 권리를 침해하는 내용의 언론·출판은 보호되지 않는다. 따라서 그러한 표현행위는 헌법 제21조 제4항에 따라 국가에 의하여 규제될 수 있을 것이다.

(다) 제한의 한계와 심사기준(2)

이와 같은 선거운동의 자유에 대한 제한 역시 제한의 한계에 관한 원칙을 준수하여야 한다. 그 원칙으로서는 일단 과잉금지의 원칙을 들 수 있으며, 법률이 가져야 할 형식상의 원칙으로서 명확성의 원칙을 준수하여야 한다. 특히 표현의 자유를 제한하는 입법과 형벌법규는 명확성의 정도가 훨씬 엄격하게 요구된다.

선거운동의 자유가 민주주의에 있어서 차지하는 중요성을 고려할 때, 그 자유를 제한하지 않으면 안되는 불가피한 사유가 이를 정당화할 경우에 제한을 가할 수 있다고 하는 점에서 선거운동의 자유의 침해 여부에 대하여는 비례의 원칙에 입각한 엄격한 심사기준이 동원되어야 할 것이다.

(라) 과잉금지의 원칙 위반여부(14)

① 목적의 정당성(2)

이 사건 법률조항의 입법목적은 선거일 전 180일 전부터 선거일까지 공직선거법조항에 의하지 않은 방법으로 선거에 영향을 미칠 수 있는 문서, 도화나 녹음, 녹화테이프 등 기타 이와 유사한 것들을 통하여 선거운동을 하게 하는 경우, 후보자들의 경제적 능력 여하에 따라서 선거에 미치는 영향이 현격하게 차이가 나게 됨으로써, 공정한 선거가 이루어지기 힘든 점을 감안하여 후보자들의 경제적 능력 여하와 상관없이 공정선거가 이루어질 수 있게 하기 위한 목적이라고 할 수 있을 것이다.

그러나 이러한 목적이 헌법상 정당한 목적인지는 의심스럽다. 과거 관권선거와 금권선거 등 부정선거가 판을 치던 당시에는 선거일 전 180일, 즉 6개월 전부터 이러한 문서, 도화, 벽보, 선전물 등을 통한 사전 과열선거운동을 허용하게 되면, 시민들의 평온한 생활이 방해를 받고 공공의 안녕질서가 해쳐질 수 있는 등 나름대로의 규제 필요성이 있었다고 할 수 있을지 모르나, 오늘날에서는 이러한 방법 외에 인터넷이나 소셜 네트워크(SNS) 등의 매체가 발달하여 매우 저렴한 비용으로 효과적으로 선거운동을 할 수 있는 가능성과 수단이 마련되어 있다.

그럼에도 불구하고 후보자의 경제력의 차이와 상관없이 공정선거를 정착시키기 위한 목적으로 이와 같이 오늘날 새로운 매체를 통하여 가능하게 된 선거운동을 위한 표현수단을 광범위하게 제한하는 것은 오히려 저렴한 비용으로 효과적으로 선거운동을 할 수 있는 방법을 해치는 것이므로 목적의 정당성 자체도 의심의 여지가 있다고 할 수 있다.

만일 목적의 정당성이 의심된다면 이하의 심사는 필요 없으나 과잉금지의 원칙에 따라서 문제를 검토해 보기로 한다.

② 방법의 적정성(2)

방법의 적정성은 목적달성을 위하여 입법자가 선택한 수단이 어느 정도 기여를 할 수 있는가에 대한 심사이다. 만일 공직선거법 제93조 제1항이 선거일 전 180일부터 선거일까지 이와 같이 광범위하게 선거운동을 제한한다고 한다면, 일단 후보자의 경제적 능력과 상관없이 공직선거법에 따른 획일적인 선거운동에 의한 선거가 이루어지도록 하는 데에는 어느 정도 목적달성이 될 수 있을지 모른다. 그러나 과연 오로지 공직선거법에 의하여 보장되는 범위, 즉 대통령의 경우 22일 국회의원의 경우 13일에 걸친 선거운동기간 중에만 제한된 수단에 의한 선거운동을 할 수 있을 뿐일 때, 과연 후보자의 정치적 능력이나 인격, 품성 등, 후보자가 갖추어야 할 전반적인 조건들에 대하여 유권자가 충분히 파악하고 나름대로 정확한 판단을 할 수 있을 것인지는 의심스럽다. 후보자에 대한 사전정보가 없게 되면 그에 대한 판단은 일반적으로 정당별로 소위 '묻지마' 투표를 하게 될 가능성이 많으며, 경우에 따라서는 지연이나 학연 등과 같은 요인을 보고 판단하게 되어 공정선거가 보장되기 힘들다고 할 수 있을 것이다. 그렇다면 방법의 적정성도 인정되기 힘들다고 할 것이다.

③ 침해의 최소성(6)

적정한 선거운동을 통한 공정선거의 보장이라고 하는 입법목적을 달성하기 위한 목적이 있다 하더라도, 이러한 목적달성을 위해서 가장 덜 침해적인 수단을 사용하지 않으면 안된다. 이 사건 법률조항은 입법연혁적으로 볼 때, 인터넷이나 UCC, 트위터, 페이스북 등 여러 가지 새로운 미디어와 스마트폰을 통한 간편한 의사소통의 수단들이 개발되기 훨씬 전부터 존재하던 것으로서 과거에 과열, 불법, 타락선거가 횡행하던 시대나 또는 그러한 사회적 문제점을 인식하고서 그에 대한 대책으로서 마련된 법조항이라고 할 수 있을 것이다. 그렇다면 당시에는 그 입법목적에 상응하는 수단으로서 나름대로 적절하고도 필요한 수단이라고 할 수 있을지 모르나, 오늘날 이러한 뉴미디어가 저렴한 비용에 의하여 효과적으로 의사소통을 할 수 있는 수단이 된 상태에서 이 모든 수단들을 "그 밖에 이와 유사한 것"이라고 하는 추상적이고 불명확한 표현에 포함시켜서 획일적으로 규제하는 것은 표현의 자유를 지나치게 많이 제한할 가능성이 있다. 경제력의 차이에 의하여 표현수단이 극히 달라질 수 밖에 없는 가능성이 있을 경우에 이에 대하여 가령 선거비용의 총액 등을 규제하는 방법으로 규제한다면 그로 인한 제한가능성은 어느 정도 감수할 수 있을 것이다. 그럼에도 불구하고 정보화시대에 저렴한 비용으로 보편적으로 활용할 수 있는 의사소통의 수단을 획일적으로 규제하여 선거일 전 180일부터 선거일까지는 그러한 수단을 통한 선거운동을 못하게 하는 것은 기본권침해의 심각성이 지나치게 크다고 볼 수 있다.

한편 UCC 등을 통한 선거운동의 규제필요성을 긍정하는 견해에 의하면 인터넷의 특징인 신속성, 편리성, 참여의 확대와 용이성 등은 인터넷상에서의 진지한 토론을 가능하게도 하지만 후보자에 대한 인신공격적인 비난, 허위사실을 통한 비방, 유언비어를 통한 후보자에 대한 비난 등으로 후보자의 당선 여부에 치명적인 영향을 줄 수 있다고 하는 주장도 있다. 뿐만 아니라 이러한 인터넷의 이용이 일부 젊은 층에 집중되어 있어서 각계각층의 다양한 의사의 반영을 위한 여건이 충분히 성숙되어 있다고 보기도 어렵다고 하고 있다(헌법재판소의 합헌의견).

그러나 허위사실을 통한 비방은 허위사실유포에 대한 공직선거법상의 금지조항(정보통신망을 이용한 허위사실유포와 비방금지: 제82조의4 제2항)이나 형법상 명예훼손죄의 처벌 등을 통하여 대처할 수 있으며, 비록 인터넷을 통한 유언비어의 유포가 후보자의 당선여부에 결정적 영향을 미칠 수 있다고 하지만, 그에 관하여는 역시 동시에 같은 수단에 의한 반론을 통하여 인터넷과 네티즌들 사이에 찬반토론을 통하여 정보를 바로 잡을 수 있는 가능성이 열려 있으며, 또한 인터넷 선거보도심의위원회제도를 통한 정정보도가능성(법 제8조의5, 6)이 존재한다는 점, 그리고 최근 발전하고 있는 SNS에 의한 의사표현은 단지 젊은 계층에만 국한되어 있는 매체가 아니고 누구에게나 손쉽게 개방될 수 있는 의사표현의 수단이라는 점에서 그에 대한 지나친 규제는 표현의 자유에 대한 침해를 보다 광범위하게 할 수 있는 가능성이 있고, 또한 선거사범을 양산할 가능성이 있다는 점을 고려한다면 받아들이기 힘든 논점으로 생각된다. 따라서 이와 같은 여러 가지 관점을 종합적으로 고려할 때 이 사건 법률조항은 침해의 최소성 원칙에 위반된다고 본다.

④ 법익의 균형성(2)

추구하는 목적, 즉 경제력의 차이와 상관없는 공정선거의 보장이라고 하는 입법목적 자체의 중요성보다는 이 사건 법률조항을 통해서 제한되는 선거운동의 자유와 표현의 자유의 중요성과 그 침해의 중대성이 훨씬 더 크기 때문에 법익의 균형성도 갖추어졌다고 보기 어렵다.

⑤ 소결(2)

결론적으로 이 사건 법률조항은 과잉금지의 원칙에 위반되어 청구인들의 선거운동의 자유와 언론·출판의 자유를 지나치게 침해하고 있어 위헌이라고 판단된다.

(3) 명확성의 원칙 위반여부(20)

(가) 명확성의 원칙의 의의(2)

명확성의 원칙이라 함은 법치국가원리에서부터 파생되는 원칙으로서 국민의 기본권을 제한하는 법률조항은 그 의미내용이 명확하여야 하며, 무엇이 금지되고 무엇이 허용되는지를 사전에 예측할 수 있어야 한다는 원칙이다.

(나) 심사기준(6)

이러한 원칙의 위반여부의 심사와 관련하여 특히 침해영역, 즉 조세나 형벌영역이나 그 밖에 표현의 자유의 제한영역에서는 명확성의 정도가 일반적인 영역에서보다 훨씬 엄격하게 요구된다고 할 수 있다.

이 사건의 경우 표현의 자유의 제한영역일 뿐만 아니라, 동시에 이 사건법률조항에 위반되는 경우 공직선거법 제255조 제2항 제5호에 따라 처벌될 수 있기 때문에 형벌영역에도 해당하여 명확성의 원칙 위반여부와 관련한 심사기준역시 엄격심사의 대상이 된다고 볼 수 있다.

다만 명확성원칙의 위반여부를 심사함에 있어서는 다른 법률조항과의 전체적인 체계와 연관성을 고려하여 법률이 의미하는 바를 어느 정도 예측할 수 있는 경우, 그리고 내용적으로 불명확하더라도 판례에 의하여 어느 정도 그 규범적 의미내용이 예측가능하게 축적되었다고 할 수 있는 경우(가령 "음란"개념과 같이)에는 그 법률조항을 명확성의 원칙에 위반되었다고 하여 위헌으로 판단할 수는 없을 것이다.

(다) 헌법합치적 해석의 가능성 여부(6)

어떠한 법률조항의 의미내용이 불확실하고 다의적이라 하더라도 그 의미내용이 통상적인 법해석의 방법을 통해서 해석될 수 있는 가능성이 있을 경우 불명확하다는 이유로 명확성의 원칙에 위반된다고 해서는 안된다. 오히려 위헌이나 합헌적 방법을 모두 포함하여 다의적으로 해석될 수 있는 경우 위헌적 해석가능성은 배제하고 합헌적 해석가능성을 살려서 법률의 효력을 유지시켜야 하는 것이 헌법해석의 원칙에 포함된다. 이 사건의 경우 과연 "그 밖에 이와 유사한 것"이라고 하는 의미는 너무나 다의적이고, 또한 지나치게 광범위한 내용을 담고 있어서(overbreadth), 앞에서 나온 여러 가지 예시규정에도 불구하고 무엇이 규제되는지 정확하게 알 수 있는 방법이 없는 것으로 판단된다.

혹 일정한 적용유형에 대하여 그것이 포함되지 않는 것으로 해석을 한다 하더라도, 앞으로 변화하고 발전하는 모든 매체와 수단들에 대하여 그와 같이 일일이 개별적으로 판단하여 이 사건 법률조항에 의하여 금지되는 수단인지 여부를 매번 판단하는 것은 법적용자뿐만 아니라 일반 수범자인 국민들도 쉽지 않은 일이며, 이 사건 법률조항으로 인하여 위법한 선거사범이 되지 않기 위해서 전체적으로 표현행위의 위축을 초래할 수 있다. 따라서 이 사건의 경우 법률에 대한 헌법합치적 해석의 가능성이 있다고 할 수 없고, 오히려 명확성의 원칙의 위반여부를 바로 심사해 주어야 할 것이다.

(라) 이 사건 법률조항의 명확성 원칙 위반여부(6)

우선 이 사건 법률조항은 '누구든지 선거일 전 180일부터 선거일까지 선거에 영향을 미치게 하기 위하여 이 법의 규정에 의하지 아니하고는 정당 또는 후보자를 지지·추천하거나 반대하는 내용이 포함되어 있거나 정당의 명칭 또는 후보자의 성명을 나타내는 광고, 인사장, 벽보, 사진, 문서·도화, 인쇄물이나 녹음·녹화테이프 그 밖에 이와 유사한 것을 배부·첩부·살포·상영 또는 게시할 수 없다'고 규정하고 있다. 즉 이 사건 법률조항은 공직선거법이 허용하고 있는 선거운동 방법 외에는 그 어떠한 방법으로도 정당 또는 후보자를 지지·추천하거나 반대하는 내용이 포함된 거의 모든 표현수단들에 대하여 금지하고 있는 것이다.

우선 선거운동은 앞에서도 지적한 바와 같이 주권자로서의 국민이 자신을 대표할 국민대표를 선출하거나 스스로 국민대표로 나서서 대표자로 당선되기 위하여 자유롭게 의사표현을 하고 정견을 주장함으로써, 민주적으로 국가기관을 구성하는 민주국가에서 가장 중요한 기본권의 행사의 하나에 해당된다. 그럼에도 불구하고 공직선거법은 선거운동을 시기와 내용, 그리고 그 방법에 있어서 매우 제한적으로 허용하고, 그 나머지의 방법은 모두 탈법에 의한 선거운동에 해당하는 것으로 천명하고 있으므로, 이러한 제한은 매우 광범위하고도 과도한 제한에 해당된다고 볼 수 있다.

한편 "그 밖에 이와 유사한 것"이라고 하는 표현은 앞에서 열거하고 있는 것과 유사한 모든 표현행위라고 일응 생각할 수는 있으나, 앞에서 열거하고 있는 예시 이상으로 그 광범위성을 훨씬 더 극단화시키고 있으므로 이 조항을 통하여 할 수 없는 표현수단이 지나치게 광범위해지고 있다. 뿐만 아니라 오늘날 인터넷이나 여러 가지 정보통신기술의 발달로 인한 각종의 커뮤니케이션 수단들이 개발되고 있는바 그러한 수단에 의한 통신들도 여기에 포함되는지 여부는 늘 논란의 여지가 있을 수 있고, 금지된다고 할 경우에도 매우 광범위해서 과도하다고 하지 않을 수 없다. 따라서 이 사건 법률조항은 과도하게 광범위하게 표현수단을 제한하고 있을 뿐만 아니라, 명확하지 않은 개념을 통하여 국민의 정당한 선거운동의 자유를 제한하고 있는 것이므로, 이 사건 법률조항은 명확성의 원칙에 위반된다고 본다.

(4) 공직선거법 제255조 제2항 제5호의 경우(10)

(가) 형벌법규의 명확성의 원칙 위반여부에 대한 심사기준(5)

형벌법규의 구성요건이 명확하여야 한다고 해서 입법자가 모든 구성요건을 단순한 의미의 서술적인 개념에 의하여 규정해야 하는 것은 아니다. 비록 어떠한 형벌법규가 법관의 보충적인 해석을 필요로 하는 개념을 사용하였다 하더라도 건전한 상식과 통상적인 법감정을 가진 사람으로 하여금 그 적용대상자가 누구이며 구체적으로 어떠한 행위가 금지되고 있는지 여부를 충분히 알 수 있도록 규정되어 있다면 죄형법정주의의 명확성의 원칙에 위반되지 않는다고 하는 것이 헌법재판소의 판례이다.

한편 예시적인 입법의 경우 예시적 입법형식이 명확성의 원칙에 위반되지 않으려면, 예시한 개별적인 구성요건이 그 자체로 일반조항의 해석을 위한 판단지침을 내포하고 있어야 할 뿐만 아니라 그 일반조항 자체가 그러한 구체적인 예시를 포함할 수 있는 의미를 담고 있는 개념이 되어야 한다.

(나) 이 사건의 경우(5)

하지만 이 사건 법률조항이 과잉금지의 원칙에 위반되어 청구인들의 선거운동의 자유와 표현의 자유를 지나치게 침해하고 있고, 또한 그 제한의 범위가 과도하게 광범위하고 의미내용이 명확하지 못하여 명확성의 원칙에 위반된다고 한다면, 그 법조항의 위반을 이유로 하는 처벌조항이라고 할 수 있는 공직선거법 제255조 제2항 제5호 역시 과도한 처벌규정으로서 과잉금지의 원칙에 위반될 뿐만 아니라, 형벌법규가 갖추어야 할 명확성의 원칙에 반하여 죄형법정주의의 원칙에도 위반된다고 할 수 있을 것이다.

한편 이 사건 법률조항이 시간적으로는 선거일 전 180일부터 선거일까지로 내용적으로는 선거에 영향을 미치게 하기 위하여 정당 또는 후보자를 지지·추천하거나 반대하는 내용이 포함되어 있거나 정당의 명칭 또는 후보자의 성명을 나타내는 것으로 각 범위를 한정하고 있기는 하다. 그러나 이와 같이 시간적·내용적으로 한정되어 있다는 것만으로 '기타 이와 유사한 것'에 '관념이나 의사전달의 기능을 가진 모든 매체나 수단'이 포함된다고 해석할 수는 없다. 나아가 구체적인 예시인 '광고, 인사장, 벽보, 사진, 문서·도화, 인쇄물이나 녹음·녹화테이프' 만으로는 표현의 형식, 방법, 파급력 등이 다양한 많은 매체 중에서 어느 것이 일반조항인 '기타 이와 유사한 것'에 포함될지를 추론하기 쉽지 않다(헌재 UCC사건 위헌의견). 결론적으로 공직선거법 제255조 제2항 제5호 역시 이 사건법률조항과 마찬가지로 형벌법규의 명확성의 원칙에 위반된다고 할 것이다.

(5) 결정주문(5)

이 사건 법률조항 전체에 대하여 위헌결정을 하게 되는 경우, 혹시 법적 공백상태나 법적 혼란상태가 발생하여 지금까지의 위헌적 상태보다 훨씬 위헌적인 사태가 초래될 수 있는지 여부를 검토할 필요가 있다. 그러나 이 사건 법률조항을 곧바로 위헌결정을 하는 경우 불필요한 선거운동의 자유에 대한 제한규정이 사라지게 됨으로써, 선거운동의 자유가 보다 광범위하게 보장될 수 있을 것이다. 그리고 이 규정이 아니라 하더라도 그 밖에 선거운동과 관련한 각종의 규제조항들이 아직까지 많이 있어(선거운동기간에 의한 제한, 방법에 의한 제한, 내용에 의한 제한), 이 사건 법률조항을 위헌결정한다 하더라도 특별히 법적 공백이나 혼란상태가 야기된다고 할 수는 없다. 그러므로 이 사건 헌법소원의 경우 적용중지나 잠정적 계속 적용을 명하는 헌법불합치결정을 내릴 필요성은 없고, 곧바로 단순한 위헌결정을 내려서 법효력을 상실시킬 필요가 있다.

Ⅳ. 결 론(5)

이 사건 법률조항은 청구인들의 선거운동의 자유와 표현의 자유를 과잉하게 침해하고, 헌법상 명확성의 원칙에 반하여 위헌이다.

참고판례

※ 공직선거법 제93조 제1항 등 위헌소원 등
(헌재 2014. 4. 24. 2011헌바17 등, 판례집 26 - 1상, 628 [합헌])

※ 공직선거법 제93조 제1항 등 위헌확인
(헌재 2011. 12. 29. 2007헌마1001 등, 판례집 23 - 2하, 739 [한정위헌]) (판례변경 후)

※공직선거법 제93조 제1항 위헌확인
(헌재 2009. 7. 30. 2007헌마718, 판례집 21 - 2상, 311 [기각]) (판례변경 전)

사 례

헌법재판소가 국내에 주민등록이 되어 있지 아니한 재외국민들의 선거권을 제한한 공직선거법규정을 헌법불합치로 선언하면서, 2008년 12월 31일까지 관련규정을 개정하도록 명하자, 국회는 새로이 재외선거제도를 도입하면서, 국내에 주민등록이 되어 있지 아니한 재외국민들로 하여금 대통령선거와 임기만료에 따른 비례대표국회의원선거에 참여할 수 있도록 공직선거법을 개정하였다.

미국에서 영주권을 가지고 현재 20년째 살고 있는 청구인 甲은 국내에 주민등록이 되어 있지 아니한 재외국민들로 하여금 국정선거의 경우 대통령선거와 임기만료에 따른 비례대표국회의원선거에서만 선거권을 행사할 수 있게 하고, 지역구 국회의원선거의 가능성을 배제하고 있는 공직선거법 제218조의5 제1항(이하 '이 사건 법률조항'이라 함)이 자신의 선거권과 평등권, 그리고 보통선거의 원칙을 침해한다고 주장하면서 2009년 6월 8일 변호사 홍길동을 대리인으로 선임하여 헌법재판소에 헌법소원심판을 청구하였다.

〈문〉 이 사건 헌법소원심판청구에 대하여 판단하라(100).

관련 법률

※ **공직선거법 제218조의5(재외선거인 등록신청)**
① 주민등록이 되어 있지 아니하고 국내거소신고도 하지 아니한 사람으로서 외국에서 투표하려는 선거권자는 대통령선거와 임기만료에 따른 비례대표국회의원선거를 실시하는 때마다 선거일 전 150일부터 선거일 전 60일까지(이하 이 장에서 "재외선거인 등록신청기간"이라 한다) 공관을 직접 방문하여 중앙선거관리위원회에 재외선거인 등록신청을 하여야 한다.
② 생략
[본조신설 2009. 2. 12.]

모범답안 및 채점기준

〈문〉 이 사건 헌법소원심판청구에 대하여 판단하라(100).

Ⅰ. 문제의 소재(5)

개정된 재외선거제도의 헌법적 문제점과 관련되는 것으로서 헌법소원의 적법요건과 기본권침해여부에 대하여 논해야 할 것이다.

Ⅱ. 사건의 개요와 심판대상(5)

1. 사건의 개요(2)

주민등록 부재를 근거로 재외국민선거권을 제한하고 있는 공직선거법 조항에 대하여 헌재가 헌법불합치결정을 한 후, 국회가 재외선거제도를 도입하였으나, 주민등록이나 국내거소신고가 되어 있지 않은 재외국민들에 대하여는 지역구 국회의원선거권을 배제하고 있어 2009년 6월 8일 재외국민들이 이에 대하여 선거권 및 평등권 등의 침해를 주장하면서 헌법재판소에 헌법소원심판을 청구하기에 이르렀다.

2. 심판의 대상(3)

청구인이 이 사건 법률조항의 위헌성을 문제삼는 것은 해외거주 재외국민의 지역구 국회의원 선거권이 배제되어 있다는 것이므로 이 사건 헌법소원심판의 대상은 공직선거법 제218조의5 제1항이 국내에 주민등록이나 국내거소신고가 되어 있지 아니한 재외국민들에 대하여 지역구 국회의원선거권을 배제하고 있는 것의 위헌여부라고 할 수 있을 것이다.

(이와 같이 심판대상을 정하는 경우 이는 이 사건 헌법소원심판을 부진정입법부작위에 대한 헌법소원으로 파악한 것이고 입법자가 입법에서 해외거주 재외국민들의 지역구 국회의원선거권을 배제한 행위의 위헌성여부가 판단의 대상이 되는 것이다.

이에 반하여 이 사건 법률인 공직선거법 제218조의5 제1항 중 '임기만료에 따른 비례대표국회의원선거' 부분이 지역구 국회의원선거를 포함하고 있지 않고 있으므로 이 부분의 위헌여부로 심판대상을 잡아 줄 수도 있을 것이다. 그 결론에 대해서는 V. 결론 및 결정주문 참고할 것)

Ⅲ. 헌법소원심판청구의 적법여부에 대한 판단(30)

1. 공권력의 행사성(3)

이 사건 헌법소원은 국내에 주민등록이나 거소신고가 되어 있지 않은 재외국민들에게 지역구 국회의원선거권을 배제한 것을 문제삼고 있는 것이어서 일종의 부진정입법부작위에 대한 헌법소원이라 볼 여지도 있다. 부진정입법부작위의 경우도 불완전·불충분한 입법의 결과인 법률자체의 위헌확인을 구하고 있다고 할 수 있으므로 어느 모로 보나 헌법소원의 대상적격이 인정된다.

2. 보충성의 원칙(3)

법령에 대한 헌법소원에는 보충성의 원칙이 적용되지 아니하므로 문제되지 아니한다.

3. 대리인 선임(3)

홍길동 변호사를 대리인으로 선임하였으므로 요건이 충족된다.

4. 청구기간(6)

헌법소원의 청구기간은 기본권침해가 있음을 안 날로부터 90일, 있은 날로부터 1년 이내에 청구하여야 한다(헌재법 제69조)(2). 법령의 경우 시행과 동시에 기본권침해의 사유가 있을 경우에는 시행일을 기준으로, 시행 이후에 기본권침해의 사유가 발생하였을 경우에는 그 사유가 있은 날을 기준으로, 청구기간을 기산하여야 할 것이다(2). 다음 번 국회의원선거는 2012년이며, 선거일 전 150일부터 선거일 전 60일까지 공관을 직접 방문하여 중앙선거관리위원회에 재외선거인 등록을 하도록 되어 있으나, 비례대표국회의원 선거만 참여할 수 있을 뿐이다. 그러므로 기본권침해의 사유가 발생하는 것은 그때 가서의 일이라고 할 수 있을 것이다. 그러므로 기본권침해의 사유가 발생하는 것은 미래의 일이며, 예외적으로 현재성을 앞당겨서 인정해 줘야 하는 사례에 해당하므로 청구기간은 문제될 것이 없다(2).

5. 기본권침해의 관련성(9)

(1) 자기관련성(3)

청구인들은 해외거주 재외국민으로서 선거권연령에로 달한 국민으로 추정되는 바, 기본권침해의 자기관련성이 인정된다.

(2) 현재관련성(3)

공직선거법이 개정되었으나 해외거주 재외국민들의 경우 지역구 국회의원 선거는 여전히 배제되어 있다. 2012년 국회의원선거가 실시될 경우에 그때 가서 헌법소원심판을 청구하는 것은 권리구제를 위해 너무 늦을 것이므로 앞당겨서 기본권침해성을 인정할 필요가 있다. 그러므로 예외적으로 현재성요건이 인정되는 사례에 해당된다.

(3) 직접관련성(3)

집행행위의 매개에 의하지 아니하고 이 사건 규정에 의하여 지역구 국회의원 선거권이 배제되고 있으므로 직접관련성이 인정된다.

6. 권리보호이익(3)

헌법소원심판청구로 청구인이 추구하는 목적을 달성할 수 있는 가능성이 있으므로 권리보호이익이 인정된다.

7. 소결(3)

이 사건 헌법소원심판은 모든 요건을 갖춘 것으로 적법하다.

Ⅳ. 본안판단(50)

1. 관련되는 기본권(5)

청구인은 선거권과 평등권 그리고 보통선거의 원칙을 침해한다고 주장하고 있다. 결국 국내에 주민등록이 되어 있지 아니하고 거소신고도 되어 있지 아니한 장기체류 재외국민들은 지역구 국회의원선거에서 여전히 배제되어 있다. 따라서 이는 청구인의 선거권을 제한할 뿐만 아니라, 1인 2표를 얻는 국민에 비하여 1인 1표 밖에 얻지 못하는 재외국민들은 국회의원의석수에 미치는 영향에 있어서 차등을 받게 되므로 평등선거의 원칙과 관련된다. 평등권은 평등선거권에 비하여 일반적 기본권이므로 적용을 배제하여도 문제될 것이 없다. 그러므로 이하에서는 평등선거원칙 내지 평등선거권의 침해여부에 대하여 검토하기로 한다.

2. 평등선거원칙 내지 평등선거권 침해여부(45)

(1) 헌법적 근거(5)

헌법 제41조 제1항에서 평등선거원칙이 보장되고 있으며, 이는 주관적으로는 평등선거권의 보장이라고 할 수 있다(그리고 헌법 제11조의 평등의 원칙과 제24조의 선거권으로부터 평등선거권을 도출해 내는 해결은 헌법재판소의 판례입장이므로 점수를 줄 수 있을 것임).

(2) 평등선거권의 보호영역(5)

평등선거권은 선거권의 내용과 행사방식에 있어서 차별받지 아니할 권리이다. 이는 계산가치의 평등과 결과가치의 평등을 내용으로 한다. 계산가치의 평등은 모든 사람에게 같은 수의 표가 인정되어야 한다는 것으로서 1인 1표의 원칙이다. 만일 1인 2표인 경우에는 모든 사람이 1인 2표를 인정받아야 할 것이다. 그리고 결과가치와 평등은 의석배분에 미치는 영향에 있어서의 평등이라고 할 수 있다.

(3) 평등선거권의 제한(5)

평등선거권 역시 필요한 경우에는 헌법 제37조 제2항에 따라 제한될 수 있을 것이다. 이 사건의 경우 주민등록과 국내거소신고가 되어 있지 아니한 장기체류 재외국민들로 하여금 임기만료에 의한 지역구 국회의원 선거와 국회의원의 재·보궐선거에서 배제하고 있기 때문에 평등선거권에 대한 제한이라고 할 수 있다.

(4) 제한의 한계(30)

(가) 심사의 기준(5)

다만 제한하는 경우에도 불가피한 사유가 평등선거권의 제한을 정당화하는 예외적인 경우가 아니면 안될 것이다. 이러한 불가피한 사유는 선거의 목적이나 기능에 비추어 판단하여야 할 것이다. 평등선거권에 대한 제한에 있어서 심사기준은 엄격심사를 동원해야 할 것이다. 즉 평등선거원칙 자체에 버금갈 만한 헌법적 법익이 정당화하는 예외적인 경우에만 이에 대한 제한이 가능할 것이다.

(나) 장기체류 재외국민들의 지역구 국회의원선거권을 제한해야 할 불가피한 사유가 존재하는지?(10)

재외국민들의 지역구 국회의원선거권 배제의 입법목적은 여전히 지역구 국회의원을 선출하기 위해서는 그 지역에 주민등록이 되어 있는 국민들이 주체가 되어야 한다는 사고에 입각한 것으로 보인다. 그러므로 대한민국의 지역구에 거주하지 아니하는 재외국민은 선거에서 배제되어도 좋다는 것이다(2). 그러나 이미 헌법재판소가 판시하였듯이 국내에 주민등록이 되어 있는지 여부는 선거권행사의 필수요건이 되는 것은 아니다(2). 지역구 국회의원선거를 통하여 선출된 국회의원이 단순히 지역구 국민의 대표에 지나지 않는 것이 아니라, 전국민의 대표이므로 재외국민들이 지역구 국회의원선거에서 배제되어야 할 불가피한 사유가 존재하지 않는다(2).

재외국민들 역시 최종 주소지나 본적지 또는 원적지나 부모의 최종 주소지 등을 기준으로 하여 지역구 국회의원선거에 얼마든지 참여할 수 있으며, 혹 그들이 지역의 정치적 문제에 관심이 없다 하더라도, 투표를 하고 안하고는 선거권자 본인이 결정할 문제이지, 제도적으로 그들의 선거권을 처음부터 배제할 문제가 아니다(2). 선거가 임박하여 주소지를 대량으로 이주함으로써, 불공정선거를 야기할 우려가 있다고 하는 관점이 고려되었을 수도 있으나, 그러한 가능성은 법제도적으로 사전에 차단할 수 있으며, 또한 그러한 우려가 재외선거에 있어서만 더 많이 발생하는 것도 아니다. 그러므로 결론적으로 불가피한 사유가 보이지 않는다(2).

(다) 나머지 과잉금지원칙 위반 여부의 문제(10)

재외국민들의 지역구 국회의원 선거권을 배제해야 할 불가피한 사유가 존재하지 않으므로 특별히 제한목적과 관련하여 방법의 적정성, 침해의 최소성, 법익의 균형성은 더 이상 살펴 볼 필요도 없이 과잉금지의 원칙에 위반된다고 하는 결론이 나온다.

하지만 체계상 과잉금지원칙 위반여부에 대하여 추가적으로 심사해 보면 다음과 같다(방승주, 법률신문 2014년 9월 25일 13면 참조).

① 목적의 정당성

재외국민들에게 지역구 국회의원선거권을 배제해야 할 목적으로서 국회의원의 지역대표성의 유지 또는 유권자의 지역관련성을 들어 볼 수 있다. 즉 국회의원은 지역대표로서의 의미도 부인할 수 없으므로 그 지역에 거주하는 국민들에 의하여 선출되도록 해야 한다는 것이다.

생각건대, 지역구 국회의원은 각 지역구에서 그 지역 주민에 의하여 선출되지만 그렇다고 하여 국회의원이 그 지역의 대표자이기만 한 것이 아니고 국가이익을 위하여 국정을 수행해야 하는 전 국민의 대표인 것이다(헌법 제46조 제2항). 그리고 해외에 장기체류 중인 재외국민들 역시 지역 연고성을 가지고 있으므로, 지역관련성이 없다고 할 수 없다. 즉 그들을 포함시킨다고 해서 국회의원의 지역대표성에 훼손을 가한다고 할 수는 없다.

따라서 재외국민을 지역구 국회의원선거에서 배제해야 할 정당한 목적은 찾아보기 힘들다.

② 방법의 적정성

백보 양보하여 국회의원의 지역대표성이나 유권자의 지역관련성의 유지라고 하는 목적을 인정한다 하더라도, 장기체류 재외국민들에 대하여 전면적으로 지역구 국회의원선거권을 배제하게 되면 그들이 가지는 지역연고성을 모두 반영할 수 없게 될 것이므로, 오히려 국회의원의 지역대표성을 충분히 반영할 수 없다는 문제가 발생한다. 오늘날과 같이 발달된 정보화 세계화시대에서는 인터넷을 통하여 지역적 한계를 넘어서서 세계 각지에서 재외국민들이 고국과의 인연을 유지하면서 활발하게 국력을 신장할 수 있는 가능성이 있는 점 등을 감안한 다면, 지역구 국회의원선거권 배제는 적정한 방법이 될 수 없다고 본다.

③ 침해의 최소성

최종주소지나 등록기준지를 기준으로 하여 재외국민들에게 지역구 국회의 원선거권을 부여하는 경우 대량위장전입에 의한 불공정 선거의 가능성이 있다고 보는 견해(헌법재판소)도 있으나, 이러한 문제는 가령 지역구 국회의원후보가 확 정되기 전의 시점부터 재외국민들의 소속 지역구를 확정하는 등의 방법을 취할 수 있다. 위와 같이 지역관련성을 담보하면서도 위장전입가능성을 사전에 차단 할 수 있는 가능성이 충분히 있음에도 불구하고 이와 같은 문제가 발생할 우려 를 이유로 지역구 국회의원선거권을 전면 배제하는 것은 침해의 최소성의 원칙 에 위반된다.

④ 법익의 균형성

국회의원의 지역대표성의 유지 등의 입법목적은 막연하고도 추상적이며 헌 법적으로 정당화될 수 없는 목적인 데 반하여, 지역구 국회의원선거권은 민주주 의에 있어서 가장 중요한 시민의 권리 중 하나라고 할 수 있음에도 국내에 주민 등록이나 거소신고가 되어 있지 않은 재외국민들에 대하여 이러한 권리를 배제 하는 것은 그 침해의 중대성이 지나치다고 볼 수 있으므로 법익의 균형성도 결 여되어 있다.

(라) 결론(5)

장기체류 재외국민들을 지역구 국회의원 선거에서 배제하는 이 사건 조항은 청구인의 평등선거권 내지 선거권을 침해하여 위헌이다.

V. 결론 및 결정주문(10)

1. 결론(5)

이 사건 법률조항이 국내에 주민등록이나 국내거소신고가 되어 있지 아니한 재외국민들에 대하여 지역구 국회의원선거권을 배제하고 있는 것은 청구인의 선 거권을 침해하며 헌법 제41조 제1항의 평등선거원칙에 위반된다(5).

2. 결정주문(5)

이 사건의 법률조항이 재외국민들에 대하여 지역구 국회의원선거권을 배제하고 있는 것을 위헌으로 확인하는 경우 그 배제, 즉 불완전·불충분한 입법행위 부분만을 위헌으로 확인하는 것이므로 곧바로 위헌선언을 한다 하더라도 법적 공백상태가 발생할 여지는 없을 것이다. 즉 부진정입법부작위에 대하여 위헌을 확인하는 경우에는 단순 위헌선언을 해도 크게 문제될 것이 없다는 것이다.

다만 심판대상을 이 사건 공직선거법 제218조의5 제1항 중 '임기만료에 따른 비례대표국회의원선거' 부분의 위헌여부로 한다고 가정할 때, 그 자체의 위헌을 확인하면서 곧바로 효력을 상실시킬 경우, 재외국민들이 비례대표 국회의원선거까지 참여할 수 없게 되어 지금까지보다 더욱 위헌적인 상태가 발생할 수 있게 될 것이다. 따라서 입법자가 다음번 선거전까지 개정하도록 하고, 개정할 때까지 잠정적으로 계속 적용할 것을 명하는 헌법불합치결정을 선고하는 것이 바람직할 것이다.

참고판례

※ **공직선거법 제218조의4 제1항 등 위헌확인**
(헌재 2014. 7. 24. 2009헌마256 등, 판례집 26−2상, 173 [헌법불합치, 기각,각하])
− 위 사례와 관련된 조항에 대하여 모두 기각결정을 함.

29 해외거주 재외국민의 국민투표권배제의 위헌여부
- 국민투표법 제14조 제1항 -

사 례

　국회는 헌법재판소가 국내에 주민등록이 되어 있지 아니한 재외국민들의 국민 투표권을 제한하고 있는 구 국민투표법 제14조 제1항에 대하여 헌법에 합치하지 않는다고 선언하면서 국회에 동조항의 개정을 명하자, 관할 구역에 주민등록이 되어 있는 투표권자 및 재외동포의 출입국과 법적 지위에 관한 법률 제2조에 따른 재외국민으로서 동법 제6조에 따른 국내거소신고가 되어 있는 투표권자들에게만 국민투표권을 허용하는 쪽으로 국민투표법 제14조 제1항을 개정하여 동법은 2009년 2월 12일 공포·시행되었다.

　일본 오사카에 거주하고 있는 재일동포 3세인 청구인 甲(대한민국 국적소지 자)과 20년 이상 미국에서 거주하며 미국 시민권을 취득한 청구인 乙은 이러한 국 민투표법 제14조 제1항이 자신들의 국민투표권과 평등권 등 기본권을 침해하여 위 헌이라고 주장하면서 2010년 2월 12일 헌법재판소에 국선대리인 선임신청을 하였 으며, 국선대리인은 2010년 4월 1일 헌법재판소에 헌법소원심판청구서를 접수하 였다.

〈문〉 청구인들의 이 사건 헌법소원심판청구에 대하여 판단하라(100).

관련 법률

※ **국민투표법**(2009. 2. 12. 법률 제9467호로 개정된 것)

제14조 (투표인명부의 작성)

① 국민투표를 실시할 때에는 그때마다 구청장(자치구의 구청장을 포함하며, 도농복합형태의 시에 있어서는 동지역에 한한다)·시장(구가 설치되지 아니한 시의 시장을 말하며, 도농복합형태의 시에 있어서는 동지역에 한한다)·읍장·면장(이하 "구·시·읍·면의 장"이라 한다)은 국민투표일공고일 현재로 그 관할 구역 안에 주민등록이 되어 있는 투표권자 및 「재외동포의 출입국과 법적 지위에 관한 법률」 제2조에 따른 재외국민으로서 같은 법 제6조에 따른 국내거소신고가 되어 있는 투표권자를 투표구별로 조사하여 국민투표일공고일로부터 5일 이내에 투표인명부를 작성하여야 한다. <개정 2009. 2. 12.>

※ **재외동포의 출입국과 법적 지위에 관한 법률**

제2조(정의) 이 법에서 "재외동포"란 다음 각 호의 어느 하나에 해당하는 자를 말한다.

1. 대한민국의 국민으로서 외국의 영주권(永住權)을 취득한 자 또는 영주할 목적으로 외국에 거주하고 있는 자(이하 "재외국민"이라 한다)

2. 대한민국의 국적을 보유하였던 자(대한민국정부 수립 전에 국외로 이주한 동포를 포함한다) 또는 그 직계비속(直系卑屬)으로서 외국국적을 취득한 자 중 대통령령으로 정하는 자(이하 "외국국적동포"라 한다)

[전문개정 2008. 3. 14]

제6조(국내거소신고) ① 재외국민과 재외동포체류자격으로 입국한 외국국적동포는 이 법을 적용받기 위하여 필요하면 대한민국 안에 거소(居所)를 정하여 그 거소를 관할하는 출입국관리사무소장(이하 "사무소장"이라 한다) 또는 출입국관리사무소출장소장(이하 "출장소장"이라 한다)에게 국내거소신고를 할 수 있다.

② 제1항에 따라 신고한 국내거소를 이전한 때에는 14일 이내에 그 사실을 신거소(新居所)가 소재한 시·군·구의 장이나 신거소를 관할하는 사무소장·출장소장에게

신고하여야 한다.

③ 제2항에 따라 거소이전 신고를 받은 사무소장이나 출장소장은 신거소가 소재한 시·군·구의 장에게, 시·군·구의 장은 신거소를 관할하는 사무소장이나 출장소장에게 각각 이를 통보하여야 한다.

④ 국내거소신고서의 기재 사항, 첨부 서류, 그 밖에 신고의 절차에 관하여 필요한 사항은 대통령령으로 정한다.

[전문개정 2008. 3. 14.]

모범답안 및 채점기준

〈문〉 청구인들의 이 사건 헌법소원심판청구에 대하여 판단하라(100).

Ⅰ. 문제의 소재(5)

국내에 주민등록이 되어 있지 아니하거나 거소신고가 되어 있지 아니한 재외국민들에 대하여 국민투표권을 배제한 것이 청구인들의 기본권을 침해한다고 주장하면서 헌법소원심판을 청구하였는데, 그 헌법소원심판청구가 적법한지, 국민투표권배제가 청구인들의 기본권을 침해하는지 여부에 대하여 판단하는 문제이다.

Ⅱ. 사건의 개요와 심판의 대상(5)

1. 사건의 개요

헌법재판소가 재외국민의 국민투표권의 행사를 위해서는 국내에 주민등록이 되어 있을 것을 요건으로 하는 국민투표법조항을 헌법불합치로 결정하자, 국회가 국내에 주민등록이나 거소신고가 되어 있는 자에게만 국민투표권을 허용하는 쪽으로 국민투표법 제14조 제1항을 개정하였는 바, 일본에 거주하는 재외국민들이 이 조항에 대하여 국민투표권을 침해한다는 이유로 2010년 4월 1일 이 사건 헌법소원심판을 청구하였다.

2. 심판의 대상

국민투표법 제14조 제1항 중 '그 관할구역 안에 주민등록이 되어 있는 투표권자 및 「재외동포의 출입국과 법적 지위에 관한 법률」 제2조에 따른 재외국민으로서 같은 법 제6조에 따른 국내거소신고가 되어 있는 투표권자' 부분(이하 '이 사건 법률로 함'이라 함)의 위헌여부이다.

Ⅲ. 적법요건에 대한 판단(40)

1. 공권력의 행사·불행사(4)

이 사건 법률조항은 입법작용에 해당하므로 공권력의 행사성을 충족한다.

2. 보충성의 원칙(4)

법령에 대한 헌법소원의 경우 헌법소원 외의 다른 구제절차가 없으므로 보충성의 원칙을 충족한다.

3. 대리인 선임(4)

국선대리인 선임신청을 하였으므로 문제될 것이 없으나, 무자력을 소명하여야 한다.

4. 청구기간(6)

헌법소원의 청구기간은 기본권침해가 있음을 안 날로부터 90일, 있은 날로부터 1년 이내에 청구하여야 한다(헌재법 제69조). 법령의 경우 시행과 동시에 기본권침해의 사유가 있을 경우에는 시행일을 기준으로 시행 이후에 기본권침해의 사유가 발생하였을 경우에는 그 사유가 있은 날을 기준으로, 청구기간을 기산하여야 할 것이다.

이 사건 법률조항이 개정된 것은 2009년 2월 12일이며, 또한 국선대리인선임신청을 한 것은 2010년 2월 12일이므로 시행과 동시에 기본권침해의 사유가 발생하였다 하더라도 시행일로부터 1년 내에 국선대리인선임신청을 한 것이다. 국선대리인이 선임되어 그 후에 헌법소원심판청구서를 접수하였다 하더라도, 신청일을 헌법소원심판의 청구일로 간주하므로 청구기간은 경과하지 않았다고 보아야 할 것이다.

그리고 아직 국민투표실시에 대한 공고가 이루어진 바도 없기 때문에, 실제로 청구인들의 기본권침해의 사유가 발생하지는 않았고, 장래에 국민투표일이 공고 되어 투표인명부의 작성작업이 시작될 경우에 이러한 기본권침해의 사유가 현실화될 수 있다. 따라서 이 사건의 경우 기본권침해의 사유가 장래에 발생할 것으로 예상되는 경우에 예외적으로 현재성을 앞당겨서 인정해 줄 수 있는 사례로 보아야 할 것이고, 이 경우에는 청구기간이 문제될 것이 없다.

5. 청구능력(8)

청구인 甲의 청구능력은 문제될 것이 없다(1). 그러나 청구인 乙의 경우 미국 시민권을 취득하였기 때문에 대한민국의 국적소지 여부에 따라 그의 청구능력이 문제된다(1). 우리 국적법상 만 20세가 되기 전에 복수국적자가 된 자는 만 22세가 되기 전까지, 그리고 만 20세 이후에 복수국적자가 된 자는 그로부터 2년 내에 하나의 국적선택을 하도록 되어 있고(국적법 제12조 제1항), 그 기간 내에 국적선택을 하지 않는 경우에는 법무부장관이 1년 내에 하나의 국적을 선택하도록 명령을 한다. 그리고 국적선택의 명령을 받고도 이를 따르지 아니하는 자는 그 기간 내에 대한민국 국적을 상실하도록 하고 있다(국적법 제14조의2)(1).

한편 복수국적자라 하더라도 외국국적을 행사하지 않겠다고 법무부장관에게 서약하는 몇 가지 예외적인 경우에는 합법적으로 복수국적자가 될 수 있으나(국적법 제10조), 복수국적자가 대한민국국적을 보유하는 것이 국가안보나 사회질서 등에 현저히 반한다고 인정할 수 있을 경우에 법무부장관은 그의 대한민국국적의 상실을 결정할 수 있다(국적법 제14조의3)(1).

청구인 乙의 경우 복수국적 취득 후 2년이 경과하였는지 여부가 불확실하나 2년 내일 경우에는 대한민국 국민이므로, 청구능력이 문제될 것이 없다. 그러나 2년이 경과할 동안 대한민국 국적을 선택하지 않는 경우, 법무부장관이 국적선택 명령을 하여야 하며, 그 기간 내에 국적선택을 하지 않는 경우에는 대한민국 국적을 상실하므로, 그러한 경우에는 기본권주체성이 없으며 따라서 청구능력이 없어 부적법하다고 보아야 할 것이다(2).

그러나 이 사건에서는 이러한 사항이 확실하지 않으므로 일단 乙도 甲과 같이 청구능력이 있는 것으로 간주하고 이하의 문제를 검토한다(2).

6. 청구적격(6)

(1) 자기관련성(2)

청구인들은 해외거주 재외국민으로서 자기관련성이 인정된다.

(2) 현재관련성(2)

국민투표법이 개정되었으나 해외거주 재외국민들의 경우 투표인명부에 등록할 수 있는 절차가 마련되어 있지 아니하다. 이로써 국민투표가 배제되어 있으며, 국민투표실시 여부와 상관없이 이 자체로 평등권의 침해가능성이 크므로 현재관련성은 인정된다. 또한 장차 국민투표가 실시되는 경우에도 앞으로 국민투표를 할 수 없게 될 것이므로 예외적으로 현재성을 앞당겨서 인정해 줄 필요도 있다고 할 수 있을 것이다.

(3) 직접관련성(2)

집행행위의 매개에 의하지 아니하고 이 사건 규정에 의하여 국민투표권이나 평등권이 제한되고 있으므로 직접관련성이 인정된다.

7. 권리보호이익(4)

이 사건 헌법소원심판을 통하여 청구인이 추구하는 바를 달성할 수 있는 가능성이 있으므로 권리보호이익이 있다.

8. 소결(4)

이 사건 헌법소원심판청구는 적법하다.

Ⅳ. 본안에 대한 판단(40)

1. 국민투표권의 침해여부(10)

국민투표권이 기본권인지의 여부를 판단한다.

(1) 기본권으로서의 성격 인정설(2)

통설이나 헌법재판소 판례는 국민투표권 역시 헌법상 인정되는 기본권으로 보고 있다.

(2) 잠재적 기본권설(2)

헌법상 국민투표권은 대통령이 외교, 국방, 통일 등 기타 국가안위에 관한 중요정책에 관하여 국민투표에 회부할 경우(헌법 제72조), 그리고 헌법개정안이 국회 재적의원 2/3에 의하여 의결될 경우에 비로소 행사할 수 있는 기본권으로서 우리 헌법상 구체적 기본권이라고 하기보다는 그와 같은 국민투표의 회부행위가 있을 경우에 발생하는 잠재적 기본권이라고 보는 입장도 있다(방승주).

(3) 사견(6)

이 사건 조항은 기본권으로서의 성격을 인정할 경우 국민투표권과도 관련되며, 잠재적 기본권으로서만 인정할 경우에는 국민투표권과 관련되는 것이 아니라, 평등권과 관련된다(2). 아직까지 대통령이 정책국민투표를 회부하거나 헌법개정안이 국회에 의하여 의결된 적이 없기 때문에, 국민투표법이 구체적으로 헌법상 국민투표권을 제한하고 있다고 보기는 어렵다(방승주). 다만 국민투표의 자격을 제한하는 것은 청구인의 평등권을 제한하는 것이다. 그러므로 평등권 침해여부에 대하여 본다(4).

2. 평등권 침해여부(27)

(1) 심사기준(10)

(가) 엄격심사(3)

제대군인가산점 판결에 의하면 헌법이 특별히 차별을 금지하거나 차별로 인하여 다른 기본권에 대한 중대한 제한이 초래되는 경우에는 입법자의 형성의 자유는 축소되어, 비례의 원칙에 입각한 엄격한 심사기준이 동원되어야 한다.

(나) 완화된 자의금지심사(3)

헌재가 헌법이 특별히 차별을 금지하고 있다고 보고 있는 헌법 제11조의 성별, 종교, 사회적 신분은 예시적 규정에 불과하다. 따라서 이를 엄격심사의 기준으로 삼는 것은 부적절하기 때문에 오히려 인적 집단에 대한 차별의 경우 엄격심사, 사항적 차별의 경우 완화된 자의금지심사로 하는 것이 바람직하다(방승주).

(다) 사안의 적용(4)

이 사건의 경우 국내에 주민등록이 되어 있거나 거소신고가 되어 있는지 여부를 기준으로 삼아, 국민투표권을 행사함에 있어서 같은 국민들을 차별하고 있는 것이므로, 크게 볼 때 해외거주 재외국민과 국내거주 국민들을 차별하는 것이며, 이는 결국 인적 차별에 가깝다고 보아야 할 것이다. 따라서 엄격심사를 해야 할 것이다.

(2) 엄격심사기준(비례의 원칙)의 적용(17)

(가) 헌법재판소의 입장에 따를 경우 과잉금지의 원칙 적용(5)

헌법재판소의 입장에 따를 경우 평등원칙 위반여부에 있어서 엄격심사기준은 곧 과잉금지원칙을 의미한다. 과잉금지원칙 위반여부는 목적의 정당성, 방법의 적정성, 침해의 최소성, 법익의 균형성에 따라 심사하여야 할 것이다(2).

해외거주 재외국민과 국내거주 국민을 차별해야 할 명백한 목적을 인정하기 힘들다. 남북대치의 현실, 투표기술상의 문제, 불공정한 투표의 가능성, 투표비용의 문제 등 재외국민들을 국민투표로부터 배제해야 할 하등의 정당한 목적을 찾기 힘들다. 그렇다면 과잉금지원칙의 나머지 요소의 위반여부를 살피지 않아도 위헌결론에 도달한다(3).

(나) 좁은 의미의 비례의 원칙(적정성) 위반여부(10)

좁은 의미의 비례의 원칙은 인적 집단들간에 존재하는 차이와 입법자의 차별의 정도간에 적절한 비례관계, 즉 적정성이 있는가 여부에 대한 심사이다(2). 사실 재외국민과 국내거주 국민 간에는 거주 지역에 있어서 차이가 있으며, 그들의 생활권이 해외이냐 아니면 국내이냐의 차이가 있을 뿐이다. 비록 해외에 거주하는 재외국민이라 하더라도 여전히 국내 정치적 문제에 깊은 관심을 가지고 외국생활을 하는 사람이 있을 수 있으며, 이들의 경우 중요정책에 관한 국민투표나 헌법개정안에 관한 국민투표가 회부된 경우 여전히 중요한 관심사일 수밖에 없다. 따라서 정치적 관심사와 관련할 경우 국내거주 국민이나 재외국민의 경우는 특별히 차이가 없다고 할 수 있다(4).

그런데 해외거주 재외국민들에 대하여 국민투표권을 배제하는 것은 별다른 차이가 없는 국민집단들에 대하여, 국가의 안위나 운명을 결정하는 중요한 문제에 대하여 결정권을 배제하는 것으로서 그러한 차별을 정당화할 만한 차이가 그들간에 존재한다고 보기 힘들다(2). 특히 위에서도 보았듯이, 남북대치의 현실이나, 투표기술상의 문제, 불공정투표의 가능성, 투표의 비용 등 어떠한 문제도 이러한 차별을 정당화할 수 있는 불가피한 사유가 될 수 없다(2).

(다) 소결(2)

이러한 관점에서 해외거주 재외국민에 대한 국민투표권 배제는 그들의 평등권에 대한 침해라고 할 것이다. 따라서 이 사건 조항은 청구인의 평등권을 침해한다.

3. 결론(3)

이 사건 조항은 청구인의 국민투표권(헌재 판례에 따를 경우)과 평등권을 침해한다.

Ⅳ. 결론 및 결정주문(10)

1. 결론(5)

이 사건 법률조항은 청구인들의 평등권과 국민투표권(헌재 판례에 따를 때)을 침해한다.

2. 결정주문(5)

평등위반을 제거하는 방법으로서는 기존의 혜택을 받아오던 집단들에게 앞으로의 혜택을 배제하는 방법이 있을 수도 있지만, 이 사건의 경우 이를 적용할 수는 없고, 오로지 해외거주 재외국민들에게 국민투표권을 확대시키는 방법만이 유일한 평등회복의 방법이라고 볼 수 있다. 이와 같이 위헌결정만이 평등회복의 유일한 방법이라고 볼 수 있을 경우에는 이러한 배제부분에 대하여 곧바로 위헌을 확인하는 결정을 내릴 수 있을 것이다. 즉, 이 사건 국민투표법 제14조 제1항 중 국내에 주민등록이나 국내거소신고가 되어 있지 않은 재외국민들에 대하여 국민투표권을 배제하고 있는 부분은 헌법에 위반된다는 위헌확인을 할 수 있을 것이다.

또는 이 사건 법률조항을 그대로 위헌결정을 하는 경우 국내에 주민등록이 되어 있거나 국내거소신고가 되어 있는 재외국민들도 국민투표권을 행사할 수 없게 될 것이므로 입법자가 일정기간 내에 이 사건 법률조항을 개정할 때까지 잠정적으로 계속 효력을 명하는 헌법불합치결정을 선고할 수도 있을 것이다.

참고판례

※ 공직선거법 제218조의4 제1항 등 위헌확인
(헌재 2014. 7. 24. 2009헌마256, 2010헌마394[병합] 판례집 26−2, 173 [헌법불합치, 기각 각하])

 "국민투표법(2009. 2. 12. 법률 제9467호로 개정된 것) 제14조 제1항 중 '그 관할 구역 안에 주민등록이 되어 있는 투표권자 및 「재외동표의 출입국과 법적 지위에 관한 법률」 제2조에 따른 재외국민으로서 같은 법 제6조에 따른 국내거소신고가 되어 있는 투표권자'에 관한 부분은 헌법에 합치하지 아니한다. 위 법률조항 부분은 2015. 12. 31.을 시한으로 입법자가 개정할 때까지 계속 적용된다"고 결정.

30 헌법불합치결정에 반하는 지방공무원 시험시행계획공고의 위헌여부

청구인들은 A 광역시에 거주하는 자로서 2007년 9월 2일자로 필기시험실시가 예정되어 있는 A 광역시 지방공무원임용시험을 준비하고 있는 사람들이다. 그런데 A 광역시는 2007년도 지방공무원임용시험시행계획을 2007년 2월 14일에 공고하면서, 「독립유공자 예우에 관한 법률」 제16조 및 「국가유공자 등 예우 및 지원에 관한 법률」 제29조에 의한 취업보호대상자와 「5·18민주유공자 예우에 관한 법률」 제20조 및 「특수업무 수행자 지원에 관한 법률」 제19조에 의한 취업지원대상자는 과락에 관계없이 필기시험의 각 과목별 득점에 각 과목별 만점의 10%를 가산합니다(연구직·지도직은 제외)."라고 하는 가산특전에 관한 사항을 게시하였다.

한편 헌법재판소는 2006년 2월 23일 2004헌마675등 결정에서 국가유공자 등의 가족들에 대하여 10%의 가산점을 부여하는 구 「국가유공자 등 예우 및 지원에 관한 법률」 제31조 제1항·제2항 등에 대하여 헌법불합치결정을 하면서 입법자가 2007년 6월 30일을 시한으로 위 조항들을 개정할 때까지 위 법률조항들의 계속적인 적용을 명한 바 있다. 그 사이 입법자는 국가유공자와 상이군경의 가족에 대한 가산점의 비율을 5%로 하향조정하고 법개정을 하여, 2007년 7월 1일부터 시행하도록 하였다. A 광역시는 시험계획공고 당시에는 아직까지 위 법률조항들이 개정되지 않았으므로, 이 날 공고에 따라 2007년에 실시되기로 예정되어 있는 모든 지방공무원시험에 대해서 이러한 10% 가산점제도를 적용하기로 하였다.

청구인들은 A 광역시가 「국가유공자 등 예우 및 지원에 관한 법률」 제29조에 의한 취업보호대상자와 「5.18민주유공자 예우에 관한 법률」 제20조 및 특수업무수행자 지원에 관한 법률 제19조에 의한 취업지원대상자에게 과락에 관계없이 필기시험의 각 과목별 득점에 각 과목별 만점의 10%를 가산하기로 공고한 것은 그러한 가산점을 받지 못하는 자신들의 평등권, 공무담임권, 직업선택의 자유, 행복추구권 등을 침해하는 것이라고 하면서 변호사를 선임하여 2007년 3월 30일 헌법재판소에 헌법소원심판을 청구하였다.

〈문〉 이 사건 헌법소원심판이 적법한지 그리고 청구인의 기본권이 침해되었는지 여부에 대하여 판단하라(100).

관련 법률

※ 국가유공자 등 예우 및 지원에 관한 법률(2007. 3. 29. 법률 제8327호로 개정된 것)

제29조(취업보호대상자) ① 취업보호를 받을 취업보호대상자는 다음과 같다. <개정 1994. 12. 31., 2000. 12. 30.>

1. 전상군경·공상군경·무공수훈자·보국수훈자·재일학도의용군인·4.19혁명부상자·4.19혁명공로자·공상공무원·특별공로상이자 및 특별공로자와 그 가족

2. 전몰군경·순직군경·4.19혁명사망자·순직공무원 및 특별공로순직자의 유족

3. 제1호에 해당하는 국가유공자가 사망한 경우의 그 유족

② 제1항의 유족 또는 가족에 해당하지 아니하는 사람 중 다음 각 호의 어느 하나에 해당하는 사람에 대하여는 그를 지정하는 부모 모두가 질병·장애 또는 고령으로 취업이 어려운 경우에 한하여 취업보호를 실시할 수 있다. 이 경우 질병·장애 또는 고령 등에 관한 기준과 구체적인 취업보호실시에 관하여 필요한 사항은 대통령령으로 정한다. <개정 2005. 7. 29., 2006. 3. 3.>

1. 사망한 국가유공자에게 배우자 및 자녀가 없고, 부모만 있는 경우에는 그 부모가 지정하는 사망한 국가유공자의 제매(弟妹) 중 1인

2. 1953년 7월 27일 이전 및 「참전유공자예우에 관한 법률」 별표의 규정에 의한 전투 중 전사하거나 순직한 군인 또는 경찰공무원의 자녀가 지정한 그의 자녀 중 1인. 다만, 전몰군경·순직군경의 배우자 또는 부모가 1993년 1월 1일 이후 제12조의 규정에 의한 보상금을 받은 사실이 있는 경우를 제외한다.

제31조(채용시험의 가점 등) ① 취업보호실시기관이 그 직원을 채용하기 위하여 채용시험을 실시하는 경우에는 당해 채용시험에 응시한 취업보호대상자의 득점에 다음 각 호의 구분에 따라 가점하여야 한다. <개정 2007. 3. 29.>

1. 만점의 10퍼센트를 가점하는 취업보호대상자

가. 제29조 제1항 제1호에 해당하는 자 중 국가유공자

나. 제29조 제1항 제2호에 해당하는 자

2. 만점의 5퍼센트를 가점하는 취업보호대상자

가. 제29조 제1항 제1호에 해당하는 자 중 국가유공자의 가족 및 같은 항 제3호에 해당하는 자

나. 제29조 제2항 각 호의 어느 하나에 해당하는 자

② 제1항의 채용시험이 필기·실기·면접시험 등으로 구분되어 실시되는 시험의 경우에는 각 시험마다 제1항 각 호의 구분에 따라 가점하되, 2 이상의 과목으로 실시되는 시험에 있어서는 각 과목별로 제1항 각 호의 구분에 따라 가점하여야 한다. 다만, 득점한 과목 중 한 과목 이상의 점수가 만점의 4할 미만이거나 점수로 환산이 불가능한 시험에는 그러하지 아니하다. <개정 2007. 3. 29.>

③~⑤ 생략

부칙 ① (시행일) 이 법은 2007년 7월 1일부터 시행한다.

② (채용시험에 관한 적용례) 제31조 제1항 및 제2항의 개정규정은 이 법 시행 이후 실시하는 시험부터 적용한다.

모범답안 및 채점기준

〈문〉 이 사건 헌법소원심판이 적법한지 그리고 청구인의 기본권이 침해되었는지 여부에 대하여 판단하라(100).

Ⅰ. 문제의 소재(5)

국가유공자에 대한 취업보호로서 10% 가산점제도에 대한 헌법재판소의 잠정적인 계속적용명령에 따라서 가산점제도를 계속 적용하기로 한 지방자치단체의 시험계획공고의 위헌여부를 묻는 것으로서 위헌결정의 기속력, 보충성원칙의 충족여부 등의 소송요건충족 여부와, 가산점제도의 위헌여부에 대한 본안판단이 쟁점이 될 것이다.

Ⅱ. 사건의 개요와 심판의 대상(10)

1. 사건의 개요(5)

국가유공자와 상이군경의 가족에 대해서까지 10%의 가산점을 부여하는 것은 헌법에 합치되지 아니한다는 헌재 결정이 있었다. 이 결정에 따라 입법자는 동법을 개정하여야 하며, 개정하지 않을 경우 2007년 7월 1일부터 그 효력을 상실한다. 그 사이 입법자는 국가유공자와 상이군경의 가족에 대한 가산점의 비율을 5%로 하향조정하는 법개정을 하여, 2007년 7월 1일부터 시행하도록 하였다. 하지만 A 광역시는 2007년도 지방공무원임용시험시행계획을 발표하면서, 2007년도에 실시되는 시험에 대해서는 모두 10% 가산점을 적용하기로 하였고 청구인은 이러한 공고에 대하여 헌법소원심판을 청구하기에 이르렀다.

2. 심판의 대상(5)

이 사건 헌법소원심판의 대상은 A 광역시의 2007년도 지방공무원임용시험시행계획의 위헌여부이다.

※ 한편 국가유공자 등 예우 및 지원에 관한 법률은 이미 개정된 것이므로 이에 대한 헌법소원심판 청구의 필요성은 없을 것이다. 물론 가족에 대하여 5%의 가산점을 적용하는 것 자체를 문제삼는다면 법 자체에 대하여 헌법소원심판을 따로 제기할 수 있을 것이다. 결국 심판대상은 공고 자체의 위헌여부의 문제가 된다. 특히 2007년 7월 1일 이전에 이미 시험시행계획에 대하여 공고를 한 것이기 때문에 헌법재판소의 헌법불합치결정에 따라서 구법을 잠정 적용하기로 하는 시험계획공고가 과연 청구인의 기본권을 침해하는지 여부가 문제된다.

Ⅲ. 적법요건 심사(30)

1. 대상적격: 공권력의 행사 또는 불행사(3)

A 광역시의 지방공무원시험시행계획공고는 지방자치단체의 일종의 행정계획에 대한 공고로서 일반처분으로서의 성격을 가지는 것이다. 따라서 헌법소원의 대상이 될 수 있는 공권력 행사의 개념에 포함된다고 할 것이다.

2. 보충성의 원칙(3)

일반처분으로서의 공고에 대하여 행정소송으로 다툴 수 있는지 여부는 아직 논란이 되고 있다. 만일 행정소송의 대상이 될 수 있는 경우에는 먼저 행정소송을 다투어야 할 것이다. 하지만 행정소송의 대상이 될 수 없다고 보는 경우에는 헌법소원심판으로 바로 다툴 수 있을 것이다. 이 사건 공고의 경우 행정소송의 대상이 될 수 있는지 불분명하므로 보충성의 원칙의 예외를 인정함이 좋을 것이다.

3. 대리인 선임(3)

변호사를 선임하였으므로 문제될 것 없다.

4. 청구기간(3)

2월 14일 공고되어 3월 30일자로 심판청구를 하였으므로 청구기간은 문제될 것이 없다.

5. 청구적격(12)

(1) 자기관련성(3)

청구인은 지방공무원임용시험 응시예정자로서 자기관련성이 있다.

(2) 현재관련성(3)

아직 지방공무원임용시험이 실시되기 전이지만 실시될 것이 확실시되므로 현재관련성의 예외를 인정할 수 있다.

(3) 직접관련성(6)

이 사건 공고는 기본권을 직접 침해한다고 하기보다, 시험실시 이후, 국가유공자 및 상이군경의 가족인 응시자에게 가산점을 부여하여 합격자를 결정함으로써 비로소 기본권침해가 발생할 수 있으므로 직접관련성이 없다고 할 수도 있겠으나, 나중에 합격자결정행위를 취소하는 소송을 다투는 경우 이미 권리구제의 실효성 측면에서 문제가 있을 수 있으므로 이렇게 할 것을 청구인에게 기대하는 것은 무리라고 할 것이다. 그러므로 이 경우 직접관련성의 예외를 인정하여야 할 것이다.

6. 권리보호이익(3)

기타 권리보호이익이 없다 할 수 없다.

7. 소결(3)

결론적으로 이 사건 헌법소원심판은 적법하다고 할 것이다.

Ⅳ. 본안판단(50)

1. 관련되는 기본권(5)

청구인은 행복추구권, 직업선택의 자유, 공무담임권, 평등권을 모두 주장하고 있으나, 행복추구권, 직업선택의 자유는 공무담임권의 일반적 기본권이라고 할 수 있으므로, 기본권경합이론에 따라서 공무담임권만 적용하면 되고 나머지 일반적 기본권의 적용은 배제할 수 있을 것이다. 그리고 평등권의 침해 여부는 동시에 심사할 수 있을 것이다. 한편 이 사건 시험시행계획공고가 어떠한 법률적 규정을 근거로 하고 있는지 법률유보원칙의 위반여부를 검토해 보아야 할 것이다.

2. 평등권 침해 여부(20)

(1) 평등권침해여부의 심사기준(10)

(가) 자의금지(5)

원칙적으로 평등의 원칙 위반여부는 자의금지의 심사기준에 따라서, 입법자가 같은 것을 자의적으로 다르게, 다른 것을 자의적으로 같게 취급한 경우가 아니면 평등의 원칙에 위반되지 않는다고 판단하는 것이 보통이다. 이 경우는 주로 사항적 차별의 경우에 해당하며, 입법자에게 넓은 형성의 자유가 인정된다.

(나) 엄격한 심사기준(5)

이에 반하여 헌법이 차별을 명시적으로 금하고 있는 경우나, 차별로 인하여 다른 기본권에 대한 중대한 제한을 초래하는 경우에는 엄격한 심사기준을 적용한다고 하는 것이 우리 헌법재판소 판례이다(헌재 1999. 12. 23. 98헌마363, 판례집 11-2, 770, 787: 제대군인가산점판결).

(2) 이 사안의 경우(10)

이 사안의 경우 취업보호(지원)대상자인가 아닌가의 여부에 따른 차별이므로 인적 집단에 대한 차별에 가까워서 엄격한 심사기준이 적용되어야 할 것으로 일응 보이지만, 일단 헌법은 제32조 제6항에 국가유공자·상이군경 및 전몰군경의 유가족은 법률이 정하는 바에 의하여 우선적으로 근로의 기회를 부여받는다고 하는 일종의 특혜의 근거를 제시하고 있으므로 이에 대한 해석이 먼저 선행되어야 한다.

(가) 완화된 심사기준 적용(3)

과거 헌법재판소 결정(2001. 2. 22. 2000헌마25, 판례집 13-1, 386, 404)은 취업보호대상자의 가산점 부여의 경우 헌법에서 특별히 차별을 금지하고 있는 경우에 해당하지는 않지만, 헌법 제32조 제6항에서 국가유공자 등에 대하여 근로의 기회에 있어서 우대를 할 것을 명령하고 있기 때문에, 상당한 입법자의 형성의 자유를 인정하고서, 자의금지 기준은 아니지만 비례의 원칙에 의한 엄격한 심사보다는 완화된 심사기준을 사용하여 합헌선언한 바 있다.

(나) 엄격한 심사기준 적용(3)

이후 헌법재판소는 판례를 변경하여 이에 대하여 헌법불합치 선언한 바 있다(헌재 2006. 2. 23. 2004헌마675 등, 판례집 18-1상, 269). 이 결정에서 헌법재판소는 헌법 제32조 제6항을 문리적으로 해석하여 우선적 근로기회의 제공은 국가유공자·상이군경과 그리고 전몰군경의 유가족에만 적용되는 것으로 보아 국가유공자·상이군경의 가족은 이러한 취업보호제도(가산점)의 혜택을 받을 수 있는 헌법적 근거가 없다고 판단하였다.

결국 헌법적 근거가 없는 국가유공자 등의 가족들에 대한 우대의 경우는 다른 응시자들의 공무담임권 행사에 중대한 제한을 초래하므로 비례의 원칙에 입각한 엄격한 심사기준으로 평등위반여부를 심사하여야 한다고 판단한 것이다.

(다) 소결(4)

오늘날 각종 국가유공자의 범위가 급증하고 있는 실정에서 헌법 제32조 제6항을 엄격하게 문리적으로 해석하는 헌법재판소의 최근 판결이 잘못되었다고 볼 근거는 없다. 이 사건의 경우 역시 헌법재판소결정의 기속력에 따라서 행정청은 헌법재판소 결정의 취지에 맞게 임용시험을 실시하여야 함에도, 구법규정에 따라 하기로 한 것은 청구인들을 합리적 이유 없이 차별하는 것에 해당한다고 볼 것이다. 따라서 이는 청구인들의 헌법 제11조의 평등권을 침해하는 것이라고 할 것이다.

3. 공무담임권 침해여부(15)

(1) 공무담임권의 보호영역(4)

공무담임권은 각종 선거에 입후보하여 당선될 수 있는 피선거권과 모든 공직에 임명될 수 있는 공직취임권을 포괄한다(헌재 2001. 2. 22. 2000헌마25, 판례집 13-1, 386, 411).

(2) 제한(4)

선거공직과 달리 비선거공직에 대한 공직취임권은 모든 국민에게 누구나 그 능력과 적성에 따라 공직에 취임할 수 있는 균등한 기회를 보장한다는 뜻으로 보아야 할 것이며, 이러한 기회를 제한하는 국가적 조치는 공무담임권에 대한 제한으로 볼 수 있을 것이다.

이 사건 시험계획공고 역시 헌법적으로 정당화되지 않는 국가유공자 등의 가족에 대한 가산점의 특전을 부여하여 다른 응시자들을 차별함으로써, 공무담임권을 제한하고 있다.

(3) 제한의 한계(4)

그러한 제한은 헌법 제37조 제2항에 따라 정당화될 수 있는 제한이어야만 합헌이라고 할 수 있다.

(4) 이 사건의 경우(3)

이 사건의 경우 국가유공자와 상이군경의 가족들의 공무원임용시험에 있어서까지 10%의 가산점을 부여하는 것은, 사실상 다른 응시자들에게 현격한 불이익을 주는 것이며, 이로 인하여 공무원시험에 합격할 수 없게 되어, 공무담임권을 과도하게 침해하는 것이다.

4. 법률유보의 원칙 준수여부(10)

(1) 법률적 근거(5)

이 사건 공고는 A 광역시의 일반처분에 해당하는 것이므로 그러한 처분이 법률적 근거를 가지고 있는지 여부를 살펴보아야 할 것이다.

헌법재판소의 2006. 2. 23. 2004헌마675 등 헌법불합치결정의 취지에 따라 그 사이에 입법자는 10%의 가산점을 부여하는 취업보호대상자로서 국가유공자 본인과 전몰군경 등의 유가족으로 국한하였으며, 국가유공자 등의 가족에게는 가산점을 5%로 하향조정하였다(국가유공자 등 예우 및 지원에 관한 법률 제31조 제1항). 또한 부칙에 이 개정조항은 2007년 7월 1일부터 시행하며, 제31조 제1항 및 제2항의 가산점에 관한 개정규정은 이 법 시행 이후 실시하는 시험부터 적용한다고 규정하고 있다.

(2) 이 사건 공고의 위법성(5)

따라서 이 사건 공고가 2007년도에 실시하는 모든 지방공무원시험에 10%의 가산점제도를 실시하기로 한 것은 이러한 법률규정에도 위반하는 것으로서 법률유보원칙에 반한다.

Ⅴ. 결   론(5)

결론적으로 이 사건 공고는 헌법재판소결정의 기속력에 반하여 국가유공자의 가족의 공무원임용시험에서 과도하게 가산점을 부여하여, 청구인들의 평등권과 공무담임권을 침해하는 것이어서, 헌법에 위반되므로 그러한 범위 내에서 이를 취소하여야 한다.

다만 가산점 제도 그 자체는 헌법적으로 문제되지 않으므로, 새로이 개정된 국가유공자 등 예우 및 지원에 관한 법률의 개정조항대로 국가유공자 및 상이군경의 가족인 응시자들에게는 5%의 가산점만이 적용되는 것으로 하여 동 시험시행계획을 계속 적용하도록 명하여야 할 것이다.

참고판례

※ **국가유공자 등 예우 및 지원에 관한 법률 제31조 제1항 등 위헌확인**(제29조 제1항 각호1, 각호3)

(헌재 2006. 2. 23. 2004헌마675 등, 판례집 18−1상, 269 [헌법불합치])

※ **국가유공자 등 예우 및 지원에 관한 법률 시행령 제48조 별표 8 관련 입법부 작위 위헌확인**

(헌재 2012. 11. 29. 2011헌마533, 판례집 24−2하, 194, 194−195 [기각])

계약직 공무원 및 기능직 공무원의 법적지위, 신분보장 등의 차이와 함께 국가유공자에게 우선적 근로의 기회를 제공하여 국가유공자와 그 가족 등의 생활안정 등을 도모하고자 하는 취업가산점 제도의 취지를 고려할 때 경력직 공무원으로서 신분이 두텁게 보장되는 기능직 공무원에 대한 채용시험에서 취업가산점을 부여할 필요성이 더 높은 점, 계약직 공무원은 국가가 전문지식·기술이 요구되거나 임용에 신축성 등이 요구되는 업무에 일정 기간 한시적으로 종사하게 하기 위하여 임용하는 공무원으로서 전문성 등이 강하게 요구되므로, 그 채용시험에 취업가산점을 부여하는 것은 채용목적 등에 비추어 적절하지 않다는 점, 국가유공자와 그 가족 등의 취업지원 대상자는 계약직 공무원 채용시험과 기능직 공무원 채용시험을 선택하여 응시할 수 있다는 점 등을 종합해 볼 때, 이 사건 시행령 조항이 공무원 채용시험의 가점 대상에서 계약직 공무원을 제외하였다 하여 입법재량의 영역을 벗어났다거나 현저히 합리성을 결여한 자의적 기준에 의한 차별이라고 보기 어렵다. 따라서이 사건 시행령 조항은 청구인의 평등권을 침해하지 아니한다.

사 례

청구인인 甲은 2006년 10월 21일 국가보안법 위반죄로 구속기소되었다. 변호인인 변호사 乙은 甲을 위한 변론을 준비하기 위하여 같은 달 22일 서울지방검찰청의 담당검사에게 경찰 및 검찰에서 작성된 사건 수사기록 일체를 열람·등사하겠다고 신청하였으나, 검사는 거부사유도 밝히지 않은 채 이를 거부하였다.

〈문 1〉 검사의 수사기록에 대한 열람·등사의 거부행위에 대하여 직접 헌법소원을 제기하는 경우 헌법재판소법 제68조 제1항의 보충성의 원칙에 위배되지 않는가?(5)

〈문 2〉 검사가 수사기록의 열람·등사를 거부한 후 그 사이에 공판절차는 진행되어 제1심 판결이 선고되었다. 이 사건 심판청구는 권리보호이익이 있는가?(5)

〈문 3〉 검사의 수사기록에 대한 열람·등사의 거부행위는 어떠한 기본권을 제한하는 것으로 볼 수 있는가?(5)

〈문 4〉 예외적으로 변호인의 수사기록에 대한 열람을 제한할 수 있는 사유는 어떠한 것들이 있는지 구체적인 예를 들어서 설명하라(5).

모범답안 및 채점기준

〈문 1〉 검사의 수사기록에 대한 열람·등사의 거부행위에 대하여 직접 헌법소원을 제기하는 경우 헌법재판소법 제68조 제1항의 보충성의 원칙에 위배되지 않는가?(5)

Ⅰ. 보충성의 원칙의 예외

검사가 보관하고 있는 수사기록의 열람·등사를 거부하는 행위에 대하여는 형사소송법상의 준항고가 허용되지 아니하고 행정심판법이나 행정소송법상의 행정쟁송이 허용된다 하더라도 그에 의하여 권리가 구제될 가능성이 없어서 청구인에게 위와 같은 절차의 선이행을 요구하는 것은 청구인으로 하여금 불필요한 우회절차를 강요하는 것이 된다. 따라서 위와 같은 경우에는 보충성의 원칙 적용의 예외사유에 해당된다고 할 수 있다(이하 헌재 1997. 11. 27. 94헌마60, 판례집 9-2, 675 참조)(5).

〈문 2〉 검사가 수사기록의 열람·등사를 거부한 후 그 사이에 공판절차는 진행되어 제1심 판결이 선고되었다. 이 사건 심판청구는 권리보호이익이 있는가?(5)

Ⅱ. 권리보호이익

공판절차가 진행되어 제1심 판결이 선고되었고 따라서 공판 개시 전에 수사기록을 열람·등사하여 충실한 변론준비를 하고자 하였던 청구인으로서는 지금에 이르러서는 그 청구가 인용된다 하더라도 주관적 권리구제에는 도움이 되지 아니한다고 할 것이다. 그러나 헌법소원은 주관적 권리구제 뿐만 아니라, 객관적인 헌법질서보장의 기능도 겸하고 있는 것으로서, 공판 전 수사기록에 대한 열람·등사거부행위의 위헌여부는 헌법질서의 수호·유지를 위하여 그에 대한 헌법적 해명이 긴요하다 할 수 있으므로 심판청구의 이익을 예외적으로 인정할 수 있다(5).

〈문 3〉 검사의 수사기록에 대한 열람·등사의 거부행위는 어떠한 기본권
을 제한하는 것으로 볼 수 있는가?(5)

Ⅲ. 제한되는 기본권

첫째, 검사가 보관하는 수사기록에 대한 변호인의 열람·등사는 실질적 당사
자대등을 확보하고 신속·공정한 재판을 실현하기 위하여 필요불가결한 것이므
로 그에 대한 지나친 제한은 피고인의 신속·공정한 재판을 받을 권리를 제한하
는 것이다.

둘째, 변호인의 조력을 받을 권리는 변호인과의 자유로운 접견교통권에 그
치지 아니하고 더 나아가 변호인을 통하여 수사서류를 포함한 소송관계 서류를
열람·등사하고 이에 대한 검토결과를 토대로 공격과 방어의 준비를 할 수 있는
권리도 포함된다. 그러므로 변호인의 수사기록 열람·등사에 대한 지나친 제한은
결국 피고인에게 보장된 변호인의 조력을 받을 권리도 제한하는 것이다(5).

〈문 4〉 예외적으로 변호인의 수사기록에 대한 열람을 제한할 수 있는 사
유는 어떠한 것들이 있는지 구체적인 예를 들어서 설명하라(5).

Ⅳ. 기본권제한의 정당화 사유

수사기록에 대한 열람·등사권이 헌법상 피고인에게 보장된 신속·공정한 재
판을 받을 권리와 변호인의 조력을 받을 권리 등에 의하여 보호되는 권리라 하
더라도 무제한한 것은 아니며, 또한 헌법상 보장된 다른 기본권과의 사이에 조화
를 이루어야 한다.

즉 이 변호인의 수사기록에 대한 열람·등사권도 기본권제한의 일반적 법률
유보조항인 국가안전보장·질서유지 또는 공공복리를 위하여 제한되는 경우가

있을 수 있으며, 당해사건의 성질과 상황, 열람·등사를 구하는 증거의 종류 및 내용 등 제반 사정을 감안하여 그 열람·등사가 피고인의 방어를 위하여 특히 중요하고 또 그로 인하여 국가기밀의 누설이나 증거인멸, 증인협박, 사생활침해, 관련사건 수사의 현저한 지장 등과 같은 폐해를 초래할 우려가 없는 때에 한하여 허용된다고 할 것이다(5).

참고판례

※ **열람·등사 거부처분취소**
(헌재 2010. 6. 24. 2009헌마257, 판례집 22−1하, 621 [인용(위헌확인)])

사 례

甲은 결혼 10주년을 기념하여 자신의 아내와 함께 싸이판으로 해외여행을 갔다. 그런데 싸이판에 도착하여 여행을 시작하자마자, 어떤 괴한이 난사한 총에 맞아 복부관통상을 입고, 급거 귀국하여 수술을 받게 되었다. 甲은 간신히 목숨을 건졌으나 평생 하반신 마비상태로 살아야 하는 1급 장애판정을 받았다. 괴한은 현장에서 자살하였으며, 이에 甲이 여행사와 싸이판 정부에 대하여 보상을 청구하였다. 그러나 관련규정이 없다는 이유로 모두 거부되었고, 결국 해당 지방검찰청 산하 범죄피해자구조위원회에 범죄피해자구조금을 청구하였으나, 외국에서 일어난 범죄로 인한 범죄피해는 구조대상 범죄가 아니라는 이유로 각하되었다.

〈문〉 당신이 甲의 변호사라면 해외범죄로 인한 범죄피해에 대해서는 범죄피해자구조청구를 할 수 없도록 한 범죄피해자보호법 제3조 제1항 제4호의 위헌성에 대하여 어떻게 주장할 것인지를 약술하라(50).

관련 법률

※ **범죄피해자보호법 제3조(정의)**

① 이 법에서 사용하는 용어의 뜻은 다음과 같다.

1. "범죄피해자"란 타인의 범죄행위로 피해를 당한 사람과 그 배우자(사실상의 혼인관계를 포함한다), 직계친족 및 형제자매를 말한다.

2. "범죄피해자 보호·지원"이란 범죄피해자의 손실 복구, 정당한 권리 행사 및 복지 증진에 기여하는 행위를 말한다. 다만, 수사·변호 또는 재판에 부당한 영향을 미치는 행위는 포함되지 아니한다.

3. "범죄피해자 지원법인"이란 범죄피해자 보호·지원을 주된 목적으로 설립된 비영리법인을 말한다.

4. "구조대상 범죄피해"란 대한민국의 영역 안에서 또는 대한민국의 영역 밖에 있는 대한민국의 선박이나 항공기 안에서 행하여진 사람의 생명 또는 신체를 해치는 죄에 해당하는 행위(「형법」 제9조, 제10조 제1항, 제12조, 제22조 제1항에 따라 처벌되지 아니하는 행위를 포함하며, 같은 법 제20조 또는 제21조 제1항에 따라 처벌되지 아니하는 행위 및 과실에 의한 행위는 제외한다)로 인하여 사망하거나 장해 또는 중상해를 입은 것을 말한다.

5. "장해"란 범죄행위로 입은 부상이나 질병이 치료(그 증상이 고정된 때를 포함한다)된 후에 남은 신체의 장해로서 대통령령으로 정하는 경우를 말한다.

6. "중상해"란 범죄행위로 인하여 신체나 그 생리적 기능에 손상을 입은 것으로서 대통령령으로 정하는 경우를 말한다.

② 제1항 제1호에 해당하는 사람 외에 범죄피해 방지 및 범죄피해자 구조 활동으로 피해를 당한 사람도 범죄피해자로 본다.

모범답안 및 채점기준

〈문〉 당신이 甲의 변호사라면 해외범죄로 인한 범죄피해에 대해서는 범죄피해자구조청구를 할 수 없도록 한 범죄피해자보호법 제3조 제1항 제4호의 위헌성에 대하여 어떻게 주장할 것인지를 약술하라(50).

Ⅰ. 문제의 소재(2)

외국에서 일어난 범죄에 의한 피해자는 범죄피해자보호의 대상에서 제외하고 있는 범죄피해자보호법의 위헌여부에 대한 문제이다.

Ⅱ. 기본권 침해여부(43)

1. 범죄피해자구조청구권의 침해여부(20)

(1) 기본권 주체(3)

헌법 제30조는 타인의 범죄행위로 인하여 생명·신체에 대한 피해를 받은 국민은 법률이 정하는 바에 의하여 국가로부터 구조를 받을 수 있다고 규정하고 있다. 따라서 범죄피해자구조청구권의 기본권주체는 "타인의 범죄행위로 인하여 생명·신체에 대한 피해를 받은 국민"이다.

(2) 기본권의 제한(3)

이 사건 법률조항은 해외에서 범죄피해를 당한 국민에 대하여 범죄피해자구조청구를 할 수 없도록 함으로써, 범죄피해자구조청구권의 기본권주체를 법률로 제한하고 있다.

(3) 심사의 기준: 입법자의 형성의 자유와 그 한계(4)

다만 범죄피해자구조청구권은 법률이 정하는 바에 의하여 행사할 수 있다는 점에서 입법자에게 넓은 형성의 자유가 주어질 수 있다. 그러나 이와 같은 형성유보의 기본권도 입법자가 그 기본권의 행사를 불가능하게 하거나 유명무실하게 하는 경우에는 헌법상 기본권을 침해한다고 볼 수 있다. 이러한 관점에서 이 사건 법률조항이 범죄피해자구조청구권의 주체를 한정함에 있어서 헌법 제37조 제2항의 한계를 지킴으로써 범죄피해를 당한 자가 범죄피해자구조청구권의 행사를 사실상 전혀 할 수 없게 하여서는 안될 것이다.

(4) 과잉금지원칙 위반여부(10)

그러나 이 사건 청구인과 마찬가지로 해외에서 범죄를 당한 청구인은 구조청구권을 전혀 행사할 수 없으므로, 완화된 심사기준에 의한다 하더라도 이 사건 법률조항은 헌법 제37조 제2항의 과잉금지의 원칙에 위반된다고 보아야 할 것이다(1).

특히 범죄피해자구조청구권의 법적 성격과 관련하여 범죄피해자구조를 하여야 할 국가의 의무가 국가책임으로부터 나온다고 보는 설(국가책임설), 사회보장의무로부터 나온다고 보는 설(사회보장설)과 절충설이 있을 수 있으나, 사회보장적 성격을 더욱 강하게 갖는다고 보는 절충적 입장이 타당하다(+2). 그 근거는 범죄피해로 인하여 사망을 당한 유족이나 또는 중상해를 당하여 더 이상 가족에 대한 부양을 할 수 없게 된 피해자와 그 가족이 범죄의 충격을 딛고 일어서서 정상적인 생활에 복귀할 수 있게 도움을 주는 데에 범죄피해자구조청구권의 목적이 있다고 할 수 있기 때문이다. 따라서 범죄피해를 어디에서 당하였는지는 중요한 것이 될 수 없다(1).

그럼에도 불구하고 해외에서 범죄피해를 당한 자의 경우 국내에서 범죄피해를 당한 자보다 그 범죄로 인한 피해나 중상의 정도가 훨씬 심한 경우에도 그들에 대하여 국가가 아무런 구조를 할 수 없도록 한다면 이는 해외에서 범죄피해를 당한 자들의 범죄피해자구조청구권을 거의 불가능하게 한 것이므로 헌법 제37조 제2항의 과잉금지의 원칙에 위반된다고 볼 수 있다(1).

2. 평등권 침해여부(23)

(1) 심사기준(10)

헌재의 제대군인 가산점판결(98헌마363)에 따르면 평등권침해여부의 심사기준은 자의금지와 비례원칙에 입각한 엄격심사로 나눌 수 있다. 헌법이 특별히 평등을 명하거나 차별을 금지하는 경우 그리고 차별로 인하여 다른 기본권에 대하여 중대한 제한이 초래되는 경우에는 비례의 원칙에 입각한 엄격한 심사를 하게 된다.

이 사건의 경우 해외범죄피해자와 국내범죄피해자를 차별함으로써 해외범죄피해자의 범죄피해자구조청구권의 행사에 대하여 중대한 제한을 초래하고 있으므로 이 사건 법률조항은 비례원칙에 입각한 엄격심사의 대상이 된다고 볼 수 있다(이러한 의미에서 헌재의 합헌결정(2009헌마354)을 비판할 필요가 있다)(2).

백보 양보하여 헌재의 입장과 같이 자의금지의 기준에 의하여 심사한다 하더라도, 국내범죄피해자와 해외범죄피해자가 서로 별반 다르지 않음에도 불구하고 자의적으로 달리 취급하고 있으므로, 자의금지원칙에 위반된다고 할 수 있다.

(2) 위헌여부(10)

이러한 관점에서 국내범죄피해자와 해외범죄피해자가 서로 별로 다르지 아니함에도 불구하고, 전자에게는 범죄피해자구조금을 보장하는 데 반하여 후자에게는 보장하지 않고 있는 것은 이러한 차별을 정당화할 수 있을 만한 사유가 보이지 않는다. 이것은 비교집단간의 차이와 차별대우가 서로 비례관계가 있는가에 관한 심사를 하여도 당연히 마찬가지 결론에 도달할 수 밖에 없다. 국내에서는 국가의 공권력이 미치는 데 반하여 해외에서는 공권력이 미치지 아니하여 보호의무를 다할 수가 없다고 하는 헌재의 합헌결정의 이유도 설득력이 없다. 왜냐하면 범죄피해자구조청구권은 단순히 국가책임사상에만 근거한 것이 아니라, 상당부분 사회보장적 성격에 근거하고 있다는 점과, 그리고 만일 해외에서 공권력이 미치지 않는다 하더라도, 그 곳에는 외국의 공권력이 미치고 있으며, 따라서 대한민국의 공권력의 행사 대신 그 나라의 공권력에 의하여 국민의 생명과 신체가 보호될 수 있도록, 그리고 범죄피해가 일어난 경우에는 상호주의원칙에 따라서 해당 당사국에 의해서 범죄피해자구조가 이루어질 수 있도록 그 나라와 상호조약 등을 체결함으로써, 국민에 대한 보호의무의 이행에 공백이 발생하지 않도록 해야 할 국가의 국민에 대한 보호의무가 존재하기 때문이다. 따라서 이러한 관점에서 본다면 국가가 지금까지 어떠한 나라와도 상호주의에 따른 범죄피해자구조에 대한 협약을 체결하지 않았다고 하는 것은 거주·이전의 자유에 따라 오늘날의 글로벌 시대에 수많은 국민들이 해외여행을 자유롭게 하고 있는 이 때, 국가가 국민에 대한 보호의무를 제대로 이행하고 있다고 할 수가 없다.

어떠한 측면에서는 상호주의에 따른 범죄피해자구조를 위한 협약을 체결하지 않은 부작위에 의하여 국가가 청구인의 기본권을 침해하고 있다고 주장할 수도 있을 것이다.

(3) 소결(3)

결론적으로 이 사건 법률조항은 비례의 원칙에 입각한 엄격한 심사기준에 의거할 경우에는 물론, 자의금지에 의한다 하더라도, 합리적 사유가 없이 국내범죄피해자와 해외범죄피해자를 자의적으로 차별하고 있다고 할 수 있으며, 또한 이러한 차별대우를 정당화할 만한 사유가 발견되지 않으므로 청구인의 평등권을 침해한다고 할 것이다.

Ⅲ. 결   론(5)

이 사건 법률조항은 청구인의 범죄피해자구조청구권, 평등권을 침해하여 위헌이다.

참고판례

※ **범죄피해자구조법 제2조 제1호 등 위헌확인.**
(헌재 2011. 12. 29. 2009헌마354, 판례집 23－2하, 795, 801－802 [기각])

"범죄피해자구조청구권을 인정하는 이유는 크게 국가의 범죄방지책임 또는 범죄로부터 국민을 보호할 국가의 국민보호의무를 다하지 못하였다는 것과 그 범죄피해자들에 대한 최소한의 구제가 필요하다는 데 있다. 그런데, 국가의 주권이 미치지 아니하고, 따라서 국가가 경찰력 등을 행사할 수 없거나 행사하기 어려운 해외에서 발생한 범죄에 대하여는 국가가 범죄를 방지할 의무를 해태하고 있다고 보기는 어렵다. 외교통상부를 통하여 해외여행위험지역 등을 고지하고 해외영사 등을 통하여 국민을 보호한다고 하여도 타국의 주권으로 인하여 경찰력 등 직접적인 보호는 곤란하므로, 해외에서 일어난 범죄에 대하여 그 방지책임이 국가에 있다고 보기는 어렵다. (중략)
나아가 범죄피해구조금은 국가의 재정에 기반을 두고 있는 바, 위와 같은 이유를 고려하면, 구조금청구권의 행사대상을 우선적으로 대한민국의 영역 안의 범죄피해에 한정하고, 향후 구조금의 확대에 따라서 해외에서 발생한 범죄피해의 경우에도 구조를 하는 방향으로 운영하는 것은 입법형성의 재량의 범위 내라고 할 수 있다."

III. 국가조직론 및 헌법재판

33   국회의 시행령 수정·변경요구권의 위헌여부 등

사례 1

국회는 최근 행정입법에 대한 국회 통제의 실효성 제고를 위하여 상임위원회가 대통령령·총리령·부령 등 행정입법이 법률의 취지 또는 내용에 합치되지 아니하다고 판단되는 경우에는 그 수정·변경을 요구할 수 있도록 하고, 소관 중앙행정기관의 장은 이를 처리하여 그 결과를 소관 상임위원회에 보고하도록 하려는 국회법개정안(안 제98조의2 제3항)을 의결하였다. 이러한 국회법 개정안에 대하여 박근혜 대통령은 행정입법권에 대한 침해이자 권력분립원칙 위반이라고 하면서 국회가 시행령에 대한 수정요구권을 가지게 되는 경우 앞으로 행정부는 마비될 것이라고 하면서 강력하게 반발을 하고 앞으로 국회가 법률안을 정부에 이송하는 경우 법률안거부권행사를 검토하고 있다. 한편 국회의 시행령에 대한 수정요구권은 헌법 제107조 제2항에 따른 대법원의 명령·규칙에 대한 위헌·위법심사권도 침해한다고 하는 비판도 나오고 있다.

〈문〉 과연 국회법개정안 제98조의2 제3항이 헌법에 위반되는지 여부에 대하여 판단하라(40).

관련 법률

※ 국회법개정안 제98조의2 제3항
상임위원회는 소관 중앙행정기관의 장이 제출한 대통령령·총리령·부령 등 행정입법이 법률의 취지 또는 내용에 합치되지 아니한다고 판단되는 경우 소관 중앙행정기관의 장에게 수정·변경을 요구(청) 할 수 있다. 이 경우 중앙행정기관의 장은 수정·변경 요구(청) 받은 사항을 처리하고 그 결과를 소관상임위원회에 보고하여야 한다.

모범답안 및 채점기준

1. 문제의 소재(2)

이 사안은 최근 국회법개정안 제98조의2 제3항이 국회 소관 상임위원회의 시행령에 대한 수정요구(청)권을 도입하고 있는데 그러한 시행령수정요구(청)권이 권력분립의 원칙에 위반하여 행정입법권을 침해하고, 법원의 명령·규칙에 대한 위헌·위법심사권을 침해하는지 여부이다.

2. 원칙적 입법권의 소재: 헌법 제40조(5)

헌법 제40조는 입법권은 국회에 있다고 규정하고 있으므로, 시원적이고 고유한 입법권은 국회의 권한이다.

3. 헌법 제75조와 제95조의 의미(15)

헌법 제75조는 법률에서 구체적으로 범위를 정하여 위임받은 사항과 법률을 집행하기 위하여 필요한 사항에 관하여 대통령령을 정할 수 있다고 하고 있으며, 또한 국무총리와 행정각부의 장 역시 소관사무에 관하여 법률이나 대통령령의 위임 또는 직권으로 총리령 또는 부령을 발할 수 있다고 하고 있다(3).

그러나 여기에서 대통령령, 총리령, 부령은 결국 모두 법률의 위임에 의한 것이며, 또한 법률을 집행하기 위하여 필요한 사항에 대한 명령일 뿐이다(3).

따라서 행정입법은 결코 고유한 입법이 아니라, 국회에 의하여 위임된 권한이라고 할 수 있을 것이다(3).

만일 위임입법이 위임의 범위를 벗어나는 경우에는 그 자체가 입법권을 침해하여 권력분립원칙과 헌법에 반하는 것이라 할 수 있을 것이다(3).

그러므로 그에 대하여 국회가 수정·변경요구를 함으로써 행정입법에 대하여 통제하겠다고 하는 것은, 위임주체가 위임을 줄 수도 있지만 위임을 거둘 수도 있는 것이므로, 국회의 정당한 입법권의 행사라고 할 수 있을 것이다(3).

4. 헌법 제107조 제2항의 의미와 그에 대한 위반 여부(13)

헌법 제107조 제2항은 명령·규칙·처분이 헌법이나 법률에 위반되는지 여부가 재판의 전제가 된 경우에는 대법원이 이를 최종적으로 심사할 수 있다는 것이다(3).

만일 명령·규칙이 직접 국민의 기본권을 침해하는 경우에는 국민이 헌법소원심판을 청구할 수 있으며, 이에 대하여 헌법재판소가 심판할 수 있다(3).

그러나 이러한 대법원과 헌법재판소의 명령·규칙에 대한 통제는 구체적 규범통제이므로, 구체적인 법적 분쟁이 발생하는 경우에 비로소 대법원과 헌법재판소에 의하여 결정될 수 있을 뿐이다(3).

법적 분쟁이 발생하기 전에도 위임의 한계를 벗어난 행정입법이 존재할 가능성은 상당히 많이 있으므로, 이에 대하여 국회가 수정·변경요구(청)를 하는 것은 국회 자체의 행정입법에 대한 추상적 통제라고 할 수 있을 것이며 정당한 입법권의 행사라고 평가된다(4).

5. 결론(5)

결론적으로 헌법에 위반되지 아니한다.

사례 2

국회는 2015년 5월 29일 상임위원회에 대통령령 등 시행령에 대한 수정요구권을 부여하는 국회법개정안 제98조의2 제3항을 통과시켰으나, 대통령과 정부의 강력한 반발에 부딪히자, "요구"를 "요청"으로 바꾼 후, 2015년 6월 15일 법률안을 정부로 이송하였다.

박근혜 대통령은 국회가 소관 상임위원회에 대하여 시행령수정요구권을 부여하는 국회법개정안을 가결·선포한 행위와 동 법률안은 헌법 제75조와 제95조가 대통령과 행정부에 부여한 행정입법권을 침해할 뿐만 아니라 권력분립의 원칙에 위배되는 것이라고 주장하면서, 2015년 6월 19일 국회와 국회의장을 상대로 헌법 재판소에 권한쟁의심판을 청구하였다.

〈문〉 대통령 박근혜의 이 사건 권한쟁의심판청구가 적법한지 여부에 대하여 판단하라(40).

관련 법률

※ **국회법개정안 제98조의2 제3항**

상임위원회는 소관 중앙행정기관의 장이 제출한 대통령령·총리령·부령 등 행정입법이 법률의 취지 또는 내용에 합치되지 아니한다고 판단되는 경우 소관 중앙행정기관의 장에게 수정·변경을 요구할 수 있다. 이 경우 중앙행정기관의 장은 수정·변경 요구 받은 사항을 처리하고 그 결과를 소관상임위원회에 보고하여야 한다.

모범답안 및 채점기준

Ⅰ. 문제의 소재(3)

이 사건은 대통령이 국회가 의결한 법률안이 자신의 권한을 침해한다고 하면서 국회를 상대로 권한쟁의심판을 청구할 수 있는지 여부에 대한 판단을 요구하는 문제이다.

Ⅱ. 사건의 개요와 심판의 대상(6)

1. 사건의 개요(3)

국회가 2015년 5월 29일 소관 상임위원회로 하여금 시행령에 대하여 수정요구할 수 있고, 중앙행정기관의 장이 그에 따라야 할 의무를 부과하는 국회법개정안 98조의2 제3항을 의결하자 대통령이 이러한 국회의 시행령수정요구권은 행정입법권을 침해한다고 하면서 2015년 6월 19일 헌법재판소에 권한쟁의심판을 청구하였다.

2. 심판의 대상(3)

국회와 국회의장이 국회법개정안 제98조의2 제3항을 가결·선포하여 의결한 행위가 대통령의 권한인 행정입법권을 침해하는지 여부이다.

Ⅲ. 판   단(31)

1. 당사자능력(5)

헌법 제111조 제1항 제4호 소정의 "국가기관"에 해당하는지 아닌지를 판별함에 있어서는 그 국가기관이 헌법에 의하여 설치되고 헌법과 법률에 의하여 독자적인 권한을 부여받고 있는지 여부, 헌법에 의하여 설치된 국가기관 상호간의 권한쟁의를 해결할 수 있는 적당한 기관이나 방법이 있는지 여부 등을 종합적으로 고려하여야 할 것이다(헌재 1997. 7. 16. 96헌라2, 판례집 9-2, 154, 162-163).

대통령은 정부의 수반으로서 헌법재판소법 제62조 제1항 제1호에 따라 권한쟁의심판의 청구능력이 인정되는 국가기관이다.

그리고 국회 역시 같은 조항에 따라 권한쟁의심판의 피청구인능력이 인정되는 국가기관이다.

그리고 청구인은 국회의장도 피청구인에 포함시켰는데, 법률안을 의결한 것은 국회라 할 것이지만 이를 가결·선포한 행위는 국회의장이 한 것이 사실이므로 국회의장 역시 피청구인이 되지 않는다고 할 수는 없을 것으로 보인다.

2. 당사자적격(5)

당사자적격은 청구인이 피청구인의 행위에 의하여 자신의 권한이 침해되었음을 주장하고 있는지 그리하여 권한침해의 가능성이 있는지 여부의 문제이다.

(1) 청구인적격

대통령은 국회의 시행령수정요구권의 신설에 의하여 자신의 행정입법권이 침해되었다고 주장하고 있으므로 자신의 권한이 현재 침해되고 있음을 주장하는 것으로서 청구인 적격이 인정된다.

(2) 피청구인적격

국회와 국회의장 모두 국회법개정안을 통하여 새로이 시행령수정안을 신설하였으므로 대통령의 권한침해의 가능성이 있다고 할 것이므로 피청구인적격도 인정된다.

3. 피청구인의 처분 또는 부작위의 존재(5)

국회와 국회의장은 2015년 5월 29일 국회법개정안 제98조의2 제3항에서 상임위원회로 하여금 중앙행정기관의 장에게 시행령에 대한 수정요구를 할 수 있는 근거조항을 마련하여 이러한 개정안을 가결·선포하고 의결하였으므로 이 법률안에 대한 가결·선포행위와 의결행위는 헌재법 제61조 제2항이 의미하는 처분에 해당한다고 보인다.

4. 헌법 또는 법률에 의하여 부여받은 권한의 침해가능성(5)

청구인은 헌법 제75와 제95조가 대통령과 행정부에 부여한 행정입법권의 근거라고 하면서 그 침해에 대하여 주장하고 있으므로 일단 그 권한침해의 가능성은 인정된다.

5. 청구기간(5)

권한쟁의심판은 그 사유가 있음을 안 날로부터 60일 이내에, 그 사유가 있은 날로부터 180일 이내에 청구하여야 한다(헌재법 제63조 제1항).

국회는 시행령수정요구권에 관한 국회법개정안을 5월 29일 의결하였고, 6월 15일 동 법률안을 정부로 이송하였으므로, 대통령은 5월 29일 국회가 의결한 날 늦어도 6월 15일을 권한침해의 사유가 있음을 안 날이라고 할 수 있고 그로부터 60일 이내인 6월 19일 심판을 청구하였으므로 적법하다.

6. 권리보호이익(5)

헌법재판소가 만일 권한쟁의심판을 인용하는 경우 청구인의 권한침해를 확인하여 청구인이 의도하던 바를 달성할 수 있게 될 경우에 권리보호이익을 인정할 수 있다.

다만 대통령이 자신의 권한을 침해한다고 생각하는 법률안이 국회에서 통과되어 정부로 이송된 경우 우선 생각할 수 있는 절차로는 대통령의 법률안거부권의 행사이다. 만일 법률안거부권을 행사한 경우에도 국회가 법률안을 재의결하는 경우 이 법률안은 확정되어 공포될 것이다. 이 경우에는 대통령의 권한에 대한 침해가능성은 여전히 존재한다고 할 수 있으므로 대통령은 권한쟁의심판을 청구할 수 있을 것이다. 어쨌든 법률안거부권의 행사는 자신의 권한침해를 방어하기 위한 잠정적 수단은 될 수 있지만 국회가 재의결하는 경우에는 종국적인 방어수단이 될 수는 없는 것이고 결국 권한쟁의심판의 가능성이 열려 있어야 할 것이다. 따라서 법률안거부권행사 가능성을 이유로 권리보호이익을 거부해서는 안 될 것이다.

7. 소결(1)

결론적으로 대통령 박근혜의 이 사건 권한쟁의심판청구는 적법하여 본안판단으로 넘어가 줘야 한다.

사례 3

진보정당인 A당은 2012년 4월 11일 열린 제19대 국회의원선거에 참여하였으나 의석을 얻지 못하고 유효투표총수의 100분의 2 이상을 득표하지 못하였다.

〈문〉 이와 같이 국회의원선거에 참여하여 의석을 얻지 못하고 유효득표총수의 100분의 2 이상을 득표하지 못한 정당에 대하여 그 등록을 취소하도록 한 정당법 제44조 제1항 제3호가 정당설립의 자유에 위반되는지 여부에 대하여 판단하라(20).

관련 법률

정당법(2005. 8. 4. 법률 제7683호로 개정된 것)
제44조(등록의 취소) ① 정당이 다음 각호의 어느 하나에 해당하는 때에는 당해 선거관리위원회는 그 등록을 취소한다.
3. 임기만료에 의한 국회의원선거에 참여하여 의석을 얻지 못하고 유효득표총수의

100분의 2 이상을 득표하지 못한 때

모범답안 및 채점기준

1. 정당설립의 자유의 보호영역(4)

정당은 정치적 의사형성을 매개하는 국민에 의하여 자발적으로 설립된 단체로서 정당이 없이는 민주주의적 선거 자체가 불가능할 정도로 오늘날 의회민주주의에 있어서는 그 의의와 중요성이 크다고 할 수 있고, 우리 헌법 제8조 제1항은 정당설립의 자유와 복수정당제를 보장하고 있다.

정당설립의 자유에는 정당존속의 자유와 정당활동의 자유가 포함된다(헌재 2014. 1. 28. 2012헌마431).

2. 제한(4)

이러한 정당설립를 방해하거나 또는 이미 설립한 정당을 합리적 사유 없이 등록취소하거나 해산하는 모든 국가적 조치들은 정당설립의 자유에 대한 제한이라고 할 수 있을 것이다.

3. 제한의 한계: 과잉금지의 원칙에 입각한 엄격심사(12)

이러한 정당설립의 자유를 제한하기 위해서는 정당이 가지는 민주주의에 있어서 중요한 의의에 비추어 헌법 제37조 제2항의 과잉금지의 원칙에 입각한 엄격한 심사가 이루어져야 할 것이다.

(가) 목적의 정당성과 방법의 적정성(5)

이 사건 법률조항의 목적은 일정한 득표율을 얻지 못하는 정당을 배제하여 군소정당의 난립을 방지할 필요성이 있다고 일응 볼 수 있으므로, 정당성이 인정되며, 방법의 적정성 역시 인정된다.

(또한 일정한 득표율을 얻을 때에 비로소 정치적 의사형성에의 참여에 대한 진지성이 있다고 할 수도 있을 것이므로, 그렇지 못한 정당을 배제하는 것은 일응 목적의 정당성이 있다고 할 수 있다 -헌재 2014. 1. 28. 2012헌마431 등)

(나) 침해의 최소성과 법익의 균형성(5)

그러나 국회의원선거에 참여하여 의석을 얻지 못하고, 유효투표총수의 100분의 2 이상을 득표하지 못했다 하더라도, 가령 대통령선거나, 지방선거에서 국회의원선거에 있어서보다 더 의미 있는 국민적 지지를 받은 정당이 있을 수 있다. 그럼에도 불구하고 국회의원선거에서의 의석획득 여부와 2% 득표율만을 기준으로 정당등록취소를 하도록 강제하는 것은 덜 침해적인 다른 수단이 있음에도 불구하고 더 침해적인 방법을 택한 것이므로 침해의 최소성에 위반되며, 목적의 중요성보다는 정당설립의 자유의 침해의 중대성이 더욱 크다고 할 수 있으므로 법익의 균형성도 갖추지 못하였다고 봐야 할 것이다.

(다) 소결(2)

그러므로 국회의원 선거에서 의석을 얻지 못하고 유효득표총수의 100분의2 이상을 득표하기 못한 정당에 대하여 정당등록을 취소하도록 한 정당법조항은 정당설립의 자유를 침해한다.

참고판례

※ **국가인권위원회와 대통령간의 권한쟁의**
(헌재 2010. 10. 28. 2009헌라6, 판례집 22−2하, 1 [각하])

※ **정당법 제41조 제4항 위헌확인**
(헌재 2014. 1. 28. 2012헌마431 등, 판례집 26−1상, 155 [위헌])

태완이법의 진정소급효조항 입법부작위에 대한 헌법소원

국회는 1999년 5월 20일 대구 동구 골목길에서 학습지 공부를 하러 가던 김태완 군이 어떤 사람의 황산테러로 49일간 투병하다 숨진 사건의 공소시효가 거의 완성되어 감에 따라 영구미제로 남게 될 가능성을 차단하기 위하여 서영교 의원이 발의한 살인죄 등 공소시효 폐지를 위한 형사소송법개정안을 통과시켰으나, 제안 당시 법안에는 포함되어 있었던 강간치사, 상해치사, 유기치사, 존속살인 등 사람을 사망에 이르게 한 모든 범죄에 공소시효를 배제하는 내용은 개별법에서 추가적인 검토가 필요하다는 이유로 법제사법위원회의 심의 과정에서 제외되었고, 또한 그 밖에 '5년 이상' 형에 해당하는 중범죄의 경우 DNA 등 과학적 증거가 확보되면 범죄자를 특정할 수 없더라도 공소시효를 10년간 중단할 수 있도록 하는 내용도 역시 제외되었다. 그리하여 소위 태완이법으로 명명된 살인죄에 대한 공소시효배제법이 정작 태완이 사건에는 적용될 수 없는 상태로 2015년 7월 24일 국회를 통과하였고, 대통령은 2015년 7월 31일 이를 공포하여 공포와 동시에 발효하였다.

태완이 어머니는 소위 태완이법안이 태완이 사건의 공소시효가 완성되기 전에 제출되었지만 국회가 이 법안을 제대로 다루지 않고 있는 동안 태완이 사건의 공소시효가 이미 완성되었고, 또한 정작 통과된 태완이법에는 공소시효가 완성된 사건에 대한 소급효규정은 빠져 있어서 태완이 사건에는 공소시효배제조항이 적용될 수 없게 된 점과 관련하여, 국회가 제대로 입법을 하지 않은 것은 일종의 진정입법부작위에 해당하거나 또는 공소시효배제법률을 제정하기는 하였지만 불완전·불충분하게 입법을 한 것이기 때문에 이는 부진정입법부작위에 해당한다는 이유로, 이러한 국회의 입법부작위 또는 불완전·불충분한 입법인 이 사건 형사소송법 제253조의2와 동법 부칙 제2조가 자신의 행복추구권, 평등권, 범죄피해자진술권, 범죄피해자구조청구권, 인간다운 생활권 등 기본권을 침해하여 위헌이라고 하면서 2015년 8월 5일 헌법소원심판을 청구하였다.

〈문〉 청구인의 이 사건 헌법소원심판청구가 적법한지 여부와 청구인의 기본권이 침해되었는지 여부에 대하여, (1) 진정입법부작위로 볼 경우와, (2) 부진정입법부작위로 볼 경우를 나누어서 판단하라(100).

관련 법률

※ **형사소송법**(2015. 7. 31. 법률 제13454호로 개정된 것. 시행 2015. 7.31)
제253조의2(공소시효의 적용 배제) 사람을 살해한 범죄(종범은 제외한다)로 사형에 해당하는 범죄에 대하여는 제249조부터 제253조까지에 규정된 공소시효를 적용하지 아니한다.
부칙 제2조(공소시효의 적용 배제에 관한 경과조치) 제253조의2의 개정규정은 이 법 시행 전에 범한 범죄로 아직 공소시효가 완성되지 아니한 범죄에 대하여도 적용한다.

제249조(공소시효의 기간) ① 공소시효는 다음 기간의 경과로 완성한다. <개정 1973. 1. 25., 2007. 12. 21.>
 1. 사형에 해당하는 범죄에는 25년
 2.~7. 생략

〈문〉 청구인의 이 사건 헌법소원심판청구가 적법한지 여부와 청구인의 기본권이 침해되었는지 여부에 대하여 (1) 진정입법부작위로 볼 경우와 (2) 부진정입법부작위로 볼 경우를 나누어서 판단하라(100).

Ⅰ. 문제의 소재(5)

이 사건은 살인죄와 사람을 사망에 이르게 한 범죄에 대하여 공소시효를 배제하고자 했던 소위 태완이법안이 법안심사 과정에서 상해치사죄 등에 대한 적용을 제외하고, 또한 공소시효배제조항의 소급효도 현재 공소시효가 진행중인 사건에만 미치게 한 것은 진정입법부작위 또는 부진정 입법부작위로서 위헌이라고 주장하면서 제기한 청구인의 헌법소원에 있어서 과연 진정 또는 부진정입법부작위에 대한 헌법소원심판청구의 요건을 갖추었는지 또한 그러한 진정입법부작위 또는 부진정입법부작위가 헌법에 위반되어 청구인의 기본권을 침해하는지 여부가 문제되는 사건이다.

Ⅱ. 사건의 개요와 심판의 대상(10)

1. 사건의 개요(5)

국회는 소위 태완이사건이 공소시효가 완성되어 영구미제가 되는 것을 방지하기 위하여 살인죄와 사람을 사망에 이르게 한 범죄들에 대하여 공소시효를 배제하는 법률안을 제출하였으나, 법안이 계류중인 동안 태완이사건의 공소시효는 완성되었음에도, 국회는 법률안 심의 과정에서 공소시효배제조항의 적용범위에서 상해치사 등을 제외하고, 소급효도 아직 공소시효가 완성되지 않은 사건에 대해서만 미치게 하는 형사소송법개정법률안을 2015년 7월 24일 통과시켰고, 이 법률은 7월 31일 공포와 동시에 발효하자, 청구인이 8월 5일 국회의 진정입법부작위 또는 부진정입법부작위에 대하여 헌법소원심판을 청구하기에 이르렀다.

2. 심판의 대상(5)

이 사건에서 청구인은 상해치사 등 사람을 사망에 이르게 한 죄에 대하여 공소시효배제조항의 적용을 제외시킨 것을 문제삼고 있다. 따라서 사람을 사망에 이르게 한 범죄를 공소시효배제범죄에 포함시키지 않은 것은 그 특정한 범죄와 관련해서는 진정한 입법부작위라고 볼 수도 있지만, 공소시효배제의 필요성과 관련하여 입법자가 나름대로 전반적으로 검토를 한 후, 상해치사 등에 대해서는 일단 개별법조항에서 추가적 검토를 거쳐서 규정하고자 한 것이므로 전혀 입법을 하지 않은 것은 아니고, 불완전·불충분하게 입법을 한 것이라고 볼 수도 있다.

또한 공소시효배제조항의 소급효를 공소시효가 완성되지 않은 사건에만 미치도록 한 것 역시 입법을 하기는 하였으나 불완전 내지 불충분하게 입법을 하였음을 다투는 것이라 볼 수 있으므로, 이는 부진정입법부작위라고 볼 수 있고, 혹은 공소시효가 완성된 사건에 대해서는 소급효를 전혀 두지 않은 것이므로 진정입법부작위로 볼 수도 있다.

결국 이 사건 헌법소원의 심판대상은 상해치사죄 등 사람을 사망에 이르게 한 범죄를 공소시효배제조항에서 제외하고, 또한 공소시효가 이미 완성된 사건을 공소시효배제조항의 소급효에 포함시키지 않은 것의 위헌여부이다.

Ⅲ. 판 단(75)

1. 적법요건에 대한 판단(40)

(1) 공권력의 행사 또는 불행사(15)

(가) 진정입법부작위로 보는 경우: 헌법으로부터 유래하는 작위의무 내지 보호의무의 존재 여부(10)

만일 입법자가 상해치사 등에 대하여 공소시효배제조항을 두지 않은 것에 대하여 진정입법부작위로 보는 경우, 이러한 입법부작위에 대한 헌법소원이 적법하려면, 헌법으로부터 유래하는 작위의무 내지 보호의무가 존재함에도 입법자가 이러한 입법의무를 전혀 이행하지 않았어야 한다.

따라서 먼저 상해치사 등 사람을 사망에 이르게 한 범죄에 대해서도 공소시효를 배제해야 할 헌법으로부터 유래하는 작위의무 내지 보호의무가 있는지 여부를 먼저 검토해야 한다.

첫째, 살인죄나 강간치사, 상해치사, 유기치사 등 사람을 사망에 이르게 한 중범죄에 대하여 형사소송법상 일반적으로 적용되는 공소시효를 배제할 의무가 헌법상 명시적으로 규정되어 있다고 볼 수는 없다.

둘째, 이러한 작위의무 내지 보호의무가 헌법의 해석상 인정될 수 있는가가 문제된다.

우리 헌법 제10조는 국가는 개인이 가지는 불가침의 기본적 인권을 확인하고 이를 보장할 의무를 진다고 하고 있으며, 또한 헌법 제30조는 타인의 범죄행위에 의하여 생명·신체에 대한 피해를 받은 국민의 경우 국가로부터 구조를 받을 수 있다고 하고 있다. 이것은 국가가 국민의 생명과 신체를 보호할 의무를 부과한 것이고, 만일 그러한 의무를 다하지 못했을 경우에 국가는 그 피해자인 국민을 위해서 범죄로 인한 피해에 대하여 구조를 할 의무가 있음을 규정한 것이다. 살인죄나 사람을 사망에 이르게 한 중범죄의 경우에 그러한 범죄로 인하여 가족을 잃은 국민은 무엇보다도 범죄자를 색출하여 국가가 엄벌에 처할 것을 간절히 바란다고 할 수 있고, 자신이 직접 응보할 권한이 없는 대신 국가가 이를 대신하여 해 줄 것을 기대한다고 할 수 있다. 그럼에도 불구하고 법률이 정하는 공소시효가 지났다고 하여 국가가 범인에 대한 형사소추를 포기하는 경우 피해자의 인권은 더이상 보호될 가능성이 없어지게 된다.

한편 헌법 제27조 제5항은 형사피해자는 법률이 정하는 바에 의하여 당해 사건의 재판절차에서 진술할 수 있다고 규정하는 바, 이러한 기본권을 행사할 수 있으려면 일단 범죄에 대하여 수사한 후 범죄자를 색출하여 기소하지 않으면 안 된다.

따라서 헌법 제10조나 헌법 제27조 제5항, 헌법 제30조 등을 고려할 때, 살인죄뿐만 아니라, 강간치사, 상해치사, 유기치사, 촉탁살인 등 사람을 사망에 이르게 하는 중범죄에 대해서는 공소시효를 두어 면죄부를 부여하는 것보다는 끝까지 범죄자를 소추하여 처벌함으로써 사법적(司法的)정의를 바로 세우는 것이 보다 직접적으로 헌법이 명하는 행위라고 할 수 있다.

그러므로 입법자가 살인죄뿐만 아니라 사람을 상해에 이르게 하는 중범죄에 대해서도 공소시효를 배제할 헌법상의 작위의무 내지 보호의무를 진다고 할 수 있다.

(나) 부진정입법부작위에 대하여(5)

상해치사를 공소권배제대상범죄에서 제외한 것을 부진정입법부작위로 보는 경우 이는 법률조항 자체의 불완전성 내지 불충분성을 문제삼는 것이므로 공권력의 행사로 볼 수 있고, 이는 이 사건 법률 부칙 제2조의 부진정소급효조항과 관련해서도 마찬가지이다.

(2) **보충성의 원칙**(6)

(가) 진정입법부작위의 경우

입법자가 헌법으로부터 유래하는 입법의무가 있음에도 불구하고 전혀 입법의무를 이행하지 않은 경우 다른 법률에 의한 구제절차가 존재한다고 할 수 없으므로 보충성의 원칙이 적용되지 않는다.

(나) 부진정입법부작위의 경우

입법자가 입법을 하였으나 불완전·불충분하게 하였다고 볼 수 있는 경우에는 법률 자체의 위헌여부가 문제되는 것인데 이 경우 역시 다른 법률에 의한 구제절차는 존재하지 않으므로 보충성의 원칙이 적용되지 않는다.

(3) **청구기간**(6)

(가) 진정입법부작위의 경우

진정입법부작위에 대해서는 입법자가 법률을 제정하지 않고 있는 이상 기본권의 침해행위는 계속되고 있는 것이므로, 청구기간은 적용되지 않는다는 것이 헌법재판소 판례이다.

(나) 부진정입법부작위의 경우

이 경우 법률의 시행일을 기준으로 시행일과 더불어서 기본권침해가 발생한 경우에는 시행일을, 시행 이후에 비로소 기본권침해의 사유가 발생한 경우에는 그 사유가 발생한 날을 청구기간의 기산점으로 삼는다.

이 사건 법률조항의 시행일은 2015년 7월 31일이므로 시행을 안 날로부터 90일 이내와 시행된 날로부터 1년 내에 청구하면 되는데 청구인은 2015년 8월 5일 심판청구를 하였으므로 적법한 기간 내에 청구하였다.

(4) 기본권침해의 관련성(6)

(가) 자기관련성

청구인은 범죄피해로 인하여 자식을 잃은 부모로서 자신의 기본권이 관련된다.

(나) 현재관련성

입법부작위 또는 불완전한 입법으로 인하여 기본권침해를 주장하고 있으므로 인정된다.

(다) 직접관련성

입법부작위의 경우는 이 부작위에 의하여 그리고 불완전한 입법의 경우 집행행위의 매개에 의하지 아니하고 이 사건 법률조항에 의하여 공소시효배제의 적용이 제외되고 있으므로 직접관련성도 인정된다.

(5) 대리인선임(2)

사안에서는 분명하지 않으나 사선대리인을 선임하든지 아니면 무자력을 소명하여 국선대리인을 선임하면 되므로 이렇게 대리인을 선임하였다면 충족된다.

(6) 권리보호이익(2)

이 사건 헌법소원심판에서 청구인이 승소하는 경우 입법자는 상해치사 등에 대해서도 공소시효배제조항을 두어야 할 뿐만 아니라 공소시효가 완성된 사건에 대해서도 소급효조항을 마련하여야 할 것이므로 권리보호이익이 있다.

(7) 소결(3)

이 사건 진정입법부작위 또는 부진정입법부작위에 대한 헌법소원심판청구는 모든 요건을 갖추어 적법하다.

2. 본안판단(35)

(1) 진정입법부작위로 볼 경우(30)

(가) 헌법상 작위의무 내지 보호의무의 구체적 내용(5)

앞의 적법요건에서 다루었듯이 헌법 제10조와 헌법 제27조 제5항 그리고 헌법 제30조 등으로부터 국가는 타인의 범죄행위로부터 국민을 보호하고, 범죄가 저질러졌을 경우에는 범인을 소추하여 처벌할 의무를 진다. 그러므로 살인죄나 사람을 사망에 이르게 한 중범죄의 경우에 공소시효를 통한 범죄자의 보호보다는 시효와 상관없이 끝까지 범죄자를 소추하여 피해자의 억울함을 풀어주고, 피해자의 인권을 보호할 이익이 더욱 크다고 볼 수 있기 때문에, 헌법상 입법자가 이와 같은 범죄들에 대해서는 공소시효의 적용을 배제할 헌법상의 의무가 존재한다고 할 수 있다.

(나) 입법자가 이러한 의무를 위반하였는지?(5)

그런데 입법자는 이 사건 형사소송법개정법률을 통하여 오로지 살인죄의 경우에만 공소시효를 배제하고 또한 공소시효가 현재 진행중인 범죄에까지만 이 조항의 소급효가 미치게 하였다. 그러므로 그와 유사한 중범죄에 해당하는 강간치사, 상해치사, 유기치사 등에 대해서 공소시효배제조항을 적용시키지 않은 것은 헌법으로부터 유래하는 입법자의 작위의무를 위반한 것이라고 보지 않을 수 없다.

(다) 기본권 침해여부(15)

① 관련되는 기본권(5)

공소시효배제조항을 마련하지 않은 입법부작위가 어떠한 기본권 또는 헌법과 관련되는지가 문제된다.

청구인은 입법부작위 내지 불완전한 입법으로 인하여 행복추구권, 평등권, 범죄피해자진술권, 범죄피해자구조청구권, 인간다운 생활권 등의 침해를 주장하고 있다.

행복추구권은 일반적 기본권이므로 특별한 기본권이 적용될 수 있는 경우에는 그 적용이 배제된다.

범죄피해자구조청구권은 타인의 범죄행위로 인하여 생명·신체에 피해를 받은 국민의 경우 법률이 정하는 바에 의하여 국가에 구조를 청구할 수 있는 권리이며, 비록 이 사건의 경우 공소시효가 완성되었다 하더라도 그와 상관 없이 범죄피해자보호법에 따라 구조를 청구할 수 있다. 그러므로 범죄피해자구조청구권은 이 사건 공소권배제의 제외에 의하여 침해될 가능성이 없다.

또한 인간다운 생활권은 사회적 기본권이므로, 상해치사 등의 죄에 대한 공소권배제조항의 적용제외에 의하여 침해될 수 있는 기본권이 아니다.

그러므로 이하에서는 평등권과 범죄피해자진술권의 침해여부에 대하여 검토해 본다.

② 평등권의 침해여부(5)

헌법이 특별히 평등을 명하거나 혹은 차별을 금지한 경우, 그리고 차별로 인하여 다른 기본권에 대한 중대한 제한이 초래되는 경우에는 비례의 원칙에 입각한 엄격한 심사를 하며, 그렇지 않은 경우 원칙적으로 자의금지기준에 입각하여 완화된 심사를 한다.

이 사건의 경우 차별로 인하여 범죄피해를 당한 가족들의 행복추구권과 인격권 등이 중대하게 제한된다고 할 수 있으므로 엄격한 심사기준을 적용하는 것이 타당하다.

살인죄와 상해치사죄 등은 범죄피해자의 입장에서 볼 때, 범죄로 인하여 억울하게 가족을 잃게 되었다는 점에서 차이가 그리 크지 않음에도 불구하고 살인죄의 경우에는 시효가 없이 형사소추를 할 수 있는 데 반하여, 상해치사의 경우에는 그대로 공소시효가 적용되어 그 시효가 완성되는 경우에 범죄자는 면죄부를 받아 자유로이 활동하면서 오히려 계속하여 범죄피해자에게 정신적 피해를 줄 수 있는 가능성이 있다는 점을 고려할 때, 이는 지나친 차별이라 아니할 수 없으므로 헌법 제11조의 평등의 원칙에 위반된다.

③ 범죄피해자진술권의 침해여부(5)

살인죄의 경우 시효가 없는 형사소추를 통해서 결국 범죄피해자인 가족이 재판절차에서 진술을 할 수 있는 가능성이 열려진 데 반하여, 상해치사나 강간치사 등 사람을 사망에 이르게 한 중범죄의 경우 공소시효가 완성되면 더이상 소추할 수 있는 가능성이 없게 되어 헌법 제27조 제5항에서 보장하는 범죄피해자진술권을 피해자 가족들이 전혀 행사할 수 없게 된다(헌법재판소는 범죄피해자진술권의 주체가 될 수 있는 형사피해자는 형사실체법상의 보호법익을 기준으로 한 피해자개념에 한정되지 아니하고, 당해 범죄행위로 말미암아 법률상 불이익을 받게 된 자를 포함하는 넓은 의미라고 하고 있다. 헌재 1992. 2. 25. 90헌마91).

그러므로 이는 범죄피해자진술권을 거의 유명무실하게 하는 것이므로 헌법 제27조 제5항에 위반된다.

(라) 소결(5)

상해치사 등 사람을 사망에 이르게 한 중범죄의 경우도 공소권배제조항의 적용대상에 포함시키지 아니하고, 또한 공소시효가 이미 완성된 사건에 대해서도 소급효를 두지 않은 것은 청구인의 평등권과 재판절차진술권을 침해하여 헌법에 위반된다.

(2) 부진정입법부작위로 볼 경우(5)

(가) 관련되는 기본권

마찬가지로 청구인이 주장하는 기본권 중 평등권과 재판절차진술권이 문제가 된다고 할 수 있다.

(나) 기본권의 침해여부

위 입법부작위에 의한 기본권침해여부의 란에서 검토한 바와 같이 청구인의 평등권과 재판절차진술권이 침해된다고 볼 수 있다.

(다) 소결

그러므로 이 사건 형사소송법 제253조의2와 부칙 제2조는 청구인의 평등권과 재판절차진술권을 과잉하게 침해하여 헌법에 위반된다.

Ⅳ. 결론 및 주문(10)

1. 진정입법부작위로 보는 경우(4)

입법자가 상해치사 등의 중범죄에 대하여 공소시효배제조항의 적용을 하지 않은 것과 그리고 공소시효가 완성된 사건에 대하여 소급효를 두지 않은 것은 청구인의 평등권과 재판절차진술권을 침해하여 헌법에 위반된다.

2. 부진정입법부작위로 보는 경우(6)

이 사건 형사소송법 제253조의2가 상해치사 등의 중범죄에 대하여 공소시효배제조항의 적용을 포함하지 않은 것과 그리고 이 사건 형사소송법 부칙 제2조가 공소시효가 완성된 사건에 대하여 소급효를 제외시킨 것은 청구인의 평등권과 재판절차진술권을 침해하여 헌법에 위반된다.

만일 이 사건 법률조항을 그대로 위헌결정을 하여 즉시 효력을 상실시킬 경우 살인죄에 관한 공소시효배제와 공소시효가 완성되지 않은 사건들에 대한 소급적용 자체도 불가능해지게 될 것이다. 그러므로 입법자가 이를 개정할 때까지 이 사건 제253조의2와 부칙 제2조의 잠정적인 계속 적용을 명하는 헌법불합치결정을 선고하기로 한다.

입법자는 2016년 12월 31일까지 상해치사 등 사람을 사망에 이르게 한 중범죄에 대해서도 공소시효배제조항을 두도록 입법개선의무를 이행하여야 하며, 공소시효가 완성된 사건들에 대해서도 소급효를 두도록 형사소송법을 개정하여야 할 것이다.

참고판례

※ 조선철도(주)주식의 보상금 청구에 대한 헌법소원
(헌재 1994. 12. 29. 89헌마2, 판례집 6−2, 395 [인용(위헌확인)])

※ 입법부작위 위헌확인
(헌재 2010. 12. 28. 2008헌마527, 판례집 22−2하, 742 [기각])

※ 불기소처분에 대한 헌법소원
(헌재 1992. 2. 25. 90헌마91, 판례집 4, 130, 134 [기각])

"검사의 불기소처분에 대하여 기소처분을 구하는 취지에서 헌법소원을 제기할 수 있는 자는 원칙적으로 헌법상 재판절차진술권(헌법 제27조 제5항)의 주체인 형사피해자에 한하는 것임은 당 재판소의 판례로 되어 있는 바이다(헌법재판소 1989.12. 22. 선고, 89헌마145 결정 등). 그러나 여기서 말하는 형사피해자의 개념은 헌법이 형사피해자의 재판절차진술권을 독립된 기본권으로 인정한 취지에 비추어 넓게 해석할 것으로 반드시 형사실체법상의 보호법익을 기준으로 한 피해자 개념에 의존하여 결정하여야 할 필요는 없다. 다시 말하여 형사실체법상으로는 직접적인 보호법익의 주체로 해석되지 않는 자라 하여도 문제되는 범죄 때문에 법률상 불이익을 받게 되는 자라면 헌법상 형사피해자의 재판절차진술권의 주체가 될 수 있고 따라서 검사의 불기소처분에 대하여 헌법소원심판을 청구할 수 있는 청구인 적격을 가진다고 할 것이다."

태완이법 공소시효배제 소급적용에 대한 피고인의 헌법소원

사 례

　　2015년 7월 31일 시행된 사형죄의 공소시효를 배제하는 형사소송법개정법률인 일명 태완이법이 정작 태완이 사건에는 적용될 수 없게 되자, 태완이 사건에도 공소시효가 소급적으로 배제되어야 한다고 하는 국민적 여론이 비등함에 따라 국회에 또다시 강간치사, 상해치사와 유기치사 등 살인죄에 준하는, 사람을 사망에 이르게 한 모든 중대한 범죄에 대해서 공소시효를 배제하며 또한 태완이 사건을 포함하여 공소시효가 이미 완성된 모든 장기 미제사건들에 대해서도 공소시효배제조항을 소급 적용하도록 하는 부칙규정을 포함하는 형사소송법개정법률안이 2015년 9월 국회에 제출되어, 법제사법위원회의 심의를 거쳐 동년 9월 30일 통과되었고, 동년 10월 5일 대통령이 이를 공포하였으며 공포와 동시에 이 법이 발효하였다.

　　그 후 경찰이 끈질긴 수사를 한 끝에 용의자 A가 태완이에게 황산테러를 가했다고 하는 것을 입증할 수 있는 증거를 찾아내고, 이 용의자 A를 2015년 10월 20일 검거하여 검찰에 기소의견으로 송치하였으며, 검찰은 A에 대하여 상해치사 혐의로 2015년 10월 30일 기소하였다. 그러자 피고인 A와 그 부인 B는 공소시효가 완성되었음에도 불구하고 소급적용을 가능케 한 형사소송법조항은 헌법상 죄형법정주의와 신뢰보호의 원칙에 위반되며, 자신들의 행복추구권과 인격권, 신체의 자유 등 기본권을 침해한다고 하면서 2015년 11월 5일 헌법소원심판을 청구하였다.

〈문 1〉 청구인들의 이 사건 헌법소원심판청구가 적법한지 여부와 청구인들의 기본권이 침해되었는지 여부에 대하여 판단하라(80).

〈문 2〉 한편 이 법 시행 전에 범한 범죄로 아직 공소시효가 완성되지 않은 범죄에 대해서도 이 법이 적용된다고 하는 부칙규정에 대하여, 이와 같이 소급효가 적용되지 않았다면 공소시효가 완성되어 더이상 처벌되지 않을 수 있었던, 강간치사죄를 범한 C도 이 사건 소급효조항으로 인하여 처벌받게 되었는데 이는 역시 죄형법정주의와 신뢰보호의 원칙에 위반되어 위헌이라고 하면서 헌법소원심판을 청구하였다. 이러한 주장에 대하여 판단하라(20).

관련 법률

※ **형사소송법 제253조의2**(공소시효의 적용 배제) 형법 제250조(살인, 존속살인), 제252조(촉탁, 승낙에 의한 살인 등), 제253조(위계 등에 의한 촉탁살인), 제259조(상해치사), 제262조(폭행치사), 제275조 제1항(유기치사), 제301조의2(강간등살인·치사)의 죄를 범한 경우에는 공소시효의 적용을 배제한다.
부칙 제1조(시행일) 이 법은 공포한 날부터 시행한다.
제2조(경과조치) 제253조의2의 개정규정은 이 법 시행 전에 범한 범죄로 아직 공소시효가 완성되지 아니한 범죄와 이미 공소시효가 완성된 범죄에 대해서도 적용한다.

모범답안 및 채점기준

〈**문 1**〉 청구인들의 이 사건 헌법소원심판청구가 적법한지 여부와 청구인의 기본권이 침해되었는지 여부에 대하여 판단하라(80).

Ⅰ. 문제의 소재(4)

이 사건은 공소시효가 이미 완성되어 처벌받지 않을 줄 알았던 범인이 공소시효배제조항의 소급적용으로 인하여 기소가 된 경우, 그러한 소급적용이 죄형법정주의로부터 나오는 형벌불소급의 원칙에 위반되어 위헌이 아닌지 여부의 문제로서 청구적격 등 헌법소원의 적법요건 심사가 필요한 문제이다.

Ⅱ. 사건의 개요와 심판의 대상(8)

1. 사건의 개요(4)

2015년 7월 24일 국회가 통과시킨, 살인죄에 대하여 공소시효를 배제한 일명 태완이법이 정작 태완이사건에는 적용될 수 없게 되자 국회가 강간치사, 상해치사, 유기치사 등 사람을 사망에 이르게 한 범죄에도 공소시효배제를 확대하고, 또한 공소시효가 아직 완성되지 않은 범죄뿐만 아니라, 이미 완성된 범죄에 대해서도 공소시효배제를 소급적용하는 형사소송법개정법률이 2015년 10월 5일 발효하였다.

그 후 경찰이 태완이사건의 증거를 찾아내어 범인을 검거하였으며, 검찰이 그에 대하여 기소하자, 범인과 그의 아내는 공소시효배제조항의 소급적용이 죄형법정주의에 위반되어 자신들의 기본권을 침해하는 것이라고 주장하면서 2015년 11월 5일 헌법재판소에 헌법소원심판을 청구하기에 이르렀다.

2. 심판의 대상(4)

이 사건 헌법소원의 심판대상은 형사소송법 제253조의2 중 "제259조(상해치사)의 죄를 범한 경우에는 공소시효의 적용을 배제한다"는 부분과 부칙 제2조 가운데 "제253조의2의 개정규정은 … 이미 공소시효가 완성된 범죄에 대해서도 적용한다."는 부분의 위헌여부이다.

Ⅲ. 판 단(64)

1. 적법요건에 대한 판단(24)

(1) 공권력의 행사성(2)

법률에 대한 헌법소원이므로 문제없이 인정된다.

(2) 보충성의 원칙(2)

법률에 대한 헌법소원의 경우는 다른 구제절차가 존재하지 않으므로 보충성의 원칙이 적용되지 않는다.

(3) 청구기간(5)

법률의 경우 시행과 더불어서 기본권침해가 발생한 경우에는 시행일을, 시행 이후에 기본권침해의 사유가 발생한 경우에는 그 사유가 발생한 날을 청구기간의 기산점으로 삼는다.

이 사건 태완이법 개정법률이 발효한 날은 2015년 10월 5일이며 청구인이 헌법소원심판을 청구한 날은 2015년 11월 5일이므로 시행일로부터 따져도 90일 이내에 청구하였다. 따라서 청구기간을 준수하였다.

(4) 기본권침해의 관련성(8)

(가) 자기관련성

청구인 A는 범인으로서 공소시효배제조항으로 인하여 검찰에 의하여 기소되었고 이러한 기소와 처벌은 죄형법정주의에 위반된다고 주장하는 것이므로 자기관련성이 인정된다.

그러나 그의 부인인 청구인 B는 자신의 기본권이 침해되고 있지 않으며, 행복추구권의 침해를 주장하나 이것도 자신의 남편에 대한 국가소추권행사에 의한 단순히 간접적이고 사실적인 반사적 불이익에 불과하다고 보아야 할 것이다.

(나) 현재관련성

청구인 A의 경우 현재관련성이 인정된다.

(다) 직접관련성

어떠한 집행행위의 매개에 의하지 아니하고 이 사건 법률조항에 의하여 공소시효배제가 소급적으로 적용되어 자신의 기본권이 제한되고 있다고 할 수 있으므로 직접관련성도 인정된다.

(5) 대리인선임(2)

사안에서는 언급이 없으나, 경제력이 있는 경우 사선대리인을 선임하면 되고, 경제력이 없는 경우 무자력을 소명하여 국선대리인선임을 신청하면 되므로 충족된 것으로 본다.

(6) 권리보호이익(2)

이 사건 헌법소원심판에서 청구인이 승소하는 경우 법률조항이 효력을 상실하여 더 이상 처벌받지 않게 될 것이므로(물론 형사절차법조항이기는 하지만 이 사건 조항의 위헌결정이 당해사건인, 이 사건 청구인에게 소급하여 적용되는 것을 전제로 한다), 권리보호이익이 인정된다고 할 것이다.

(7) 소결(3)

청구인 A의 심판청구는 적법하나, 청구인 B는 자기관련성이 없어서 부적법하여 그녀의 심판청구는 각하하여야 한다.

2. 본안판단(40)

(1) 관련되는 기본권과 헌법원칙(10)

청구인은 이 사건 상해치사의 범죄의 경우 공소시효배제조항의 소급효에 의하여 자신은 이미 공소시효가 완성되어 처벌될 수 없음에도 처벌받게 되었다고 하면서 이는 죄형법정주의와 신뢰보호의 원칙에 위반되고, 행복추구권과 인격권, 신체의 자유가 침해되었다고 주장하고 있다.

이 사건에서 가장 중심적인 쟁점이 되는 것은 공소시효배제조항을 이미 공소시효가 완성된 청구인에게 소급하여 적용하는 것(진정소급효)이 죄형법정주의와 형벌불소급의 원칙에 위반되는지 여부, 그리고 그로 인하여 그의 신체의 자유가 침해되는지 여부라고 볼 것이다.

그런데 죄형법정주의에서 형벌불소급의 원칙은 가벌성에 관한 형사실체법의 소급효를 금지하는 것이고, 가령 공소시효의 소급적 적용이나 연장과 같이 국가가 언제까지 소추해야 할 것인가 하는 문제는 형사절차법에 해당하는 문제로서 이러한 죄형법정주의의 보호영역에 포함되지 않는다고 보아야 한다.

그렇다면 형사절차법인 공소시효배제조항을 이미 공소시효가 완성된 범죄에 적용하는 것은 진정소급효로서 일반적인 신뢰보호의 원칙에 입각해서 그것이 정당화될 수 있을 것인지를 살펴야 한다. 그러므로 이하에서는 신뢰보호원칙의 위반여부에 대해서 검토해 본다.

(2) 신뢰보호의 원칙 위반여부: 진정소급입법의 원칙적 금지와 예외적 허용(20)

법치국가원리에서 도출되는 신뢰보호의 원칙상 소급입법은 원칙적으로 금지되며 이러한 소급입법금지의 원칙은 우리 헌법 제13조 제2항의 소급입법에 의한 참정권제한과 재산권박탈금지 규정에도 반영되어 있다. 소급입법금지의 원칙은 사안이 소위 진정소급입법인가 아니면 부진정소급입법인가에 따라서 달리 적용된다.

진정소급입법이란 이미 법률요건이 완성되어 법률효과가 발생하였음에도 불구하고 사후의 입법이나 법률의 개정으로 종전 법률이 규정하던 법률효과보다 더욱 불리한 법률효과를 발생시키는 경우에 이를 진정소급입법이라고 할 수 있다.

진정소급입법은 형벌의 경우 죄형법정주의상 절대적으로 금지되며, 형벌이 아닌 나머지 영역에 있어서는 원칙적으로 금지되고 예외적으로 허용된다.

예외적으로 허용되는 경우란 ⅰ) 소급입법을 충분히 예상할 수 있었던 경우, ⅱ) 관련 법률의 법적 상태가 매우 위헌적이거나 혼란스러운 경우, ⅲ) 이로 인하여 발생한 손해가 아주 경미하여 법적으로 보호할 만한 신뢰이익이 없다고 볼 수 있는 경우, ⅳ) 신뢰보호보다 더욱 중요한 공익이 소급입법을 정당화할 경우이다.

이 사건에서 청구인 A는 행위 당시 형사소송법상 공소시효 15년이 모두 완성되어 더이상 처벌되지 않는 법률효과를 누리고 있었음에도, 국회가 소위 태완이법의 개정법률을 통과시켜, 상해치사의 범죄에 대한 공소시효배제조항을 이미 시효가 완성된 범죄에 대해서도 소급적으로 적용한 것이므로 진정소급입법에 해당한다.

이러한 공소시효배제조항은 형벌조항은 아니므로 일반적인 신뢰보호 내지 소급입법금지의 원칙에 따라서 원칙적으로 금지되나 예외적으로 허용될 수 있다. 태완이 사건의 경우 누군가가 무고한 여섯 살짜리 어린이의 얼굴에 황산테러를 가하여 사투를 벌이다가 사망한 사건인데, 그 사건의 공소시효가 15년으로 이미 완성되어 더이상 소추할 수 없는 상태가 되었으나, 이 사건은 이미 공소시효가 완성되기 전부터 상해치사의 경우에도 공소시효배제를 해야 한다고 하는 취지의 소위 태완이법이 국회에 제출되었다. 살인죄를 비롯하여 강간치사, 상해치사 등 사람을 사망에 이르게 하는 모든 범죄의 경우에는 공소시효를 적용할 필요가 없이 끝까지 범죄자를 추적하여 처벌하는 것이 오늘날 세계적인 입법추세이며, 또한 오늘날은 과학수사기법이 발달하여 가령 DNA 등을 채취해 놓고 나면, 상당한 시일이 흐른 뒤에도 얼마든지 범인을 색출할 수 있다. 그러므로 범죄인을 끝까지 소추하여 죄를 물어야 할 공익이 공소시효로 형벌로부터 면할 것이라고 하는 범인의 신뢰이익보다 훨씬 더 크고 중대하여 비록 법률요건이 이미 완성된 진정소급입법이라 하더라도, 이는 정당화될 수 있는 경우에 해당한다.

따라서 이 사건 법률조항은 신뢰보호의 원칙에 위반되지 않으며 소급입법금지의 원칙에도 위반되지 아니한다.

(3) 인격권과 신체의 자유의 침해여부(10)

청구인은 신뢰보호원칙의 위반을 주장하면서 또한 인격권과 신체의 자유의 침해를 주장하고 있다.

그러나 범죄인에 대하여 형사소추를 하는 것은 그의 인격권에 대한 직접적인 제한이라고 할 수는 없고, 그로 인하여 그가 겪게 되는 사회적 명예나 평판의 실추는 자신이 저지른 범죄로 인하여 초래된 것에 불과하고, 따라서 이는 인격권에 대한 제한이라고 하기보다는 국가의 형사소추권행사로 인한 사실상의 반사적 불이익에 지나지 않는다고 보아야 할 것이다.

공소시효배제를 통하여 15년 전에 저지른 범죄에 대해서도 국가가 형사소추를 하여 구속하고 기소하여 처벌하는 경우 신체의 자유에 대한 제한이 될 수 있다.

그러나 이러한 제한은 헌법 제37조 제2항에 의하여 질서유지와 공공복리를 위해서 정당화될 수 있는 제한에 해당하고, 또한 형법과 죄형법정주의의 원칙에 따라서 행위시에 존재하던 형법에 따라 처벌되는 것이므로, 이를 두고 과잉금지의 원칙에 위반되어 신체의 자유를 침해한다고 할 수는 없다.

그러므로 이 사건 태완이법 개정법률은 청구인의 인격권이나 신체의 자유를 침해하지 않는다.

IV. 결론 및 주문(4)

이 사건 법률조항은 죄형법정주의나 신뢰보호의 원칙에 위반되지 않으며, 또한 청구인의 인격권이나 신체의 자유를 침해하지 않는다.

〈문 2〉 한편 이 법 시행 전에 범한 범죄로 아직 공소시효가 완성되지 않은 범죄에 대해서도 이 법이 적용된다고 하는 부칙규정에 대하여, 이와 같이 소급효가 적용되지 않았다면 공소시효가 완성되어 더 이상 처벌되지 않을 수 있었던, 강간치사죄를 범한 C도 이 사건 소급효조항으로 인하여 처벌받게 되었는데 이는 역시 죄형법정주의와 신뢰보호의 원칙에 위반되어 위헌이라고 하면서 헌법소원심판을 청구하였다. 이러한 주장에 대하여 판단하라(20).

이 문제 역시 아직 공소시효가 진행중인 범죄에 대하여 공소시효배제조항을 소급해서 적용하는 것으로서 이는 법률요건이 현재 진행 중인 사건에 대하여 과거의 법률보다 불리한 법률효과를 귀속시키는 입법으로서, 이러한 것들을 부진정소급입법이라고 한다(4).

이 사건 공소권배제조항은 국가가 언제까지 소추할 것인지에 관한 형사절차법으로서 가벌성에 관한 형사실체법의 소급입법금지를 명하는 죄형법정주의상 형벌불소급원칙의 적용대상이 아니고, 일반적인 소급입법금지의 원칙 내지 신뢰보호의원칙의 적용대상이 됨은 이미 전술한 바와 같다(4).

부진정소급입법의 경우에는 입법자에게 넓은 형성의 자유가 인정되어 원칙적으로 허용되나, 경과규정 등을 통하여 당사자의 신뢰를 최대한 보호하여야 하며, 당사자의 신뢰이익의 보호필요성과 소급입법을 해야 할 공익을 형량하여 공익이 우선할 경우에는 부진정소급입법이 정당화될 수 있다(4).

이 사건의 경우 강간치사범인 청구인 C는 종전 법률에 의할 경우 이미 공소시효가 완성되어 자유로운 몸이 될 것이라는 신뢰가 없었다고 볼 수는 없지만, 자신이 저지른 범죄에 대하여 응당 처벌을 받아야 한다고 하는 형사적 정의를 고려할 때, 이러한 기대와 신뢰이익은 별반 보호할 가치가 그다지 크지 않은 데 비하여, 강간치사와 같이 사람을 사망에 이르게 한 흉악범죄의 경우 국가가 시효없이 끝까지 소추하여 그 책임을 물어 형사정의를 바로 세워야 한다고 하는 공익이 훨씬 더 크고 중하다고 볼 수 있기 때문에, 이러한 부진정소급입법은 당연히 정당화된다고 볼 수 있을 것이다(4).

그러므로 청구인 C의 주장은 이유 없으며 부진정소급입법 역시 신뢰보호원칙에 반하지 않고 그의 기본권을 침해하지도 않아 헌법에 위반되지 않는다(4)

참고판례

※ **친일반민족행위자 재산의 국가귀속에 관한 특별법 제2조 등 위헌소원**
(헌재 2011. 3. 31. 2008헌바141 등, 판례집 23-1, 276, 305 [합헌])

"소급입법은 새로운 입법으로 이미 종료된 사실관계 또는 법률관계에 작용하도록 하는 진정소급입법과 현재 진행중인 사실관계 또는 법률관계에 작용하도록 하는 부진정소급입법으로 나눌 수 있는바, 부진정소급입법은 원칙적으로 허용되지만 소급효를 요구하는 공익상의 사유와 신뢰보호의 요청 사이의 교량과정에서 신뢰보호의 관점이 입법자의 형성권에 제한을 가하게 되는 데 반하여, 진정소급입법은 개인의 신뢰보호와 법적 안정성을 내용으로 하는 법치국가원리에 의하여 특단의 사정이 없는 한 헌법적으로 허용되지 아니하는 것이 원칙이나 예외적으로 국민이 소급입법을 예상할 수 있었거나, 법적 상태가 불확실하고 혼란스러웠거나 하여 보호할 만한 신뢰의 이익이 적은 경우와 소급입법에 의한 당사자의 손실이 없거나 아주 경미한 경우, 그리고 신뢰보호의 요청에 우선하는 심히 중대한 공익상의 사유가 소급입법을 정당화하는 경우에는 허용될 수 있다(헌재 1996. 2. 16. 96헌가2등, 판례집 8-1, 51, 88; 헌재 1999. 7. 22. 97헌바76등, 판례집 11-2, 175, 193-194 참조)."

※ **5·18 민주화운동 등에 관한 특별법 제2조 위헌제청**
(헌재 1996. 2. 16. 96헌가2, 판례집 8-1, 51, 87-88, [합헌])

"만일 법원이 특별법이 처벌하려는 대상범죄의 공소시효가 아직 완성되지 않았다고 판단한다면, 특별법은 단지 진행 중인 공소시효를 연장하는 법률로서 이른바 부진정소급효를 갖게 된다.

헌법 제13조 제1항에서의 가벌성을 결정하는 범죄구성요건과 형벌의 영역(이에 관한 한 절대적 소급효의 금지)을 제외한다면 소급효력을 갖는 법률이 헌법상 절대적으로 허용되지 않는 것은 아니다. 다만 소급입법은 법치주의원칙의 중요한 요소인 법적안정성의 요청에 따른 제한을 받을 뿐이다. 헌법재판소의 판례도 형벌규정에 관한 법률 이외의 법률은 부진정소급효를 갖는 경우에는 원칙적으로 허용되고, 단지 소급효를 요구하는 공익상의 사유와 신뢰보호의 요청 사이의 교량과정에서 신뢰보호의 관점이 입법자의 형성권에 제한을 가할 뿐이라는 것이다.

즉 공소시효제도에 근거한 개인의 신뢰와 공소시효의 연장을 통하여 달성하려는 공익을 비교 형량하여 개인의 신뢰보호이익이 공익에 우선하는 경우에는 소급효를 갖는 법률은 헌법상 정당화될 수 없다. 그러나 특별법의 경우에는 왜곡된 한국 반세기 헌정사의 흐름을 바로 잡아야 하는 시대적 당위성과 아울러 집권과정에서의 헌정질서파괴범죄를 범한 자들을 응징하여 정의를 회복하여야 한다는 중대한 공익이 있다. 또한 특별법은 모든 범죄의 공소시효를 일정시간 동안 포괄적으로 정지시키는 일반적인 법률이 아니고, 그 대상범위를 헌정질서파괴범죄에만 한정함으로써 예외적인 성격을 강조하고 있다. 이에 비하면 공소시효는 일정 기간이 경과되면 어떠한 경우이거나 시효가 완성되는 것은 아니며, 행위자의 의사와 관계없이 정지될 수도 있는 것이므로 아직 공소시효가 완성되지 않은 이상 예상된 시기에 이르러 반드시 시효가 완성되리라는 것에 대한 보장이 없는 불확실한 기대일 뿐이므로 공소시효에 의하여 보호될 수 있는 신뢰보호이익은 상대적으로 미약하다 할 것이다. 따라서 공소시효가 완성되지 아니하고 아직 진행중이라고 보는 경우에는 헌법적으로 허용될 수 있다 할 것이므로 위에서 본 여러 사정에 미루어 이 법률조항은 헌법에 위반되지 아니한다."

의료법상 비맹제외기준조항의 위헌여부
- 의료법 제61조 제1항 -

사 례

청구인들은 스포츠마사지업 등에 종사하고 있는 사람들이다.

헌법재판소는 2006년 5월 25일 시각장애인에 한하여 안마사 자격인정을 받을 수 있도록 하는, 이른바 비맹제외기준(非盲除外基準)을 설정하고 있는 안마사에관한규칙(2000년 6월 16일 보건복지부령 제153호로 개정된 것) 제3조 제1항 제1호와 제2호 중 각 "앞을 보지 못하는" 부분이 법률유보원칙이나 과잉금지원칙에 위배하여 일반인의 직업선택의 자유를 침해한다고 하면서 위헌결정을 선고하였다.

그런데 2006. 9. 27. 법률 제8007호로 일부개정된 의료법 제61조 제1항은 이미 위헌결정된 안마사에관한규칙 중, '앞을 보지 못하는 사람' 부분을 '장애인복지법에 따른 시각장애인'으로 바꾸었을 뿐, 그 본질적 내용을 위 규칙과 동일하게 규정하였다.

그러자 청구인들은 이 의료법 규정이 비맹인들로 하여금 안마사업에 종사할 수 없게 함으로써, 그들의 직업선택의 자유를 침해하고 있다고 주장하면서 2006년 9월 29일 헌법재판소에 이 사건 헌법소원심판을 청구하였다{의료법은 2007년 4월 11일 전부 개정되어 구 의료법 제61조 제1항은 의료법(법률 제8366호로 전부 개정된 것) 제82조 제1항에 그대로 규정되었다}.

〈문〉 청구인들의 이 사건 헌법소원심판청구에 대하여 판단하라(100).

관련 법률

※ **구 의료법**(2006. 9. 27. 법률 제8007호로 개정되고 2007. 4. 11. 법률 제8366호로 전부 개정되기 전의 것)

제61조(안마사) ① 안마사는 「장애인복지법」에 따른 시각장애인 중 다음 각 호의 어느 하나에 해당하는 자로서 시·도지사의 자격인정을 받아야 한다.

1. 초·중등교육법 제2조 제5호의 규정에 따른 특수학교 중 고등학교에 준한 교육을 하는 학교에서 제4항의 규정에 의한 안마사의 업무한계에 따라 물리적 시술에 관한 교육과정을 마친 자

2. 중학교 과정 이상의 교육을 받고 보건복지부장관이 지정하는 안마수련기관에서 2년 이상의 안마수련과정을 마친 자

②~④ 생략

※ **의료법**(2007. 4. 11. 법률 제8366호로 전부 개정된 것)

제82조(안마사) ① 안마사는 「장애인복지법」에 따른 시각장애인 중 다음 각 호의 어느 하나에 해당하는 자로서 시·도지사에게 자격인정을 받아야 한다.

1. 초·중등교육법 제2조 제5호에 따른 특수학교 중 고등학교에 준한 교육을 하는 학교에서 제4항에 따른 안마사의 업무한계에 따라 물리적 시술에 관한 교육과정을 마친 자

2. 중학교 과정 이상의 교육을 받고 보건복지부장관이 지정하는 안마수련기관에서 2년 이상의 안마수련과정을 마친 자

②~④ 생략

※ **장애인복지법**(1999. 2. 8. 법률 제5931호로 전부 개정된 것)

제2조(장애인의 정의) ① 장애인은 신체적·정신적 장애로 인하여 장기간에 걸쳐 일상생활 또는 사회생활에 상당한 제약을 받는 자를 말한다.

② 이 법의 적용을 받는 장애인은 제1항의 규정에 의한 장애인중 다음 각 호의 1

에 해당하는 장애를 가진 자로서 대통령령이 정하는 장애의 종류 및 기준에 해당하는
자를 말한다.

1. 신체적 장애라 함은 주요 외부신체기능의 장애, 내부기관의 장애등을 말한다.

2. 정신적 장애라 함은 정신지체 또는 정신적 질환으로 발생하는 장애를 말한다.

※ 장애인복지법 시행령(2000. 7. 27. 대통령령 제16924호로 개정된 것)

제2조(장애인의 종류 및 기준) ① 장애인복지법(이하 "법"이라 한다) 제2조 제2항
에서 "대통령령이 정하는 장애의 종류 및 기준에 해당하는 자"라 함은 [별표 1]에서
규정한 자를 말한다.

② 장애인은 장애의 정도에 따라 등급을 구분하되, 그 등급은 보건복지부령으로 정
한다.

※ 안마사에 관한 규칙(2000. 6. 16. 보건복지부령 제153호로 개정된 것)

제2조(안마사의 업무한계) 안마사는 안마, 마사지 또는 지압등 각종 수기요법에 의
하거나 전기기구의 사용 그밖의 자극요법에 의하여 인체에 대한 물리적 시술행위를
하는 것을 업무로 한다.

제3조(안마사의 자격) ① 안마사의 자격인정을 받을 수 있는 자는 다음 각 호의 1
에 해당하는 자로 한다.

1. 초·중등교육법 제2조 제5호의 규정에 의한 특수학교 중 고등학교에 준한 교육
을 하는 학교에서 제2조의 규정에 의한 물리적 시술에 관한 교육과정을 마친 앞을 보
지 못하는 사람

2. 중학교 과정 이상의 교육을 받고 보건복지부장관이 지정하는 안마수련기관에서
2년이상의 안마수련과정을 마친 앞을 보지 못하는 사람

② 안마사의 자격인정을 받고자 하는 자는 별지 제1호서식의 안마사 자격 인정신
청서에 다음의 서류를 첨부하여 주소지를 관할하는 특별시장·광역시장 또는 도지사
(이하 "시·도지사"라 한다)에게 제출하여야 한다.

1. 제1항 각 호의 1에 해당하는 자임을 증명하는 서류

2. 의료법 제8조 제1항 제1호 및 제3호에 해당하는 자가 아님을 증명하는 의사의
진단서

3. 주민등록표등본 또는 초본(주민등록증의 제시로 이에 갈음할 수 있다)

4. 사진 2매(신청전 6월 이내에 촬영한 탈모정면 상반신 반명함판)

③ 시·도지사는 제2항의 규정에 의한 신청에 의하여 안마사의 자격을 인정한 때에 는 별지 제2호서식의 자격증을 교부하고 별지 제3호서식의 등록대장에 그 내용을 기 재하여 이를 비치하여야 한다.

모범답안 및 채점기준

〈문〉 청구인들의 이 사건 헌법소원심판청구에 대하여 판단하라(100).

Ⅰ. 문제의 소재와 사건의 개요(5)

1. 문제의 소재(3)

이 사건 법률조항은 헌재가 이미 위헌으로 선언한 안마사에 관한 규칙의 규 정을 법률로 규정하여 헌재의 위헌결정의 기속력에 반하는 조항이 아닌가 하는 문제를 제기한다. 그리고 이 사건 법률조항에 대한 헌법소원의 적법요건의 충족 여부의 판단과 본안에 대한 판단이 요구된다.

2. 사건의 개요(2)

안마사업을 앞을 보지 못하는 사람들에게만 허용한 보건복지부령에 대하여 헌법재판소가 위헌결정을 하자, 국회가 앞을 보지 못하는 사람 대신 시각장애인 이라고 하는 단어를 사용하여 같은 내용의 조항을 규정한 의료법개정에 대하여 2006년 9월 29일 청구인들이 헌법소원심판을 청구하였다.

Ⅱ. 심판의 대상(5)

이 사건 헌법소원심판의 대상은 2006년 9월 27일 법률 제8007호로 개정된 의료법 제61조 제1항 중 '장애인복지법에 따른 시각장애인' 부분의 위헌여부이다 (그 사이에 법률이 개정되어 조문의 위치가 바뀌었으므로, 2007. 4. 11. 법률 제8366호로 전부 개정된 의료법 제82조 제1항 중 '장애인복지법에 따른 시각장애인' 부분의 위헌여부 라고 직권으로 변경해 줄 수도 있을 것이다).

Ⅲ. 헌법재판소의 위헌결정의 기속력(20)

1. 기속력의 의의(4)

헌재법 제75조 제1항은 "헌법소원의 인용결정은 모든 국가기관과 지방자치단체를 기속한다"고 규정하고 있다. 또한 제47조 제1항은 "법률의 위헌결정은 법원 기타 국가기관 및 지방자치단체를 기속한다"고 규정하고 있다. 헌법재판소의 결정이 국가기관에 미치는 효력을 기속력이라고 한다. 어떠한 법률조항이 헌법재판소에 의하여 위헌으로 결정되면, 국가는 이를 적용할 수 없을 뿐만 아니라, 동일한 법률조항을 반복입법해서는 안된다는 것을 의미한다. 이러한 기속력은 기판력, 일반적 구속력(법률적 효력)과 함께 헌법재판소의 (위헌)결정이 가지는 3대 효력 중 하나라고 할 수 있다.

2. 기속력의 객관적 범위(2)

기속력의 객관적 범위는 결정의 주문과 주요이유에 미친다. 주요이유라 함은 결정의 주문이 나오게 된 논리 필연적 이유에 해당하는 부분이라고 할 수 있다.

3. 기속력의 주관적 범위(6)

기속력이 미치는 주관적 범위는 국가기관이다. 여기에는 입법, 행정, 사법기관만이 아니라 지방자치단체 등 모든 공권력이 포함된다(2). 특히 입법기관이 헌재결정에 기속되는지 여부를 둘러싸고 독일에서는 논란이 많았다. 입법기속설에 따르면 입법자 역시 헌재결정에 기속된다는 것인 데 반하여 입법비기속설은 입법자는 헌법에만 기속될 뿐 헌재결정에는 기속되지 않는다는 입장이다(2). 생각건대, 입법기속설이 옳다(2).

4. 기속력의 시간적 범위(2)

기속력의 시간적 범위는 헌법재판소의 판단에 이르게 된 법적, 사실적 상황이 변경되지 않고 있는 한도 내에 머무른다.

5. 이 사건의 경우: 반복입법인지 여부(6)

이 사건의 경우 헌재의 위헌결정이 되었던 심판대상은 규칙인 데 비하여 이 사건 법률조항은 법률이다. 따라서 이것은 반복입법에 해당한다고 볼 수 없다 (2). 또한 이전의 위헌결정에서 비맹제외기준이 규칙으로 되어 있기 때문에 법률유보의 원칙에 위반된다고 하는 취지가 있었으므로 이를 보완하는 의미에서의 법률규정은 문제될 것이 없다(2).

따라서 반복입법이어서 헌재결정의 기속력에 반한다고 할 수는 없을 것이다(2).

Ⅳ. 기타 적법요건 충족여부(20)

1. 공권력의 행사성(2)

법률에 대한 헌법소원으로 법률이 공권력의 행사에 속함은 당연하다.

2. 보충성의 원칙(2)

법률에 의한 기본권 침해가 문제되므로 다른 법률에 의한 구제절차가 없는 경우에 해당하여 문제될 것이 없다.

3. 청구기간(4)

법령의 시행과 동시에 기본권침해의 사유가 발생한 경우에는 시행일을 기준으로 그리고 시행 이후에 기본권침해의 사유가 발생한 경우에는 그 사유가 발생한 날을 기준으로 청구기간을 기산한다(1). 이 사건의 경우 시행과 동시에 기본권침해의 사유가 발생하였으므로 시행일을 기준으로 시행을 안 날로부터 90일, 시행일로부터 1년 내에 청구하여야 한다(1).

이 사건의 경우 법률이 공포된 후 2일 만에 헌법소원심판을 청구하였으므로 청구기간을 준수하였다(2).

4. 대리인 선임(2)

사안에는 나와 있지 않으나 대리인을 선임하였다면 문제될 것 없다.

5. 기본권침해의 관련성(6)

(1) 자기관련성(2)

청구인들은 스포츠마사지업 등에 종사하는 사람으로서 비맹제외기준에 의하여 곧바로 불이익을 받는 사람으로서 자기관련성이 인정된다.

(2) 현재관련성(2)

의료법개정으로 인하여 안마사업에 종사할 수 없게 되었으므로 현재관련성이 인정된다.

(3) 직접관련성(2)

집행행위의 매개를 거치지 아니하고서 이 법률조항에 의하여 직업선택의 자유를 제한받고 있으므로 직접관련성이 인정된다.

6. 권리보호이익(2)

이 사건 헌법소원심판을 통해 청구인들이 추구하는 목적을 달성할 수 있는 가능성이 있으므로 권리보호이익이 인정된다.

7. 소결(2)

이 사건 헌법소원심판청구는 적법하다.

Ⅴ. 본안판단(46)

1. 관련되는 기본권(4)

청구인들은 직업선택의 자유의 침해를 주장하고 있으며, 실제로 직업선택의 자유의 침해여부가 이 사건에서 가장 큰 쟁점이 된다(2). 그리고 청구인들은 주장하지 않았지만 재판관의 입장에서 평등권 침해 여부 등이 문제될 수 있으므로 직권으로 판단해 줄 수 있다(1). 또한 기타 종전 헌법재판소의 위헌결정에 비추어 이 사건 법률조항이 헌법재판소의 위헌결정의 취지에 반하지 않는지 살펴주어야 할 것이다.(1)

2. 직업선택의 자유의 침해여부(25)

(1) 보호영역(5)

헌법 제15조는 모든 국민에게 직업선택의 자유를 보장한다. 직업선택의 자유는 직업이나 직장을 선택할 자유뿐만 아니라(2), 한번 선택한 직업이나 직장을 변경할 자유, 그리고 선택한 직업에 종사하고 이를 행사할 자유(2), 나아가 직업교육장 선택의 자유까지 포함하는 넓은 의미의 직업의 자유라고 할 수 있다(1).

(2) 기본권의 제한(5)

(가) 헌법 제37조 제2항에 따른 제한

이 직업선택의 자유에 대한 제한은 헌법 제37조 제2항에 따라서 국가안전보장, 질서유지, 공공복리를 위하여 필요한 경우에 한하여 할 수 있으나 그 경우에도 본질내용은 침해해서는 안된다(1). 특히 직업선택의 자유에 대한 제한은 이하에서 보는 바와 같이 단계이론이 적용된다.

(나) 직업행사의 자유에 대한 제한

직업행사의 자유의 영역은 입법자의 넓은 형성의 자유가 인정된다. 그 제한은 공익에 의하여 정당화되면 되므로 완화된 심사기준이 적용된다고 할 수 있다(2).

(다) 주관적 사유에 의한 직업선택의 자유의 제한

다음 단계로 주관적 사유에 의하여 직업선택의 자유를 제한할 경우에는 보다 중요한 공익에 의하여 제한이 정당화되지 않으면 안된다. 과잉금지의 원칙이 적용된다(중간 단계의 엄격심사라고 할 수 있을 것임)(1).

(라) 객관적 사유에 의한 직업선택의 자유의 제한

이 경우 압도적으로 중요한 공익에 의하여 그 제한이 정당화되지 않으면 안된다. 다시 말해서 압도적으로 중요한 공익에 대한 위험이 존재하여 이를 막기 위하여 불가피하게 직업선택의 자유를 제한하지 않으면 안되는 경우에 국한한다. 왜냐하면 주관적 자격을 갖추었음에도 이를 제한하는 것은 기본권침해의 강도가 매우 크기 때문이다. 따라서 가장 엄격한 심사기준이 동원되는 것이라 할 수 있다(1).

(3) 제한의 한계(10)

이러한 단계이론에 따라서 직업선택의 자유는 과잉금지의 원칙을 준수하지 않으면 안되며 그 외에 법률유보나 포괄위임입법금지의 원칙 등을 준수하여야 하는데 후자의 경우는 이 사건에서 크게 문제되지 않는다. 이 사건에서는 비맹제외기준에 의하여 일반인들의 안마사업을 제한하고 있으므로, 객관적 사유에 의한 직업선택의 자유의 제한이라고 할 수 있을 것이다. 그러므로 이와 같은 경우에는 월등히 중요한 공익에 의해서 이러한 제한이 정당화되지 않으면 안될 것이다(1).

(가) 목적의 정당성(2)

비맹제외기준을 도입한 목적은 시각장애인들에게 가장 적합한 업종을 시각 장애인들에게만 독점시킴으로써 그들의 생존권을 보장하고자 하는 것이라고 이해된다. 이러한 목적이 헌법 제37조 제2항에서 추구하는 정당한 목적에 해당하는지 여부가 문제된다. 일단 시각장애인들의 생존권보장이라고 하는 목적은 그자체 정당하다고 볼 수 있을 것이다. 그리고 이러한 목적은 헌법 제34조 제5항에 의해서도 뒷받침되고 있다고 할 수 있을 것이다.

(나) 방법의 적정성(2)

이러한 목적을 달성하기 위해서 일반인들의 안마사업 제한이라고 하는 방법을 선택하였는데 이러한 제한을 통해서 시각장애인들의 생존권 확보라고 하는 목적은 어느 정도 달성가능하다.

(다) 침해의 최소성(2)

그러나 이와 같이 제한하는 경우에도 가장 덜 침해적인 방법을 취해야 할 것이다. 그런데 이 사건 법률조항은 일반인들이나 시각장애인이 아닌 다른 장애 인들의 안마사자격 취득을 제한하고 있으므로 그들의 직업선택의 자유를 지나치게 제한한다고 할 수 있을 것이다. 가령 일반인들에게도 안마사업을 허용하고, 시각장애인들에 대한 국가적 보호는 다른 방법으로 보완할 수도 있을 것이다.

(라) 법익의 균형성(2)

시각장애인들의 생존권보장과 일반인들의 직업선택의 자유는 법익의 균형성 차원에서도 문제라고 보인다. 시각장애인들로서 안마사업에 종사하는 사람들의 범위는 그다지 크지 못한 데 반해서 나머지 안마사업에 종사하고자 하는 사람들의 범위가 매우 크다고 한다면, 그리고 시각장애인 역시 다른 직업에 종사할 수 있는 가능성이 있다면 법익의 균형성 요건도 충족하지 못한다고 보인다. 특히 객관적 사유에 의한 직업선택의 자유는 압도적으로 중요한 공익에 의해서 정당화될 수 있어야 하는데, 시각장애인들의 생존권보장이라고 하는 사유는 그다지 압도적으로 중요한 공익에 해당한다고 볼 수는 없다. 그러므로 법익의 균형성 요건에 위반된다.

(마) 소결(1)

따라서 이 사건 법률조항은 과잉금지의 원칙에 위반된다고 볼 수 있다.

3. 평등권 침해여부(15)

(1) 차별의 존재(2)

기타 청구인은 주장하지 않았지만, 일반인과 다른 장애인들하고 시각장애인을 차별하고 있으므로 평등권침해 역시 문제될 수 있다.

(2) 심사기준(4)

제대군인가산점 판결에 의하면 헌법이 특별히 평등을 명하고 있는 경우나, 차별로 인하여 다른 기본권에 대한 중대한 제한이 초래될 수 있는 경우에는 비례의 원칙에 입각한 엄격한 심사를 하게 된다(2).

이 사건의 경우 시각장애인과 일반인 그리고 다른 장애인을 차별하고 있으므로 인적 집단에 대한 차별로서 일견 비례의 원칙에 입각한 엄격한 심사의 대상이 될 수 있을 것으로 보인다. 그러나 우리 헌법 제34조 제5항은 신체장애자에 대한 국가의 보호의무를 규정하고 있는 바, 이 규정은 시각장애인 등 신체장애자에 대하여 국가가 적극적인 보호조치를 취할 것을 명하는 규정이므로, 비맹제외기준은 이러한 헌법적 근거에 따른 일종의 적극적인 우대조치의 성격을 띤 것으로 볼 여지도 있다. 따라서 이러한 경우에는 가장 엄격한 심사보다는 낮지만, 자의금지 기준보다는 엄격한, 소위 중간적 심사를 하는 것이 적절하다고 할 수 있을 것이다(헌재 2001. 2. 22, 2000헌마25, 국가유공자등 예우 및 지원에 관한 법률 제34조 제1항 위헌확인).

(3) 평등원칙 위반여부의 심사(6)

평등권침해 여부에 있어서 비례의 원칙심사는 결국 법익균형성심사라고 할 수 있을 것이다. 이 사건 법률조항이 추구하는 입법목적과 이러한 목적달성을 위하여 택한 방법으로 인하여 초래되는 비맹인과 시각장애인과의 차별의 정도가 서로 적정한 관계에 있는지 여부가 문제될 것이다. 다만 이 사건과 같이 헌법이 일정한 인적 집단에 대하여 적극적인 보호를 명하고 있는 경우에는 그러한 우대조치는 더욱 정당화될 수 있을 것이므로 좁은 의미의 비례의 원칙 내지 법익균형성 심사에서 이 점을 고려하여야 할 것이다.

이 사건 법률조항은 안마사업에 있어서 시각장애인 외의 자들에 대해서는 그 선택을 전면 금지하는 방법을 취하고 있다. 헌법이 국가에게 장애인들에 대해서 적극적인 보호조치를 명하고 있다 하더라도, 그 보호의 방법은 일정한 직업과 관련하여 장애인이 아닌 자들에 대해서는 전면적으로 그 직업의 선택을 금지하는 방법이 아니라, 그들에게도 직업선택을 허용하면서도, 장애인을 비장애인과의 경쟁에서 보호할 수 있는 방법을 선택하거나 그 밖에 사회보장적 차원에서의 지원을 보다 강화하는 등의 방법을 선택할 수 있을 것이다.

그럼에도 불구하고 위 직업선택의 자유의 제한 여부에서 밝혔듯이, 이 사건 법률조항은 다른 일반인에 대해서 안마사자격이 있음에도 이를 전면적으로 선택하지 못하게 하는 극단적인 방법을 선택한 것이므로 그들의 기본권에 대한 침해의 강도가 매우 중대하다. 따라서 비례의 원칙에 위반된다고 할 수 있다.

(4) 소결(3)

결론적으로 이 사건 법률조항은 평등권도 침해한다고 본다.

4. 결론(2)

이 사건 법률조항은 청구인의 직업선택의 자유, 평등권을 과잉하게 제한하는 것으로서 위헌이라고 볼 수 있을 것이다.

Ⅵ. 주문의 선택(4)

평등위반을 제거할 수 있는 방법이 여러 가지이거나 또는 위헌선언으로 인하여 지금까지의 상태보다 훨씬 위헌적인 상태가 발생할 우려가 있을 경우에는 헌법불합치결정을 내릴 수 있다(2). 이 사건의 경우 평등위반제거의 방법이 여러 가지가 있지도 아니하고, 위헌결정으로 인하여 법적 공백상태 등이 발생할 수 있다고 볼 수 없다. 그러므로 곧바로 위헌선언을 하기로 한다(2). 이 사건 법률조항은 청구인의 직업선택의 자유, 평등권을 침해하여 헌법에 위반된다.

참고판례

※ 의료법 제61조 제1항 중 「장애인복지법」에 따른 시각장애인 중 부분 위헌확인

(헌재 2008. 10. 30. 2006헌마1098 등, 판례집 20-2상, 1089, 1089-1092 [기각])

1. 이 사건 법률조항은 신체장애자 보호에 대한 헌법 제34조 제5항의 헌법적 요

청 등에 바탕을 두고 시각장애인의 생계를 보장하기 위한 것으로, 이러한 헌법적 요청과 일반국민의 직업선택의 자유 등 기본권이 충돌하는 상황이 문제될 수 있는 바, 위 법률조항이 헌법 제37조 제2항에 의한 기본권제한입법의 한계를 벗어났는지 여부를 심사함에 있어서, 구체적인 최소침해성 및 법익균형성 심사과정에서 이러한 헌법적 요청뿐만 아니라, 일반국민의 기본권 제약 정도, 시각장애인을 둘러싼 기본권의 특성과 복지정책의 현황, 시각장애인을 위한 직업으로서의 안마사제도와 그와 다른 대안의 가능성 등을 종합하여 형량할 필요가 있을 것이다. 한편 이 사건 법률조항과 같이 시각장애인에 대한 우대처우로 인하여 비시각장애인의 직업선택의 자유 등 기본권이 제한받는 경우 직업선택의 자유에 대한 과잉제한 여부와 평등권 침해 여부가 동시에 문제되는데, 그러한 경우에는 직업선택의 자유 침해 여부와 평등권 침해 여부를 따로 분리하여 심사할 것이 아니라 하나로 묶어 판단함이 상당하다.

2. 이 사건 법률조항은 시각장애인에게 삶의 보람을 얻게 하고 인간다운 생활을 할 권리를 실현시키려는 데에 그 목적이 있으므로 입법목적이 정당하고, 다른 직종에 비해 공간이동과 기동성을 거의 요구하지 않을 뿐더러 촉각이 발달한 시각장애인이 영위하기에 용이한 안마업의 특성 등에 비추어 시각장애인에게 안마업을 독점시킴으로써 그들의 생계를 지원하고 직업활동에 참여할 수 있는 기회를 제공하는 이 사건 법률조항의 경우 이러한 입법목적을 달성하는 데 적절한 수단임을 인정할 수 있다. 나아가 시각장애인에 대한 복지정책이 미흡한 현실에서 안마사가 시각장애인이 선택할 수 있는 거의 유일한 직업이라는 점, 안마사 직역을 비시각장애인에게 허용할 경우 시각장애인의 생계를 보장하기 위한 다른 대안이 충분하지 않다는 점, 시각장애인은 역사적으로 교육, 고용 등 일상생활에서 차별을 받아온 소수자로서 실질적인 평등을 구현하기 위해서 이들을 우대하는 조치를 취할 필요가 있는 점 등에 비추어 최소침해성원칙에 반하지 아니하고, 이 사건 법률조항으로 인해 얻게 되는 시각장애인의 생존권 등 공익과 그로 인해 잃게 되는 일반국민의 직업선택의 자유 등 사익을 비교해 보더라도, 공익과 사익 사이에 법익 불균형이 발생한다고 단정할 수도 없다.

따라서 이 사건 법률조항이 헌법 제37조 제2항에서 정한 기본권제한입법의 한계를 벗어나서 비시각장애인의 직업선택의 자유를 침해하거나 평등권을 침해한다고 볼 수는 없다.

3. 헌법재판소법 제47조 제1항 및 제75조 제1항에 규정된 법률의 위헌결정 및 헌법소원 인용결정의 기속력과 관련하여, 입법자인 국회에게 기속력이 미치는지 여부, 나아가 결정주문뿐 아니라 결정이유에까지 기속력을 인정할지 여부는 헌법재판소의 헌법재판권 내지 사법권의 범위와 한계, 국회의 입법권의 범위와 한계 등을

고려하여 신중하게 접근할 필요가 있다. 설령 결정이유에까지 기속력을 인정한다고 하더라도, 결정주문을 뒷받침하는 결정이유에 대하여 적어도 위헌결정의 정족수인 재판관 6인 이상의 찬성이 있어야 할 것이고(헌법 제113조 제1항 및 헌법재판소법 제23조 제2항 참조), 이에 미달할 경우에는 결정이유에 대하여 기속력을 인정할 여지가 없는데, 헌법재판소가 2006. 5. 25. '안마사에 관한 규칙'(2000. 6. 16. 보건복지부령 제153호로 개정된 것) 제3조 제1항 제1호와 제2호 중 각 "앞을 보지 못하는" 부분에 대하여 위헌으로 결정한 2003헌마715등 사건의 경우(헌재 2006. 5. 25. 2003헌마715등, 판례집 18−1하, 112) 그 결정이유에서 비맹제외기준이 과잉금지원칙에 위반한다는 점과 관련하여서는 재판관 5인만이 찬성하였을 뿐이므로 위 과잉금지원칙 위반의 점에 대하여 기속력이 인정될 여지가 없다.

[재판관 이강국, 재판관 이공현, 재판관 조대현의 반대의견]

시각장애인의 생계를 보장하고 직업활동 참여의 기회를 제공하는 것은 중요한 공익적 목적임을 충분히 인정할 수 있으나, 이 사건 법률조항에 의한 시각장애인에 대한 안마사자격의 독점적 유보가 제거된다 하더라도 안마사 자격자들의 영업활동이 불가능해지는 것이 아니며, 단지 비시각장애인 안마사들과 경쟁하는 입장에 처하게 되는 것이라는 점 등에 비추어 직업선택의 자유의 제한을 정당화할 명백하고 확실한 위험이 있다고 보기 어렵고, 그리고 중증 시각장애인의 약 17%인 6~7,000명만이 안마사로 등록하여 활동하는 점 등에 비추어 이 사건 법률조항의 생계보장효과가 의심스러울 뿐 아니라 단지 안마업의 독점기회를 제공하는 것이 자아실현과 개성신장의 도구로서의 직업을 선택할 기회를 제공한다고 볼 수도 없으므로 이 사건 법률조항이 실질적으로 입법목적 달성에 충분히 기여하고 있음을 인정하기도 어렵다.

또한 이 사건 법률조항에 의한 시각장애인의 안마사 직역 독점 외에 시각장애인의 생계보장 및 직업활동 참여기회 제공을 달성할 다른 수단이 없는 것도 아니라는 점 등에 비추어 위 법률조항에 의한 시각장애인의 안마사 직역 독점은 입법목적 달성을 위한 불가피한 수단이라고 보기 어려우며 기본권의 최소침해성원칙에 위반되고, 나아가 위 법률조항으로 달성하려는 시각장애인의 생계보장 등 공익이 비시각장애인들이 받게 되는 직업선택의 자유의 박탈보다 우월하다고 보기도 어렵다.

따라서 이 사건 법률조항은 과잉금지원칙에 위배하여 직업의 자유의 본질적 내용을 침해하는 것으로 헌법에 위반된다.

※ 국가유공자등 예우 및 지원에 관한 법률 제34호 제1항 위헌확인
(헌재 2001. 2. 22. 2000헌마25, 판례집 13−1, 386 [기각])

37 제대군인가산점제도 재도입의 위헌여부
- 위헌결정의 기속력 -

헌법재판소는 지난 1999년 12월 23일 공무원채용시험 등에 응시한 때에 과목별 득점에 과목별 만점의 5% 또는 3%를 가산하는 소위 제대군인가산점제도와 관련하여 "제대군인지원에관한법률(1997. 12. 31. 법률 제5482호로 제정된 것) 제8조 제1항, 제3항 및 동법시행령(1998. 8. 21. 대통령령 제15870호로 제정된 것) 제9조는 헌법에 위반된다"는 결정을 내렸다.

국회는 이 위헌결정이 내려진 후 우리나라의 젊은이들이 신성한 국방의무를 이행했다는 자긍심보다는 복무기간 동안 희생한 시간과 기회의 상실로 인한 피해의식을 크게 느끼고 있다는 점, 그리고 국가는 국방의 의무를 성실히 이행한 사람들에 대하여 정당한 보상을 해야 할 의무가 있다는 점 등을 고려하여 제대군인 가산점제도를 재도입하되, 위헌결정의 원인이 된 평등권 침해 및 비례원칙 위반을 해소하기 위하여 가산점 비율을 최소화하고, 가산점 사용의 횟수와 기간을 제한하며, 가산점을 사용하여 합격한 사람에 대하여는 채용 후 호봉 또는 임금 산정 시 군 복무기간을 근무경력으로 인정하지 않도록 하는 등을 내용으로 하는 병역법 개정법률을 통과시켰으며, 이 법률(제12345호)은 2012년 1월 2일자로 공포되었다.

이에 따라 공무원시험과 대기업인 S 그룹의 입사시험을 각각 준비 중이던 H 대학교 행정학과 4학년 여대생 김갑순과 이을순 및 이을순의 같은 과 남자 친구 최삼식은 개정된 병역법 제74조의2 제2항, 제3항, 제4항, 제5항, 제6항이 헌법재판소의 제대군인가산점 위헌결정의 기속력에 반할 뿐만 아니라, 자신들의 직업선택의 자유와 공무담임권 그리고 평등권을 침해한다는 이유로 헌법소원심판을 청구하고자 2012년 7월 2일 헌법재판소에 국선대리인선임신청을 하였으며, 헌법재판소는 2012년 7월 30일 이 신청을 받아들여 변호사 홍길동을 국선대리인으로 선임하였다. 변호사 홍길동은 자신이 국선대리인으로 선임된 사실을 깜박 잊고 있다가 헌법소원심판청구서를 2013년 4월 5일에 이르러서야 비로소 헌법재판소에 제출하였다.

〈문〉 청구인들의 이 사건 병역법조항들에 대한 헌법소원심판청구에 대하여 판단하라(90).

관련 법률

※ **병역법**(2012. 1. 2. 법률 제12345호로 개정된 것)

제74조의2 ① 「국가유공자 등 예우 및 지원에 관한 법률」 제30조에 따른 취업지원 실시기관의 장은 소집 등에 의한 승선근무예비역 또는 보충역 복무(제26조제1항 제3호 및 제4호의 업무에 복무하는 공익근무요원, 공중보건의사, 징병검사전담의사, 국제협력의사, 공익법무관, 공중방역수의사, 전문연구요원, 산업기능요원으로 복무하거나 의무종사하는 것을 말한다. 이하 이 조에서 같다)를 마친 사람이 채용시험에 응시하는 경우에는 대통령령으로 정하는 바에 따라 3세의 범위에서 응시상한연령을 연장하여야 한다.

② 취업지원실시기관의 장은 병역의무를 마친 사람(지원에 따른 군 복무를 마친 자를 포함한다)이 해당 기관의 채용시험에 응시하는 경우에는 필기시험의 각 과목별 득점에 각 과목별 득점의 2퍼센트의 범위 안에서 대통령령으로 정하는 비율에 해당하는 점수(이하 "가점"이라 한다)를 가산한다. 이 경우 취업지원실시기관이 필기시험을 실시하지 아니할 때에는 그에 갈음하여 실기시험·서류전형 또는 면접시험의 득점

에 이를 가산한다.

③ 제2항에 따라 가점을 받아 채용시험에 합격하는 사람은 그 채용시험 선발예정 인원의 20퍼센트를 초과할 수 없다. 이 경우 가점에 의한 선발인원을 산정하는 경우 소수점 이하는 버린다.

④ 제2항에 따른 채용시험에 응시하는 사람에 대한 가점 부여는 대통령령으로 정하는 응시횟수와 기간을 초과할 수 없다.

⑤ 취업지원실시기관의 장은 제2항에 따라 가점을 받아 채용시험에 합격한 사람에 대하여 호봉 또는 임금을 산정할 때에는 다른 법률의 규정에도 불구하고 군 복무기간을 근무경력으로 산정하지 아니한다. 이 경우 산정 여부의 결정시기는 응시자가 채용시험 전에 가점의 가산을 청구하였던 때로 한다.

⑥ 취업지원실시기관이 실시하는 채용시험의 가점 대상 계급·직급 및 직위와 그 밖에 채용시험의 가점에 필요한 사항은 대통령령으로 정한다.

부 칙

제1조(시행일) 이 법은 공포 후 3개월이 경과한 날부터 시행한다.

제2조(채용시 우대 등에 관한 적용례) 제74조의2 제2항부터 제6항까지의 개정규정은 이 법 시행 이후 최초로 모집을 실시하는 채용시험부터 적용한다.

※ 국가유공자 등 예우 및 지원에 관한 법률 제30조(취업지원 실시기관) 취업지원을 실시할 취업지원 실시기관은 다음과 같다.

1. 국가기관, 지방자치단체, 군부대, 국립학교와 공립학교

2. 일상적으로 하루에 20명 이상을 고용하는 공·사기업체(公·私企業體) 또는 공·사단체(公·私團體). 다만, 대통령령으로 정하는 제조업체로서 200명 미만을 고용하는 기업체는 제외한다.

3. 사립학교

※ 2012년도 달력

1월

일	월	화	수	목	금	토
1	2	3	4	5	6	7
8	9	10	11	12	13	14
15	16	17	18	19	20	21
22	23	24	25	26	27	28
29	30	31				

2월

일	월	화	수	목	금	토
			1	2	3	4
5	6	7	8	9	10	11
12	13	14	15	16	17	18
19	20	21	22	23	24	25
26	27	28	29			

3월

일	월	화	수	목	금	토
				1	2	3
4	5	6	7	8	9	10
11	12	13	14	15	16	17
18	19	20	21	22	23	24
25	26	27	28	29	30	31

4월

일	월	화	수	목	금	토
1	2	3	4	5	6	7
8	9	10	11	12	13	14
15	16	17	18	19	20	21
22	23	24	25	26	27	28
29	30					

5월

일	월	화	수	목	금	금
		1	2	3	4	5
6	7	8	9	10	11	12
13	14	15	16	17	18	19
20	21	22	23	24	25	26
27	28	29	30	31		

6월

일	월	화	수	목	금	토
					1	2
3	4	5	6	7	8	9
10	11	12	13	14	15	16
17	18	19	20	21	22	23
24	25	26	27	28	29	30

7월

일	월	화	수	목	금	토
1	2	3	4	5	6	7
8	9	10	11	12	13	14
15	16	17	18	19	20	21
22	23	24	25	26	27	28
29	30	31				

8월

일	월	화	수	목	금	토
			1	2	3	4
5	6	7	8	9	10	11
12	13	14	15	16	17	18
19	20	21	22	23	24	25
26	27	28	29	30	31	

9월

일	월	화	수	목	금	토
						1
2	3	4	5	6	7	8
9	10	11	12	13	14	15
16	17	18	19	20	21	22
23	24	25	26	27	28	29
30						

10월

일	월	화	수	목	금	토
	1	2	3	4	5	6
7	8	9	10	11	12	13
14	15	16	17	18	19	20
21	22	23	24	25	26	27
28	29	30	31			

11월

일	월	화	수	목	금	토
				1	2	3
4	5	6	7	8	9	10
11	12	13	14	15	16	17
18	19	20	21	22	23	24
25	26	27	28	29	30	

12월

일	월	화	수	목	금	토
						1
2	3	4	5	6	7	8
9	10	11	12	13	14	15
16	17	18	19	20	21	22
23	24	25	26	27	28	29
30	31					

※ 2013년도 달력

1월

일	월	화	수	목	금	토
		1	2	3	4	5
6	7	8	9	10	11	12
13	14	15	16	17	18	19
20	21	22	23	24	25	26
27	28	29	30	31		

2월

일	월	화	수	목	금	토
					1	2
3	4	5	6	7	8	9
10	11	12	13	14	15	16
17	18	19	20	21	22	23
24	25	26	27	28		

3월

일	월	화	수	목	금	토
					1	2
3	4	5	6	7	8	9
10	11	12	13	14	15	16
17	18	19	20	21	22	23
24/30	25	26	27	28	29	30

4월

일	월	화	수	목	금	토
	1	2	3	4	5	6
7	8	9	10	11	12	13
14	15	16	17	18	19	20
21	22	23	24	25	26	27
28	29	30				

5월

일	월	화	수	목	금	금
			1	2	3	4
5	6	7	8	9	10	11
12	13	14	15	16	17	18
19	20	21	22	23	24	25
26	27	28	29	30	31	

6월

일	월	화	수	목	금	토
						1
2	3	4	5	6	7	8
9	10	11	12	13	14	15
16	17	18	19	20	21	22
23/30	24	25	26	27	28	29

7월

일	월	화	수	목	금	토
	1	2	3	4	5	6
7	8	9	10	11	12	13
14	15	16	17	18	19	20
21	22	23	24	25	26	27
28	29	30	31			

8월

일	월	화	수	목	금	토
				1	2	3
4	5	6	7	8	9	10
11	12	13	14	15	16	17
18	19	20	21	22	23	24
25	26	27	28	29	30	31

9월

일	월	화	수	목	금	토
1	2	3	4	5	6	7
8	9	10	11	12	13	14
15	16	17	18	19	20	21
22	23	24	25	26	27	28
29	30					

10월

일	월	화	수	목	금	토
		1	2	3	4	5
6	7	8	9	10	11	12
13	14	15	16	17	18	19
20	21	22	23	24	25	26
27	28	29	30	31		

11월

일	월	화	수	목	금	토
					1	2
3	4	5	6	7	8	9
10	11	12	13	14	15	16
17	18	19	20	21	22	23
24	25	26	27	28	29	30

12월

일	월	화	수	목	금	토
1	2	3	4	5	6	7
8	9	10	11	12	13	14
15	16	17	18	19	20	21
22	23	24	25	26	27	28
29	30	31				

※ 　 표시된 날은 공휴일 임.

관련 판례

※ 헌법재판소 제대군인지원에관한법률 제8조 제1항 등 위헌확인 결정

(1999. 12. 23. 98헌마363 전원재판부)

【판시사항】

1. 제대군인이 공무원채용시험 등에 응시한 때에 과목별 득점에 과목별 만점의 5% 또는 3%를 가산하는 제대군인가산점제도(이하 "가산점제도")가 헌법에 근거를 둔 것인지 여부(소극)

2. 가산점제도로 인한 차별의 대상

3. 가산점제도의 평등위반여부를 심사함에 있어 적용되는 심사척도

4. 가산점제도로 여성, 신체장애자 등의 평등권이 침해되는지 여부(적극)

5. 가산점제도로 여성, 신체장애자 등의 공무담임권이 침해되는지 여부(적극)

【결정요지】

1. 헌법 제39조 제1항에서 국방의 의무를 국민에게 부과하고 있는 이상 병역법에 따라 군복무를 하는 것은 국민이 마땅히 하여야 할 이른바 신성한 의무를 다 하는 것일 뿐, 그러한 의무를 이행하였다고 하여 이를 특별한 희생으로 보아 일일이 보상하여야 한다고 할 수는 없는 것이므로, 헌법 제39조 제2항은 병역의무를 이행한 사람에게 보상조치를 취하거나 특혜를 부여할 의무를 국가에게 지우는 것이 아니라, 법문 그대로 병역의무의 이행을 이유로 불이익한 처우를 하는 것을 금지하고 있을 뿐인데, 제대군인지원에관한법률 제8조 제1항 및 제3항, 동법시행령 제9조에 의한 가산점제도는 이러한 헌법 제39조 제2항의 범위를 넘어 제대군인에게 일종의 적극적 보상조치를 취하는 제도라고 할 것이므로 이를 헌법 제39조 제2항에 근거한 제도라고 할 수 없고, 제대군인은 헌법 제32조 제6항에 규정된 "국가유공자·상이군경 및 전몰군경의 유가족"에 해당하지 아니하므로 이 헌법조항도 가산점제도의 근거가 될 수 없으며, 달리 헌법상의 근거를 찾아볼 수 없다.

2. 전체여성 중의 극히 일부분만이 제대군인에 해당될 수 있는 반면, 남자의 대부분은 제대군인에 해당하므로 가산점제도는 실질적으로 성별에 의한 차별이고, 가산점을 받을 수 있는 현역복무를 하게 되는지 여부는 병역의무자의 의사와 관계없이 징병검사의 판정결과, 학력, 병력수급의 사정에 따라 정해지는 것이므로 가산점제도는 현역복무나 상근예비역 소집근무를 할 수 있는 신체건장한 남자와 그렇지 못한 남자, 즉 병

역면제자와 보충역복무를 하게 되는 자를 차별하는 제도이다.

3. 평등위반 여부를 심사함에 있어 엄격한 심사척도에 의할 것인지, 완화된 심사척도에 의할 것인지는 입법자에게 인정되는 입법형성권의 정도에 따라 달라지게 될 것이나, 헌법에서 특별히 평등을 요구하고 있는 경우와 차별적 취급으로 인하여 관련 기본권에 대한 중대한 제한을 초래하게 된다면 입법형성권은 축소되어 보다 엄격한 심사척도가 적용되어야 할 것인바, 가산점제도는 헌법 제32조 제4항이 특별히 남녀평등을 요구하고 있는 "근로" 내지 "고용"의 영역에서 남성과 여성을 달리 취급하는 제도이고, 또한 헌법 제25조에 의하여 보장된 공무담임권이라는 기본권의 행사에 중대한 제약을 초래하는 것이기 때문에 엄격한 심사척도가 적용된다.

4. 가. 제대군인에 대하여 여러 가지 사회정책적 지원을 강구하는 것이 필요하다 할지라도, 그것이 사회공동체의 다른 집단에게 동등하게 보장되어야 할 균등한 기회 자체를 박탈하는 것이어서는 아니되는데, 가산점제도는 아무런 재정적 뒷받침없이 제대군인을 지원하려 한 나머지 결과적으로 여성과 장애인 등 이른바 사회적 약자들의 희생을 초래하고 있으며, 각종 국제협약, 실질적 평등 및 사회적 법치국가를 표방하고 있는 우리 헌법과 이를 구체화하고 있는 전체 법체계 등에 비추어 우리 법체계내에 확고히 정립된 기본질서라고 할 '여성과 장애인에 대한 차별금지와 보호'에도 저촉되므로 정책수단으로서의 적합성과 합리성을 상실한 것이다.

나. 가산점제도는 수많은 여성들의 공직진출에의 희망에 걸림돌이 되고 있으며, 공무원채용시험의 경쟁률이 매우 치열하고 합격선도 평균 80점을 훨씬 상회하고 있으며 그 결과 불과 영점 몇 점 차이로 당락이 좌우되고 있는 현실에서 각 과목별 득점에 각 과목별 만점의 5퍼센트 또는 3퍼센트를 가산함으로써 합격여부에 결정적 영향을 미쳐 가산점을 받지 못하는 사람들을 6급이하의 공무원 채용에 있어서 실질적으로 거의 배제하는 것과 마찬가지의 결과를 초래하고 있고, 제대군인에 대한 이러한 혜택을 몇 번이고 아무런 제한없이 부여함으로써 한 사람의 제대군인을 위하여 몇 사람의 비(非)제대군인의 기회가 박탈당할 수 있게 하는 등 차별취급을 통하여 달성하려는 입법목적의 비중에 비하여 차별로 인한 불평등의 효과가 극심하므로 가산점제도는 차별취급의 비례성을 상실하고 있다.

다. 그렇다면 가산점제도는 제대군인에 비하여, 여성 및 제대군인이 아닌 남성을 부당한 방법으로 지나치게 차별하는 것으로서 헌법 제11조에 위배되며, 이로 인하여 청구인들의 평등권이 침해된다.

5. 헌법 제25조의 공무담임권 조항은 모든 국민이 누구나 그 능력과 적성에 따라 공직에 취임할 수 있는 균등한 기회를 보장함을 내용으로 하므로, 공직자선발에 관하

여 능력주의에 바탕한 선발기준을 마련하지 아니하고 해당 공직이 요구하는 직무수행
능력과 무관한 요소를 기준으로 삼는 것은 국민의 공직취임권을 침해하는 것이 되는
바, 제대군인 지원이라는 입법목적은 예외적으로 능력주의를 제한할 수 있는 정당한
근거가 되지 못하는데도 불구하고 가산점제도는 능력주의에 기초하지 아니하고 성별,
'현역복무를 감당할 수 있을 정도로 신체가 건강한가'와 같은 불합리한 기준으로 여성
과 장애인 등의 공직취임권을 지나치게 제약하는 것으로서 헌법 제25조에 위배되고,
이로 인하여 청구인들의 공무담임권이 침해된다.

【심판대상조문】

제대군인지원에관한법률(1997. 12. 31. 법률 제5482호로 제정된 것) **제8조**(채용
시험의 가점) ①제7조 제2항의 규정에 의한 취업보호실시기관이 그 직원을 채용하기
위한 시험을 실시할 경우에 제대군인이 그 채용시험에 응시한 때에는 필기시험의 각
과목별 득점에 각 과목별 만점의 5퍼센트의 범위안에서 대통령령이 정하는 바에 따라
가산한다. 이 경우 취업보호실시기관이 필기시험을 실시하지 아니한 때에는 그에 갈음
하여 실시하는 실기시험·서류전형 또는 면접시험의 득점에 이를 가산한다.

② 생략

③ 취업보호실시기관이 실시하는 채용시험의 가점대상직급은 대통령령으로 정한다.

제대군인지원에관한법률시행령(1998. 8. 21. 대통령령 제15870호로 제정된 것)
제9조(채용시험의 가점비율 등) ① 법 제8조 제1항의 규정에 의하여 제대군인이 채용
시험에 응시하는 경우의 시험만점에 대한 가점비율은 다음 각호의 1과 같다.

1. 2년 이상의 복무기간을 마치고 전역한 제대군인 : 5퍼센트

2. 2년 미만의 복무기간을 마치고 전역한 제대군인 : 3퍼센트

② 법 제8조 제3항의 규정에 의한 채용시험의 가점대상직급은 다음 각호와 같다.

1. 국가공무원법 제2조 및 지방공무원법 제2조에 규정된 공무원중 6급이하 공무원
및 기능직공무원의 모든 직급

2. 국가유공자등예우및지원에관한법률 제30조 제2호에 규정된 취업보호실시기관
의 신규채용 사원의 모든 직급

【참조조문】

헌법 제11조, 제25조, 제32조 제4항, 제6항, 제34조 제3항, 제5항, 제39조 제1항,
제2항

제대군인지원에관한법률 제2조(정의) ① 이 법에서 "제대군인"이라 함은 병역법

또는 군인사법에 의한 군복무를 마치고 전역(퇴역·면역 또는 상근예비역소집해제를 포함한다. 이하 같다)한 자를 말한다.

② 이 법에서 "장기복무제대군인"이라 함은 장교·준사관·하사관으로 임용되어 10년 이상 현역으로 복무하고 전역한 자를 말한다.

제대군인지원에관한법률 제7조(취업보호) ① 생략

② 취업보호를 실시할 취업보호실시기관의 범위·채용의무·고용명령 등에 대하여는 국가유공자등예우및지원에관한법률 제30조 내지 제33조의 규정을 각각 준용한다.

③~④ 생략

제대군인지원에관한법률 제8조(채용시험의 가점) ① 생략

② 현역복무중에 있는 자로서 전역예정일부터 6월 이내에 있는 자는 채용시험의 가점에 있어서 이를 제대군인으로 본다.

③~④ 생략

국가유공자등예우및지원에관한법률 제30조(취업보호실시기관) 취업보호를 실시할 취업보호실시기관은 다음과 같다.

1. 국가기관·지방자치단체 및 초·중등교육법 제2조 및 고등교육법 제2조의 규정에 의한 학교. 다만, 기능직공무원 정원이 5인 미만인 경우와 교원을 제외한 교직원 정원이 5인 미만인 사립학교의 경우를 제외한다.

2. 일상적으로 1일 20인 이상을 고용하는 공·사기업체 또는 공·사단체. 다만, 대통령령이 정하는 제조기업체로서 200인 미만을 고용하는 기업체를 제외한다.

국가공무원법 제26조(임용의 원칙) 공무원의 임용은 시험성적·근무성적 기타 능력의 실증에 의하여 행한다.

국가공무원법 제35조(평등의 원칙) 공개경쟁에 의한 채용시험은 동일한 자격을 가진 모든 국민에게 평등하게 공개하여야 하며 시험의 시기 및 장소는 응시자의 편의를 고려하여 결정한다.

【당 사 자】

청 구 인 조○옥 외 5인

청구인들 대리인 변호사 이석연 외 1인

【주   문】

제대군인지원에관한법률(1997. 12. 31. 법률 제5482호로 제정된 것) 제8조 제1항, 제3항 및 동법시행령(1998. 8. 21. 대통령령 제15870호로 제정된 것) 제9조는 헌법에

위반된다.

【이   유】

이하 생략

〈문〉 청구인들의 이 사건 병역법조항들에 대한 헌법소원심판청구에 대하여 판단하라(90).

Ⅰ. 문제의 소재(5)

헌법재판소가 위헌으로 결정한 제대군인가산점제도를 가산점의 정도를 완화하여 다시 도입한 국회의 법개정이 헌법재판소의 위헌결정에 대한 기속력에 반하는지 여부가 문제되며, 청구인들의 이 사건 법률조항에 대한 헌법소원심판청구가 적법한지 여부 및 본안판단의 필요성이 있다(위헌결정의 기속력에 대한 위반여부의 문제가 적법요건판단에 포함되는지 아니면 본안판단에 포함되는지에 대하여는 논란의 여지가 있으므로 그에 대한 입장을 기술하고 적절하게 처리해 줘야 할 필요성이 있음).

Ⅱ. 사건의 개요와 심판의 대상(15)

1. 사건의 개요(5)

헌법재판소가 제대군인가산점제도에 대하여 위헌결정을 하였다. 그러자 국회가 가산점의 비율을 하향조정하고, 가산점적용의 기간과 횟수를 제한하며, 가산점혜택을 받는 합격자의 비율을 20% 이내로 제한하는 등의 내용을 골자로 하는 병역법 개정을 통하여 가산점제도를 재도입하였다. 이에 청구인은 이러한 법개정이 헌재의 위헌결정의 기속력에 반하여 자신의 기본권을 침해한다고 주장하면서 헌법재판소에 헌법소원심판을 청구하였다.

2. 심판의 대상(10)

청구인들은 병역법(2012. 1. 2. 법률 제12345호로 개정된 것) 제74조의2 제2항부터 제6항에 의하여 자신들의 기본권이 침해되었다고 주장을 하고 있으나, 동조 제3항의 경우 가산점을 통한 합격자의 비율을 20% 이내로 제한하는 조항으로서 청구인들의 기본권을 침해할 수 있는 가능성은 없다고 보인다. 또한 제4항의 경우도 가산점을 부여 받아 응시하는 사람에 대한 응시횟수와 기간의 제한을 대통령령으로 위임하고 있는 조항으로서 역시 청구인들의 기본권과의 관련성은 희박해 보인다.

제5항의 경우 가산점부여를 받아 채용시험에 합격한 자에 대하여 군복무기간을 근무경력으로 산정하는 것을 제한하기 위한 규정으로서 오히려 가산점 혜택을 받는 자들이 이중으로 혜택을 받지 못하게 하는 규정으로서 청구인들의 기본권과는 관련이 없는 조항으로 보인다.

제6항의 경우 채용시험의 가점 대상 계급, 직급 및 직위와 기타 필요한 사항에 대하여 대통령령에 위임하고 있는 조항으로서 그 내용에 따라서는 본질적인 규율대상임에도 대통령령에 위임하고 있어 의회유보 또는 포괄위임입법금지원칙 위반으로 인하여 청구인의 기본권을 침해할 수 있는 가능성이 완전히 배제될 수는 없다.

그러므로 이 사건 헌법소원의 심판대상은 병역법 제74조의2 제2항과 제6항의 위헌여부이다.

Ⅲ. 적법여부에 대한 판단(40)

1. 위헌결정의 기속력에 반하는지 여부(15)

(1) 문제의 제기(2)

헌법재판소는 1999년 12월 23일 "제대군인지원에 관한 법률(1997. 12. 31. 법률 제5482호로 제정된 것) 제8조 제1항, 제3항 및 동법시행령(1998. 8. 21. 대통령령 제15870호로 제정된 것) 제9조는 헌법에 위반된다"고 하는 결정주문을 선고하였다.

청구인들은 이 사건 가산점제도의 재도입이 헌법재판소가 제대군인가산점제도에 대한 위헌결정의 기속력에 반하여 위헌이라고 주장을 하고 있으므로 과연 그러한지 여부가 문제된다.

　(2) 제대군인지원에 관한 법률 제8조 제1항 등 위헌확인 결정의 기속력의 범
　　위(13)

(가) 객관적 범위(4)

우선 위 결정 주문은 기속력의 객관적 범위에 포함된다(2).

　그리고 주요이유가 기속력에 포함되는지 여부에 대하여는 논란이 있으나, 결정주문을 擔持하는(tragend) 논리·필연적이고 헌법적 판단에 해당하는 이유는 분명 존재하므로, 이러한 주요이유에까지 기속력이 미친다고 보는 긍정설이 타당하다고 생각된다(2). 그렇다면 헌법재판소의 위 결정에서 주요이유에 해당되는 부분이 어디까지인가가 우선 문제되므로 그 내용을 간추려 보면 다음과 같다(2).

　① 헌법 제39조 제2항의 병역의무이행으로 인한 불이익처우금지 규정이나 또는 헌법 제32조 제6항의 우선적 근로기회의 보장규정은 가산점제도의 헌법적 근거가 될 수 없으며, 달리 가산점제도의 헌법적 근거를 찾을 수 없다.

　② 평등원칙의 위반여부를 비례의 원칙에 입각하여 심사해 볼 때 달성하려는 입법목적의 비중에 비하여 차별로 인한 불평등의 효과가 극심하므로 가산점제도는 차별취급의 비례성을 상실하고 있다. 각 과목별 득점에 각 과목별 만점의 5% 또는 3%를 가산한다는 것은 합격여부를 결정적으로 좌우하는 요인이 되어 결국 여성들과 같이 가산점을 받지 못하는 사람들을 6급 이하의 공무원 채용에 있어서 실질적으로 거의 배제하는 것과 마찬가지의 결과를 초래하고 있다. 뿐만 아니라 가산점제도는 제대군인에 대한 이러한 혜택을 몇 번이고 아무런 제한 없이 부여하고 있다.

　③ 가산점제도는 승진, 봉급 등 공직 내부에서의 차별이 아니라 공직에의 진입 자체를 어렵게 함으로써 공직선택의 기회를 원천적으로 박탈하는 것이기 때문에 공무담임권에 대한 더욱 중대한 제한으로서 법익균형성을 현저히 상실하고 있다.

　④ 여성공무원채용목표제가 시행되고 있다고 하더라도 이로 인하여 가산점제도의 위헌성이 제거되거나 감쇄된다고 할 수는 없다.

　결론적으로 제대군인지원에 관한 법률 제8조 제1항 및 제3항, 동법시행령

제9조는 청구인들의 평등권과 공무담임권을 침해하는 위헌인 법률조항이다.

(나) 주관적 범위(3)

기속력의 주관적 범위에는 국회를 포함하는 모든 국가기관이라고 할 수 있다(헌재법 제75조 제1항). 국회의 기속여부에 대하여는 논란이 있으나 기속설이 타당하다고 보인다. 그리고 헌법재판소 자체는 기속되지 않는다.

(다) 시간적 범위(3)

법적·사실적 상황이 변하지 않는 한에서 기속력이 미친다고 할 수 있으므로, 만일 헌법재판소가 위 제대군인가산점에 관한 위헌결정의 법적·사실적 상황이 변화하여 다른 판단을 할 사정변경이 생겼다고 한다면 더 이상 각 국가기관은 그 위헌결정에 기속되지 않는다고 보아야 할 것이다.

(라) 종합적 결론(3)

이 사건 심판대상 법률조항은 취업지원실시기관의 장은 병역의무를 마친 사람이 해당 기관의 채용시험에 응시하는 경우에는 필기시험의 각 과목별 득점에 각 과목별 득점의 2% 범위 안에서 대통령령으로 정하는 비율에 해당하는 점수를 가산하도록 하고 있는 것이므로, 공무원시험에서의 가산점제도를 재도입하는 것이며 또한 사기업에의 채용시험에도 가산점제도를 도입하는 것으로서 이 부분은 과거에도 없었던 새로운 가산점제도를 창설하고 있는 것이다. 그러나 이러한 가산점제도의 도입은 헌법재판소의 제대군인가산점 위헌결정의 취지에 비추어 볼 때, 여성의 평등권과 공무담임권을 침해하는 것으로서 그 사이에 그 위헌성이 사라졌다고 볼 만한 다른 사정변경이 보이지 않는다. 그러므로 이러한 가산점제도의 재도입은 헌법재판소의 위헌결정의 기속력에 반하는 입법이라고 볼 수 있을 것이다.

그렇다면 이 사건 법률조항은 헌법재판소의 위헌결정의 기속력에 반하는 입법으로서 위헌이라 할 것이다. 그러나 그렇다고 하여 이 사건 법률조항에 대한 헌법소원심판청구를 각하하는 경우에는 청구인이 승소하였음에도 불구하고 외관상 부적법, 각하하여 패소한 것과 같은 인상을 줄 수 있으며, 또한 위헌여부의 판단을 하지 않은 것과 같이 되어 과연 이 사건 심판대상조항이 위헌인지 여부가 계속 논란이 될 수 있으므로, 기속력에 반하는지 여부에 관하여는 본안으로 넘어가서 판단하고 헌법적 관점에서 그 위헌여부의 결론을 맺어줄 필요가 있다고 생각된다.

입법자가 헌법재판소의 위헌결정취지에 반발하여 같은 내용의 법률을 반복하여 제정하였다고 한다면, 헌법재판소는 선행 위헌결정에서 다루어진 위헌여부에 관한 심사를 더 이상 자세하게 할 필요가 없이 반복하여 제정된 법률에 대하여 위헌을 확인할 수 있을 것이다(독일연방헌법재판소 판례집 BVerfGE 96, 260 [263]).

2. 그 밖의 적법요건에 대하여(20)

(1) 공권력의 행사성(2)

가산점 비율과 사용 횟수 등을 최소화하여 제대군인가산점제도를 재도입한 병역법 제12345호는 헌법소원의 대상이 될 수 있는 공권력의 행사에 해당한다.

(2) 보충성의 원칙(2)

헌법소원은 다른 법률에 구제절차가 있는 경우에 그 절차를 모두 거친 후 심판청구를 해야 한다. 그러나 법률에 의하여 직접 기본권침해를 받은 경우에는 다른 법률에 의한 구제절차가 존재하지 않으므로 직접 헌법소원을 청구한다 하더라도 보충성의 원칙에 위반되지 않는다.

(3) 청구기간(5)

제68조 제1항에 따른 헌법소원심판청구는 기본권침해의 사유가 있음을 안 날로부터 90일, 그 사유가 있은 날로부터 1년 이내에 해야 한다(헌재법 제69조 제1항)(1). 그러나 법률의 경우 시행과 더불어서 기본권침해가 발생하는 경우에는 그 시행일이, 시행일 이후에 기본권침해의 사유가 발생한 경우에는 그 사유발생일이 청구기간의 기산점이 된다(1).

이 사건 법률의 경우 2012년 1월 2일자로 공포되었으며, 부칙 제1조에 따라 공포 후 3개월이 경과한 날부터 시행되므로 2012년 4월 2일부터 시행된다고 할 수 있을 것이다(1). 시행일로부터 90일 이내인 날은 7월 1일까지이나 이 날은 일요일이므로 그 다음 날인 7월 2일에 국선대리인선임신청을 하였으며 국선선임신청을 한 경우에는 이 날을 청구일로 간주하므로(헌재법 제70조 제1항), 청구기간을 준수하였다고 할 수 있다(국선대리인이 청구서를 뒤늦게 제출한 것은 문제되지 않음)(2).

(4) 기본권침해의 관련성(5)

(가) 청구인 김갑순과 이을순의 경우(2)

자기관련성, 현재관련성(장래 기본권침해가 확실히 예상된다는 논리 가능), 직접관련성 모두 인정된다. 직접관련성의 경우 집행행위를 매개로 하지 아니하고, 이 사건 법률조항 자체에 의하여 취업지원실시기관이 가산점부여의 의무를 지게 되어 그로 인하여 위 청구인들의 평등권이 직접 침해될 수 있으므로 인정된다.

(나) 청구인 최삼식의 경우(2)

청구인 최삼식은 남학생으로서 만일 병역의무를 이행할 수 없는 사유가 있는 경우가 아니라면 이 사건 법률조항에 의하여 자신의 기본권이 침해된다고 할 수 없으므로 자기관련성이 없다.

(다) 소결(1)

청구인 최삼식을 제외한 나머지 청구인 김갑순과 이을순의 청구는 기본권침해의 관련성을 갖추었다.

(5) 대리인 선임(2)

국선대리인선임신청을 하였으며 이 신청을 받아들여 국선대리인선임을 하였으므로 충족한다.

(6) 권리보호이익(2)

이 사건 법률조항이 위헌으로 선고되는 경우 그 효력이 상실되므로 청구인들이 추구하는 헌법소원의 목적을 달성할 수 있다. 그러므로 충족한다.

(7) 소결(2)

청구인 김갑순과 청구인 이을순의 심판청구는 적법하여 본안판단을 하여야 하며, 청구인 최삼식의 심판청구는 그가 병역의무이행을 할 수 없는 자가 아닌 한 부적법하여 각하한다.

3. 결론(5)

이 사건 법률조항은 국회가 헌재의 제대군인가산점에 관한 위헌결정의 기속력에 반하여 입법한 것으로서 위헌이라고 할 수 있으며, 위헌결정의 기속력에 반하는 공권력 행사에 대한 헌법소원의 경우 기속력의 위반여부에 대한 문제를 적법요건 단계에서 검토할 것인가 아니면 본안에서 검토할 것인가가 문제될 수 있다. 기속력에 관한 규정은 헌재법 제75조 제1항의 해석과 적용에 관한 문제로서 헌법소송법적 요건에 관한 문제가 되면서도, 동시에 심판대상의 위헌성에 관한 판단을 포함하기도 하고 또한 그러한 확인의 필요성도 인정된다고 할 수 있으므로, 이에 대한 판단을 단순히 적법요건 단계에서 하고 부적법, 각하하되 이유에서 종전 위헌결정의 기속력위반을 확인하는 것만으로는 청구인의 헌법소원심판청구를 받아들여주려는 헌재의 취지가 명백하게 드러날 수 없다는 문제가 있다. 그러므로 위헌결정의 기속력에 대한 위반여부의 문제는 적법요건 단계에서보다는 본안판단에서 다루어 주는 것이 더욱 적절하다고 생각되며, 헌재 역시 마찬가지 입장이라고 보인다(헌재 2008. 10. 30. 2006헌마1098 등, 판례집 20 – 2상, 1089, 1103; BVerfGE 96, 260 [263]).

결론적으로 청구인 김갑순과 이을순의 청구는 적법하며, 최삼식의 경우 병역의무이행 불능의 경우가 아닌 한 자기관련성이 없어 부적법 각하하여야 한다.

Ⅳ. 본안에 대한 판단(25)

1. 관련되는 기본권(5)

청구인들은 자신들의 직업선택의 자유, 공무담임권, 평등권을 침해한다고 주장하고 있다. 심판대상 법률조항은 공무원임용시험은 물론이거니와 취업보호 대상기관인 사기업에의 응시에 있어서도 제대군인의 경우 가산점을 부여하는 것을 내용으로 하고 있으므로, 제대군인이 아닌 경우에는 청구인들이 응시하고자 하는 기관에 따라서 직업선택의 자유와 공무담임권을 침해받을 수 있는 가능성이 있다고 볼 수 있다. 뿐만 아니라 가산점을 받는 사람과 그렇지 않은 사람들 간에 차별취급이 문제되고 있다고 할 수 있으므로 평등권 침해여부를 심사해야 할 것이다.

이하에서는 제대군인가산점 판결에 있어서와 마찬가지로 평등권침해여부를 주된 심사대상으로 삼아 내용을 전개하되, 상상적 경합이 되고 있는 직업선택의 자유와 공무담임권의 침해여부는 결론부에서 간략하게 그 침해여부를 확인해 주는 방법으로 접근하기로 한다. 특히 제대군인가산점 판결이 나온 이후에 사정의 변경이 생겼는지를 고려하여 판단해 주면 될 것이다.

2. 제대군인 가산점 판결 내용의 요지(10)

(1) 주요이유의 내용 요지(2)

위 기속력의 객관적 범위 참조

(2) 특히 평등원칙 위반여부에 대한 판단의 요지(8)

제대군인가산점 판결에서는 평등원칙 위반여부를 주로 심사하면서, 헌법이 특별히 평등을 명하거나 차별로 인하여 다른 기본권에 대한 중대한 제한을 초래하는 경우에는 엄격심사를 한다고 하면서 엄격한 심사기준을 동원하고 있다. 가산점제도의 목적과 관련하여 헌법재판소는 군복무 중 상실된 취업준비기회에 대한 보상의 목적을 가진 것으로서 목적의 정당성은 인정하고 있다. 차별취급의 적합성과 관련하여 제대군인에 대한 사회복귀와 지원은 합리적이고 적절한 방법을 통하여 이루어져야 하는데 가산점제도는 합리적 방법에 의한 지원책에 해당한다고 할 수 없다고 판단하였다. 제대군안에 대하여 여러 가지 사회정책적 지원을 강구하는 것이 필요하다 할지라도 그것이 사회공동체의 다른 집단에게 동등하게 보장되어야 할 균등한 기회 자체를 박탈하는 것이어서는 아니되는데, 가산점제도는 공직수행능력과는 아무런 합리적 관련성을 인정할 수 없는 성별 등을 기준으로 여성과 장애인 등의 사회진출기회를 박탈하는 것이므로 정책수단으로서의 적합성과 합리성을 상실한 것이라 하였다.

차별취급의 비례성과 관련하여서는 불과 영점 몇 점 차이로 합격, 불합격이 좌우되고 있는 현실에서 각 과목별로 과목별 만점의 3% 또는 5%의 가산점을 받는지의 여부는 결정적으로 영향을 미치게 되고, 가산점을 받지 못하는 사람은 시험의 난이도에 따라서는 만점을 받고서도 불합격될 가능성이 없지 아니하다. 뿐만 아니라 가산점제도는 제대군인에 대한 이러한 혜택을 몇 번이고 아무런 제한 없이 부여하고 있다. 이는 한 사람의 제대군인을 위하여 몇 사람의 비제대군인의 기회가 박탈당할 수 있음을 의미하는 것이다. 가산점제도는 승진, 봉급 등 공직 내부에서의 차별이 아니라 공직에의 진입 자체를 어렵게 함으로써 공직선택의 기회를 원천적으로 박탈하는 것이기 때문에 공무담임권에 대한 더욱 중대한 제약으로서 작용한다. 가산점제도가 추구하는 공익은 입법정책적 법익에 불과한데 반하여 가산점제도로 인하여 침해되는 것은 헌법이 강도 높게 보호하고자 하는 고용상의 남녀평등, 장애인에 대한 차별금지라는 헌법적 가치이다. 그러므로 법익의 일반적, 추상적 비교의 차원에서 보거나, 차별취급 및 이로 인한 부작용의 결과가 위와 같이 심각한 점을 보거나 가산점제도는 법익균형성을 현저히 상실한 제도라는 결론에 이르지 아니할 수 없다.

3. 위 제대군인 가산점 판결내용에 비추어 볼 때 이 사건 법률조항의 위헌여부(10)

심판대상 법률조항은 가산점의 비율을 2%의 범위내로 축소하였으며, 가산점 사용의 횟수와 기간을 대통령령으로 제한하며, 가산점을 사용하여 합격한 사람에 대하여는 채용 후 호봉 또는 임금 산정시 군 복무기간을 근무경력으로 인정하지 않도록 하고, 가산점의 혜택을 받는 사람의 비율을 전체선발인원의 20%를 넘지 않도록 하는 등의 나름대로 위헌적인 요소를 대폭 줄이기 위한 입법의 결과라고 보인다(3).

그러나 위 제대군인가산점판결 취지에서 볼 수 있듯이 불과 영점 몇 점 차이로 당락이 좌우되는 공무원시험이나 일반 기업의 채용시험에서 만점의 2%의 가산점의 비율은 여전히 적지 않다고 할 수 있으며, 헌법재판소의 위 결정의 취지는 가산점의 비율의 다과에 따라 그 위헌성이 달라진다고 하기보다는 가산점 제도 자체가 여성과 장애인 등 사회적 약자에 대한 보호라고 하는 헌법정신에 반하고 평등원칙에 위반된다는 취지였으므로, 이러한 2%의 가산점 비율에 의한 가산점 제도 역시 여전히 그 위헌성이 치유되었다고 볼 수 없으며, 그 밖에 남성에게만 부과되어 있는 병역의무 역시 여전히 동일하다고 볼 수 있으므로, 특별히 제대군인가산점 판결 당시의 사정과 현재의 사정이 변경되었다고 볼 수 없다(5).

그러므로 이 사건 심판대상조항은 청구인의 평등권과 공무담임권, 직업선택의 자유를 침해하여 위헌이라고 보아야 할 것이다(2).

V. 결 론(5)

이 사건 심판대상조항은 청구인의 평등권, 공무담임권, 직업선택의 자유를 침해하여 헌법에 위반된다. 이 사건 법률조항에 대하여 위헌선언을 함으로써 그 효력을 상실시킨다 하더라도 법적 공백상태가 발생하는 등의 위험이 있다고 볼 수는 없으므로 단순 위헌결정을 하는 것이 타당하다고 생각된다.

참고판례

※ 제대군인 지원에 관한 법률 제8조 제1항 등 위헌확인
(헌재 1999. 12. 23. 98헌마363, 판례집 11-2, 770 [위헌])

형벌조항에 대한 위헌결정의 소급효제한규정의 위헌여부
- 간통죄 위헌결정을 근거로 한 재심청구와 관련하여 -

사 례

　　인기 여배우 O는 간통혐의로 기소되어 재판 계속 중 형법 제241조에 대한 위헌법률심판제청신청을 하였고, 법원은 이를 받아들여 헌법재판소에 위헌제청을 하였으나, 헌법재판소는 2008년 10월 30일 2007헌가17 등 위헌법률심판에서 형법 제241조가 헌법에 위반되지 않는다고 결정하였다. 그러나 헌법재판소는 2015년 2월 26일 2009헌바17 등 위헌소원심판에서 판례를 변경하여 형법 제241조는 헌법에 위반된다고 선고하였다.

　　한편 2008년 12월에 간통죄에 대하여 유죄가 확정된 O씨는 당해법원에 헌법재판소가 형법 제241조에 대하여 위헌결정을 하였으므로 위헌결정의 소급효가 미쳐서 자신은 위헌인 법률에 따라 유죄로 확정판결을 받았으므로 다시 무죄로 선고해 달라고 주장을 하면서 당해법원에 재심신청을 하였으나, 당해법원 판사는 간통행위 시점이 2008년 10월 30일 이전이므로 당시에는 합헌이던 형법 제241조에 따라 유죄로 확정된 것이므로 재심을 받아들일 수 없다고 하면서, 2015년 3월 5일 청구를 기각하였다. 그러자 O는 재심기각결정에 대하여 항소를 한 후 항소심 계속 중, 헌법재판소법 제47조 제3항이 형벌조항에 대한 위헌결정의 경우 소급효를 원칙으로 하되, 종전에 합헌결정이 선고된 형벌조항에 대한 위헌결정의 소급효는 합헌결정이 선고된 다음날까지만 미치도록 하고 있으며, 동조 제4항이 "제3항의 경우에 위헌으로 결정된 법률 또는 법률의 조항에 근거한 유죄의 확정판결에 대하여는 재심을 청구할 수 있다"고 하고 있음에도 불구하고, 간통행위의 시점이 종전의 합헌결정이 선고되기 전 사건에 대해서는, 합헌결정 선고 후 유죄가 확정되었다 하더라도 그에 대하여 위헌결정의 소급효가 미치지 않는다고 보고서 재심이 허용되지 않는다고 해석하는 것은 헌법에 위반된다고 주장을 하면서, 헌법재판소법 제47조 제3항과 제4항에 대한 위헌법률심판제청신청을 하였다. 그러나 항소법원인 서울고등법원은 이러한 주장은 법률조항에 대한 한정위헌청구에 해당하여 적법하지 않다고 하는 이유로 2015년 4월 1일 위헌제청신청에 대하여 기각하였다(기각결정이 송달된 날은 4월 3일). 그러자 O는 종전 합헌결정의 선고 전의 행위로 인하여 선고 후에 유죄로 확정판결을 받은 경우, 그 확정판결에 대해서는 형벌조항의 위헌결정의 소급효가 미치지 아니하여 재심이 허용되지 않는 것으로 해석하는 한, 헌재법 제47조 제3항과 제4항은 자신의 행복추구권과 평등권. 신체의 자유, 재판을 받을 권리, 형사보상청구권, 인간다운 생활권 등을 침해하여 헌법에 위반된다고 주장하면서, 2015년 5월 4일 헌법재판소법 제68조 제2항에 의한 헌법소원심판을 청구하였다.

〈문〉 이 사건 헌법소원심판청구에 대하여 판단하라(70).

관련 법률

※ **헌법재판소법 제47조**(위헌결정의 효력) ① 법률의 위헌결정은 법원과 그 밖의 국가기관 및 지방자치단체를 기속(羈束)한다.

② 위헌으로 결정된 법률 또는 법률의 조항은 그 결정이 있는 날부터 효력을 상실한다. <개정 2014. 5. 20.>

③ 제2항에도 불구하고 형벌에 관한 법률 또는 법률의 조항은 소급하여 그 효력을 상실한다. 다만, 해당 법률 또는 법률의 조항에 대하여 종전에 합헌으로 결정한 사건이 있는 경우에는 그 결정이 있는 날의 다음 날로 소급하여 효력을 상실한다. <신설 2014. 5. 20.>

④ 제3항의 경우에 위헌으로 결정된 법률 또는 법률의 조항에 근거한 유죄의 확정

판결에 대하여는 재심을 청구할 수 있다. <개정 2014. 5. 20.>

　⑤ 제4항의 재심에 대하여는 「형사소송법」을 준용한다. <개정 2014. 5. 20.>

[전문개정 2011. 4. 5.]

※ 2015년 3월, 4월, 5월 달력

3월						
일	월	화	수	목	금	토
2	3	4	5	6	7	1 / 8
9	10	11	12	13	14	15
16	17	18	19	20	21	22
23	24	25	26	27	28	29
30	31					

4월						
일	월	화	수	목	금	토
		1	2	3	4	5
6	7	8	9	10	11	12
13	14	15	16	17	18	19
20	21	22	23	24	25	26
27	28	29	30	31		

5월						
일	월	화	수	목	금	토
				1	2	3
4	5	6	7	8	9	10
11	12	13	14	15	16	17
18	19	20	21	22	23	24
25	26	27	28	29	30	31

※ ▨ 표시된 날은 공휴일 임.

모범답안 및 채점기준

<문> 이 사건 헌법소원심판청구에 대하여 판단하라(70).

Ⅰ. 문제의 소재(3)

　이 사안은 헌재법 제68조 제2항에 따른 헌법소원심판사건이 적법한지 여부, 특히 한정위헌청구의 적법여부 그리고 본안에서 공권력행사에 의하여 청구인의 기본권이 침해되어 위헌인지 여부가 문제된다.

Ⅱ. 사건의 개요와 심판의 대상(6)

1. 사건의 개요(3)

청구인은 간통죄로 기소되어 헌법재판소의 간통죄에 대한 마지막 합헌결정이 선고된 2008년 10월 30일 후인 동년 12월에 유죄판결이 확정되었으나, 그 후 헌법재판소가 2015년 2월에 간통죄에 대하여 위헌결정을 선고하자, 헌재법 제47조 제4항에 따라 당해법원에 재심을 청구하였다. 그러나 재심청구가 기각되자 항소후 항소심 계속중 헌재법 제47조 제3항과 제4항에 대하여 형벌조항에 대한 위헌결정의 소급효가 종전 합헌결정이 선고되기 이전의 행위에 대하여 미치지 않는다고 해석하는 한 헌재법 제47조 제3항과 제4항은 헌법에 위반된다고 하면서 위헌제청신청을 하였고, 법원이 이를 기각하자 헌재법 제68조 제2항에 따라 2015년 5월 4일 헌법재판소에 헌법소원심판을 청구하기에 이르른 사건이다.

2. 심판의 대상(3)

청구인의 주장은 종전 합헌결정의 선고 전의 행위로 인하여 선고 후에 유죄로 확정판결을 받은 경우, 그러한 판결에 대해서는 형벌조항의 위헌결정의 소급효가 미치지 아니하여 재심이 허용되지 않는 것으로 해석하는 한, 헌재법 제47조 제3항과 제4항은 헌법에 위반된다고 주장하는 것이므로 그러한 해석의 위헌여부라고 할 것이다. 또는 심판대상 단계에서는 그 해석이 문제가 되고 있는 당해 법조항인 헌재법 제47조 제3항과 제4항의 위헌여부라고 하여도 일단 가능할 것으로 보인다(헌재 판례에 따를 때)(한정위헌청구의 적법여부는 다음 항목에서 다룸).

Ⅲ. 판   단(61)

1. 적법요건에 대한 판단(21)

(1) 위헌제청신청의 기각결정이 있을 것(3)

이 사건에서 비록 한정위헌청구라는 이유로 기각되었기는 하지만 이 사건 법률조항의 위헌제청신청을 하였다가 법원에서 기각되었으므로 충족된다.

(2) 재판의 전제성(8)

(가) 재판의 전제성 요건

헌법재판소법 제68조 제2항에 따른 헌법소원심판청구가 적법하기 위해서는 재판의 전제성 요건을 갖추어야 하는데 그 구체적 내용은 다음과 같다.

① 재판이 계속중이거나 계속중이었을 것(2)

② 해당 법률조항이 당해사건에 적용되는 것일 것(2)

③ 법률의 위헌여부에 따라 재판의 주문이 달라지거나 혹은 재판의 내용과 효력에 관한 법률적 의미가 달라지는 것일 것(2)

(나) 이 사건의 경우(2)

이 사건 헌법소원은 재심청구 기각에 대한 항소심 계속 중에 청구되었으며, 헌법재판소법 제47조 제3항과 제4항이 재판에 적용됨이 분명하고, 이 법률의 위헌여부에 따라 형벌조항에 대한 위헌결정의 소급효의 범위가 달라질 것이므로 재판의 결과가 달라진다 할 수 있다. 따라서 이 사건 헌법소원은 재판의 전제성 요건을 충족하였다.

(3) 한정위헌청구의 적법여부(5)

헌법재판소의 종전 판례에 의하면 한정위헌청구는 원칙적으로 부적법하고 예외적으로 명확성의 원칙 등이 문제가 되어 다투어지고 있는 법률이나 법률조항의 위헌여부를 문제 삼는 것이라고 할 수 있을 경우에는 적법하다고 하였으나 (1), 2012년 12월에 판례를 변경하여 법률과 법률해석은 동전의 앞뒷면과도 같아서 서로 구분될 수 있는 것이 아니라고 하면서 일정한 해석하에 법률이 위헌이라고 주장하는 한정위헌청구는 원칙적으로 적법하다고 하였다(2).

이러한 신 판례에 의할 경우 한정위헌청구도 역시 원칙적으로 적법하다고 할 수 있을 것이므로, 이 사건에서 한정위헌을 청구하는 청구인의 이 사건 헌법소원심판청구도 역시 적법하다고 할 수 있을 것이다(2).

(4) 청구기간(3)

기각결정의 송달은 4월 3일 이로부터 30일인 날은 5월 3일이나 그날은 공휴일이므로 그 익일인 5월 4일 청구한 이 사건 헌법소원심판은 청구기간을 준수하였다.

(5) 변호사선임 여부(1)

사안에서는 분명하지 않으나 변호인을 선임하였으면 적법하다.

(6) 소결(1)

이 사건 헌법소원심판청구는 적법하다.

2. 본안판단(40)

(1) 관련되는 기본권(5)

청구인은 행복추구권, 신체의 자유, 재판청구권, 형사보상청구권, 인간다운 생활권의 침해를 주장하고 있으나, 청구인이 만일 간통죄 유죄가 확정되어 실형을 선고받은 경우(사안에서는 분명하지 않음)에는 재심을 청구한 뒤 형사보상청구권까지도 청구할 수 있음에도 불구하고 이 사건 법률조항에 대한 위와 같은 해석으로 인하여 그러한 기본권을 행사할 수 없게끔 되었으므로 관련되는 기본권은 재판청구권과 형사보상청구권이라고 할 수 있을 것이며, 또한 평등권과 신체의 자유도 역시 문제될 수 있으나, 행복추구권은 일반적 기본권으로 적용이 배제된다. 그리고 인간다운 생활권은 사회적 기본권으로서 이 사건에서는 그 침해가능성이 없으므로 심사에서 배제한다.

그리고 위헌인 법률에 따라 유죄판결을 받고도 재심이 허용되지 않는다면 이는 죄형법정주의의 원칙에도 위반된다고 할 수 있을 것이다.

(2) 재판청구권의 침해여부(15)

(가) 보호영역(2)

누구든지 헌법과 법률이 정하는 법관에 의하여 법률에 의한 재판을 받을 권리를 가지는데(헌법 제27조 제1항) 이것이 재판을 받을 권리이며, 여기에는 재심역시 포함된다고 할 수 있다.

(나) 제한(2)

국가공권력에 의하여 재심사유가 됨에도 불구하고 재심을 받지 못하게 된다면 이는 재판받을 권리에 대한 제한이 된다고 할 수 있을 것이다. 이러한 제한은 헌법 제27조 제1항과 헌법 제37조 제2항에 따라 법률에 의하여 가능할 것이다.

(다) 제한의 한계(11)

법률에 따라 제한함에 있어서도 헌법 제37조 제2항이 규정하는 기본권제한의 한계를 지켜야 하며 그 본질내용은 침해할 수 없을 것이다(1).

① 목적의 정당성: 형벌조항에 대한 위헌결정의 소급효제한의 입법목적(2)

형벌조항에 대한 위헌결정의 소급효를 제한하는 헌재법 제47조 제3항 단서의 입법목적은 다음에 있다고 할 수 있다. 즉, 국민의 법의식이나 법감정에 따라 과거에는 합헌이던 것이 나중에 위헌으로 되었을 경우 이를 반영하여 헌법재판소가 종전에는 합헌선언하였던 형벌조항을 나중에 위헌으로 선언하게 될 수 있는 바, 이러한 경우 나중의 위헌결정의 소급효가 종전 합헌결정의 시점 이전까지 소급하는 것은 모순이라고 보아야 할 것이며, 또한 합헌인 시점까지 당시 형벌조항 자체의 정당성은 인정되었다고 보아야 할 것이다.

그러므로 헌재법 제47조 제3항과 제4항은 이러한 위헌상태의 변화를 반영하여 형벌조항에 대한 위헌결정의 소급효를 제한하고자 하는 것이므로 입법목적의 정당성은 인정될 수 있을 것이다.

② 방법의 적정성(2)

방법의 적정성 역시 인정된다. 그리고 법률조항의 의미가 분명하지 않을 경우에는 가능한 한 헌법에 합치되는 방향으로 해석하여야 한다.

그에 따라 법원이 행위시점에는 간통죄에 관한 형법 제241조가 아직 합헌인 상태에 있었으므로, 그에 대한 확정판결이 소급효가 미치는 시점에 이루어졌다 하더라도 그에 대해서는 재심을 허용할 수 없다고 본 것은, 재심허용여부를 확정판결시점을 기준으로 한 것이 아니라, 행위시점을 기준으로 한 것이라 보이고, 이러한 해석은 어쨌든 당시 합헌이던 형벌조항의 정당한 해석과 적용이라고 할 수 있으므로, 형벌조항에 대한 위헌결정의 소급효를 합헌결정이 있는 시점 이후까지로만 제한하고자 한 입법목적에도 부합하는 해석이라고 할 것이다. 그러므로 방법의 적정성도 인정된다.

③ 침해의 최소성(2)

형벌조항의 경우에는 '의심될 때에는 피고인의 이익으로'라고 하는 대원칙이 존재한다. 그리고 재심허용의 기준시점을 행위시로 볼 것인지 확정판결시점으로 볼 것인지가 법률문구의 해석상 불분명하다면, 피고인에게 보다 유리한 방향으로 적용해 주는 것이 죄형법정주의의 원칙이다.

그렇다면 이와 같이 피고인에게 보다 유리한 방법으로 해석할 가능성이 존재함에도 불구하고 행위시를 기준으로 하는 해석은 침해의 최소성의 원칙을 충족하지 못한다고 판단된다.

④ 법익의 균형성(2)

형벌조항에 대한 위헌결정의 소급효제한의 목적은 나름대로 당시 합헌적이던 형벌조항의 철저한 집행을 통해서 형벌조항이 추구하던 법익을 유지하는 것이라고 할 수 있을 것이다. 그렇다면 간통죄를 처벌하여 공중도덕이나 선량한 풍속이나 건전한 가족관계를 보호하는 것이 법익이었다면, 간통죄를 처벌한다고 해서 이미 파괴된 가족관계를 더 이상 돌이킬 수 없음에도 불구하고 국가가 개인의 성적 자기결정권의 영역과 사생활 영역에 형벌로써 너무 깊숙이 관여하게 되면 개인의 인간존엄과 행복추구권, 사생활의 기본권 등의 침해가 지나치게 심할 수 있다. 그렇다면 최근의 간통죄에 대한 위헌결정의 취지와 마찬가지로 법익의 균형성 역시 충족되지 않는다고 보아야 할 것이다.

⑤ 소결(2)

그렇다면 형벌조항의 위헌결정의 소급효제한의 기준시점을 행위시로 보는 것은 침해의 최소성과 법익의 균형성을 충족하지 못하므로 재판청구권에 대한 침해라고 보아야 할 것이다.

(3) 신체의 자유와 형사보상청구권 등의 침해여부(5)

신체의 자유는 국가권력에 의하여 법률과 적법한 절차에 의하지 아니하고 거동의 임의성을 방해받거나 강제받지 아니할 자유라고 할 수 있으며, 형사보상청구권은 국가에 의하여 잘못된 형사판결을 받은 경우에 그에 대한 보상을 청구할 수 있는 권리이다.

만일 위헌법률에 따라 잘못된 형사처벌을 받고도 재심이 허용되지 않는 경우에는 그로 인하여 실형을 복역중인 경우에는 신체의 자유가 그리고 복역을 마친 후에는 형사보상청구권이 침해될 수 있다.

그렇다면 신체의 자유와 형사보상청구권의 경우도 위 재판청구권과 마찬가지 이유에서 침해될 수 있다고 보인다.

(4) 평등권 침해여부(5)

이 사건 법원의 해석은 간통죄에 대한 위헌결정의 소급효가 적용되어 재심대상이 되는 모든 사람들과 비교할 때, 차별적 취급에 해당한다고 할 수 있으며, 이는 신체의 자유 등에 대한 중대한 제한을 초래할 수 있는 가능성이 있음에 비추어 엄격심사의 대상이 된다.

따라서 엄격심사를 해 보건대, 이러한 해석이 두 부류의 차이에 부합하는 합리적인 차별로서 이를 정당화할 수 있는 사유가 있다고 보기 힘들므로 비례의 원칙에 부합한다고 볼 수 없다.

그러므로 이 사건 해석은 청구인의 평등권도 침해한다.

(5) 죄형법정주의 원칙 위반여부(5)

그리고 헌법 제12조와 제13조에 따라 행위시의 법률에 의하지 아니하고는 처벌되지 아니한다고 하는 헌법상 죄형법정주의 원칙에서 말하는 법률은 합헌적인 법률이라고 할 것이다.

헌법재판소가 추후에 형벌조항에 대하여 위헌결정을 내린 경우 소급하여 그 효력을 상실하도록 한 것은 과거에 위헌법률에 따라 처벌받은 자들에 대해서 그 효력을 그대로 유지하는 경우 그들에 대한 신체의 자유와 인간존엄권 등에 대한 침해가 심각하기 때문에 실질적 정의의 법이념 보호의 필요성이 법적 안정성이라고 하는 법이념보호의 필요성보다 훨씬 더 크다고 할 수 있었기 때문이다.

그렇다면 이와 같이 법률해석상 기준시점이 애매모호할 경우에는 죄형법정주의의 원칙상 실질적 정의가 법적 안정성보다 더욱 우선하는 것으로 보아, 확정판결시점에 이미 형벌조항의 위헌결정의 소급효가 미친다면 비록 행위시점은 합헌결정 선고 이전이라고 하더라도 이러한 사건들에 대해서 재심을 허용해 주는 것이 죄형법정주의의 원칙에 부합한다고 볼 수 있을 것이다.

(6) 결론(5)

결론적으로 법원이 헌재법 제47조 제3항과 제4항에 대하여 형벌조항에 대한 종전의 합헌결정이 선고되기 전의 행위에 대한 유죄판결이 그 이후에 확정된 경우 재심이 허용되지 않는다고 해석하는 한 헌재법 제47조 제3항과 제4항은 헌법에 위반된다.

사 례

  사립대학인 A 대학교는 甲 교수가 평소에 재단과 학교의 비리에 대하여 지적
하며, 여러 차례 비판을 한 데 대하여 앙심을 품고, 교수재임용심사가 다가온 때에
甲 교수의 연구업적이나 기타 학교 및 교외봉사활동 등의 점수가 충분하였음에도
불구하고, 甲 교수의 인성이 바르지 못하다고 하는 이유로 재임용에서 탈락시켰다.
甲 교수는 곧바로 교원소청심사위원회에 교원재임용거부에 관한 심사를 청구하였
고, 교원소청심사위원회는 A 대학교의 甲 교수에 대한 재임용거부처분은 부당하다
고 하면서 이를 취소하고 재임용할 것을 명하는 인용결정을 하였다. 하지만 A 대
학교는 甲 교수를 더 이상 임용하지 않았으며, 교원소청심사위원회의 그와 같은 인
용결정이 부당하다고 하면서 서울행정법원에 그 결정의 취소를 구하는 행정소송을
제기하였다. 서울행정법원은 A 대학교의 청구를 받아들여 교육인적자원부의 소청
인용결정을 취소하는 결정을 하였으며, 이에 甲은 항소하고 항소 역시 기각되자,
상고하였으나 상고 역시 기각되었다.

〈문〉 甲의 입장에서 재임용탈락에 대하여 헌법적으로 다툴 수 있는 방안에 대하여 설명하고, 어떠한 논거를 들 수 있는지 구체적으로 밝혀라(30).

〈문〉 甲의 입장에서 재임용탈락에 대하여 헌법적으로 다툴 수 있는 방안에 대하여 설명하고, 어떠한 논거를 들 수 있는지 구체적으로 밝혀라(30).

Ⅰ. 문제의 소재(5)

사립대학의 경우 교원재임용제도의 남용을 통하여 교원을 부당하게 재임용에서 탈락시킴으로써 교수의 학문의 자유나 직업선택의 자유의 기본권적 법익을 침해하는 경우가 있다. 이러한 경우는 사인이 사인의 기본권적 법익을 침해하거나 침해할 우려가 있는 경우에 국가가 그 기본권을 적극적으로 보호할 의무가 있다고 하는 소위 기본권보호의무의 전형적인 적용사례에 해당한다고 할 수 있을 것이다. 이 사례의 경우 甲이 현행법상 다툴 수 있는 모든 구제절차는 다 거친 것으로 보인다.

그렇다면 법원의 재판에 대하여 헌법소원을 할 수 있을 것인가와 교수재임용제도를 규정한 현행 사립학교법 규정이 사립대학의 재량의 남용을 방지할 수 있는 안전책을 제대로 마련하지 않아, 교수의 직업선택의 자유와 학문의 자유를 침해하는 결과를 야기하였는지 여부이며, 만일 이 점이 인정된다면 입법자는 甲의 기본권보호의무를 등한시하였다고 할 수 있으므로 이에 대한 헌법소원심판을 청구할 수 있을 것이다.

문제는 이러한 보호의무위반을 다툴 경우에 헌법소원의 적법성 여부를 심사함에 있어서 청구인은 국가의 보호의무위반사실에 대하여 나름대로 설득력 있게 입증하여야 하는 입증책임을 질 뿐 아니라, 입법부작위를 다투는 것이므로 헌법으로부터 유래하는 입법의무와 보호의무가 인정될 수 있어야 한다.

Ⅱ. 甲의 권리구제 가능성에 대한 검토(10)

1. 대법원의 기각결정에 대한 헌법소원 가능성(5)

헌재법 제68조 제1항에 따라 현행법상 재판소원은 원칙적으로 불가능하다. 다만 예외적으로 헌재가 위헌으로 결정한 법령을 계속 적용함으로써 국민의 기본권을 침해한 경우에는 헌법소원의 대상이 될 수 있다(96헌마172). 그 밖에도 소수의견에 의하면, 위헌인 법령을 적용하는 경우에 그 재판은 헌법소원의 대상이 될 수 있다고 보기도 한다.

따라서 96헌마172 결정을 따르면 이 사건의 경우 재판에 대한 헌법소원가능성은 없다. 만약 입법론적으로 재판소원이 인정되는 경우 법원의 기본권보호의무 위반 여부에 대한 심사도 병행하여야 할 것이다.

2. 입법자의 보호의무위반에 대한 헌법소원 가능성(5)

이 사건은 사인의 사인에 대한 기본권침해의 사례이므로 전형적인 보호의무의 적용사례이다. 우선 기본권보호의무 사례의 경우 당사자의 기본권충돌이 존재할 수 있으므로 입법자는 충돌하는 기본권적 법익들을 적절하게 조정하고 형량하여 입법하여야 한다.

기본권보호의무는 입법자에 대해서는 행위규범에 해당하므로 입법자는 국민의 기본권을 효과적이고 충분히 보호하기 위해서 나름대로의 재량과 형성의 자유를 가지고 적절한 보호조치를 수행할 수 있다. 이에 반하여 기본권보호의무의 위반여부를 판단하는 헌법재판소에게 그것은 통제규범에 불과하다. 따라서 입법자가 최소한의 보호조치도 취하지 않았는지에 관하여 소위 과소금지의 원칙을 기준으로 그 위반여부를 판단한다.

청구인이 이에 대하여 다툴 경우에는 그러한 보호의무위반을 입증할 책임이 있으며, 결국 입법자의 입법부작위에 대해서 다투든지 또는 부진정입법부작위의 경우 법률 자체에 대하여 헌법소원심판을 청구하여야 한다.

Ⅲ. 입법자의 보호의무 위반여부에 대한 검토(10)

1. 현행법상 교원재임용제도(8)

(1) 현행 법률(2)

현행법상 대학교수 재임용제도에 관해서는 사립학교법 제53조의2 제2항 내지 제8항에 규정되어 있다.

(2) 헌법재판소의 판례변경(4)

구 사립학교법 규정상 교수재임용제도는 헌법재판소가 과거에 합헌선언한 바 있었으나 제3기 재판부에 들어와서 이 재임용제도와 관련하여 사립대학의 동 제도에 관한 남용가능성을 차단하고 교수의 권익을 구제하기 위한 보호장치가 불충분하다고 하는 이유로 판례변경을 하여 헌법불합치선언한 바 있다(2000헌바26)(2).

교원지위향상에 관한 법률에 따른 교원소청심사위원회의 결정에 대하여는 단지 교수만이 불복할 수 있도록 하였으나, 이에 관하여 사립대학의 재판청구권 등을 침해한다는 이유로 역시 제3기 재판부가 과거 판례를 변경하여 위헌결정을 하여, 사립대학 역시 행정소송을 할 가능성이 열리게 되었다(헌재 2006. 2. 23. 2005헌가7등)(2).

(3) 특별법 제정(2)

최근 "대학교원 기간임용제 탈락자 구제를 위한 특별법"(제정 2005. 7. 13 법률 7583호)까지 제정하여 운용하고 있다.

2. 소결(2)

입법자는 최근 헌법재판소의 헌법불합치결정의 취지에 부합하게 사립학교법을 개정하였다(1). 따라서 부당한 재임용거부처분에 대해서는 법적으로 다툴 수 있는 가능성을 나름대로 입법자가 강구하고 있으므로, 부당한 재임용거부처분을 당한 교수들의 기본권보호를 위해서 최소한의 보호조치마저 취하지 않고 있다고 볼 수는 없다고 보인다. 따라서 보호의무위반이라고 보이지 않는다(1).

Ⅳ. 결론: 재판소원제도 도입의 필요성(5)

입법자의 나름대로의 보호의무 이행에도 불구하고, 가령 사안에 있어서 甲의 경우와 같이 부당한 재임용거부처분이 법원에 의해서 제대로 구제되지 않는 경우에는 법원이 보호의무이행을 제대로 하였는지를 심사할 수 있어야 한다(2).

그러나 우리 현행 헌법재판소법상 재판소원은 배제되어 있으므로 이러한 범위 내에서 권리구제의 사각지대가 발생할 가능성이 있다(1). 그러므로 이 경우를 대비하여 입법자는 법원의 재판에 대한 헌법소원가능성을 열어 두어야 할 필요가 있으며(1), 만일 이러한 권리구제의 사각지대의 발생현상이 계속되는 경우에는 헌법재판소가 부당한 재임용거부처분을 받고도 구제받지 못한 교수들의 기본권보호를 위하여, 더욱 구체적인 입법의무를 부과하는 결정을 내릴 필요가 있겠다(1).

참고판례

※ 사립학교법 제53조의2 제2항 위헌소원 등, 사립학교법 제53조의2 제3항 위헌소원 등, 사립학교법 제53조의2 제3항 위헌소원, 구 사립학교법 제53조의2 제3항 위헌소원

(헌재 1998. 7. 16. 96헌바33 등, 판례집 10-2, 116 [합헌, 각하])

※ 구 사립학교법 제53조의2 제3항 위헌소원

(헌재 2003. 2. 27. 2000헌바26, 판례집 15-1, 176 [헌법불합치])

※ 교원지위향상을 위한 특별법 제10조 제3항 위헌제청등

(헌재 2006. 2. 23. 2005헌가7등, 판례집 18-1상, 58 [위헌])

한정위헌결정의 기속력을 부인한 대법원
판결의 위헌여부

사 례

헌법재판소는 2011년 12월 29일 선거일 전 180일부터 선거일까지 선거에 영향을 미치게 하기 위하여 정당 또는 후보자를 지지·추천하거나 반대하는 내용이 포함되어 있거나 정당의 명칭 또는 후보자의 성명을 나타내는 문서·도화의 배부·게시 등을 금지하고 처벌하는 구 공직선거법(2005. 6. 4. 법률 제7681호로 개정되고 2010. 1. 25. 법률 제9974호로 개정되기 전의 것) 제93조 제1항 및 공직선거법(2005. 8. 4. 법률 제7681호로 개정된 것) 제255조 제2항 제5호 중 제93조 제1항의 각 '기타 이와 유사한 것'과 공직선거법(2010. 1. 25. 법률 제9974호로 개정된 것) 제93조 제1항 및 공직선거법(2005. 8. 4. 법률 제7681호로 개정된 것) 제255조 제2항 제5호 중 제93조 제1항의 각 '그 밖에 이와 유사한 것'에 '정보통신망을 이용하여 인터넷 홈페이지 또는 그 게시판·대화방 등에 글이나 동영상 등 정보를 게시하거나 전자우편을 전송하는 방법'이 포함되는 것으로 해석하는 한 헌법에 위반된다고 결정하였다.

甲은 2012년 1월 1일부터 자신의 홈페이지에 S정당에 대하여 이름과 무늬만 바꾸었을 뿐 모든 것이 그대로인 "수구꼴통 보수정당"이라고 하면서, 새로 바뀐 S

정당의 로고를 이용하여 철새들이 날아다니는 "새"○○당, 배설물을 상징하는 "X"○○당이라고 표시하는 패러디물을 올리고, 또한 자신의 트위터와 페이스북에도 같은 내용으로 이 정당을 반대하며 비방하는 글과 패러디물을 올렸다.

검찰은 甲의 행위가 공직선거법 제93조 제1항에서 규정하고 있는 '그 밖에 이와 유사한 것'에 해당한다고 보고, 공직선거법 제255조 제2항 제5호 위반죄로 갑에 대하여 서울중앙지방법원에 기소하였다. 동 법원은 헌법재판소가 2011년 12월 29일에 동조항에 대하여 한정위헌결정을 선고하였으므로, 이와 같이 인터넷이나 트위터 그리고 페이스북에 특정정당을 비방하거나 반대하는 글이나 패러디물을 올렸다 하더라도, 그러한 행위는 공직선거법 제93조 제1항 소정의 '그 밖에 이와 유사한 것'에 포함되지 않기 때문에 무죄라고 선고하였다. 그러나 담당 검사는 곧바로 서울고등법원에 항소하였고, 서울고등법원은 헌법재판소의 한정위헌결정은 단순한 견해에 불과하고, 어떠한 기속력도 가질 수 없다고 하면서, 동 조항이 여전히 유효함을 근거로 갑에 대하여 유죄판결을 선고하였다. 이에 甲은 대법원에 상고하였으나, 대법원 역시 고등법원과 같은 이유로 2012년 4월 12일 상고를 기각하였다.

이에 갑은 헌법재판소에 헌법소원심판을 청구하기로 하고, 변호사를 선임하여 2012년 4월 19일 헌법소원심판청구의 대상에서 재판을 제외하고 있는 헌법재판소법 제68조 제1항과 2012년 4월 12일 선고된 대법원판결이 자신의 기본권을 침해한다고 주장하면서 그 위헌의 확인을 구하는 헌법소원심판을 청구하였다.

〈문〉 甲의 이 사건 헌법소원심판청구에 대하여 판단하라(50).

관련 법률

※ **헌법재판소법 제68조**(청구사유) ① 공권력의 행사 또는 불행사로 인하여 헌법상 보장된 기본권을 침해받은 자는 법원의 재판을 제외하고는 헌법재판소에 헌법소원심판을 청구할 수 있다. 다만, 다른 법률에 구제절차가 있는 경우에는 그 절차를 모두 거친 후에 청구할 수 있다.

모범답안 및 채점기준

〈문〉 甲의 이 사건 헌법소원심판청구에 대하여 판단하라(50).

Ⅰ. 문제의 소재(4)

헌법재판소가 한정위헌으로 결정한 법령이 유효하다고 보고서 동 법령을 위반한 자에 대하여 유죄판결을 내린 대법원판결과, 법원의 재판을 헌법소원대상에서 제외하고 있는 헌법재판소법 제68조 제1항에 대한 헌법소원심판청구의 적법여부 및 심판대상의 위헌여부에 대한 문제이다.

Ⅱ. 사건의 개요와 심판의 대상(4)

1. 사건의 개요(2)

헌법재판소는 2011년 12월 29일 선거일 180일 전부터 소위 탈법방법에 의한 선거운동을 금지하고 있는 공직선거법 제93조 제1항의 '그 밖에 이와 유사한 것'에 인터넷을 통한 선거운동방법이 포함되는 것으로 해석하는 한 위헌이라고 결정하였다. 청구인은 S당에 대하여 반대하며 비방하는 글을 자신의 홈페이지와 SNS에 올렸다가 검찰에 의하여 공직선거법 제255조 제2항 제5호 위반죄로 기소되어 2012년 4월 12일 대법원에 의하여 유죄판결을 선고 받았다. 이에 청구인은 2012년 4월 19일 헌재법 제68조 제1항과 대법원판결에 대하여 헌법소원심판을 청구하였다.

2. 심판의 대상(2)

이 사건 헌법소원심판의 대상은 헌재법 제68조 제1항의 "재판을 제외하고는" 부분과 2012년 4월 12일 선고된 위 대법원 판결의 위헌여부이다.

Ⅲ. 헌법소원심판의 적법여부(15)

1. 헌재법 제68조 제1항에서 "재판을 제외하고는" 부분(2)

헌재법 제68조 제1항의 위헌여부에 대하여 헌법재판소는 1997. 12. 24. 96

헌마172 결정에서, 헌법재판소가 위헌으로 결정한 법령을 계속 적용함으로써 국민의 기본권을 침해한 재판도 포함되는 것으로 해석하는 한 위헌이라고 하는 취지의 한정위헌결정을 선고함으로써, 이미 그 위헌성을 확인한 바 있다(1).

따라서 나머지 적법요건에 대하여 살펴 볼 필요도 없이 이 부분에 대한 헌법소원심판청구는 이미 효력을 상실한 부분에 대한 헌법소원심판청구로서 부적법하다고 할 것이다(1).

※ 참고판례

헌재 1998. 4. 30. 92헌마239, 판례집 10－1, 435, 441－442: 헌법재판소법 제68조 제1항 본문 중 "법원의 재판을 제외하고는" 부분에 대한 심판청구는 이 사건 대법원판결에 대한 헌법소원심판청구를 전제로 한 것이나 그 심판청구를 부적법하다고 하여 각하하는 바이므로 이 부분 심판청구 역시 권리보호의 이익이 없어 부적법하다.

헌재 2001. 2. 22. 99헌마461, 판례집 13－1, 328, 342: 본안판단 후 기각: 헌법재판소법 제68조 제1항 중 "법원의 재판을 제외하고는"이라고 한 부분이 청구인들의 재판청구권, 평등권, 행복추구권 등의 기본권을 침해하여 헌법에 위반된다는 주장은 이유가 없다.

2. 대법원판결(13)

(1) 공권력의 행사성(3)

헌재법 제68조 제1항에서는 법원의 재판을 제외하고 공권력의 행사 또는 불행사에 의하여 기본권을 침해당한 자는 헌법재판소에 헌법소원심판을 청구할 수 있다고 규정하고 있다(1).

따라서 법률상 재판은 헌법소원대상에서 제외되어 있으나, 헌법재판소의 1997. 12. 24. 96헌마172결정에서 헌재가 위헌으로 결정한 법령을 계속 적용함으로써 국민의 기본권을 침해한 재판의 경우는 헌법소원심판의 대상이 될 수 있다고 하였으므로, 위 대법원 판결이 이러한 요건을 충족하는지 여부를 살펴야 한다(1)(이와 관련하여 헌재의 한정위헌결정이 과연 위헌결정에 해당하여 기속력이 있는지 여부에 대하여 검토해 보아야 할 것이나 이 문제는 본안에서 판단하기로 하고 여기에서는 헌재의 96헌마172 결정의 논리대로 예외적 헌법소원의 대상이 되는 재판인지 여부만 판단함).

위 대법원 판결은 헌재가 2012년 12월 29일 공직선거법 제93조에서 '그 밖에 이와 유사한 것'에 대하여 인터넷을 통한 선거운동방법이 포함되는 것으로 보는 한 위헌이라고 하여 한정위헌결정을 하였음에도 그 기속력이 없음을 전제로 동 조항이 유효하다고 보고, 계속 적용함으로써, 청구인 갑의 기본권을 침해하고 있으므로, 예외적으로 헌법소원의 대상이 되는 재판이라고 할 것이다(1).

(2) 보충성의 원칙(2)

이 사건 대법원 판결은 최종심이므로 다른 법률에 의한 구제절차를 모두 경유하였다고 할 수 있으므로 보충성원칙을 충족한다.

(3) 청구기간(2)

헌법소원의 청구기간은 기본권침해의 사유가 있음을 안 날로부터 90일, 있은 날로부터 1년이다.

이 사건 대법원 판결은 2012년 4월 12일 선고되었으며, 헌법소원심판청구는 2012년 4월 19일 이루어졌으므로 청구기간을 준수하였다.

(4) 기본권침해의 관련성(2)

청구인의 대법원판결에 의하여 자신의 기본권을 현재, 직접적으로 침해받고 있으므로 문제될 것 없다.

(5) 대리인 선임과 권리보호이익(2)

변호사를 선임하였으므로 대리인 선임은 문제될 것 없으며, 이 사건 헌법소원심판이 인용되는 경우 청구인이 목적하는 바를 달성할 수 있으므로 권리보호이익 역시 인정된다.

(6) 소결(2)

이 사건 헌법소원심판청구는 요건을 충족하여 적법하다.

Ⅳ. 본안에 대한 판단: 대법원판결의 위헌여부(25)

1. 한정위헌결정의 기속력(9)

(1) 한정위헌결정의 법적 성격(2)

한정위헌결정은 법률에 대한 헌법합치적 해석에 입각한 것으로서 입법자의 형성의 자유를 존중하고 법률의 위헌결정의 파급효를 줄이기 위하여 위헌법률심판 기관에게 인정되는 정당한 변형결정의 한 유형이라고 할 수 있다.

(2) 한정위헌결정의 기속력(7)

(가) 헌재의 입장: 헌법재판소에 따르면 한정위헌결정은 한정합헌결정과 함께 위헌결정의 일종으로서 모든 국가기관을 기속하는 효력을 가진다고 한다(2).

(나) 대법원의 입장: 법률에 대한 해석은 대법원을 최고법원으로 하는 법원에 전속된 권한이므로 헌재의 법률에 대한 해석은 견해에 불과하며 기속력을 가질 수 없다고 하였다(95누11405)(2).

(다) 사견(3): 법률에 대한 헌법합치적 해석은 위헌법률심판을 하는 모든 나라의 헌법재판기관에서 할 수 밖에 없는 헌법과 법률에 대한 해석으로서 헌법상 위헌법률심판은 헌재의 법률에 대한 해석권한을 전제로 한다(1). 그러므로 법률에 대한 해석권한이 법원의 전속권한임을 전제로 그 기속력을 부인한 것은 잘못된 견해이며, 법률에 대한 일정한 해석유형 역시 규범의 일부라고 할 수 있으므로 그에 대하여 위헌결정을 선고하는 경우 질적인 일부위헌으로서 그러한 해석은 더 이상 법질서에서 존재할 수 없게 되는 것이다(1). 그리고 이러한 한정위헌결정에는 기판력, 기속력, 일반적 구속력이 인정된다(1).

2. 이 사건 대법원판결의 위헌여부(16)

(1) 헌재의 한정위헌결정에 대한 기속력 위반(4)

헌법재판소는 이미 2012년 12월 29일 공직선거법 제93조 제1항의 '그 밖에 이와 유사한 것 부분'과 제255조 제2항 제5호 중 공직선거법 제93조 제1항의 '그 밖에 이와 유사한 것'이라고 하는 해당부분에 대하여 인터넷 선거운동방법이 포함되는 것으로 해석하는 한 위헌이라고 판결한 바 있다(1). 따라서 유권자는 선거일 180일 전에 정당이나 후보자를 지지·추천하거나 반대하는 내용을 인터넷이나 SNS에 게재할 수 있다고 보아야 할 것이다(1).

그러나 대법원은 그와 같은 행위에 대하여 동법이 여전히 금지하는 것으로 간주하고 청구인의 S정당에 대한 비방과 반대의 글을 게재한 것을 공직선거법 제255조 제2항 제5호 위반죄로 유죄로 판단하였으므로, 이는 청구인의 표현의 자유와 선거운동의 자유를 과잉하게 침해한 것일 뿐만 아니라 헌법재판소의 2012년 12월 29일 한정위헌결정의 기속력에도 반하는 판결이라고 할 수 있을 것이다(2).

(2) 기본권침해 여부(12)

(가) 관련되는 기본권(2)

청구인은 인터넷과 SNS를 통하여 자신이 반대하는 정당에 대하여 비방의 글과 패러디를 올렸다가 기소되어 유죄판결을 받았으므로, 표현의 자유와 선거운동의 자유, 그리고 징역형의 경우 신체의 자유를 침해받는다고 할 수 있다. 선거운동의 자유는 표현의 자유에 대한 특별한 기본권이라고 할 수 있으므로, 이하에서는 선거운동의 자유의 침해여부에 대하여 주로 살피기로 한다.

(나) 선거운동의 자유의 침해여부(8)

① 선거운동의 자유의 근거와 보호영역(1)

선거운동의 자유는 헌법 제21조의 언론·출판의 자유 그리고 제24조의 선거권 및 헌법 제37조 제1항의 열거되지 않은 자유에 의하여 보호되는 자유로서 선거에서 당선되기 위한 또는 당선되게 하거나 되지 못하게 하기 위한 모든 행위를 보호하는 자유라고 할 수 있을 것이다.

② 선거운동의 자유에 대한 제한(1)

공직선거법이나 이 사건 대법원판결이 인터넷을 통하여 특정 정당이나 후보자에 대한 지지·추천을 선거일 180일 전부터 금지하는 것은 바로 이 선거운동의 자유에 대한 제한에 해당된다.

③ 제한의 한계 및 심사기준(1)

선거운동의 자유는 공정한 선거를 보장하기 위하여 불가피하게 필요한 경우를 제외하고는 폭넓게 보장되어야 하며 정치적 표현의 자유는 민주주의에 있어서 없어서는 안되는 자유이므로, 선거운동의 자유에 대한 제한은 엄격심사기준에 입각하여 심사하여야 한다(2007헌마1001).

④ 과잉금지의 원칙 위반 여부(5)

i) 목적의 정당성: 인터넷은 선거운동방법 중 가장 저렴한 비용으로 가장 효과적으로 선거운동을 할 수 있는 것으로서 오늘날 정보화시대에 이와 같은 방법을 선거일 180일 전부터 금지해야 할 정당한 이유가 없다(헌재는 목적의 정당성 인정설)(1).

ii) 방법의 적정성: 목적이 정당하지 않다면 방법의 적정성 등 이하의 내용은 더 이상 살펴 볼 것도 없지만, 어느 정도 목적의 정당성을 인정한다고 하더라도,

인터넷 선거운동을 금지하는 방법은 후보자간의 경제적 능력의 차이에 따라 발생할 수 있는 불균형의 방지라고 하는 목적을 달성하는 적합한 수단이라고 하기 힘들다(1).

iii) 침해의 최소성: 가령 후보자 비방이나 흑색선전 등 선거의 불공정을 초래할 수 있는 위험이 있다 하더라도 이는 별도로 이에 대하여 처벌할 수 있는 근거조항이 있기 때문에 이와 같이 인터넷 선거운동방법을 전면적으로 금지해야할 아무런 이유가 없다. 그러므로 침해의 최소성의 원칙도 위반된다(1).

iv) 법익의 균형성: 인터넷 선거운동방법의 제한을 통하여 달성하고자 하는 공익은 막연한 데 반하여 그 목적을 위하여 전면적인 인터넷 선거운동방법제한을 통하여 받게 되는 선거운동의 자유의 침해가 매우 중대하다고 할 수 있으므로 법익의 균형성도 결여된다(1).

v) 결론적으로 이 사건 대법원판결은 이와 같이 제한의 목적이나 방법의 적정성, 침해의 최소성, 법익의 균형성의 관점에서 정당화될 수 없는 청구인의 선거운동에 대한 직접적인 침해라고 볼 수 있다(1).

(다) 신체의 자유의 침해(2)

같은 이유로 정당한 선거운동임에도 불구하고 이를 처벌하는 것은 청구인의 신체의 자유를 과잉하게 침해하는 것으로서 위헌이라고 할 수 있다.

V. 결   론(2)

이 사건 대법원판결은 청구인의 선거운동의 자유와 신체의 자유를 침해하므로 위헌이어서 취소함이 상당하다.

참고판례

※ **공직선거법 제93조 제1항 등 위헌확인**
(헌재 2011. 12. 29. 2007헌마1001 등, 판례집 23−2하, 739 [한정위헌])

※ **헌법재판소법 제68조 제1항 위헌확인 등**
(헌재 1997. 12. 24. 96헌마172 등, 판례집 9−2, 842, 860−861 [한정위헌, 인용(취소)])

"헌법재판소의 법률에 대한 위헌결정에는 단순위헌결정은 물론, 한정합헌, 한정위헌결정과 헌법불합치결정도 포함되고 이들은 모두 당연히 기속력을 가진다. 즉, 헌법재판소는 법률의 위헌여부가 심판의 대상이 되었을 경우, 재판의 전제가 된 사건과의 관계에서 법률의 문언, 의미, 목적 등을 살펴 한편으로 보면 합헌으로, 다른 한편으로 보면 위헌으로 판단될 수 있는 등 다의적인 해석가능성이 있을 때 일반적인 해석작용이 용인되는 범위내에서 종국적으로 어느 쪽이 가장 헌법에 합치되는가를 가려, 한정축소적 해석을 통하여 합헌적인 일정한 범위내의 의미내용을 확정하여 이것이 그 법률의 본래적인 의미이며 그 의미 범위내에 있어서는 합헌이라고 결정할 수도 있고, 또 하나의 방법으로는 위와 같은 합헌적인 한정축소 해석의 타당 영역밖에 있는 경우에까지 법률의 적용범위를 넓히는 것은 위헌이라는 취지로 법률의 문언자체는 그대로 둔 채 위헌의 범위를 정하여 한정위헌의 결정을 선고할 수도 있다.

위 두 가지 방법은 서로 표리관계에 있는 것이어서 실제적으로는 차이가 있는 것이 아니다. 합헌적인 한정축소해석은 위헌적인 해석 가능성과 그에 다른 법적용을 소극적으로 배제한 것이고, 적용범위의 축소에 의한 한정적 위헌선언은 위헌적인 법적용 영역과 그에 상응하는 해석 가능성을 적극적으로 배제한다는 뜻에서 차이가 있을 뿐, 본질적으로는 다 같은 부분위헌결정이다.

헌법재판소의 또 다른 변형결정의 하나인 헌법불합치결정의 경우에도 개정입법시까지 심판의 대상인 법률조항은 법률문언의 변화없이 계속 존속하나, 헌법재판소에 의한 위헌성 확인의 그 기속력을 가지는 것이다."

※ **헌법재판소법 제68조 제1항 위헌확인 등**
(헌재 1998. 4. 30. 92헌마239, 판례집 10-1, 435 [각하])

※ **헌법재판소법 제68조 제1항 위헌확인 등**
(헌재 2001. 2. 22. 99헌마461, 판례집 13-1, 328 [기각, 각하])

헌법기록형 문제 1

변호사시험(모의)

수험번호	
이　　름	

헌법기록형 문제 1[1]

---

1) 이하 헌법기록형 문제는 2011년 10월 6일 한양대학교 법학전문대학원 변호사모의시험으로 필자가 출제한 문제를 수정·보완한 것임.

목 차

Ⅰ. 문   제

1. 의뢰인 선운동은 2011년 12월 14일 실시될 제18대 대통령선거에서 A당의 대통령 후보로 출마할 것이 확실시 되는 甲이 절대 대통령이 되어서는 안되는 이유를 적은 글과 사진 등을 B당의 대통령 후보로 출마할 것이 확실시되는 乙의 인터넷 홈페이지에 수 차례 올리다가, 검찰에 의하여 탈법방법에 의한 선거운동금지 위반죄(공직선거법 제255조 제2항 제5호와 제93조 제1항) 및 사전선거운동금지위반죄(공직선거법 제254조 제2항)로 기소되자, 변호사 홍길동을 변호인으로 선임하였다.

2. 변호사 홍길동은 누구든지 선거일전 180일(보궐선거 등에 있어서는 그 선거의 실시사유가 확정된 때)부터 선거일까지 선거에 영향을 미치게 하기 위하여 공직선거법의 규정에 의하지 아니하고는 정당 또는 후보자(후보자가 되고자 하는 자를 포함)를 지지·추천하거나 반대하는 내용이 포함되어 있거나 정당의 명칭 또는 후보자의 성명을 나타내는 광고, 인사장, 벽보, 사진, 문서·도화, 인쇄물이나 녹음·녹화테이프 그 밖에 이와 유사한 것을 배부·첩부·살포·상영 또는 게시할 수 없다고 하고 이에 위반할 경우 처벌을 규정하고 있는 공직선거법 규정과 그리고 사전선거운동을 금지하고 이에 위반할 경우에는 처벌을 규정하고 있는 공직선거법 규정이 헌법에 위반된다고 보고, 그에 대하여 위헌법률심판제청신청을 하였으나 법원이 이에 대하여 기각을 하고 피고인 선운동에 대하여 유죄판결을 선고하였다.

3. 이에 변호사 홍길동은 헌법재판소법 제68조 제2항에 따라 위헌법률심판제청신청 기각결정에 대하여 헌법소원심판을 하고자 한다. 당신이 홍길동 변호사라고 생각하고 의뢰인의 헌법소원심판청구서를 작성해 보시오.

Ⅱ. 주의사항

1. 참고자료로 제시된 법령은 가상의 것으로, 이에 근거하여 작성할 것. 이와 다른 내용의 현행 법령이 있다면, 제시된 법령이 현행 법령에 우선하는 것으로 할 것.

2. 기록에 나타난 사실관계만을 기초로 하고, 그것이 사실임을 전제로 할 것.

3. 기록 내의 각종 서류에는 필요한 서명, 날인, 무인, 간인, 정정인이 있는 것으로 볼 것.

4. 송달이나 접수, 통지, 결재가 필요한 서류는 모두 적법한 절차를 거친 것으로 볼 것.

5. 헌법소원심판청구서의 작성일과 제출일은 2011년 10월 6일로 할 것.

Ⅲ. 양   식

헌법소원심판청구서 서식례

헌법소원심판청구서

청 구 인   ○ ○ ○

　　　　　서울 ○○구 ○○동

　　　대리인 변호사 ○ ○ ○

　　　　　서울 ○○구 ○○동

청 구 취 지

"○○법(2001. 12. 30. 법률 제○○○호) 제○○조는 헌법에 위반된다."라는 결정을 구합니다.

당 해 사 건

서울고등법원 2006구000호 퇴직처분 무효확인

원고 ○○○, 피고 ○○○

위헌이라고 해석되는 법률조항

○○법 (2001. 12. 30. 법률 제○○○호) 제○○조

청 구 이 유

1. 사건의 개요
2. 재판의 전제성
3. 위헌이라고 해석되는 이유
4. 심판청구에 이르게 된 경위(청구기간의 준수 여부 등)

첨 부 서 류

1. 위헌제청신청서
2. 위헌제청신청기각 결정문 및 동 결정의 송달증명서
3. 당해 사건의 판결문 등 기타 부속서류
4. 소송위임장(소속변호사회 경유)

　　　　　　　　　　　20   .   .   .

　　　　　　　　　　　　　　청구인 대리인 변호사   ○ ○ ○ (인)

헌법재판소 귀중

Ⅳ. 기록내용

기록내용 시작

피의자신문조서

성   명: 선운동

위의 사람에 대한 공직선거법위반 피의사건에 관하여 2011. 7. 29. 성동경찰
서 수사과 사무실에서 사법경찰관 경위 김정의는 사법경찰리 장강건을 참여하게
하고, 아래와 같이 피의자임에 틀림없음을 확인한다.

문 피의자의 성명, 주민등록번호, 직업, 주거 등록기준지 등을 말하시오.
답 성명은   선운동
    주민등록번호는   ****** – ****** 만 49세
    직업은   상업
    직장주소 및 전화번호는 02 – *** – ****
    등록기준지는   경북 김천시 ○○면 ○○리 201
    연락처는
        자택 전화: 02 – *** – ****   휴대 전화: 010 – 2**** – ****
        직장 전화: 02 – ***–***   전자우편(E–mail): 없음
    입니다.

사법경찰관은 피의사실의 요지를 설명하고 사법경찰관의 신문에 대하여「형
사소송법」제244조의3에 따라 진술을 거부할 수 있는 권리 및 변호인의 참여 등
조력을 받을 권리가 있음을 피의자에게 알려주고 이를 행사할 것인지 그 의사를
확인하다.

진술거부권 및 변호인 조력권 고지 등 확인

---

1. 귀하는 진술을 하지 아니하거나 개개의 질문에 대하여 진술을 하지 아니할 수 있습니다.

2. 귀하가 진술을 하지 아니하더라도 불이익을 받지 아니 합니다.

3. 귀하가 진술을 거부할 권리를 포기하고 행한 진술은 법정에서 유죄의 증거로 사용될 수 있습니다.

4. 귀하가 신문을 받을 때에는 변호인을 참여하게 하는 등 변호인의 조력을 받을 수 있습니다.

문   피의자는 위와 같은 권리들이 있음을 고지받았는가요?

답   예. 고지받았습니다.

문   피의자는 진술거부권을 행사할 것인가요?

답   아닙니다.

문   피의자는 변호인의 조력을 받을 권리를 행사할 것인가요?

답   아닙니다. 혼자서 조사를 받겠습니다.

이에 사법경찰관은 피의사실에 관하여 다음과 같이 피의자를 신문하다.

문   범죄전력이 있나요?

답   없습니다.

문   군대는 갔다 왔나요?

답   해병대에서 병역을 마쳤습니다.

문   학력은 어떠한가요?

답   한국대학교 경영학과를 졸업하였습니다.

문   사회경력은 어떠한가요?

답　대학교 졸업 후 약 3년간 직장생활을 한 이외에 특별한 경력은 없습니다.

문　피의자는 을의 공식 홈페이지(http://eul21.kr)에 글을 올린 일이 있나요?

답　예. 을의 홈페이지에 을TV/을festival란에 글을 올린 일이 있습니다.

문　피의자는 을의 공식 홈페이지에 글을 올린 일이 몇 번 있었나요?

답　네 번 올렸습니다.

문　첫 번째 올린 내용은 언제 어디서 어떠한 제목으로 올린 것인가요?

답　2011. 7. 1. 서울 ○○구 ☆☆동 10 소재 모 오피스텔 303호에서, 컴퓨터를 이용하
여 제18대 대통령선거 후보예정자 을의 공식 홈페이지(http://eul21.kr)의 '을
TV/을festival'란에, '대통령 감, 괜찮은가? 1편'이라는 제목의 문건을 게시하였
습니다.

문　문건의 내용은 무엇입니까?

답　'대통령 감, 괜찮을까?'라는 제목 아래　(I) 막말 + 비하시리즈'라는 소제목
을 넣고, 그 아래에 장애인들이 위 감에 대해 항의하는 장면의 사진을 삽입한
후 '(1) 장애우 비하, '기본적으로 낙태에 반대하지만 아이가 세상에 불구로 태
어난다든지 할 경우 용납될 수 있다'라는 문구를 넣고, (중략) '(4) 여성비하,
'마사지를 받을 때 못생긴 여자를 고르는게 좋다. 예쁜 여자는 이미 많은 남자
들이.. 못생긴 여자는 자신을 골라줘서 고마워 서비스가 좋다. 인생의 지혜라고
할 수 있다.'라는 문구를 넣고, (중략) '(10) 동성애 비정상 발언', '내가 교회 장
로이기 이전에, 인간은 남녀가 결합해서 사는 것이 정상이죠'라는 문구를 넣고,
사람의 뇌를 그린 후 그 안에 '대한민국을 하나님께 봉헌하고 싶은 강한 욕구',
'돈 들어가는 곳에서는 모두 공짜로 하고 싶은 욕구' 등 문구를 넣은 후 '甲 후
보의 뇌구조'라고 이름을 붙이고, (중략) '(12) 4대강 사업 관련 막말' 등의 문구
를 넣은 것 (후략) 등의 내용을 넣었습니다.

문　두 번째 올린 내용은 언제 어디서 어떠한 제목으로 올린 것인가요?

답　2011. 7. 5.경 위 1편과 같은 장소에서, 컴퓨터를 이용하여 위 홈페이지의 '을
TV/을festival'란에, '대통령 감, 괜찮은가? 2편'이라는 제목으로 올렸습니다.

문　그 내용은 무엇인가요?

답　제목은 '안녕하세요. 지난번에 이어 2편을 만들어 보았습니다… 이 자료를
보신 여러분들께서 곳곳에 이 자료를 퍼날러 주세요 …'이었고, 파일을 첨부

하였습니다.

문   첨부파일의 내용은 무엇인가요?

답   '(2) 말바꾸기와 정책혼선'이라는 소제목을 넣고, (전략) '2. 위장전입 의혹 ⋯결국 해명. 자녀 교육문제 때문에 국민들에게 심려를 끼쳐드려 죄송스럽게 생각한다. 하지만 甲 자녀들은 모두 학군이 관계없는 유명 사립초등학교(러러초, 라라초) 출신'이라고 기재하고, 그 아래에 위 甲이 '아빠~ 러러초등학교는 사립이라 서울 전지역에 스쿨버스가'라고 말하려는 아들의 입을 다급히 막으며 '귀족들 다니는 좋은 학교 배정 받으려고 하는 위장전입은, 뭐 그럴 수도 있는 거 아닙니까? 교육목적이 맞습니다'라고 말하는 만평을 삽입하였습니다.

문   세 번째 올린 내용은 언제 어디서 어떠한 제목으로 올린 것인가요?

답   20에. 7. 10.경 위와 같은 장소에서, 컴퓨터를 이용하여 위 홈페이지의 '을TV/festival' 란에 '대통령 감, 괜찮은가? 3편'으로 올렸습니다.

문   그 내용은 무엇인가요?

답   '드디어 3편을 완성했습니다. 그의 과거를 추적하면서 "정말로 능력이 있나?"에 중점을 두고 만들었습니다. ⋯'이고, 첨부파일과 함께 올렸습니다. 첨부파일의 내용은 '대통령 감, 괜찮을까?'라는 대제목 아래 '(3) 신화는 없다'라는 소제목을 넣고, (전략) 대한건설 노조 설립을 추진하는 과정에서 甲 회장의 지시로 납치됐다고 주장했던 사건의 주범으로 몰린 대한건설 이사 혼자서 조폭에게 납치 청부 비용으로 2천만 원을 지불하기 어렵다는 점 등을 들어 납치배후에 甲 회장이 있음을 강하게 시사했었다. 이 밖에도 노조 직원에 대한 회유·협박·폭력·부당이직 등 甲 회장에 의한 대한건설의 노조탄압은 다양'이라는 내용입니다.

문   네 번째 올린 내용은 언제 어디서 어떠한 제목으로 올린 것인가요?

답   20에. 7. 15.경 앞서 말한 장소에서, 컴퓨터를 이용하여 위 홈페이지의 '을 TV/을festival' 란에, '대통령 감, 괜찮은가? 4편'이라는 제목으로 올렸습니다.

문   그 내용은 무엇인가요?

답   내용은 '⋯ 능력 하나는 인정받는 갑 후보의 능력이 과연 진짜 능력이며 믿을 만한 것이었는지를 알아보는데 초점을 맞추었습니다. ⋯'이고, 첨부파일을 첨부하였습니다. 첨부파일의 내용은 '대통령 감, 괜찮을까?'라는 대제목 아래 '(4)

신화는 없다 - 두 번째'라는 소제목을 넣고, (전략) '갑은 언론 인터뷰나 사업자들과의 만남에서 동업자 김씨를 믿을 만한 사람이다. WQ는 내가 대주주이고 회장이니 아무 걱정말고 투자하라 라며 보증을 섰다'라고 기재하고, (중략) '삼텍이 투자자금을 되돌려 달라며 김갑동과 甲의 재산을 가압류하자 甲 후보가 어떻게 대응해야 할지 김갑동에게 문의한 서류가 발견'이라고 기재하고, (중략) '4대강 사업과 개발비리 … 갑에 의한 4대강 사업은 대규모 개발사업을 몰고 올 것 이런 대규모 개발사업은 이권을 부르고, 이권은 꼭 비리와 연결된다'라는 내용입니다.

문 그렇다면, 을의 공식 홈페이지(http://eul21.kr) 을TV/을festival란에 총 4회에 걸쳐 위 진술과 같은 내용의 글을 올린 일이 있다는 말씀이신가요?

답 그렇습니다.

문 이상의 진술에 특별한 의견이나 이의가 있는가요?

답 없습니다.

위의 조서를 진술자에게 열람하게 하였던바, 진술한 대로 오기나 증감·변경할 것이 전혀 없다고 말하므로 간인한 후 서명 무인하게 하다.

진술자 **선 운 동** (무인)

2011. 7. 29.

성 동 경 찰 서

사법경찰관 경위 **김 정 의** (인)

사법경찰리 순경 **장 강 건** (인)

공소장

서울중앙지방검찰청

2011. 8. 1.

사건번호   2011년 형제123호
수 신 자   서울중앙지방법원
제   목   공소장
          검사 법대로는 아래와 같이 공소를 제기합니다.

Ⅰ. 피고인 관련사항

피 고 인   선운동(****** – *******)
          직업   상업
          주거   서울 ○○구 ☆☆동 234 ○○ 아파트 201동 1101호
          등록기준지   경북 김천시 ○○면 ○○리 201
죄   명   공직선거법위반
적용법조   공직선거법 제254조 제2항, 제255조 제2항 제5호, 제93조 제1
          항, 형법 제37조, 제38조, 제40조
구속여부   불구속
변 호 인   홍길동

Ⅱ. 공소사실

1. 피고인은 2011. 7. 1.경 서울 ○○구 ☆☆동 10 소재 현대 오피스텔 303호에서, 컴퓨터를 이용하여 제18대 대통령선거 후보예정자 을의 공식 홈페이지(http://eul21.kr)의 '을TV/을festival'란에, '대통령 갑, 괜찮은가? 1편'이라는 제목의

문건을 게시하였다.

그 문건의 내용은 '… 甲 불가론을 주장하고 乙 후보와의 비교를 통해 乙을 홍보할 목적으로 만들었습니다. … 인터넷 곳곳에 퍼날러 주세요 ~~ 제발 ~~' 이고, 첨부파일을 첨부하였다. 그 첨부파일의 내용은 '대통령 갑, 괜찮을까?' 라는 대제목 아래, '(1) 막말 + 비하시리즈'라는 소제목을 넣고, 그 아래에 장애인들이 위 갑에 대해 항의하는 장면의 사진을 삽입한 후 '(1) 장애우 비하', '기본적으로 낙태에 반대하지만, 아이가 세상에 불구로 태어난다든지 할 경우 용납될 수 있다.'라는 문구를 넣고, (중략) '(4) 여성비하', '마사지를 받을 때 못생긴 여자를 고르는 게 좋다. 예쁜 여자는 이미 많은 남자들이 … 못생긴 여자는 자신을 골라준 게 고마워 서비스가 좋다. 인생의 지혜라고 할 수 있다.'라는 문구를 넣고, (중략) '(10) 동성애 비정상 발언', '내가 교회장로이기 이전에, 인간은 남녀가 결합해서 사는 것이 정상이죠'라는 문구를 넣고, 사람의 뇌를 그린 후 그 안에 '대한민국을 하나님께 봉헌하고 싶은 강한 욕구', '돈 들어가는 곳에서는 모두 공짜로 하고 싶은 욕구' 등 문구를 넣은 후 '甲 후보의 뇌구조'라고 이름을 붙이고, (중략) '(12) 4대강 사업 관련 막말' 등의 문구를 넣은 것 (후략) 등이다. 피고인은 이와 같이 위 甲에 대한 불리한 기사 및 사진자료, 만평, 풍자화 등을 작성하거나 발췌하여 편집한 후 이를 위 인터넷 사이트에 게시하는 방법으로 선거에 영향을 미치게 하기 위하여 甲 후보예정자를 반대하는 내용이 포함되어 있는 인터넷 문건을 게시함과 동시에 제18대 대통령 선거의 선거운동기간 전에 선거운동을 하였다.

2. 피고인은 2011. 7. 5.경 위 제1항과 같은 장소에서, 컴퓨터를 이용하여 위 홈페이지의 '을TV/을festival'란에, '대통령 갑, 괜찮은가? 2편'이라는 제목의 문건을 게재하였다.

그 문건의 내용은 '안녕하세요. 지난번에 이어 2편을 만들어 보았습니다 … 이 자료를 보신 여러분들께서 곳곳에 이 자료를 퍼날러 주세요 …'이고, 파일을 첨부하였다.

그 첨부파일의 내용은 '대통령 갑, 괜찮을까?'라는 대제목 아래, '(2) 말바꾸기와 정책혼선'이라는 소제목을 넣고, (전략) '2. 위장전입 의혹 … 결국 해명. 자녀 교육문제 때문에.. 국민들에게 심려를 끼쳐드려 죄송스럽게 생각한다. 하지만 … 갑 자녀들은 모두 학군이 관계없는 유명 사립초등학교(리리초, 라라초) 출신 …'이라고 기재하고, 그 아래에 위 갑이 '아빠~ 리리초등학교는 사립이라 서울 전지역에 스쿨버스가 …'라고 말하려는 아들의 입을 다급히 막으며 '귀족들 다니는 좋은 학교 배정받으려고 하는 위장전입은 … 뭐 그럴 수도 있는거 아닙니까? 교육목적이 맞습니다'라고 말하는 만평을 삽입하고, (중략) 등이다.

피고인은 이와 같이 위 甲에 대한 불리한 기사 및 사진자료, 만평 등을 발췌하거나 작성하여 편집한 후 이를 위 인터넷 사이트에 게재하는 방법으로 선거에 영향을 미치게 하기 위하여 위 甲을 반대하는 내용이 포함되어 있는 인터넷 문건을 게시함과 동시에 위 대통령선거의 선거운동기간 전에 선거운동을 하였다.

3. 피고인은 2011. 7. 10.경 위 제1항과 같은 장소에서, 컴퓨터를 이용하여 위 홈페이지의 '을TV/을festival'란에, '대통령 갑, 괜찮은가? 3편'이라는 제목의 문건을 게재하였다.

그 문건의 내용은 '드디어 3편을 완성했습니다. 그의 과거를 추적하면서 "정말로 능력이 있나?"에 중점을 두고 만들었습니다. …이고, 파일을 첨부하였다.

그 첨부파일의 내용은 '대통령 甲, 괜찮을까?'라는 대제목 아래, '(3) 신화는 없다'라는 소제목을 넣고, (전략) 대한건설 노조 설립을 추진하는 과정에서 甲 회장의 지시로 납치됐다고 주장했던 김피랍 씨가 피랍경위를 설명하고 있다는 사진을 게재하며 그 옆에 '당시 <아세아일보>도 사건의 주범으로 몰린 대한건설 이사 혼자서 조폭에게 납치 청부 비용으로 2천만 원을 지불하기 어렵다는 점 등을 들어 납치배후에 甲 회장이 있음을 강하게 시사했었다. 이밖에도 노조 직원에 대한 회유·협박·폭력·부당이직 등 甲 회장에 의한 대한건설의 노조탄압은 다양'이라고 기재한 것 (후략) 등이다.

피고인은 이와 같이 위 甲에 대한 불리한 기사 및 사진자료, 만평 등을 발췌하거나 작성하여 편집한 후 이를 위 인터넷 사이트에 게재하는 방법으로 선거에 영향을 미치게 하기 위하여 위 甲을 반대하는 내용이 포함되어 있는 인터넷 문건을 게시함과 동시에 위 대통령선거의 선거운동기간 전에 선거운동을 하였다.

4. 피고인은 2011. 7. 15.경 위 제1항과 같은 장소에서, 컴퓨터를 이용하여

위 홈페이지의 '을TV/을festival'란에, '대통령 甲, 괜찮은가? 4편'이라는 제목의 문건을 게시하였다.

그 문건의 내용은 '… 능력 하나는 인정받는 갑 후보의 능력이 과연 진짜 능력이며 믿을만한 것이었는지를 알아보는데 초점을 맞추었습니다. …'이고, 파일을 첨부하였다.

그 첨부파일의 내용은 '대통령 갑, 괜찮을까?'라는 대제목 아래, '(4) 신화는 없다 ─ 두 번째'라는 소제목을 넣고, (전략) '갑은 언론 인터뷰나 사업자들과의 만남에서 동업자 김씨를 믿을 만한 사람이다. VVQ는 내가 대주주이고 회장이니 아무 걱정말고 투자하라 라며 보증을 섰다'라고 기재하고, (중략) '삼텍이 투자자금을 되돌려 달라며 김갑돌과 甲의 재산을 가압류하자 甲 후보가 어떻게 대응해야 할지 김갑돌에게 문의한 서류가 발견'이라고 기재하고, (중략) '4대강 사업과 개발비리 … 갑에 의한 4대강 사업은 대규모 개발사업을 몰고 올 것. 이런 대규모 개발사업은 이권을 부르고, 이권은 꼭 비리와 연결된다'라고 기재한 것 (후략) 등이다.

피고인은 이와 같이 위 甲에 대한 불리한 기사 및 사진자료, 만평 등을 발췌하거나 작성하여 편집한 후 이를 위 인터넷 사이트에 게재하는 방법으로 선거에 영향을 미치게 하기 위하여 위 甲을 반대하는 내용이 포함되어 있는 인터넷 문건을 게시함과 동시에 위 대통령선거의 선거운동기간 전에 선거운동을 하였다.

검사 법 대 로

변호인선임신고서

피 고 인   선 운 동

사   건   2011고합29(공직선거법위반)

위 사건에 관하여 변호사 **홍 길 동** 을 변호인으로 선임하고 연서하여 이에 신고함.

2011. 8. 2.

선임인   선운동 ㊞

위 변호인 변호사   홍길동 ㊞

주소   서울 강남구 대치동 10 ● 빌딩 100호

전화   556 − 0***

중앙지방법원 제12형사부   귀중

위헌법률심판제청신청서

사건: 2011고합29 공직선거법위반

피고인: 선운동(****** − *******), 상업

　　　　주거　　서울 ○○구 ☆☆동 234 ○○아파트 201동 1101호

　　　　등록기준지　　경북 김천시 ○○면 ○○리 201

신청인: 피고인

신청취지

　"공직선거법 제93조 제1항과 제255조 제2항 제5호, 제59조와 제254조 제2항의 위헌여부에 대한 심판을 제청한다."라는 결정을 구합니다.

신청이유

Ⅰ. 재판의 전제성

　　신청인은 위 법률조항들에 위반하였다는 혐의로 기소되어 현재 중앙지방법원(2011고합29)에서 재판을 받고 있는 자입니다. 따라서 위 법률조항들은 중앙지방법원 2011고합29호로 계속중인 공직선거법위반사건에 직접 적용되는 법률이고, 위 법률조항들이 위헌으로 선언된다면 위 법원은 이 사건 피고인에게 무죄를 선고할 것이므로 위 법률조항들의 위헌여부는 이 사건에서 재판의 전제가 됩니다.

Ⅱ. 위 법률조항들의 위헌이유

　　공직선거법 제93조 제1항과 제255조 제2항 제5호는 지나치게 광범위하고 불명확한 규정으로 선거운동의 방법을 제한하고 있어 오늘날 인터넷 시대에 이용자제작컨텐츠(User−Creater Contents) 등을 이용한 선거운동도 광범위하게 제한

하고, 또한 이에 위반하는 경우 처벌을 함으로써, 그리고 공직선거법 제59조와 제254조 제2항은 선거운동기간을 두고 소위 사전선거운동을 하면 역시 처벌을 함으로써 신청인의 선거운동의 자유를 과잉하게 침해하였으므로 헌법에 위반됩니다.

Ⅲ. 결   어

공직선거법 제93조 제1항과 제255조 제2항 제5호, 공직선거법 제59조와 제254조 제2항은 위헌이라고 판단되므로, 신청인은 귀원에 위헌법률심판을 제청해 주실 것을 신청합니다.

2011. 8. 15.

위 신청인의 대리인 변호사   홍 길 동

서울중앙지방법원 제12형사부 귀중

위헌법률심판제청신청 기각결정문

서 울 중 앙 지 방 법 원

제 12 형 사 부

결   정

사   건   2011초기22 위헌법률심판제청신청
              (2011고합29 공직선거법위반)

피 고 인   선운동(****** − *******), 상업
              주거   서울 ○○구 ☆☆동 234 ○○아파트 201동 1101호
              등록기준지   경북 김천시 ○○면 ○○리 201

신 청 인   피고인

주   문

이 사건 위헌법률심판제청신청을 기각한다.

이   유

1. 신청대상 법률조항

이 사건 위헌법률심판제청신청의 심판대상이 되는 법률조항은 공직선거법 제93조 제1항과 제255조 제2항 제5호, 그리고 공직선거법 제59조와 제254조 제2항(이하 '이 사건 법률조항들'이라 한다)이고, 그 내용은 다음과 같다.

제93조(탈법방법에 의한 문서·도화의 배부·게시 등 금지) ① 누구든지 선거일

전 180일(보궐선거 등에 있어서는 그 선거의 실시사유가 확정된 때)부터 선거일까지 선거에 영향을 미치게 하기 위하여 이 법의 규정에 의하지 아니하고는 정당(창당준비위원회와 정당의 정강·정책을 포함한다. 이하 이 조에서 같다) 또는 후보자(후보자가 되고자 하는 자를 포함한다. 이하 이 조에서 같다)를 지지·추천하거나 반대하는 내용이 포함되어 있거나 정당의 명칭 또는 후보자의 성명을 나타내는 광고, 인사장, 벽보, 사진, 문서·도화, 인쇄물이나 녹음·녹화테이프 그 밖에 이와 유사한 것을 배부·첩부·살포·상영 또는 게시할 수 없다. (단서생략)

제255조(부정선거운동죄) ② 다음 각 호의 어느 하나에 해당하는 자는 2년 이하의 징역 또는 400만원 이하의 벌금에 처한다.

1.~4. 생략

5. 제93조(탈법방법에 의한 문서·도화의 배부·게시 등 금지)제1항의 규정에 위반하여 문서·도화 등을 배부·첩부·살포·게시·상영하거나 하게 한 자, 같은 조 제2항의 규정에 위반하여 광고 또는 출연을 하거나 하게 한 자 또는 제3항의 규정에 위반하여 신분증명서·문서 기타 인쇄물을 발급·배부 또는 징구하거나 하게 한 자

제59조(선거운동기간) 선거운동은 선거기간개시일부터 선거일 전일까지에 한하여 할 수 있다. 다만, 다음 각 호의 어느 하나에 해당하는 경우에는 그러하지 아니하다.

1. 제60조의3(예비후보자 등의 선거운동)제1항 및 제2항의 규정에 따라 예비후보자 등이 선거운동을 하는 경우

2. 삭제

3. 후보자, 후보자가 되고자 하는 자가 자신이 개설한 인터넷 홈페이지를 이용하여 선거운동을 하는 경우

제254조(선거운동기간위반죄) ① 생략

② 선거운동기간 전에 이 법에 규정된 방법을 제외하고 선전시설물·용구 또는 각종 인쇄물, 방송·신문·뉴스통신·잡지, 그 밖의 간행물, 정견발표회·좌담회·토론회·향우회·동창회·반상회, 그 밖의 집회, 정보통신, 선거운동기구나

사조직의 설치, 호별방문, 그 밖의 방법으로 선거운동을 한 자는 2년 이하의 징역 또는 400만원 이하의 벌금에 처한다.

③ 삭제

2. 신청이유

신청인은 위 법률조항들에 위반하였다는 혐의로 기소되어 현재 중앙지방법원(2011고합29)에서 재판을 받고 있는데, 이 사건 법률조항들에 따라서 신청자와 같은 일반 유권자는 선거운동기간의 제한을 받을 뿐만 아니라, 이용자제작컨텐츠(User-Creater Contents)를 이용한 선거운동도 제한을 받게 되어 헌법 제21조 등에 의하여 보장되는 선거운동의 자유를 침해받고 있다고 주장하며, 이 사건 신청을 하였다.

3. 판단

가. 재판의 전제성에 대하여

살피건대, 위 법률조항들은 중앙지방법원 2011고합29호로 계속중인 공직선거법위반사건에 직접 적용되는 법률이고, 위 법률조항들이 위헌으로 선언된다면 위 법원은 이 사건 피고인에게 무죄를 선고할 것이므로 위 법률조항들의 위헌여부는 이 사건에서 재판의 전제가 된다.

나. 이 사건 법률조항이 헌법에 위반되는지에 대하여

(1) 선거운동기간 제한 부분에 대하여

공직선거법 제254조 제2항에서 정하는 선거운동의 기간제한은 제한의 입법목적, 제한의 내용, 우리나라에서의 선거의 태양, 현실적 필요성 등을 고려할 때 필요하고도 합리적인 제한이며, 선거운동의 자유를 형해화할 정도로 과도하게 제한하는 것으로 볼 수 없다 할 것이다.

(2) 선거운동의 방법제한 부분에 대하여

공직선거법 제93조 제1항은 탈법방법에 의한 문서, 도화 등 시각에 호소하는 방법 이외에 녹음, 녹화테이프 등 청각 또는 시청각에 호소하는 방법에 의한 선거운동행위를 제한하고 있는바, 건국 이후 반세기 가까이 수많은 선거를 치러왔으면서도 아직까지도 깨끗하고 공명한 선거풍토를 이룩하지 못하고 있는 우리의 현실적 상황을 고려하여 볼 때, 위 조항에 의한 제한은 선거의 자유와 공정을 보장하기 위한 제도적 장치로서 선거운동 내지 의사표현에 있어서의 특정한 수단, 특히 폐해의 우려가 크다고 인정되는 인쇄물, 녹음 등의 배부, 살포 등 특정한 선거운동방법에 국한되고 있으므로 위 조항이 과잉금지의 원칙에 위반하여 선거운동의 자유 등을 제한하거나 그 본질적 내용을 침해하고 있다고 할 수 없다.

4. 결론

따라서 이 사건 법률조항들은 헌법 제21조에 위반되지 아니하므로, 신청인의 이 사건 위헌법률심판제청신청은 이유 없어 이를 기각하기로 하여 주문과 같이 결정한다.

2011. 9. 15.

재판장 판사 이 ○○

김 ○○

박 ○○

서울중앙지방법원 판결문

서 울 중 앙 지 방 법 원

제 12 형 사 부

판   결

사 　 　 건	2011고합29 공직선거법위반
피 　 고 　 인	선운동(****** – *******), 상업
	주거 　 서울 ○○구 ☆☆동 234 ○○아파트 201동 1101호
	등록기준지 　 경북 김천시 ○○면 ○○리 201
검 　 　 사	법대로
변 　 호 　 인	법무법인 한국
	담당변호사 홍길동
판 결 선 고	2011. 10. 15.

주   문

피고인에 대한 형을 벌금 800,000(팔십만)원으로 정한다.

피고인이 위 벌금을 납입하지 아니하는 경우 50,000원을 1일로 환산한 기간 피고인을 노역장에 유치한다. 다만, 단수금액은 이를 1일로 한다.

위 벌금에 상당한 금액의 가납을 명한다.

이   유

범 죄 사 실

누구든지 선거일 전 180일부터 선거일까지 선거에 영향을 미치게 하기 위하여 정당 또는 후보자(후보자가 되고자 하는 자를 포함한다. 이하 같다)를 지지·추천 하거나 반대하는 내용이 포함되어 있거나 정당의 명칭 또는 후보자의 성명을 나 타내는 광고, 인사장, 벽보, 사진, 문서·도화, 인쇄물이나 녹음·녹화테이프 기 타 이와 유사한 것을 배부·첩부·살포·상영 또는 게시할 수 없다.

또한 누구든지 선거운동기간 전에 선거운동을 하여서는 아니 된다.

그럼에도 피고인은 아래와 같은 위반행위를 하였다.

1. 피고인은 2011. 7. 1.경 서울 ○○구 ☆☆동 10 소재 모 오피스텔 303호 에서, 컴퓨터를 이용하여 제18대 대통령선거 후보예정자 을의 공식 홈페이지 (http://eul21.kr)의 '을TV/을festival'란에, '대통령 갑, 괜찮은가? 1편'이라는 제목의 문건을 게시하였다.

그 문건의 내용은 '… 甲 불가론을 주장하고 乙 후보와의 비교를 통해 乙을 홍보할 목적으로 만들었습니다. … 인터넷 곳곳에 퍼날러 주세요 ~~ 제발 ~~' 이고, 파일을 첨부하였다.

그 첨부파일의 내용은 '대통령 갑, 괜찮을까?'라는 대제목 아래, '(1) 막말 + 비하시리즈'라는 소제목을 넣고, 그 아래에 장애인들이 위 갑에 대해 항의하는 장면의 사진을 삽입한 후 '(1) 장애우 비하', '기본적으로 낙태에 반대하지만, 아 이가 세상에 불구로 태어난다든지 할 경우 용납될 수 있다.'라는 문구를 넣고, (중략) '(4) 여성비하', '마사지를 받을 때 못생긴 여자를 고르는게 좋다. 예쁜 여 자는 이미 많은 남자들이.. 못생긴 여자는 자신을 골라준 게 고마워 서비스가 좋 다. 인생의 지혜라고 할 수 있다.'라는 문구를 넣고, (중략) '(10) 동성애 비정상 발언', '내가 교회 장로이기 이전에, 인간은 남녀가 결합해서 사는 것이 정상이죠' 라는 문구를 넣고, 사람의 뇌를 그린 후 그 안에 '대한민국을 하나님께 봉헌하고 싶은 강한 욕구', '돈 들어가는 곳에서는 모두 공짜로 하고 싶은 욕구' 등 문구를 넣은 후 '甲 후보의 뇌구조'라고 이름을 붙이고, (중략) '(12) 4대강 사업 관련 막 말' 등의 문구를 넣은 것 (후략) 등이다.

피고인은 이와 같이 위 甲에 대한 불리한 기사 및 사진자료, 만평, 풍자화 등을 작성하거나 발췌하여 편집한 후 이를 위 인터넷 사이트에 게시하는 방법으 로 선거에 영향을 미치게 하기 위하여 甲 후보예정자를 반대하는 내용이 포함되어 있는 인터넷 문건을 게시함과 동시에 제18대 대통령 선거의 선거운동기간 전에 선거운동을 하였다.

2. 피고인은 2011. 7. 5.경 위 제1항과 같은 장소에서, 컴퓨터를 이용하여 위 홈페이지의 '을TV/을festival'란에, '대통령 갑, 괜찮은가? 2편'이라는 제목의 문건을 게재하였다.

그 문건의 내용은 '안녕하세요. 지난번에 이어 2편을 만들어 보았습니다 … 이 자료를 보신 여러분들께서 곳곳에 이 자료를 퍼날러 주세요 …'이고, 파일을 첨부하였다.

그 첨부파일의 내용은 '대통령 갑, 괜찮을까?'라는 대제목 아래, '(2) 말바꾸기와 정책혼선'이라는 소제목을 넣고, (전략) '2. 위장전입 의혹 … 결국 해명. 자녀 교육문제 때문에.. 국민들에게 심려를 끼쳐드려 죄송스럽게 생각한다. 하지만.. 갑 자녀들은 모두 학군이 관계없는 유명 사립초등학교(리리초, 라라초) 출신..' 이라고 기재하고, 그 아래에 위 갑이 '아빠~ 리리초등학교는 사립이라 서울 전지역에 스쿨버스가...'라고 말하려는 아들의 입을 다급히 막으며 '귀족들 다니는 좋은 학교 배정받으려고 하는 위장전입은.. 뭐 그럴 수도 있는거 아닙니까? 교육목적이 맞습니다'라고 말하는 만평을 삽입하고, (중략) 등이다.

피고인은 이와 같이 위 甲에 대한 불리한 기사 및 사진자료, 만평 등을 발췌하거나 작성하여 편집한 후 이를 위 인터넷 사이트에 게재하는 방법으로 선거에 영향을 미치게 하기 위하여 위 甲을 반대하는 내용이 포함되어 있는 인터넷 문건을 게시함과 동시에 위 대통령선거의 선거운동기간 전에 선거운동을 하였다.

3. 피고인은 2011. 7. 10.경 위 제1항과 같은 장소에서, 컴퓨터를 이용하여 위 홈페이지의 '을TV/을festival'란에, '대통령 갑, 괜찮은가? 3편'이라는 제목의 문건을 게재하였다.

그 문건의 내용은 '드디어 3편을 완성했습니다. 그의 과거를 추적하면서 "정말로 능력이 있나?"에 중점을 두고 만들었습니다. …'이고, 파일을 첨부하였다.

그 첨부파일의 내용은 '대통령 갑, 괜찮을까?'라는 대제목 아래, '(3) 신화는 없다'라는 소제목을 넣고, (전략) 대한건설 노조 설립을 추진하는 과정에서 甲 회장의 지시로 납치됐다고 주장했던 김피랍씨가 피랍경위를 설명하고 있다는 사진을 게재하며 그 옆에 '당시 <아세아일보>도 사건의 주범으로 몰린 대한건설 이사 혼자서 조폭에게 납치 청부 비용으로 2천만 원을 지불하기 어렵다는 점 등을 들어 납치배후에 甲 회장이 있음을 강하게 시사했었다. 이밖에도 노조 직원에 대한 회유·협박·폭력·부당이직 등 甲 회장에 의한 대한건설의 노조탄압은 다양'이라고 기재한 것 (후략) 등이다.

피고인은 이와 같이 위 甲에 대한 불리한 기사 및 사진자료, 만평 등을 발췌하거나 작성하여 편집한 후 이를 위 인터넷 사이트에 게재하는 방법으로 선거에 영향을 미치게 하기 위하여 위 甲을 반대하는 내용이 포함되어 있는 인터넷 문건을 게시함과 동시에 위 대통령선거의 선거운동기간 전에 선거운동을 하였다.

4. 피고인은 2011. 7. 15.경 위 제1항과 같은 장소에서, 컴퓨터를 이용하여 위 홈페이지의 '을TV/을festival'란에, '대통령 갑, 괜찮은가? 4편'이라는 제목의 문건을 게시하였다.

그 문건의 내용은 '… 능력 하나는 인정받는 갑 후보의 능력이 과연 진짜 능력이며 믿을만한 것이었는지를 알아보는데 초점을 맞추었습니다. …'이고, 파일을 첨부하였다.

그 첨부파일의 내용은 '대통령 갑, 괜찮을까?'라는 대제목 아래, '(4) 신화는 없다 − 두 번째'라는 소제목을 넣고, (전략) '갑은 언론 인터뷰나 사업자들과의 만남에서 동업자 김씨를 믿을 만한 사람이다. VVQ는 내가 대주주이고 회장이니 아무 걱정말고 투자하라 라며 보증을 섰다'라고 기재하고, (중략) '삼텍이 투자자금을 되돌려 달라며 김갑돌과 甲의 재산을 가압류하자 甲 후보가 어떻게 대응해야 할지 김갑돌에게 문의한 서류가 발견'이라고 기재하고, (중략) '4대강 사업과 개발비리 … 갑에 의한 4대강 사업은 대규모 개발사업을 몰고 올 것. 이런 대규모 개발사업은 이권을 부르고, 이권은 꼭 비리와 연결된다'라고 기재한 것 (후략) 등이다.

피고인은 이와 같이 위 甲에 대한 불리한 기사 및 사진자료, 만평 등을 발췌하거나 작성하여 편집한 후 이를 위 인터넷 사이트에 게재하는 방법으로 선거에 영향을 미치게 하기 위하여 위 甲을 반대하는 내용이 포함되어 있는 인터넷 문건을 게시함과 동시에 위 대통령선거의 선거운동기간 전에 선거운동을 하였다.

증거의 요지

1. 피고인의 일부 법정진술
1. 증인 김똘만의 법정진술
1. 박돌쇠에 대한 검사 진술조서(20호증)
1. 甲게시물 관련 삭제요청 내역(4호증), 선관위 삭제요청 게시물 안내(26호증), 통신자료제공요청 회답(35호증)
1. 「대통령 갑, 괜찮을까? (1) 막말 + 비하시리즈」(5호증), 「대통령 갑, 괜찮을까? (2) 말 바꾸기와 정책혼선」(6호증), 「대통령 갑, 괜찮을까? (3) 신화는 없다」(7호증), 「대통령 갑, 괜찮을까? (4) 신화는 없다—두 번째'」(8호증)

법령의 적용

1. 범죄사실에 대한 해당법조
   ○ 탈법방법에 의한 문서 게시의 점 : 각 공직선거법 제255조 제2항 제5호, 제93조 제1항
   ○ 사전선거운동의 점 : 각 공직선거법 제254조 제2항
1. 상상적 경합
   형법 제40조, 제50조
   (각 탈법방법에 의한 문서 게시로 인한 공직선거법위반죄와 각 사전선거운동으로 인한 공직선거법위반죄 사이 : 형이 더 무거운 각 탈법방법에 의한 문서 게시로 인한 공직선거법위반죄에 정한 형으로 처벌)
1. 경합범가중
   형법 제37조 전단, 제38조 제1항 제2호, 제50조
1. 노역장유치
   형법 제70조, 제69조 제2항
1. 가납명령
   형사소송법 제334조 제1항

피고인의 주장에 대한 판단

1. 주장 요지

가. 탈법방법에 의한 문서 게시로 인한 공직선거법위반의 점

(1) 피고인은 유권자의 '알 권리'를 위하여 이 사건 제작물을 게시하였을 뿐이므로, 피고인에게 '선거에 영향을 미칠 목적'이 있다고 할 수 없다.

(2) 이 사건 제작물은 객관적인 자료만을 토대로 만들었을 뿐이고, 피고인이 내용을 추가하거나 작성하지는 않았으므로, 갑 후보예정자를 반대하는 내용이 있다고 할 수 없다.

나. 사전선거운동으로 인한 공직선거법위반의 점

피고인의 행위는 유권자의 알권리를 위하여 사실 자료만을 모아 올린 것에 불과하므로 선거운동이라 할 수 없다.

다. 각 행위에 대한 법률의 착오 주장

피고인은 중앙선거관리위원회가 제시한 '선거 UCC 운용기준'과 선거운동의 자유를 규정한 공직선거법 제58조 제2항, 정보통신망 이용 선거운동의 위법성조각사유를 규정한 같은 법 제82조의4 제2항의 규정을 검토한 후 이 사건 제작물 게시행위가 허용된 행위라고 판단하여 이를 게시한 것이므로 피고인에게 책임이 있다고 할 수 없다.

2. 탈법방법에 의한 문서 게시로 인한 공직선거법위반의 점에 대한 판단

가. '선거에 영향을 미치게 하기 위한' 목적의 인정 여부

(1) 법리

공직선거법 제93조 제1항에서 '선거에 영향을 미치게 하기 위하여'라는 전제 아래 그에 정한 행위를 제한하고 있는 것은 고의 이외에 초과주관적 요소로서 '선거에 영향을 미치게 할 목적'을 범죄성립요건으로 하는 목적범으로 규정한 것이며, 이는 이 규정이 유권자인 국민의 선거의 자유, 정치적 표현의 자유를 제한할 수 있는 점을 염두에 둔 결과이다. 한편 그 목적에 대하여는 적극적 의욕이나 확정적 인식을 필요로 하는 것이 아니라 미필적 인식만으로도 족하다. 그리고 그 목적이 있었는지 여부는 피고인의 사회적 지위, 피고인과 후보자·경쟁 후보자 또는 정당과의 관계, 행위의 동기 및 경위와 수단 및 방법, 행위의 내용과 태양, 행위 당시의 사회상황 등 여러 사정을 종합하여 사회통념에 비추어 합리적으로 판단하여야 할 것이다(대법원 2007. 6. 15. 선고 2007도175 판결 참조).

  (2) 검토

    이 사건에서 보건대, 위 증거의 요지 기재 각 증거에 의해 알 수 있는 다음과 같은 사정들 즉, ① 피고인은 선거관리위원회의 삭제요청에 의해 이 사건 제작물 3편이 삭제된 후 선거관리위원회에 그 이유를 묻는 질의를 하였으나, 그 대답을 기다리지 않고 바로 다음날인 2011. 7. 15.에 위 3편과 같은 제목의 이 사건 제작물 4편을 게시하였고, 위 4편의 제작물이 모두 삭제되자 1:1 메일을 통하여 위 제작물을 배포하였으며, 이후에도 5편을 제작하여 다른 사람들을 통해 외국사이트 등에 위 제작물을 게시하게 한 점, ② 피고인이 이 사건 제작물을 게시한 곳은 乙 후보자의 홈페이지였는데, 이 사건 제작물 1편을 게시하면서 '甲과 乙 후보에 관련한 자료를 만들어 봤습니다'라고 설명하고 있고, 2편을 게시하면서는 '甲에 대한 네거티브는 이제 그만하고 다음 3편부터는 乙 후보와의 비교나 乙 후보 정책을 소개하는 사진파일을 만들어 보도록 하겠습니다'라고 설명하여, 위 제작물이 갑 후보자를 반대하고, 乙 후보자를 지지하기 위한 내용임을 나타내고 있는 점, ③ 이 사건 제작물의 주제목은 모두 '대통령 갑, 괜찮을까?'이고 그 부제는 '(1) 막말 + 비하시리즈, (2) 말 바꾸기와 정책혼선, (3) 신화는 없다, (4) 신화는 없다－두 번째'로서 갑이 대통령의 자격이 없다는 내용의 제작물임을 나타내고 있고, 그 내용에 있어서도 甲 후보자의 말실수나 부정적인 이력 등만을 내용으로 하고 있는 점, ④ 이 사건 제작물 1편에는 '인터넷 곳곳에 퍼 날려주세요~~제발~~~'이라는 글을, 2편에는 '이 자료를 보신 여러분들께서 곳곳에 이 자료를 퍼날러 주세요'라는 글을, 4편에는 '선거법 위반이라며 또 다시 삭제될 수 있으니 빨리 많이 보시기 바랍니다'라는 글을 각 덧붙여서 위 제작물을 다른 사람들을 통해 널리 배포할 예정이었으며, 실제로 위 제작물들은 많은 인터넷 사이트에 배포되어 乙 후보자의 사이트에서 삭제된 이후에도 다른 여러 사이트에 계속 게시되어 있었던 점 등을 종합하여 보면, 피고인은 유권자의 알권리를 만족시킨다는 목적을 넘어서 甲을 낙선시키는 방향으로 선거에 영향을 미칠 의도가 있었다고 보이므로, 결국 피고인의 위 주장은 이유 없다.

    나. 위 가항에서 본 바와 같이 이 사건 제작물은 그 제목, 내용 및 피고인의

설명글에서 모두 갑 후보자를 반대하는 제작물임을 알 수 있으므로, 특정 후보자를 반대하는 내용이 아니라는 위 주장도 이유 없다.

3. 사전선거운동으로 인한 공직선거법위반의 점에 대한 판단
가. 법리

공직선거법 제254조 제2항에서 말하는 '사전 선거운동'이라 함은 특정 선거에서 선거운동기간 전에 특정 후보자의 당선을 목적으로 투표를 얻거나 얻게 하기 위하여 필요하고 유리한 모든 행위, 또는 반대로 특정 후보자의 낙선을 목적으로 필요하고 불리한 모든 행위 중에서, 선거인을 상대로 당선 또는 낙선을 도모하기 위하여 하는 것이라는 목적의사가 객관적으로 인정될 수 있는 능동적·계획적 행위를 말하는 것이다. 단순한 의견개진 등과 구별되는 가벌적 행위로서의 선거운동의 표지로서 당선 내지 득표(반대 후보자의 낙선)에의 목적성, 그 목적성의 객관적 인식가능성, 능동성과 계획성이 요구되는 것이다(대법원 2005. 1. 28. 선고 2004도4325 판결 참조).

나. 판단

위와 같은 법리와 위 제2의 가항에서 본 것과 같은 사정들을 종합하여 보면, 피고인의 행위를 사전선거운동에서 제외되는 일상적·의례적·사교적인 행위라거나, 단순히 국민의 알권리를 충족시키기 위한 행위로만 볼 수는 없고, 제18대 대통령 선거에서 후보자가 되고자 하는 갑의 낙선을 도모하기 위한 능동적·계획적 행위라고 봄이 상당하다.

4. '법률의 착오' 주장에 대한 판단
가. 법리

형법 제16조에서 자기가 행한 행위가 법령에 의하여 죄가 되지 아니한 것으로 오인한 행위는 그 오인에 정당한 이유가 있는 때에 한하여 벌하지 아니한다고 규정하고 있는 것은 단순한 법률의 부지를 말하는 것이 아니고 일반적으로 범죄가 되는 경우이지만 자기의 특수한 경우에는 법령에 의하여 허용된 행위로서 죄가 되지 아니한다고 그릇 인식하고 그와 같이 그릇 인식함에 정당한 이유가 있는 경우에는 벌하지 않는다는 취지이다(대법원 2004. 2. 12. 선고 2003도6282

판결 등 참조).

나. 판단

피고인이 중앙선거관리위원회가 제시한 '선거 UCC 운용기준'과 공직선거법 제58조 제2항, 제82조의4 제2항의 규정을 검토하여 자신의 행위가 법률에 의하여 허용되는 행위라고 판단하였다고 주장하나, 이러한 주장을 자기의 행위가 법령에 의해 허용되는 특수한 경우라고 인식하였다는 주장으로 보기 어렵고, 또한 피고인이 그와 같이 인식하였더라도 위 제2의 가항에서 본 것과 같은 이 사건 제작물들의 내용, 이에 대한 피고인의 설명글 및 제작물들이 삭제된 후에도 계속적으로 배포하려고 한 경위 등에 비추어 보면, 위와 같은 사정만으로는 피고인이 그와 같이 인식하는 데에 정당한 이유가 있다고 볼 수 없으므로, 피고인의 위 주장은 받아들이지 아니한다.

양형의 이유

1. 공직선거법 제93조 제1항은 선거운동의 부당한 경쟁 및 후보자들간의 경제력 차이에 따른 불균형이라는 폐해를 막고, 선거의 평온과 공정을 해하는 결과의 발생을 방지함으로써 선거의 자유와 공정을 보장하려는 데 그 취지가 있고, 사전선거운동을 제한하는 취지는 후보자간 무리한 경쟁의 장기화로 인해 경비와 노력이 지나치게 들어 경제적인 측면뿐만 아니라 사회문화적으로도 많은 손실이 생기는 폐해를 막기 위한 것이다.

2. 피고인은 단순히 기사 등을 퍼나른 것이 아니라 이를 효과적인 방법으로 편집하여 제작물을 만드는 독창적이고 흥미를 유발하는 방법으로 탈법문서를 게시하였고, 이로 인해 다른 문서들보다 훨씬 많은 관심을 받아 빠르고 광범위하게 배포되었는바, 이러한 점에 비추어 피고인의 행위가 다른 선거운동방법들에 비추어 선거에 미친 영향이 적다고 할 수 없는 점, 피고인이 중앙선거관리위원회로부터 제재를 받은 이후에도 메일을 통해 제작물을 배포하는 등 사후 정상도 좋지 않은 면이 있는 점 등을 종합하면, 피고인에게 일정한 기간 동안의 (피)선거권을 제한하는 형을 선고할 필요도 없지 아니하다.

3. 다만, 피고인이 선거조직에 가담하여 위와 같은 행위를 한 것은 아닌 점,

피고인에게 아무런 전과가 없는 점, 특히 피고인이 공무원 시험을 준비하고 있는데 벌금 100만 원 이상의 형을 선고하여 공무담임권을 일정기간 제한하는 것은 피고인의 나이와 경력 등에 비추어 너무 가혹한 형벌로 보이는 점, 그 밖에 피고인의 연령, 성행, 가정환경 등 이 사건 변론에 나타난 모든 양형조건들을 참작하여, 주문과 같은 액수의 벌금형으로 그 형을 정한다.

재판장　　　판사　　　김법만　＿＿＿＿＿＿＿＿＿＿

　　　　　　판사　　　이율로　＿＿＿＿＿＿＿＿＿＿

　　　　　　판사　　　박율사　＿＿＿＿＿＿＿＿＿＿

기록이면표지

V. 참고자료

참고자료 1. 공직선거법 (2010. 11. 18. 법률 제10303호로 개정된 것) 등 발췌

제33조(선거기간) ① 선거별 선거기간은 다음 각호와 같다.

1. 대통령선거는 23일

2. 국회의원선거와 지방자치단체의 의회의원 및 장의 선거는 14일

3. 삭제

② 삭제

③ "선거기간"이란 다음 각호의 기간을 말한다.

1. 대통령선거: 후보자등록마감일의 다음 날부터 선거일까지

2. 국회의원선거와 지방자치단체의 의회의원 및 장의 선거: 후보자등록마감일 후 6일부터 선거일까지

제59조(선거운동기간) 선거운동은 선거기간개시일부터 선거일 전일까지에 한하여 할 수 있다. 다만, 다음 각호의 어느 하나에 해당하는 경우에는 그러하지 아니하다.

1. 제60조의3(예비후보자 등의 선거운동) 제1항 및 제2항의 규정에 따라 예비후보자 등이 선거운동을 하는 경우

2. 삭제

3. 후보자, 후보자가 되고자 하는 자가 자신이 개설한 인터넷 홈페이지를 이용하여 선거운동을 하는 경우

제93조(탈법방법에 의한 문서·도화의 배부·게시 등 금지) ① 누구든지 선거일전 180일(보궐선거 등에 있어서는 그 선거의 실시사유가 확정된 때)부터 선거일까지 선거에 영향을 미치게 하기 위하여 이 법의 규정에 의하지 아니하고는 정당(창당준비위원회와 정당의 정강·정책을 포함한다. 이하 이 조에서 같다) 또는 후보자(후보자가 되고자 하는 자를 포함한다. 이하 이 조에서 같다)를 지지·추천하거나 반대하는 내용이 포함되어 있거나 정당의 명칭 또는 후보자의 성명을 나타내는 광고, 인사장,

벽보, 사진, 문서·도화, 인쇄물이나 녹음·녹화테이프 그 밖에 이와 유사한 것을 배부·첩부·살포·상영 또는 게시할 수 없다. 다만, 다음 각 호의 어느 하나에 해당하는 행위는 그러하지 아니하다.

1. 선거운동기간 중 후보자, 제60조의3 제2항 각 호의 어느 하나에 해당하는 사람(같은 항 제2호의 경우 선거연락소장을 포함하며, 이 경우 "예비후보자"는 "후보자"로 본다)이 제60조의3 제1항 제2호에 따른 후보자의 명함을 직접 주는 행위

2. 선거기간이 아닌 때에 행하는 「정당법」제37조 제2항에 따른 통상적인 정당활동

②~③ 생략

제254조(선거운동기간위반죄) ① 선거일에 투표마감시각전까지 선거운동을 한 자는 3년 이하의 징역 또는 600만원 이하의 벌금에 처한다.

② 선거운동기간 전에 이 법에 규정된 방법을 제외하고 선전시설물·용구 또는 각종 인쇄물, 방송·신문·뉴스통신·잡지, 그 밖의 간행물, 정견발표회·좌담회·토론회·향우회·동창회·반상회, 그 밖의 집회, 정보통신, 선거운동기구나 사조직의 설치, 호별방문, 그 밖의 방법으로 선거운동을 한 자는 2년 이하의 징역 또는 400만원 이하의 벌금에 처한다.

③ 삭제

제255조(부정선거운동죄) ① 생략

② 다음 각 호의 어느 하나에 해당하는 자는 2년 이하의 징역 또는 400만원 이하의 벌금에 처한다.

1.~4. 생략

5. 제93조(탈법방법에 의한 문서·도화의 배부·게시 등 금지) 제1항의 규정에 위반하여 문서·도화 등을 배부·첩부·살포·게시·상영하거나 하게 한 자, 같은 조 제2항의 규정에 위반하여 광고 또는 출연을 하거나 하게 한 자 또는 제3항의 규정에 위반하여 신분증명서·문서 기타 인쇄물을 발급·배부 또는 징구하거나 하게 한 자

6.~8. 생략

③～④ 생략

※ 중앙선거관리위원회는 2007. 1. 26. '선거 UCC물에 대한 운용기준'을 제시하였는바, 이에 따르면 대통령 선거일전 180일부터 선거일까지 후보자 또는 정당에 대한 지지·추천·반대의 내용을 담거나 정당의 명칭이나 후보자의 성명을 나타내는 UCC를 인터넷에 올리는 경우 그것이 단순한 의견의 개진의 정도를 넘어 선거에 영향을 미칠 수 있는 것으로 인정된다면 공직선거법 제93조 제1항 및 제255조 제1항 제5호에 위배되어 규제대상이 될 수 있음을 밝힌 바 있다(다음 참고자료 2 참조).

참고자료 2. 중앙선거관리위원회 선거 UCC물에 대한 운용기준

선거 UCC물에 대한
운용기준

2007. 1.

중앙선거관리위원회

Ⅰ. 선거 UCC물의 위법여부 판단기준

① 단순한 의견개진과 사전선거운동의 판단기준

○ 오프라인 상에서 일상적인 대화 중에 선거에 관한 이야기가 화제가 될 때 "인품이나 경력으로 볼 때 △△가 되었으면 좋겠어, ㅁㅁ는 떨어져야 돼…"등의 이야기는 흔히 주고받을 수 있는 말로서 특정 입후보예정자의 당선이나 낙선을 목적으로 일련의 계획하에 하는 것(구전홍보단을 이용한 선전행위 등)이 아닌 한, 선거에 관하여 선거인이 가지는 관심의 일단을 표현하는 행위로서 대부분 선거에 관한 단순한 의견개진과 의사표시에 해당될 수 있음

○ 인터넷상의 토론방·자유게시판에서도 토론·논쟁시 위와 같은 취지의 글을 단순히 게시하는 것은 오프라인상의 선거에 관한 단순한 의견개진·의사표시와 동일하게 평가할 수 있음

○ 그러나 특정 사이트에서 또는 사이트를 옮겨 다니며 토론방·자유게시판 등에 위와 같은 글을 계속 게시하는 것은 단순한 의견개진·의사표시의 범위를 벗어나 특정 입후보예정자를 당선 또는 낙선되도록 하기 위한 조직적·계획적 행위로서 사전선거운동에 해당될 수 있음

※ 선거법상 허용되는 정치적 의사표현의 자유의 한계

○ 입후보예정자를 객관적 사실에 기초하여 비판하는 것은 정치적 의사표현의 자유를 보장하고 입후보예정자에 대한 유권자의 정확한 판단·평가를 위하여 정당하다고 보는 입장도 있으나,

○ 인터넷이용자들이 특정 입후보예정자를 당선 또는 낙선되도록 하기 위한 목적으로 그 입후보예정자의 국정수행에 대한 자질, 과거행적, 인물 됨됨이 등을 다수인이 볼 수 있는 인터넷 게시판에 조직적·계획적으로 유포시키는 행위는 선거법에서 허용하는 정치적 의사표시의 범주인 선거에 관한 단순한 의견개진·의사표시를 벗어나 사전선거운동 또는 선거에 영향을 미치는 행위가 될 수 있음

2 패러디물의 선거법위반여부 판단기준

○ 정치패러디는 통상 정치인이나 정치상황을 흉내내거나 과장·왜곡시켜 웃음을 이끌어내는 표현의 한 형식으로서 주로 만화·그림·노래·포스터 등의 형태로 이루어지고 있음

○ 패러디물의 선거법 위반여부와 관련하여 정치적 의사표현의 자유에 해당 되므로 공직선거법으로 규제하는 것은 부적절하다는 일부의 주장도 있으나,

○ 공직선거법은 선거에 관한 단순한 의견개진·의사표시를 벗어나 선거운 동에 이르는 경우에는 그 표현형식에 불구하고 선거운동기간전에는 이 를 금지하고 있으므로 패러디라고 하여 달리 볼 여지가 없을 것임

3 사전선거운동죄와 후보자비방죄의 관계

○ 후보자비방죄는 공연히 사실을 적시하여 후보자·입후보예정자, 그의 배 우자 또는 직계 존·비속이나 형제자매를 비방한 경우 성립하나, 적시된 사실이 진실한 사실로서 공공의 이익에 관한 때에는 위법성이 조각됨

○ 후보자비방죄에 있어서 "비방"한다 함은 정당한 이유없이 상대방을 깎아 내리거나 헐뜯는 것을 의미하는데, 주로 합리적인 관련성이 없는 사실 예컨대, 선거와 관련이 없는 즉 공직의 수행능력이나 자질과는 무관한 전혀 사적이거나 개인의 내밀한 영역에 속하는 사항을 폭로 또는 공표하 거나 날조된 허구의 사실을 전달하는 것으로 볼 수 있으므로(대법원판결),

○ UCC물에 사실이 적시되어 있다하더라도 그 내용이 상당히 공격적이고 악의적이어서 정치적 의사표현의 자유 또는 알권리를 감안하더라도 사 회통념상 평균인이 참기 어려운 정도인 때에는 후보자 비방 게시물에 해 당될 것임

○ 비방성 게시물은 후보자비방죄에 해당되지 아니하더라도 이미 입후보예 정자를 반대하는 내용으로서 반복게시 되는 경우 선거운동에 해당하거 나 선거에 영향을 미치는 게시물이므로 선거운동기간전에는 공직선거법 제254조 또는 제93조에 위반됨

④ UCC물의 제작행위와 퍼나르기의 관계

○ 인터넷 자유게시판에 이용자들이 상호토론과정에서 특정 입후보예정자를 지지·반대하는 단순한 의견을 개진하는 것은 무방하지만, 이를 반복하여 다수인이 볼 수 있는 여러 인터넷 사이트에 계속 유포시키는 행위는 그 행위자가 선거에 영향을 미칠 의도로 한 행위로 볼 수 있어 사전선거운동에 해당될 수 있을 것임

○ 비방·허위사실공표에 해당되는 UCC물을 인터넷사이트에 게시하는 경우 이를 게시하는 것만으로도 후보자비방죄·허위사실공표죄에 해당되며, 이를 퍼나르는 경우에는 그 퍼나르는 자의 행위도 위법한 행위가 될 수 있을 것임

Ⅱ. 사이트 유형별 운용기준

① 입후보예정자·후보자의 홈페이지

가. 입후보예정자·후보자는 자신이 개설한 홈페이지를 이용하여 선거운동(다른 후보자를 반대하는 선거운동을 포괄함)을 할 수 있음. 이 경우 입후보예정자(예비후보자 제외)가 홈페이지 회원 등에게 자신을 선전하는 내용의 e-mai을 전송하는 것은 금지됨

나. 국회의원 선거 입후보예정자 홈페이지를 이용하여 대통령선거 입후보예정자의 선거운동을 할 수 없음

※ 당해 국회의원이 대통령선거 입후보예정자인 경우에는 가능함

다. 이용자는 선거운동기간전에는 선거운동에 이르는 게시물을 게시할 수 없음

※ 선거운동기간중에는 선거운동을 할 수 있는 자에 한하여 가능함

《판 례》

이용자는 선거운동기간 전에는 선거운동을 할 수 없으므로, 지지·찬양의 게시물이라 하더라도 선거운동기간 전에 단순한 의견개진·의사표시의 범위를 벗어나 선거운동에 해당되는 게시물은 게시할 수 없음(대법원판례)

② 정당의 홈페이지

가. 정당은 선거운동기간이 아닌 때에는 홈페이지를 이용하여 선거운동을 할 수 없음

나. 정당의 홈페이지에 그 정당의 정강·정책·소속 입후보예정자의 활동상황 등을 게시하는 것은 통상적인 정당활동으로 보아 무방할 것임

다. 정당의 홈페이지에 소속 입후보예정자의 경력, 출마의 변, 선거공약 등을 게시하여 두는 것은 무방함. 다만, 선거에서의 지지를 권유하는 내용은 게시 할 수 없음

라. 이용자는 선거운동기간 전에 선거운동에 이르는 UCC물을 게시할 수 없음
※ 선거운동기간중에는 선거운동을 할 수 있는 자에 한하여 가능함

마. 이용자들이 정당 또는 소속 입후보예정자에 관한 홍보성 UCC물을 게시판에 게시하더라도 특별히 선거에서의 지지권유와 같이 선거운동에 이르는 내용이 없는 경우에는 사전선거운동으로 보지 아니함

③ 포털사이트·일반단체의 홈페이지

가. 포털사이트와 단체는 선거운동기간이 아닌 때에는 선거운동을 할 수 없으며, 인터넷 언론사는 선거운동기간 중에도 선거운동이 금지됨

나. 단체가 특정 정당·입후보예정자에 대한 지지·반대의 의사표시 없이 단순히 선거권자의 판단을 돕기 위하여 설립목적과 관련 있는 사안에 대한 정책이나 주장에 동조·반대하는 입후보예정자에 관하여 정확한 자료를 바탕으로 한 객관적 사실을 그 단체의 홈페이지에 게시하는 행위는 선거운동으로 보기 어려울 것임

《예 시》
○ 청소년 단체등에서 정당 또는 입후보예정자가 제시한 청소년관련 공약을 객관적이고 공정한 평가지표에 따라 평가하여 당해 단체의 홈페이지에 게시하는 행위

○ 단체가 공명선거추진 활동의 일환으로 입후보예정자의 자질과 정책을 객

관적 기준에 의하여 평가한 결과를 당해 단체의 인터넷 홈페이지에 이를 게시하여 두는 행위

다. 포털사이트·단체 등이 선거운동의 목적없이 객관적인 기준에 의하여 수집된 입후보예정자에 관한 진실한 정보를 공정하게 게시하여 두고 이용자로 하여금 이를 열람하게 하는 것은 무방할 것임. 다만, 입후보예정자로부터 그 대가를 받거나 동 정보를 선거구민들에게 전송하는 것은 공직선거법에 위반됨

라. 단체가 선거에 있어 낙천·낙선대상자를 결정하여 당해 단체의 인터넷 홈페이지에 또는 그 단체에 참여한 단체(이하 "구성단체"라 함)가 자신의 인터넷 홈페이지에 그 단체가 결정한 낙천·낙선대상자 명단을 게시하거나, 제3자가 자신의 인터넷 홈페이지에 그 낙천·낙선대상자 명단을 게시하는 것은 선거에 관한 단순한 의견개진·의사표시 또는 정당의 후보자 추천에 관한 단순한 지지·반대의 의견개진·의사표시에 해당하는 행위로서 무방할 것임

마. 정당·입후보예정자에 관한 단순한 의견개진·의사표시라고 하더라도 이용자가 계속적으로 여러 인터넷사이트에 유포하는 것은 당선·낙선시키고자 하는 의도가 있는 것으로 보아 사전선거운동에 해당될 것임

바. 이용자가 선거운동기간이 아닌 때에 특정 단체가 공표한 낙천·낙선대상자 명단 또는 그 사진을 인터넷상에 유포하는 것은 선거에 있어 특정 후보자가 되고자 하는 자를 유·불리하게 하는 행위로서 사전선거운동에 해당될 것임

사. 인터넷상에서 선거운동을 할 수 없는 자의 선거운동을 규제하는 것은 현실적으로 상당히 어려우며, 선거운동을 할 수 없는 자임이 확인되기 전까지 그 UCC물을 삭제 할 수 없을 것이나, 인터넷실명확인 등의 과정에서 선거운동을 할 수 없는 자임이 확인되는 때에는 해당 게시물을 삭제하고 게시자는 법에 따라 조치함

④ 개인블로그·팬클럽의 홈페이지

가. 개인 또는 팬클럽 홈페이지의 관리운영자가 그 홈페이지에 특정 입후보 예정자에 관한 과거경력, 정책, 활동에 관한 UCC물을 게시하는 것은 그 개인 또는 팬클럽의 단순한 정치적 의사표시행위로 보아 무방할 것임

나. 팬클럽 홈페이지에 그 회원 등이 해당 입후보예정자에 관한 UCC물을 게시하는 것은 무방할 것임. 다만, 선거에서의 지지를 권유하는 등 선거 운동에 이르는 내용은 게시 할 수 없음

다. 개인블로그·팬클럽의 홈페이지 관리운영자가 회원들에게 입후보예정자 를 선전하는 내용, 선거에 관한 신문기사내용, 입후보예정자의 일정 등 을 e−mail로 전송하는 것은 사전선거운동(신문기사 내용 전송은 통상방법 외의 방법으로 복사·배부한 행위)에 해당될 것임

Ⅲ. 적법·위법사례 예시

1. 입후보예정자 홈페이지에 게시된 UCC물

□ 위법사례

입후보예정자 ○○의 홈페이지 자유게시판에 "이제 ○○○, ○○○의 딸로 서 사회봉사 활동하면서 아버지의 죄를 국민 앞에 용서를 구하시지. 왜 그리 말 을 해도 못 알아 먹고 사시나.. 쯧쯧 당신도 아버지와 같은 길을 가려고 그러나.. 시대가 바뀌었다지만, 연좌제가 없어졌다지만, 이번 국회에서 마지막 비웃음은 정말 추하기 그지없었답니다. 당신은 아니요 자격이 정말 없소 왜냐, 당신 아버 지 때문에 가정이 파탄되고 고통받은 사람들의 누명을 벗게 먼저 하시고, 진심 어린 맘으로 사회봉사 고아원 양로원 가서 봉사활동을 하시지 꼭 내말 명심하시 오 그렇지 않으면 당신도 다시 한번 말하지만 아버지와 똑같은 길로 끝이 좋지 않으니, 그리고 ○○의원 아닌 딴사람은 토달지 마시길..."이라는 내용의 문서를 게시한 행위

⇨ 선거에 영향을 미치게 하기 위하여 후보자가 되고자 하는 자를 반대하는 내용의 문서를 게시한 것으로서 공직선거법에 위반됨(대법원 2004도7488)

□ 적법사례

입후보예정자 홈페이지 자유게시판의 토론과정에서 "지역감정이 나쁘다고 말하는 척 하면서 실은 조장하는 것이 아닙니까", "역시 ○○○야, 하기사 이것 밖에는 의지할 것이 없으니 역량이 있어, 그저 주먹 하나밖에 없으니 아이고 불쌍타!! 야 참 다리도 천하무적이다" 등의 글을 게시한 행위

⇨ ○○○후보에 대한 주관적 평가를 추상적으로 표현한 것으로서 사실을 적시하였다고 보기 어렵고, 글의 내용 등에 비추어 선거에 관한 토론과정에서 개진한 단순한 의견이나 의사표현에 해당되므로 공직선거법상 후보자 비방이나 사전선거운동에 해당하지 않음(지방법원 2002고합167)

2. 정당의 홈페이지에 게시된 UCC물

□ 위법사례

정당의 당원이 그 소속 정당의 인터넷 홈페이지 게시판에 '○○당이므로 뭐하나 잘 하는 게 있어야 찍어주든 말든 할 거 아닌가', '이러고도 총선 승리한다면 어부지리 얻은 거겠지요', '○○당 의원들 봐라, ○○당 보다 백번 잘 하더라', '이번에 ○○당 안 찍는다', '50년 후에나 집권 가능할지 모르겠다'는 등의 내용이 포함된 글을 게시한 행위

⇨ 정당이 그 홈페이지를 통하여 정당의 정치적 주장이나 정강, 정책 등을 알리는 행위가 통상적인 정당활동으로서 허용될 수 있다고 하더라도, 이를 근거로 일반 국민이나 정당의 당원이 정당이 개설한 인터넷 홈페이지를 이용하여 탈법방법에 의한 문서를 게시함으로써 선거에 영향을 미치는 행위를 하는 것은 허용되지 아니함(대법원 2005도40)

□ 적법사례

정당 산하 선거운동본부 출범식 행사에서 찬조연설을 하는 모습이 담긴 동영상 파일을 정당 홈페이지에 올려 둔 행위 및 동영상의 주소를 다른 게시판(경북도청 게시판)에 올린(링크시킨 것이 아님) 행위

⇨ 위 찬조연설은 입후보 및 선거운동을 위한 준비행위로 이루어진 것이고, ○○당 측에서 이를 파일로 만들어 정당의 홈페이지에 올려 둔 행위는 당원들에게 행사 소식을 알리고 또 그 행사모습을 파일로 만들어 저장하여 두기 위한 목적이었던

것으로 보여지는바, 이러한 행위를 통상적인 정당활동의 범위를 넘는 적극적인 선거운동이라고 보기 어려움(대법원 2004도1236)

3. 팬클럽 홈페이지에 게시된 UCC물(위법사례)

팬클럽 홈페이지에 "이래도 ○○당은 할 말 있나?", "민심, 차떼기도 좋다! ○○○ 찍는데요! 이것이 민심이다!", "○○당과 ○○당은 그대들의 정체성을 찬란하게 드러내라", "빨갱이사위 충복? ○○는 ○○당 ○○위원장으로 보내야 한다", 등의 취지로 ○○당, ○○당의 불법선거운동전력, 부정부패, 이념적 성향과 입후보예정자 ○○○의 무능력, 해당행위 등 특정 정당과 정치인을 비난하는 내용의 글들을 직접 게시하거나 다른 홈페이지에 게재된 글을 복사하여 게시한 행위

⇨ 게시자가 팬클럽 홈페이지에 위와 같은 글을 게시하는 것은 그러한 행위가 선거에 영향을 미칠 수 있다고 인식하였다고 봄이 상당함(대법원 2004도8716)

4. 인터넷 유머사이트에 게시된 UCC물(위법사례)

인터넷 유머사이트에 탄핵에 찬성한 국회의원들을 비판·풍자하는 패러디를 인터넷에 게시한 행위

⇨ 대통령탄핵에 찬성한 정당이나 국회의원들이 제17대 국회의원 선거에서 참패하거나 낙선한다는 내용이 포함되어 있는 점 등에 비추어 보면 탄핵의 부당성을 부각시키겠다는 의사 이외에 국회의원선거에 영향을 미치게 할 의사도 있었다고 인정되므로 공직선거법에 위반됨(지방법원 2004고합899)

5. 같은 정치적 성향을 가진 모임의 홈페이지에 게시된 UCC물(위법사례)

특정 정당을 반대하는 노래와 노랫말('한나라당 ○○○당' '그러한 나라에 살고 싶어요' '물러가라 ○나라' 등)을 인터넷에 게시하여 접속자들이 쉽게 듣고 다운로드 받을 수 있도록 하거나 이메일로 송부하는 행위

⇨ 선거에 영향을 미치는 문서의 게시·배부에 해당되므로 공직선거법에 위반됨(지방법원 2004고합34)

6. 포털사이트에 게시된 UCC물(위법사례)

"망한나라는 후보총사퇴하라. 뻔뻔한나라는 이번 총선 자격조차 없다", "게임 끝! ○○당의 도덕결핍증, 당선되도 무효!", "선관위는 망한나라 후보권 박탈하라!" "꼴통 ○○당의 선거운동방법 이러니 당선되도 무효" 등 내용의 패러디를 인터넷에 게시한 행위

⇨ 단순한 정치 패러디라기보다는 선거에 영향을 미치기 위한 것이므로 공직선거법에 위반됨(고등법원 2004노2564)

7. 개인홈페이지에 게시된 UCC물(위법사례)

이용자가 선거운동기간전에 선거에서 당선되기 위하여 예상되는 유력한 경쟁후보보다 지지율이 10% 넘게 뒤진다면서 도와줄 것을 호소하는 내용의 글을 인터넷홈페이지 게시판에 게시한 행위

⇨ 선거에 관한 단순한 의견개진·의사표시, 정당의 후보자 추천에 관한 단순지지·반대의 의견개진 및 의사표시 등의 범위를 벗어나 적극적 선거운동이라고 할 것이므로 사전선거운동에 해당됨(대법원 2004도4045 취지)

8. 카페운영자에 의한 인터넷 신문의 복사·전송(위법사례)

인터넷 카페의 운영자가 인터넷신문 기사 중 '총선 출마자 중 간첩사건 연루자 및 운동권 명단' 기사를 복사하여 카페의 회원들에게 이메일로 발송한 행위

⇨ '통상방법 외의 방법'으로 신문을 복사·배부한 행위로서 공직선거법에 위반됨(대법원 2004도8969)

Ⅵ. 모범답안 및 채점기준

헌법소원심판청구서

청구인   선운동
      서울 ○○구 ☆☆동 234 ○○아파트 201동 1101호
      대리인 변호사 홍길동
         서울 ○○구 ◇◇동 10 ☆빌딩 100호   (5)

청구취지

"공직선거법(2010.11.18. 법률 제10303호로 개정된 것) 제93조 제1항과 제255조 제2항 제5호 및 공직선거법 제59조와 제254조 제2항은 헌법에 위반된다"라는 결정을 구합니다.   (5)

당해사건

서울중앙지방법원 2011고합29 공직선거법위반
피고인 선운동

위헌이라고 해석되는 법률조항

공직선거법 제93조 제1항, 제255조 제2항 제5호, 제59조, 제254조 제2항   (5)

청구이유

1. 사건의 개요(5)

    청구인 선운동은 2011. 12. 14. 실시될 제18대 대통령선거에서 A당의 대통령 후보로 출마할 것이 확실시되는 甲이 절대 대통령이 되어서는 안되는 이유를 적은 글과 사진 등을 B당의 대통령 후보로 출마할 것이 확실시되는 乙의 인터넷

홈페이지에 수차례 올려, 검찰에 의하여 공직선거법 제255조 제2항 제5호 및 제93조 제1항과 공직선거법 제254조 제2항 위반죄로 서울중앙지방법원에 기소되어 재판을 받고 있는 자입니다(2011고합29).

청구인은 재판 계속중 공직선거법 제93조 제1항과 제254조 제2항 및 제59조와 제254조 제2항에 대하여 위헌법률심판제청신청을 하였으나 위헌법률심판제청신청은 동 법원에 의하여 2011. 9. 15. 기각되었습니다(2011초기22).

이에 청구인은 헌법재판소법 제68조 제2항에 따라 공직선거법 제93조 제1항, 제255조 제2항 제5호, 제59조, 제254조 제2항이 청구인의 헌법 제21조 제1항과 헌법 제24조, 헌법 제8조 제2항 등에 의하여 보장되는 선거운동의 자유를 침해하고 있으므로 그 위헌을 구하는 헌법소원심판을 귀 헌법재판소에 청구하는 바입니다.

2. 재판의 전제성(10)

1) 헌법재판소법 제68조 제2항에 따른 헌법소원심판이 적법하기 위해서는 우선 심판대상이 되는 법률조항이 재판의 전제성 요건을 충족하여야 합니다(2).

2) 재판의 전제성이라 함은 문제되는 법률의 위헌여부에 따라서 재판의 결론이나 주문 또는 이유가 달라지는 경우를 말합니다(2).

3) 이 재판의 전제성요건을 충족하기 위해서는 ⅰ) 구체적인 사건이 법원의 재판에 계속중일 것 ⅱ) 위헌여부가 문제되는 법률이 그 재판에 적용되는 것일 것 ⅲ) 그 법률의 위헌여부에 따라서 재판의 주문이 달라지거나 재판의 내용과 효력에 관한 법률적 의미가 달라질 것이 필요합니다(3).

4) 청구인은 자신이 지지하고 있는 후보자의 인터넷 홈페이지에 반대하고 있는 후보자를 비방하는 글과 사진 등을 게시함으로써, 검사에 의하여 공직선거법 제93조 제1항과 연계하여 제255조 제2항 제5호 위반죄와, 그리고 제59조와 연계하여 제254조 제2항 위반죄로 기소되었고, 이 재판이 계속중인 바, 위 법률조항들이 헌법재판소에 의하여 위헌선언되는 경우 청구인은 이 사건 재판에서 무죄로 판결될 것이므로, 위 법률조항들은 재판의 전제성 요건을 충족한다고 할 것입니다(3).

3. 청구기간 준수(5)

청구인의 이 사건 법률조항들에 대한 위헌법률심판제청신청은 서울중앙지방법원에 의하여 2011. 9. 15. 기각되었으며, 기각결정이 통지된 지 30일 내인 2011년 10월 6일 이 사건 헌법소원심판을 청구하는 것이므로 청구기간을 준수하였습니다.

4. 위헌이라고 해석되는 이유(60)

1) 공직선거법 제255조 제2항 제5호 및 제93조 제1항의 위헌여부(30)

(1) 관련되는 기본권: 선거운동의 자유(5)

선거운동의 자유는 헌법 제21조 제1항의 언론·출판의 자유와 헌법 제24조의 선거권 그리고 헌법 제41조 제1항 및 제67조 제1항에서 전제되어 있는 자유선거의 원칙, 그리고 헌법 제8조 제2항에서 전제되고 있는 국민의 정치적 의사형성의 자유에 의하여 보호되는 정치적 표현의 자유로서, 자신이 후보자로 출마하여 당선되거나 또는 자신이 지지하는 후보가 당선되게 할 수 있는 자유라고 할 수 있습니다.

(2) 제한(5)

공직선거법 제93조 제1항은 누구든지 선거일 전 180일부터 선거일까지 선거에 영향을 미치게 하기 위하여 공직선거법 규정에 의하지 않는 방법에 의하여 후보자를 지지·추천하거나 반대하는 내용이 포함되어 있거나 정당의 명칭 또는 후보자의 성명을 나타내는 광고, 인사장, 벽보, 사진, 문서, 도화, 인쇄물이나 녹음·녹화테이프 그 밖에 이와 유사한 것을 배부·첩부·살포·상영 또는 게시할 수 없다고 하고 있으며, 동법 제255조 제2항 제5호는 이러한 금지규정에 위반하는 자에 대하여 2년 이하의 징역 또는 400만원 이하의 벌금에 처한다고 규정하고 있습니다.

그러므로 이 조항들은 청구인의 선거운동의 자유를 제한하는 규정입니다.

(3) 제한의 한계 일탈여부(20)

선거운동의 자유 역시 국가안전보장, 질서유지, 공공복리를 위하여 필요한 경우에 제한될 수 있습니다마는, 그러한 제한은 과잉금지의 원칙과 본질내용침해금지규정에 위반되지 않아야 할 것입니다(헌법 제37조 제2항). 그리고 정치적 표현의 자유에 해당하는 선거운동의 자유를 제한하기 위해서는 명확한 표현을 사용하여야 하지 불명확하고 막연한 개념을 사용하는 경우 명확성의 원칙에 위반된다고 할 것입니다(2).

가. 명확성의 원칙 위반여부(8)

명확성의 원칙의 개념과 의의: 명확성의 원칙이란 법률상의 개념은 국민의 어떠한 행위가 금지되고 어떠한 행위가 허용되는지에 대하여 국민이 예측할 수 있도록 명확해야 한다는 것으로서 법치국가원리에서 나오는 원칙입니다.

법률개념의 명확성의 정도는 급부행정영역에서보다는 형벌이나 조세와 같은 침해영역에서 더욱 엄격하게 요구됩니다(2).

공직선거법 제255조 제2항 제5호는 동법 제93조 제1항에 위반되는 행위에 대하여 2년 이하의 징역이나 400만원 이하의 벌금에 처하고 있으므로 형벌규정이라고 할 수 있으며, 이러한 형벌조항의 경우 죄형법정주의원칙에 따라 명확성이 더욱 엄격하게 요구됩니다(2).

청구인은 甲후보에 대한 비판의 글과 사진을 乙후보의 인터넷 홈페이지에 게시하였다가 검사에 의하여 공직선거법 제93조 제1항에서 금지하고 있는 UCC 등을 올렸다고 하는 이유로 기소되었습니다. 이 조항은 소위 예시적 입법방법을 사용하고 있으며 그러한 방법이 완전히 금지된다고 볼 수는 없으나 이 법률조항에서 "그 밖에 이와 유사한 것"의 개념에 UCC를 모두 포함시켜서 금지하는 것으로 본다면 이 사건 법률조항은 지나치게 불명확하고 그 규율대상이 지나치게 광범위하여 법집행자의 자의적 해석을 가능하게 하므로 명확성의 원칙에 위반된다고 할 것이고 그 처벌규정인 공직선거법 제255조 제2항 제5호 역시 마찬가지라고 할 것입니다(4).

나. 과잉금지의 원칙 위반여부(8)

이 사건 법률조항은 청구인의 선거운동의 자유를 지나치게 과잉하게 침해하고 있다고 판단됩니다.

① 목적의 정당성(2)

탈법방법에 의한 선거운동금지규정의 입법목적은 선거일 전 180일부터 선거일까지 공직선거법이 규정하고 있지 않은 방법을 통하여 하는 모든 선거운동

방법을 금지함으로써 과열선거운동을 억제하고 선거의 공정을 기하고자 하는 것
이므로 목적의 정당성은 인정됩니다.

② 방법의 적정성(2)

선거의 공정성은 공직선거법에 따른 방법이 아닌 경우 특히 법 제93조 제1
항에서 몇 가지를 열거하고 "그 밖에 이와 유사한 것"이라는 막연한 개념을 통하
여 오늘날 일반화, 보편화되어 가고 있는 UCC나 SNS등의 새로운 의사소통수단
을 모두 전면적으로 차단하는 방법에 의하여 달성될 수 있을 것으로 볼 수는 없
습니다. 왜냐하면 인터넷을 통한 이러한 의사소통은 가장 저렴하고도 손쉽게 선
거운동을 할 수 있는 방법이므로 이러한 것들을 전면적으로 금지한다면 선거와
선거운동의 공정을 기하기 힘들 것이기 때문입니다.

③ 침해의 최소성(2)

선거운동의 자유를 가장 덜 침해하면서도 동시에 공정한 선거를 실현할 수
있는 방법을 택할 수 있음에도, 가장 저렴하고도 손쉬운 선거운동방법을 금지하
고 있으며, 그것도 선거후보자가 아닌 일반유권자들의 경우 선거운동기간이 아
닌 때에는 선거운동을 할 수 있는 방법이 없으므로 침해의 최소성 원칙에도 위
반됩니다.

④ 법익의 균형성(2)

이 사건 법률조항들을 통해서 달성하고자 하는 과열선거운동의 방지나 선거
의 공정성확보라는 명목보다는 선거운동의 자유가 민주주의에 있어서 보다 더
중요한 법익이라고 할 수 있으며, 선거운동을 자유롭게 허용하면서도 선거의 공
정을 기할 수 있다고 볼 수 있으므로 공직선거법 제93조 제1항과 동법 제255조
제2항 제5호는 법익균형성을 충족하지 못합니다.

다. 소결(2)

그러므로 이 사건 법률조항들은 명확성의 원칙과 과잉금지의 원칙에 위반되
어 청구인의 선거운동의 자유를 침해합니다.

2) 공직선거법 제254조 제2항(선거운동기간위반죄)과 제59조(선거운동기간)
본문의 위헌여부(30)

(1) 관련되는 기본권: 선거운동의 자유와 평등권, 선거운동에 있어서 기회
균등(5)

공직선거법 제59조 본문은 선거운동기간을 규정하고 있으며, 다만 후보자와
후보자가 될 사람은 자신이 개설한 인터넷 홈페이지를 통하여 언제든지 선거운
동을 할 수 있도록 하는 반면, 유권자의 경우에는 그렇게 하지 못하도록 하고 있
습니다.

그리고 공직선거법 제254조 제2항은 선거운동기간 전에 이 법에 규정된 방
법을 제외하고 선거운동을 하는 경우에 2년 이하의 징역과 400만원 이하의 벌금
에 처하고 있습니다. 이것은 헌법 제21조 제1항의 언론·출판의 자유와 위에서
지적한 선거운동의 자유와 모두 관련되나, 선거운동의 자유가 특별한 기본권이
라고 할 수 있습니다(3).

더불어서 후보자와 후보자가 되고자 하는 사람에 대해서는 인터넷 홈페이지
를 통한 선거운동은 허용하면서도 일반 유권자에게는 이를 허용하지 않고 있으
므로 평등권을 제한할 뿐만 아니라 헌법 제116조 제1항의 선거운동의 기회균등
원칙에도 위반될 소지가 있습니다(2).

(2) 선거운동의 자유의 침해여부(12)

공직선거법 제59조 본문에 의하면 선거운동은 선거기간 개시일부터 선거일
전일까지에 한하여 할 수 있다고 하고 있으며 다만 후보자와 후보자가 되고자
하는 자가 자신이 개설한 인터넷 홈페이지를 이용하여 선거운동을 하는 경우에
는 예외로 하고 있습니다(2).

청구인에 대하여 검사는 공직선거법 제254조 제2항 위반죄로 기소하였으므로,
이러한 공직선거법 제59조와 공직선거법 제254조 제2항의 규정은 청구인의 선거운
동의 자유를 제한하고 있는바 그 과잉여부를 심사해 보아야 할 것입니다(2).

① 목적의 정당성(2)

사전선거운동금지는 선거운동을 일정한 기간에 일률적으로 하게 함으로써
선거의 공정성을 확보하고자 하는 것이므로 그 목적의 정당성은 인정된다고 할
수 있습니다.

② 방법의 적정성(2)

대통령선거의 경우 22일, 국회의원선거의 경우 13일에 해당하는 선거운동기간의 방법을 택하여 누구나 똑같이 선거운동을 할 수 있도록 하고 있으므로 일응 방법의 적정성은 인정됩니다.

③ 침해의 최소성(2)

그러나 선거가 끝나고 나면 또다시 다음 선거를 준비하는 것이 민주주의 국가에서의 일반적인 정치적 현실임에도 불구하고 선거운동기간을 단지 2−3주 정도에 해당되는 짧은 기간으로 제한하고 그 전의 선거운동을 사전선거운동으로 처벌하는 것은 침해의 최소성 원칙에 위반됩니다.

④ 법익의 균형성(2)

입법목적과 제한되는 기본권의 중요성을 비교·형량하여 볼 때, 선거운동의 자유의 중요성이 더욱 크다고 할 수 있습니다. 그리고 선거운동기간 전에 불법적·음성적으로 수행되는 선거운동에 대하여 단속이 제대로 이루어지지 않을 경우에는 오히려 선거의 불공정성이 더욱 야기될 수 있으므로 이러한 경우에는 입법목적도 제대로 달성하지도 못하면서 오히려 그로 인하여 선거운동의 자유만 지나치게 제한하는 결과를 야기하므로, 더욱더 법익의 균형성을 충족하지 못하게 됩니다.

⑤ 소결

그러므로 공직선거법 제254조 제2항과 동법 제59조 본문 역시 청구인의 선거운동의 자유를 과잉하게 침해합니다.

(3) 평등권과 선거운동의 기회균등의 원칙 침해여부(13)

한편 공직선거법 제59조 단서 제3호가 당해사건에서의 직접적인 처벌의 근기조항은 아니지만, 제59조 단서 제3호가 위헌선언이 되어 모든 사람에게 인터넷 선거운동이 가능하게 된다면, 당해사건 역시 무죄 선고 내지 재심이 가능하므로 재판의 전제성이 인정될 수 있는 바, 이 공직선거법 제59조 단서 제3호는 일반인 유권자인 청구인을 후보자나 후보자가 되고자 하는 자에 비하여 부당하게 차별을 하고 있으므로 그 위헌성에 대해서도 살펴 보기로 하겠습니다.

가. 차별의 존재 여부(2)

공직선거법 제59조 단서 제3호는 후보자와 후보자가 될 자의 경우 선거운동 기간 전에도 자신이 개설한 인터넷 홈페이지를 통하여 선거운동을 할 수 있도록 하고 있는데 반하여, 일반 유권자의 경우에는 그렇게 하지 못하도록 하고 있으므로 일단 차별이 존재합니다.

나. 평등원칙 위반여부의 심사기준(6)

헌법상 평등의 원칙은 원칙적으로 같은 것은 같게, 다른 것은 다르게 취급하라고 하는 것으로서 자의적 차별을 금지하는 것이고, 합리적 사유가 있는 차별은 허용될 수 있습니다(2).

다만 헌법이 특별히 평등을 명하거나 차별을 금지하는 경우, 그리고 차별로 인하여 다른 기본권에 대한 중대한 제한이 초래될 수 있는 경우에는 차별의 위헌여부에 대하여 비례의 원칙에 입각한 엄격한 심사를 하여야 합니다(2).

이 사건의 경우 선거운동과 관련하여 후보자(후보자가 되고자 하는 자)와 일반 유권자를 차별하는 것은 정치적 영역에서의 차별일 뿐만 아니라, 일반 유권자들로 하여금 선거운동이 아닌 기간에는 후보자를 지지 또는 추천하는 행위가 선거법위반행위로서 처벌받게 됨으로써 정치적 표현의 자유와 선거운동의 자유가 중대하게 제한된다고 할 수 있으므로 비례의 원칙에 입각한 엄격한 심사를 하여야 합니다(2).

다. 비례의 원칙에 입각한 평등원칙 위반여부의 심사(5)

선거운동의 자유의 침해여부에 대한 심사에서 밝힌 바와 같이 공직선거법 제59조 단서 제3호는 과잉하게 청구인의 선거운동의 자유를 침해할 뿐만 아니라 후보자와 유권자가 선거운동의 영역에서 특별히 차별되어야 할 정당화 사유가 있다고 보기 힘듭니다(2).

특히 후보자가 개설한 인터넷 홈페이지에는 일반 유권자 역시 얼마든지 답글을 올릴 수 있는 가능성이 있게 되는데, 이 경우 일반 유권자가 후보자를 지지 또는 추천하는 목적의 글을 올리게 되면 사전선거운동이 되어 처벌될 수밖에 없도록 하는 것은 선거운동 영역에서 일반 국민들을 지나치게 차별하는 것이라 아니할 수 없습니다(2).

결론적으로 공직선거법 제59조 단서 제3호와 제254조 제2항은 청구인의 평등권을 침해하며 헌법 제116조 제1항에서 보장되는 선거운동의 기회균등의 원칙에도 위반된다고 할 수 있습니다(1).

3) 이상과 같은 이유로 공직선거법 제93조와 제255조 제2항 제5호 및 공직선거법 제59조와 제254조 제2항은 청구인의 선거운동의 자유를 과잉하게 침해하며 후보자와 일반유권자들을 선거운동기간에 있어서 부당하게 차별하고 있으므로 헌법에 위반된다고 판단되오니 청구취지와 같이 선고하여 주시기를 바랍니다.

첨부서류

1. 위헌제청신청서
2. 위헌제청신청기각결정문 및 결정의 송달증명서
3. 당해 사건의 판결문 등 기타 부속서류
4. 소송위임장

2011. 10. 6.

청구인 대리인 변호사 홍길동

헌법재판소 귀중   (5)

〈참고판례〉

※ 서울중앙지방법원 제23형사부 2008. 3. 31. 선고, 2008고합29 판결, 공직선거법 위반

※ 헌재 2009. 7. 30. 2007헌마718, 판례집 21−2상, 311 [기각]: 공직선거법 제93조 제1항 "기타 이와 유사한 것"부분은 명확성의 원칙에 위반되지 않으며, 이 사건 법률조항에 따라 'UCC(이용자제작콘텐츠)'의 배포를 금지하는 것은 과잉금지원칙에 위배하여 선거운동의 자유를 침해하는 것이 아님.

※ 헌재 2011. 12. 29. 2007헌마1001 등, 판례집 23−2하, 739 [판례변경하여 한정

위헌]: 선거일전 180일부터 선거일까지 선거에 영향을 미치게 하기 위하여 정당 또는 후보자를 지지·추천하거나 반대하는 내용이 포함되어 있거나 정당의 명칭 또는 후보자의 성명을 나타내는 문서·도화의 배부·게시 등을 금지하고 처벌하는 공직선거법 제93조 제1항 및 제255조 제2항 제5호 중 제93조 제1항의 각 '기타 이와 유사한 것' 부분에 '정보통신망을 이용하여 인터넷 홈페이지 또는 그 게시판·대화방 등에 글이나 동영상 등 정보를 게시하거나 전자우편을 전송하는 방법'이 포함된다고 해석한다면, 과잉금지원칙에 위배하여 정치적 표현의 자유 내지 선거운동의 자유를 침해함.

※ 헌재 2015. 4. 30. 2011헌바163, 공직선거법 제90조 제1항 등 위헌소원: 공직선거법 제59조 본문, 제254조 제2항(사전선거운동금지조항)에 대하여 합헌.

헌법기록형 문제 2

헌법기록형 문제 2[1]

---

1) 이하 헌법기록형 문제는 2012년 5월 9일 한양대학교 법학전문대학원 변호사모의시험
   으로 필자가 출제한 문제를 수정·보완한 것임.

목 차

I. 문   제

피고인 김찬양, 정고무, 은잠입은 각각 북한 노동당 내 대남공작사업 담당기구인 '통일전선부' 산하 조국평화통일위원회가 1990. 11. 20. 독일 베를린에서 남한 및 해외 친북세력을 결집시켜 출범시킨 단체인 통일범민족연합의 남측본부 의장, 사무처장, 정책위원장 등의 직책을 수행하면서 2011. 6. 24. 국가보안법상 특수잠입·탈출(제6조), 찬양·고무죄(제7조) 등으로 구속기소되어, 현재 서울중앙지방법원(2011고합731)에 재판 계속중이다.

검사는 법원에 피고인들의 유죄를 입증하기 위한 증거로 수사기관이 통신제한조치의 허가 및 그 연장허가를 통하여 수집한 이메일, 녹취자료(전화녹음), 팩스자료 등을 신청하고 있는바, 이에 제청신청인들은 위 증거자료들 대부분이 총 14회(총 30개월)에 걸쳐 연장된 통신제한조치를 통하여 수집된 것으로서 이와 같이 통신제한조치기간의 연장을 허가함에 있어 제한을 두고 있지 않는 통신비밀보호법(2001. 12. 29. 법률 제6546호로 개정된 것) 제6조 제7항 단서가 자신들의 기본권을 침해할 뿐만 아니라 헌법에 위반된다는 이유로 서울중앙지방법원에 위헌법률심판제청신청을 하고자 한다.

당신이 위 피고인들로부터 변호인 선임을 받았다고 가정하고, 위헌법률심판제청신청서를 작성하라.

Ⅱ. 작성요령 및 주의사항

1. 참고자료로 제시된 법령은 가상의 것으로, 이에 근거하여 작성할 것. 이와 다른 내용의 현행 법령이 있다면, 제시된 법령이 현행 법령에 우선하는 것으로 할 것.

2. 기록에 나타난 사실관계만을 기초로 하고, 그것이 사실임을 전제로 할 것.

3. 기록 내의 각종 서류에는 필요한 서명, 날인, 무인, 간인, 정정인이 있는 것으로 볼 것.

4. 송달이나 접수, 통지, 결재가 필요한 서류는 모두 적법한 절차를 거친 것으로 볼 것.

5. 헌법소원심판청구서의 작성일과 제출일은 2012년 5월 9일로 할 것.

Ⅲ. 위헌법률심판제청신청서 양식

위헌법률심판제청신청서

사　　건: 2011고합XXX ○○○법위반

피 고 인: ○○○ (XXXXXX－XXXXXXX)

　　　주소:

변 호 인: 변호사 ○○○

　　　주소:

신 청 취 지

　"○○법(2001. 05. 05. 법률 제○○호) 제○○조의 위헌여부에 대한 심판을 제청한다"라는 결정을 구합니다.

신 청 이 유

Ⅰ. 사건의 개요

Ⅱ. 위헌제청 대상 법률조항

Ⅲ. 위 법률조항의 재판의 전제성

Ⅳ. 위 법률조항의 위헌성

Ⅴ. 결　어

　앞에서 살펴 본 바와 같이 … 위헌이라고 판단되므로, 신청인의 소송대리인은 귀원에 ○○법 제○조 제○항 제○호에 대한 위헌법률심판을 제청하여 주실 것을 신청합니다.

20　.　.　.

위 신청인의 대리인 변호사　○　○　○　(인)

○○ 지방법원 형사○○부 귀중

Ⅳ. 기록내용

기록내용 시작

공소장

서울중앙지방검찰청

2011. 6. 24

사건번호　　　2011년형제123호

수 신 자　　　서울중앙지방법원

제　　목　　　공소장

　　　　　　　검사 법대로는 아래와 같이 공소를 제기합니다.

Ⅰ. 피고인 관련사항

피 고 인 1　　　김찬양(****** ― *******)

　　　　　　　직업　　무직

　　　　　　　주거　　서울 ○○구 ☆☆동 1234 ○○아파트 201동 1101호

　　　　　　　등록기준지　　○○시 ○○면 ○○리 201

죄　　명　　　국가보안법상 회합죄, 통신죄, 이적단체가입죄

적용법조　　　국가보안법 제7조 제3항, 제8조

구속여부　　　구속

변 호 인　　　홍길동

피 고 인 2　　　정고무(****** ― *******)

　　　　　　　직업　　무직

　　　　　　　주거　　○○시 ○○구 ☆☆동 2345 ― 1

　　　　　　　등록기준지　○○시 ○○읍 ○○리 333

죄　　명　　　국가보안법상 회합죄, 통신죄, 특수잠입·탈출죄

적용법조　　　국가보안법 제6조, 제8조

구속여부　　　구속

변 호 인　　　홍길동

피 고 인 3 　 은잠입(******－*******)

　　　　　　　직업　　무직

　　　　　　　주거　　○○광역시 ○○구 ☆☆동 ○○아파트 505동 606호

　　　　　　　등록기준지 ○○광역시 ○○구 ☆☆동

죄　　　명　　　국가보안법상 회합죄, 특수잠입·탈출죄

적용법조　　　국가보안법 제6조, 제8조

구속여부　　　구속

변 호 인　　　홍길동

Ⅱ. 공소사실

1. 모두 사실

(1) 피고인 김찬양의 범죄 전력

피고인 김찬양은 2001. 10. 17. 서울지방검찰청에서 국가보안법위반(찬양·고무 등) 등으로 기소유예 처분을 받았다.

그 후 2003. 9. 17. 서울지방법원 의정부지원에서 특수공무집행방해죄 등으로 징역 10월에 집행유예 2년을 선고받아 2003. 9. 25. 그 판결이 확정되었다.

또한 2007. 12. 28. 대전지방법원 서산지원에서 특수공무집행방해죄 등으로 징역 10월에 집행유예 2년을 선고받고 2008. 12. 12. 대전지방법원에서 항소기각된 후 상고하여 대법원에 재판계속 중이다.

(2) 활동 상황

가. 피고인 김찬양

피고인 김찬양은 1988년 서울건설일용노조 부위원장, 1989년 전국건설일용노조연맹 위원장, 1993년 서울건설일용노조 위원장, 1994년 전국노동조합대표자회의 및 민노총(준) 산하 건설일용노조 대표, 1995년 전국 건설일용노동조합협의회 대표를 거쳐, 1999년 민노총 부위원장 및 통일 위원장으로 활동하였다.

그 뒤 2002. 8.경 조국통일범민족연합(이하 '범민련'이라 한다) 남측본부 후원회 공동대표, 민중연대 민족자주위원회 위원장 등을 거쳐, 2003. 2.경부터 범민련 남측본부에서 활동하면서 2003. 2.경부터 2005. 2.경까지는 부의장의 직책을,

2005. 2.경부터는 의장의 직책을 수행하였다.

범민련 남측본부 의장은 범민련 남·북·해외 공동의장단 회의에서 남측본부를 대표하고, 범민련 남측본부 중앙위원 총회, 의장단회의, 중앙집행위원 총회를 주재하며, 범민련 남측본부 전체 사업을 책임지거나 집행하면서 범민련 남측본부를 대표하는 직책이다.

나. 피고인 정고무

피고인 정고무는 1994. 12.경 안산민주청년회회장, 1996. 8.경 경기남부범민족대회추진본부 본부장, 1999. 6.경 청년연석회의 경기남부지역 대표, 1999. 9.경 국가보안법철폐 범국민투쟁본부 경기지역 본부장 등으로 활동하였다.

그 뒤 2000. 7.경 범민련 남측본부 경기남부지역연합을 결성한 후 2000. 8.경 경기남부지역연합의 범민련 남측본부 가입승인을 받는 등 범민련 남측본부에서 경기남부지역연합 의장 등으로 활동하다가 2003. 2.경부터 사무처장의 직책을 수행하면서 '장군님의 전사'이자 '직업적 혁명가'를 자처하는 등 북한의 지령과 노선에 따라 활동하였다.

범민련 남측본부 사무처장은 실무책임자로서 사무처 산하 조직국, 총무국, 편집국 등 업무 전반을 총괄하여 대외연락 및 재정업무 등도 담당하고 있을 뿐만 아니라, 범민련 남·북·해외본부간 공동 결의사항에 대한 집행, 각 조직 간의 연락 및 연대사업을 위해 결성된 범민련 공동사무국과의 연락업무를 전담하는 등 범민련 남측본부의 실무를 책임지고 있는 핵심 직책이다.

다. 피고인 은잠입

피고인 은잠입은 2001. 3.경 결성된 '6.15공동선언 실현과 한반도 평화를 위한 통일연대'(이하 '통일연대'라 한다) 정책위원장, 2007. 9.경 통일연대 등이 중심이 되어 결성된 진보연대 정책국장 등으로 활동하였다.

한편 1999.경 범민련 남측본부에 가입한 후 '은갈치'라는 가명을 사용하며 정책국장을 거쳐 2005. 4.경부터 2009. 3.말경까지 정책위원장으로 활동하다가, 2009. 3. 31.경부터 선전위원장의 직책을 수행하였다.

범민련 남측본부 정책위원장은 범민련 남측본부 과제별위원회 중 하나인 사무처 산하 정책위원회의 책임자로 범민련 남측본부의 당연직 중앙위원이고, 중앙집행위원회, 상임집행위원회를 구성하는 핵심간부로서 범민련 남측본부의 활동 방향 결정을 위해 정세를 분석·판단하고 사업계획의 초안을 마련하는 업무를 수행하는 주요 직책이고, 범민련 남측본부 선전위원장 또한 과제별위원회 중 하나인 선전위원회의 책임자로서 범민련의 기관지인 '민족의 진로' 발간 등 범민련의 정책과 활동을 대외적으로 홍보하고 조직원 및 대중 상대 교양·선전 업무를 수행하는 주요 직책이다.

2. 범죄 사실

(1) 북한과 범민련의 성격

가. 북한의 반국가단체성

북한은 정부를 참칭하고 국가를 변란할 목적으로 불법 조직된 반국가 단체로서 한반도 적화통일을 기본 목표로 설정하고, 마르크스·레닌주의의 변형인 '김일성 독재사상'(주체사상)에 입각하여 변증법적 유물론에 따른 역사해석과 계급투쟁의 관점에서 한국의 역사를 지배계급에 대한 피지배계급의 계급투쟁으로 규정하는 한편, 남한사회는 미제국주의의 강점 하에서 그들이 내세운 파쇼정권을 통하여 철저히 종속된 식민지로서 모든 인민이 수탈을 당하고 있다고 주장하고 있다.

한편, 1991. 9. 17. 대한민국과 북한이 유엔에 동시 가입하였고, 1991. 12. 13. 이른바 남북 고위급회담에서 남북기본합의서가 채택되었으며, 2000. 6. 15.과 2007. 10. 4. 두 차례에 걸쳐 남북정상회담이 개최되고 남북공동선언문이 발표된 이후 남북이산가족 상봉행사를 비롯하여 남·북한 사이에 정치·경제·사회·문화·학술·스포츠 등 각계 각층에서 활발한 교류와 협력이 이루어지는 와중에서도 북한은 1999. 6. 15.과 2002. 6. 29. 제1차, 제2차 연평해전을 일으키고, 2006. 7.경과 2009. 4.경에는 각각 대륙간 탄도미사일을 발사하였으며, 2006. 10. 9.과 2009. 5. 27. 두 차례에 걸쳐 지하 핵실험을 실시하고, 2009. 1. 30.에는 조국평화통일위원회 명의로 '남북간의 모든 합의를 무효화한다'는 통보를 하는 등 끊임없이 무력도발과 위협을 계속하는 등 우리나라의 자유민주주의 체제를 전복하고자 하는 적화통일 노선을 유지하고 있다.

나. 범민련의 이적단체성

범민련은 북한 노동당내 대남공작사업 담당기구인 '통일전선부' 산하 조국평화통일위원회(이하 '조평통'이라 한다.)가 1990. 8. 15. 판문점에서 남한 및 해외 친북 세력을 동원하여 범민족대회를 개최하고, 1990. 11. 20. 독일 베를린에서 남한 및 해외 친북세력을 결집시켜 출범시킨 단체이다.

범민련은 중앙조직이 북한의 통일전선부에서 직접 관장하고 있는 북측 본부를 주축으로 남측본부와 해외본부가 연계되어 있고, 최고 의결기구인 범민족회의와 각 본부의장 등으로 구성된 공동의장단 및 중앙위원회, 남·북·해외 및 각국 본부간 연락과 연대사업을 담당하는 공동사무국으로 이루어져 있으며, 강령에 '남·북·해외 통일운동세력 결집, 외국군대 철수, 연방조국 건설' 등을 목표로 설정하는 등 북한의 통일전선전술에 따라 활동하고 있고, 2001. 9. 18.경 강령을 일부 개정하여 '낮은 단계의 연방제, 외세의 지배와 간섭을 반대 배격' 등을 목표로 수정제시 하였지만, 여전히 북한의 통일전선전술에 따라 활동하고 있으며, 북측본부의 구성원 대부분은 위 조평통의 핵심 간부들로 구성되어 있는 이적단체이다.

또한 범민련 남측본부는 1991. 1. 23. 재야, 대학가의 친북 운동권 단체를 주축으로 '남측본부 결성 준비위원회'를 결성하여 친북 활동을 전개하다가 북측본부 및 해외본부에서 '연방제 조국통일 투쟁의 효과적 전개' 명목으로 남측본부 결성을 촉구함에 따라 1995. 2. 25. 정식으로 발족하여 범민련의 노선에 따라 활동하던 중 1997. 5. 16. 대법원에서 이적단체로 판시되었으며, 그 후에도 계속하여 1999. 8.경까지 10차례에 걸쳐 범민족대회를 개최하고, 2009. 3.경까지 중앙위원총회, 의장단회의 등을 꾸준히 개최하면서 주한미군 철수, 국가보안법 철폐 등 북한의 주장 및 활동을 찬양, 동조하는 이적단체이다.

(2) 피고인 김찬양의 이적단체 '범민련 남측본부' 가입

피고인 김찬양은 1999.경 민노총 부위원장 겸 통일위원장에 선임되어 1999. 8. 9.경부터 8. 14.경까지 통일 염원 남북노동자 축구대회 방북단장 자격으로 방북하였고, 2002. 8.경 민노총 통일위원장을 사임한 후, 그 즈음부터 범민련 남측본부 후원회 공동대표로 선임되어 활동하였다.

범민련 남측본부 운영규약 제5조는 '남측본부는 자주, 평화통일, 민족대단결의 조국통일 3대원칙을 지지하고 범민련의 강령과 규약을 승인하는 남, 북, 해외의 애국적인 정당, 단체 및 개별인사들로 구성'하는 것으로, 위 규약 제7조는 '조국통일운동에 공로가 크거나 조국통일운동에서 특별한 역할을 할 수 있는 개인

은 중앙집행위원회의 추천을 받아 의장단회의의 승인을 거쳐 가입'하는 것으로, 위 규약 제15조는 '중앙위원 총회는 남측본부 의장, 개별자격 부의장, 감사를 선출'하는 것으로 각 규정하고 있다.

이로써 피고인 김찬양은 국가의 존립·안전이나 자유민주적 기본질서를 위태롭게 한다는 정을 알면서 반국가단체나 그 구성원 또는 그 지령을 받은 자의 활동을 찬양·고무·선전·동조하거나 국가변란을 선전·선동할 목적으로 하는 이적단체인 범민련 남측본부에 가입하였다.

(3) 피고인 김찬양, 정고무의 통신·연락 등

범민련 공동사무국 사무부총장 북공작은 범민련 공동사무국에서 범민련 남·북·해외본부의 3자간 통신연락을 전담하면서, 범민련 북측본부 등 북한과의 연락업무, 범민련 남측본부 등 국내 친북단체 구성원들과 연계한 국내 정세동향 파악업무 등 대남공작활동을 하고 있는 재일 북한공작원이다.

피고인 정고무는 2003. 2.경부터 범민련 남측본부 사무처장으로서, 범민련 남·북·해외 공동의장단회의 등 각종 행사 개최 및 범민련 남측본부 활동사항 등에 관해 이메일, 팩스, 전화 등을 이용한 북공작과의 통신연락 업무를 담당하게 되었다.

한편 피고인 김찬양은 2005. 2.경 범민련 남측본부 의장으로 취임 후 사무처장인 정고무로 하여금 북공작과의 통신연락을 담당하게 하면서 범민련 북측본부, 공동사무국의 전달사항을 이메일, 팩스 등을 통해 수신하게 하거나 관련 문건을 북공작에게 보고하게 하는 한편 범민련 남측본부 의장단회의, 중앙집행위원회 등을 통해 사전 또는 사후 보고하게 하고, 이를 승인하는 등의 방법으로 정고무와 통신연락 업무를 상호 분담하였다.

가. 피고인 김찬양, 정고무의 2003. 3. 통신연락

2003. 2. 23.경 열린 범민련 남측본부 8기 중앙위원총회에서 피고인 정고무는 사무처장으로, 피고인 김찬양은 부의장으로 각각 선임되어, 의장으로 선출된 범의장 등과 함께 범민련 남측본부의 새로운 지도부를 구성하게 되었다.

피고인 김찬양, 정고무는 2003. 3. 4.경 범민련 남측본부 사무실에서 사무처장 대행의 주선으로 새로운 남측본부 지도부와 함께 사무실 전화로 범민련 공동사무국 사무실로 전화하여 북공작과 통화하였다.

당시 피고인 김찬양, 정고무는 북공작과 신임인사를 하면서 향후 투쟁 방향, 연락체계 등에 대하여 통화하는 바, 그 주요내용은 다음과 같다.

〈김찬양〉

북공작: 동동사무국의 북공작입니다. … 부의장님이 오셔서 앞으로 타 단체와의 연대연합사업이 크게 발전하리라고 크게 믿고 있습니다.

김찬양: 예, 그런데 만나 뵙고 그래야 되는데 … 전화로만 인사를 드리게 돼서 안타깝네요.

북공작: 범남본(범민련 참측 본부)에 오시자마자 할 일이 대단히 많다고 생각합니다.

〈정고무〉

정고무: 우리 범의장 의장님을 모시고 열심히 해보려고 마음 먹고 있습니다.

북공작: 앞으로 저희들과 정상적으로 연계업무도 하셔야 하고 …

정고무: 예, 그렇게 해야죠. 남측본부 업무 파악 좀 하고 일할 수 있는 체계가 되면 조만간에 또 연락드리겠습니다.

북공작: 하여튼 의장단 잘 받드시고 당면해서 하셔야 할 투쟁이 많기 때문에 하나 하나씩 … 북측본부도 우리 해외본부도 새로 사무처장이 되셔서 크게 기대를 걸고 있기 때문에 …

이로써 피고인 김찬양, 정고무는 의장 범의장 등 법민련 남측본부 간부들과 공모하여 국가의 존립·안전이나 자유민주적 기본질서를 위태롭게 한다는 정을 알면서 반국가단체인 북한의 구성원 또는 그 지령을 받은 자와 통신·연락하였다.

　나. 피고인 정고무의 2003. 4. 통신연락

　　(구체적 통화 내역 생략)

　이와 같이 피고인 정고무는 북공작과 범민련 북측본부·공동사무국간 실무협의에서 논의된 6.15 민족통일대축전 동향, 통일연대, 민노당에서 주최한 '남북연석회의 55돌 토론회'와 향후 통신연락 방법 등에 관하여 통화하였다.

　이로써 피고인 정고무는 범민련 남측본부 간부, 조직원들과 공모하여 국가의 존립·안전이나 자유민주적 기본질서를 위태롭게 한다는 정을 알면서 반국가단체인 북한의 구성원 또는 그 지령을 받은 자와 통신·연락하였다.

다. 피고인 정고무의 2003. 6. 통신연락(생략)

라. 피고인 정고무의 2003. 10. 통신연락(생략)

마. 피고인 정고무의 2003. 11.-12. 통신연락(생략)

바. 피고인 김찬양, 정고무의 2004. 1. 통신연락(생략)

사. 피고인 정고무의 2004. 2. 통신연락(생략)

아. 피고인 정고무의 2004. 2.-3. 통신연락(생략)

자. 피고인 정고무의 2004. 4. 통신연락(생략)

차. 피고인 정고무의 2004. 6. 통신연락(생략)

카. 피고인 정고무의 2004. 7. 통신연락(생략)

...

처. 피고인 김찬양, 정고무의 2009. 5. 통신연락(생략)

(4) 피고인들의 회합, 특수잠입·탈출 등

가. 피고인 정고무의 2004. 11. 금강산 회합

피고인 정고무는 통일부로부터 북한방문증명서를 발급받기 위하여 범민련 남측본부 소속임을 은닉하고 북한 대남공작원과 만나 지령을 하달받고 범민련 활동을 협의할 명백한 의도를 숨긴 채 통일부에 허위확약서를 제출한 후 북한방문증명서를 발부받아 북한 지역으로 들어갔다.

이로써 피고인 정고무는 범민련 남측본부 간부, 조직원들과 공모하여 반국가단체나 그 구성원의 지령을 받기 위하여 또는 그 목적수행을 협의하기 위하여 탈출하였다.

피고인 정고무는 2004. 11. 24. 24:00경부터 11. 25. 01:20경까지 금강산호텔에서 북한 대남공작조직인 통일전선부 소속 공작원인 범민련 북측본부 사무국장, 중앙위원, 사무과장 등 북한 대남공작원 4명과 회합하였다.

위 회합에서 피고인 정고무는 범민련 남측본부의 활동에 대한 평가와 향후 투쟁방향 등에 대한 지령을 수수하였는 바 그 구체적 내용은 다음과 같다.

• 6.15 공동선언은 위대한 장군님의 결단에 의해서 탄생한 선언으로 평가하고 있다. 6.15시대는 우리 장군님의 시대다.

• 마련된 합법적 공간을 최대한 이용하고 6.15 공동선언 이행단체를 포섭하고 그 이행으로 불러일으키는 사고가 필요하다.

• 당면하게는 남측 준비위에 범민련이 적극 참여, 통일연대의 힘을 빌려야 하는 것이 준비위 자체가 자기 고유한 역할을 탈색되지 않도록 범민련이 해야 한다.

• 이런 문제를 해결하자면 준비위, 통일연대의 힘을 빌려야 한다. 범민련이 명칭을 살려 앞으로도 공공행사에 참여, 오늘과 같은 일을 계속 반복해 응당한 역할을 놀아주었으면 하는 바램이다.

• 우리의 바램이다. 효순이 미선이 6. 13 - 9. 8. 기간을 미군철수운동기간으로 설정했음 한다.

나. 피고인 정고무, 은잠입의 2004. 12. 북경 회합

피고인 정고무, 은잠입은 북한 통일전선부 공작원으로부터 ① '6.15 공동준비위'는 6.15 선언을 지지하는 정당 단체 인사를 모두 망라하여 가장 큰 범위의 조직으로 할 것, ② '6.15 공동준비위'에서 범민련, 통일연대가 주동이 되어 끌고 나갈 것, ③ 미군철수공대위를 시급히 구성할 것 등의 투쟁지침을 하달받았다.

또한 피고인 정고무, 은잠입은 이와 함께 범민련 남측본부 투쟁방향으로 ① 통일원년에 맞게 통일운동을 주동적으로 전개할 것, ② 반미투쟁, 구체적으로 미군철수 투쟁을 일상적으로 강화하면서 미군철수공대위를 시급히 구성할 것, ③ 준비위 사업에 적극 결합하면서 적극적 역할을 수행할 것, ④ 기자협회 교류문제에 대해 실천적 모습을 보일 것, ⑤ 준비위 차원에서 할 수 없는 미군철수나 국가보안법 철폐 투쟁을 대중적으로 전개하고 북측과 공동으로 대응할 것, ⑥ 사진전 등 북과 공동으로 대응할 수 있는 방안을 모색할 것 등의 지령을 받았다.

이로써 피고인 정고무, 은잠입은 범민련 남측본부 간부, 조직원들과 공모하

여 국가의 존립·안전이나 자유민주적 기본질서를 위태롭게 한다는 정을 알면서 반국가단체의 구성원 또는 그 지령을 받은 자와 회합하였다.

다. 특수잠입

피고인 정고무, 은잠입은 2004. 12. 22.경부터 12. 23.경까지 북한 통일전선부 소속 공작원과 회합하여 '미군철수공대위 신속한 결성', '6.15 준비위 주도' 등의 지령을 받았다.

그 후 피고인 은잠입은 2004. 12. 24. 경 KE852편으로, 피고인 정고무는 2004. 12. 27.경 OZ332편으로 통일연대에 소속되어 있는 사람과 함께 각각 인천공항을 통하여 입국하였다.

피고인 정고무, 은잠입은 국내로 들어온 후, 범민련 남측본부 조직원들과 함께 '범민련 회합' 과정에서 받은 지령 및 협의 사항에 대해 정리하여 2004. 12. 하순경 '12 - 22 북경회담 총 내용'이라는 문건을 작성하였다.

그 뒤 피고인 정고무는 2004. 12. 29. 민노총 사무실에서 개최된 범민련 남측본부 임시의장단회의에서 김찬양 등이 참가한 가운데 위 북경회담에 대해 보고하였다.

계속하여 피고인 정고무, 은잠입은 범민련 남측본부 조직원들과 함께 2005. 1. 2.경 위 문건을 범민련 남측본부 이메일을 이용하여 범민련 남측본부 경인연합으로 송부하는 등 2004. 12. 하순 - 2005. 1. 초순 사이 이메일 등을 이용하여, 산하 단체, 지역, 조직을 비롯한 조직원들에게 전파하였다.

라. 피고인 정고무, 은잠입의 2006. 8. 심양 회합

통일연대는 2006. 8. 12.경 북한 민화협과 2006. 8. 21 - 8. 22.경 중국 심양에 있는 칠보산 호텔에서 '큰물피해 복구 지원사업 등과 관련한 실무협의'를 갖기로 하였다.

이적단체인 범민련 남측본부 조직원이 범민련 북측본부 조직원과 접촉할 의도임을 밝히는 경우에는 통일부가 방북 또는 북한주민에 대한 접촉을 승인하지 아니하여 공식적·합법적 방법으로는 북측본부와 회합이 불가능한 상황에서 피고인 정고무 등 범민련 남측본부 간부, 조직원들은 2004. 11. 금강산 회합시 북의 지령에 따라 통일연대의 공식행사를 구실로 다시 범민련 북측본부 소속 북한 대남공작원을 만나 '범민련 남측본부의 향후 활동방향' 등에 대해 지령을 수수하

고 회합을 하기로 하였다.

당시 피고인 정고무만 2006. 5. 12.경 통일부로부터 피접촉인을 '6.15북측위원회 위원장 등 관계자'로, 접촉목적을 '6.15민족통일대축전 등 남북공동행사, 남북위원회간 업무협의'로 하고, '북한주민 접촉은 신고한 범위 내에서만 가능하며 신고범위를 이탈하는 등의 남북교류협력 질서를 저해하는 행위는 금지됩니다.' 등의 유의사항을 명기하여 유효기간이 '2007. 5. 11.'까지인 북한주민 접촉승인을 받았을 뿐이었다.

그럼에도 피고인 은잠입은 2006. 8. 21.경 대한항공 KE831편을 이용하여, 피고인 정고무는 2006. 8. 22.경 6.15남측위 언론본부 소속 4명과 함께 대한항공 KE833편을 이용하여 각각 인천공항에서 중국 심양으로 출국하였다.

이로써 피고인 정고무, 은잠입은 범민련 남측본부 간부, 조직원들과 공모하여 반국가단체나 그 구성원의 지령을 받기 위하여 또는 그 목적수행을 협의하기 위하여 국외로 탈출하였다.

그리고 피고인들은 중국 심양에서 북한 대남공작원들과 회합하여, 그들로부터 ① 반미투쟁을 대중적으로 전개할 것, ② 언론단체와의 사업을 활성화할 것, ③ 새로운 연합조직을 주도하여 반미통일 운동을 할 것 등에 대한 지령을 하달받았다.

이로써 피고인들은 범민련 납측본부 간부, 조직원들과 공모하여 국가의 존립·안전이나 자유민주적 기본질서를 위태롭게 한다는 정을 알면서 반국가단체 구성원 또는 그 지령을 받은 자와 회합하였다.

서울중앙지방검찰청

검사 법 대 로 (인)

변호인선임신고서

피 고 인   김 찬 양
                정 고 무
                은 잠 입

사   건   2011고합731(국가보안법위반)

위 사건에 관하여 변호사 홍 길 동 을 변호인으로 선임하고 연서하여 이에 신고함.

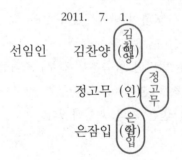

2011. 7. 1.

선임인   김찬양 (김찬양)

           정고무 (인)(정고무)

           은잠입 (은잠입)

위 변호인 변호사 홍길동 (홍길동)
           주소 서울 서초구 서초동 10 ●빌딩 100호
           전화 XXX－XXXX

서울중앙지방법원 제12형사부 귀중

수임번호 2011-630	**법률상담일지**	2011. 6. 30. 14:00 ~ 15:00
의뢰인	1. 김찬양 2. 정고무 3. 은잠입	의뢰인 전화 1. 010-****-**** 2. 010-****-**** 3. 010-****-****
의뢰인 주소	1. 서울 ○○구 ☆☆동 1234 ○○ 아파트 201동 1101호 2. ○○시 ○○구 ☆☆동 2345-1 3. ○○ 광역시 ○○구 ☆☆동 ○○ 아파트 505동 606호	

상담내용

김찬양, 정고무, 은잠입: 변호사님 우리들은 지금 억울하게 국가보안법 위반으로 잡혀 있습니다. 저희들은 나름대로 범민련의 간부로서 활동하면서, 노동자들의 인권과 권익신장을 위할 뿐만 아니라 남북의 노동자들이 연합하여 함께 협력할 수 있는 방안을 논의하기 위한 목적으로 활동을 해 왔을 뿐인데, 검찰에서는 저희들을 국가보안법 위반으로 구속기소한 것입니다. 그러니 저희들 좀 이 구속에서 석방될 수 있도록 해주시고 또한 무죄로 풀려 나올 수 있도록 좀 도와 주십시오.

홍길동 변호사: 예 잘 알겠습니다. 의뢰인들은 지금 무엇을 하고 계시며, 어떻게 해서 여기에 구속되게 된 것입니까?

김찬양: 저는 일용직 노동자로서 전국건설일용노조 위원장이나 대표 등을 맡아 오다가 1999년부터 민노총 부위원장 및 통일 위원장으로 활동하고 지금 현재는 조국통일범민족연합 남측본부 후원회 공동대표를 맡아서 일을 했고, 2005년 2월경부터는 의장을 지내고 있으면서 여러 활동들을 전개해 나가고 있습니다.

정고무: 저는 범민련 남측본부에서 경기남부지역 연합의장 등으로 활동하다가 2003년 2월경부터 사무처장의 직책을 수행하고 있습니다.

은잠입: 저는 1999년 경 범민련 남측본부에 가입하고 나서 2005년 4월경부터

2009년 3월 말경까지 정책위원장으로 활동하다가 2009년 3월 31일경부터 선전위원장의 직책을 가지고 활동을 하고 있습니다.

홍길동 변호사: 그러면 그 단체에서는 주로 무슨 활동을 벌여 나가는 것인지요?

김찬양: 아 그거야 저희들은 아까도 말씀드렸다시피 남한 사회에서는 얼마나 있는 자와 없는 자, 자본가와 노동자들간의 빈부격차가 심합니까? 그래서 저희들은 전국에 있는 노동자들의 연합을 결성하여 노동자들의 권익을 옹호하고, 나아가서는 북측의 노동자들과도 연대하여 통일운동을 펴나가기 위해서 여러 가지 협의를 하면서 활동을 수행하고 있는 것입니다.

홍길동 변호사: 아 그랬군요. 그런데 검찰이 왜 여러분들을 국가보안법 위반 혐의로 구속기소하는 것입니까?

정고무: 아 글쎄 말입니다. 저희들은 6.15 공동선언도 이루어지고 남북이 화해 무드로 바뀌면서 이제 협력하여 통일시대를 이루기 위하여 서로 오고가면서 왕래하고, 또 이 땅에서 그야말로 외세를 몰아내고 우리 민족끼리 협력하기 위한 그러한 방법들을 모색하려고 하는 것뿐입니다. 남북이 언제까지 대치상태로만 가야합니까?

홍길동 변호사: 아 그렇군요. 은잠입 의뢰인은 뭐가 문제가 되었던가요?

은잠입: 예 저는 통일부로부터 북측사람들과 접촉하는 것에 대하여 모두 허락을 받고서 중국에 가서 만나 여러 가지 사항들을 협의하고 왔고, 들어와서도 우리 의장님과 사무처장님과 함께 북측이나 해외본부 사람들과 협의하면서 여러 가지 현안들을 해결해 나가기 위해서 활동하고 있었는데, 느닷없이 검찰이 저희 사무실에 들이 닥치더니만 우리들을 잡아 가두어 버린 것 아니겠습니까? 뭐 국가보안법상 찬양, 고무, 특수 잠입, 탈출이라나 뭐라나?

홍길동 변호사: 아 그렇군요. 그럼 북측인사들과 협의하고 국내에 들어와서도 계속해서 북측인사나 또는 일본에 있는 해외 인사들과 여러 가지 현안들에 대하여 통화하면서 협의해 왔다 이런 말씀입니까?

김찬양, 정고무, 은잠입: 예 그렇습니다.

홍길동 변호사: 그러면 검찰은 그러한 사실들을 어떻게 알 수 있었던가요?

김찬양: 아마도 우리가 북측인사나 아니면 해외 지부 인사들과 전화 통화나 이메일을 할 때에 모두 다 듣고 있었던 것 같습니다. 공소장에 보면 저희들이 통화한 내역들이 아주 상세하게 기록되어 있지 않습니까?

홍길동 변호사: 아 그렇군요. 검찰이 몇 차례나 감청을 한 것 같습니까?

정고무: 공소장을 보시면 아시겠지만 아마도 수십차례 이상 계속해서 감청을 하였던 것 같습니다.

은잠입: 한 마디로 그 사람들은 우리가 통화하는 내용을 듣고 싶을 때, 다 듣고 있었다고 해도 과언이 아닙니다.

홍길동 변호사: 아 그렇군요. 검찰은 그러한 감청을 통하여 파악한 사실을 기초로 해서 여러분들을 국가보안법 위반죄로 구속 기소한 것이군요.

김찬양: 예 그렇습니다. 우리는 나름대로 노동자의 권익신장과 남북 노동자의 통일적인 연대운동을 벌여 나가고자 하는 것일 뿐인데, 검찰은 우리가 통화하고 있는 것들을 모두 감청하고는 그것을 근거로 해서 우리에게 국가보안법 위반죄를 덮어 씌우려고 하려는 것 같아요.

홍길동 변호사: 아 그렇군요. 잘 알겠습니다. 그럼 제가 나름대로 이번 사건과 관련하여 법률적 문제들은 없는지 검토해서 필요한 조치들을 취하도록 하겠습니다. 그리고 검찰이 이렇게 무제한적으로 감청하는 것은 상당한 문제가 있는

것 같은데 이에 대한 법적 검토도 해서 나름대로의 대응을 하도록 하겠습니다. 제 도움이 필요한 때에는 언제든지 제 핸드폰 번호로 연락을 주시기 바랍니다.

김찬양, 정고무, 은잠입: 예 알겠습니다. 그럼 잘 부탁드리겠습니다.

홍길동 법률사무소(담당변호사 홍길동)

전화 XXX-XXXX, 전송 XXX-XXXX, 전자우편 ***@law.com

주소 서울 서초구 서초동 10 ●빌딩 100호

기록이면표지

V. 참고자료

통신비밀보호법(2001. 12. 29. 법률 제6546호로 개정된 것)(발췌)

제1조(목적) 이 법은 통신 및 대화의 비밀과 자유에 대한 제한은 그 대상을 한정하고 엄격한 법적 절차를 거치도록 함으로써 통신비밀을 보호하고 통신의 자유를 신장함을 목적으로 한다.

제2조(정의) 이 법에서 사용하는 용어의 정의는 다음과 같다. <개정 2001. 12. 29>

1. "통신"이라 함은 우편물 및 전기통신을 말한다.

2. "우편물"이라 함은 우편법에 의한 통상우편물과 소포우편물을 말한다.

3. "전기통신"이라 함은 전화·전자우편·회원제정보서비스·모사전송·무선호출 등과 같이 유선·무선·광선 및 기타의 전자적 방식에 의하여 모든 종류의 음향·문언·부호 또는 영상을 송신하거나 수신하는 것을 말한다.

4. "당사자"라 함은 우편물의 발송인과 수취인, 전기통신의 송신인과 수신인을 말한다

5. "내국인"이라 함은 대한민국의 통치권이 사실상 행사되고 있는 지역에 주소 또는 거소를 두고 있는 대한민국 국민을 말한다.

6. "검열"이라 함은 우편물에 대하여 당사자의 동의없이 이를 개봉하거나 기타의 방법으로 그 내용을 지득 또는 채록하거나 유치하는 것을 말한다.

7. "감청"이라 함은 전기통신에 대하여 당사자의 동의없이 전자장치·기계장치등을 사용하여 통신의 음향·문언·부호·영상을 청취·공독하여 그 내용을 지득 또는 채록하거나 전기통신의 송·수신을 방해하는 것을 말한다.

8. "감청설비"라 함은 대화 또는 전기통신의 감청에 사용될 수 있는 전자장치·기계장치 기타 설비를 말한다. 다만, 전기통신 기기·기구 또는 그 부품으로서 일반적으로 사용되는 것 및 청각교정을 위한 보청기 또는 이와 유사한 용도로 일반적으로 사용되는 것중에서, 대통령령이 정하는 것은 제외한다.

9. "전자우편"이라 함은 컴퓨터 통신망을 통해서 메시지를 전송하는 것 또

는 전송된 메시지를 말한다.

　10. "회원제정보서비스"라 함은 특정의 회원이나 계약자에게 제공하는 정보서비스 또는 그와 같은 네트워크의 방식을 말한다.

　11. "통신사실확인자료"라 함은 가입자의 전기통신일시, 전기통신개시·종료시간, 발·착신 통신번호 등 상대방의 가입자번호, 사용도수 그 밖에 대통령령으로 정하는 전기통신사실에 관한 자료를 말한다.

　제3조(통신 및 대화비밀의 보호) ① 누구든지 이 법과 형사소송법 또는 군사법원법의 규정에 의하지 아니하고는 우편물의 검열·전기통신의 감청 또는 통신사실확인자료의 제공을 하거나 공개되지 아니한 타인간의 대화를 녹음 또는 청취하지 못한다. 다만, 다음 각호의 경우에는 당해 법률이 정하는 바에 의한다. <개정 2000. 12. 29, 2001. 12. 29>

　1. 환부우편물등의 처리: 우편법 제28조·제32조·제35조·제36조등의 규정에 의하여 폭발물등 우편금제품이 들어 있다고 의심되는 소포우편물(이와 유사한 우편물을 포함한다)을 개피하는 경우, 수취인에게 배달할 수 없거나 수취인이 수령을 거부한 우편물을 발송인에게 환부하는 경우, 발송인의 주소·성명이 누락된 우편물로서 수취인이 수취를 거부하여 환부하는 때에 그 주소·성명을 알기 위하여 개피하는 경우 또는 유가물이 든 환부불능우편물을 처리하는 경우.

　2. 수출입우편물에 대한 검사: 관세법 제256조·제257조 등의 규정에 의한 신서외의 우편물에 대한 통관검사절차.

　3. 구속 또는 복역중인 사람에 대한 통신: 형사소송법 제91조, 군사법원법 제131조, 행형법 제18조·제19조 및 군행형법 제15조·제16조등의 규정에 의한 구속 또는 복역중인 사람에 대한 통신의 관리.

　4. 파산자에 대한 통신: 파산법 제180조의 규정에 의하여 파산자에게 보내온 통신을 파산관재인이 수령하는 경우.

　5. 혼신제거등을 위한 전파감시: 전파법 제63조의2의 규정에 의한 혼신제거 등 전파질서유지를 위한 전파감시의 경우.

　② 우편물의 검열 또는 전기통신의 감청(이하 "통신제한조치"라 한다)은 범죄수사 또는 국가안전보장을 위하여 보충적인 수단으로 이용되어야 하며, 국민의

통신비밀에 대한 침해가 최소한에 그치도록 노력하여야 한다. <신설 2001. 12. 29>

제4조(불법검열에 의한 우편물의 내용과 불법감청에 의한 전기통신내용의 증거사용 금지) 제3조의 규정에 위반하여, 불법검열에 의하여 취득한 우편물이나 그 내용 및 불법감청에 의하여 지득 또는 채록된 전기통신의 내용은 재판 또는 징계절차에서 증거로 사용할 수 없다.

제5조(범죄수사를 위한 통신제한조치의 허가요건) ① 통신제한조치는 다음 각호의 범죄를 계획 또는 실행하고 있거나 실행하였다고 의심할만한 충분한 이유가 있고 다른 방법으로는 그 범죄의 실행을 저지하거나 범인의 체포 또는 증거의 수집이 어려운 경우에 한하여 허가할 수 있다. <개정 1997. 12. 13, 2000. 1. 12, 2001. 12. 29>

1. 형법 제2편중 제1장 내란의 죄, 제2장 외환의 죄중 제92조 내지 제101조의 죄, 제4장 국교에 관한 죄중 제107조, 제108조, 제111조 내지 제113조의 죄, 제5장 공안을 해하는 죄중 제114조, 제115조의 죄, 제6장 폭발물에 관한 죄, 제7장 공무원의 직무에 관한 죄중 제127조, 제129조 내지 제133조의 죄, 제9장 도주와 범인은닉의 죄, 제13장 방화와 실화의 죄중 제164조 내지 제167조·제172조 내지 제173조·제174조 및 제175조의 죄, 제17장 아편에 관한 죄, 제18장 통화에 관한 죄, 제19장 유가증권, 우표와 인지에 관한 죄중 제214조 내지 제217조, 제223조(제214조 내지 제217조의 미수범에 한한다) 및 제224조(제214조 및 제215조의 예비·음모에 한한다), 제24장 살인의 죄, 제29장 체포와 감금의 죄, 제30장 협박의 죄중 제283조제1항, 제284조, 제285조(제283조제1항, 제284조의 상습범에 한한다), 제286조[제283조제1항, 제284조, 제285조(제283조제1항, 제284조의 상습범에 한한다)의 미수범에 한한다]의 죄, 제31장 약취와 유인의 죄, 제32장 강간과 추행의 죄중 제297조 내지 제301조의2, 제305조의 죄, 제34장 신용, 업무와 경매에 관한 죄중 제315조의 죄, 제37장 권리행사를 방해하는 죄중 제324조의2 내지 제324조의4·제324조의5(제324조의2 내지 제324조의4의 미수범에 한한다)의 죄, 제38장 절도와 강도의 죄중 제329조 내지 제331조, 제332조(제329조 내지 제331조의 상습범에 한한다), 제333조 내지 제341조, 제342조[제329조 내지 제331조, 제332조(제329조

내지 제331조의 상습범에 한한다), 제333조 내지 제341조의 미수범에 한한다]의 죄, 제39장 사기와 공갈의 죄중 제350조의 죄

　2. 군형법 제2편중 제1장 반란의 죄, 제2장 이적의 죄, 제3장 지휘권 남용의 죄, 제4장 지휘관의 강복과 도피의 죄, 제5장 수소이탈의 죄, 제7장 군무태만의 죄중 제42조의 죄, 제8장 항명의 죄, 제9장 폭행·협박·상해와 살인의 죄, 제11 장 군용물에 관한 죄, 제12장 위령의 죄중 제78조·제80조·제81조의 죄

　3. 국가보안법에 규정된 범죄

　4. 군사기밀보호법에 규정된 범죄

　5. 군사시설보호법에 규정된 범죄

　6. 마약류관리에관한법률에 규정된 범죄중 제58조 내지 제62조의 죄

　7. 폭력행위등처벌에관한법률에 규정된 범죄중 제4조 및 제5조의 죄

　8. 총포·도검·화약류등단속법에 규정된 범죄중 제70조 및 제71조제1호 내지 제3호의 죄

　9. 특정범죄가중처벌등에관한법률에 규정된 범죄중 제2조 내지 제8조, 제10 조 내지 제12조의 죄

　10. 특정경제범죄가중처벌등에관한법률에 규정된 범죄중 제3조 내지 제9조 의 죄

　11. 제1호와 제2호의 죄에 대한 가중처벌을 규정하는 법률에 위반하는 범죄

　② 통신제한조치는 제1항의 요건에 해당하는 자가 발송·수취하거나 송·수신하는 특정한 우편물이나 전기통신 또는 그 해당자가 일정한 기간에 걸쳐 발송·수취하거나 송·수신하는 우편물이나 전기통신을 대상으로 허가될 수 있다.

　제6조(범죄수사를 위한 통신제한조치의 허가절차) ① 검사(검찰관을 포함한다. 이하 같다)는 제5조 제1항의 요건이 구비된 경우에는 법원(군사법원을 포함한다. 이하 같다)에 대하여 각 피의자별 또는 각 피내사자별로 통신제한조치를 허가하여 줄 것을 청구할 수 있다. <개정 2001. 12. 29>

　② 사법경찰관(군사법경찰관을 포함한다. 이하 같다)은 제5조 제1항의 요건이 구비된 경우에는 검사에 대하여 각 피의자별 또는 각 피내사자별로 통신제한조치에 대한 허가를 신청하고, 검사는 법원에 대하여 그 허가를 청구할 수 있다.

<개정 2001. 12. 29>

③ 제1항 및 제2항의 통신제한조치 청구사건의 관할법원은 그 통신제한조치를 받을 통신당사자의 쌍방 또는 일방의 주소지·소재지, 범죄지 또는 통신당사자와 공범관계에 있는 자의 주소지·소재지를 관할하는 지방법원 또는 지원(보통군사법원을 포함한다)으로 한다. <개정 2001. 12. 29>

④ 제1항 및 제2항의 통신제한조치청구는 필요한 통신제한조치의 종류·그 목적·대상·범위·기간·집행장소·방법 및 당해 통신제한조치가 제5조 제1항의 허가요건을 충족하는 사유등의 청구이유를 기재한 서면(이하 "청구서"라 한다)으로 하여야 하며, 청구이유에 대한 소명자료를 첨부하여야 한다. 이 경우 동일한 범죄사실에 대하여 그 피의자 또는 피내사자에 대하여 통신제한조치의 허가를 청구하였거나 허가받은 사실이 있는 때에는 다시 통신제한조치를 청구하는 취지 및 이유를 기재하여야 한다. <개정 2001. 12. 29>

⑤ 법원은 청구가 이유 있다고 인정하는 경우에는 각 피의자별 또는 각 피내사자별로 통신제한조치를 허가하고, 이를 증명하는 서류(이하 "허가서"라 한다)를 청구인에게 발부한다. <개정 2001. 12. 29>

⑥ 제5항의 허가서에는 통신제한조치의 종류·그 목적·대상·범위·기간 및 집행장소와 방법을 특정하여 기재하여야 한다. <개정 2001. 12. 29>

⑦ 통신제한조치의 기간은 2월을 초과하지 못하고, 그 기간 중 통신제한조치의 목적이 달성되었을 경우에는 즉시 종료하여야 한다. 다만 제5조 제1항의 허가요건이 존속하는 경우에는 제1항 및 제2항의 절차에 따라 소명자료를 첨부하여 2월의 범위안에서 통신제한조치기간의 연장을 청구할 수 있다. <개정 2001. 12. 29>

⑧ 법원은 청구가 이유 없다고 인정하는 경우에는 청구를 기각하고 이를 청구인에게 통지한다.

제7조(국가안보를 위한 통신제한조치) ① 대통령령이 정하는 정보수사기관의 장(이하 "정보수사기관의 장"이라 한다)은 국가안전보장에 대한 상당한 위험이 예상되는 경우에 한하여 그 위해를 방지하기 위하여 이에 관한 정보수집이 특히 필요한 때에는 다음 각호의 구분에 따라 통신제한조치를 할 수 있다. <개정 2001.

12. 29>

　1. 통신의 일방 또는 쌍방당사자가 내국인인 때에는 고등법원 수석부장판사의 허가를 받아야 한다. 다만, 군용전기통신법 제2조의 규정에 의한 군용전기통신(작전수행을 위한 전기통신에 한한다)에 대하여는 그러하지 아니하다.

　2. 대한민국에 적대하는 국가, 반국가활동의 혐의가 있는 외국의 기관·단체와 외국인, 대한민국의 통치권이 사실상 미치지 아니하는 한반도내의 집단이나 외국에 소재하는 그 산하단체의 구성원의 통신인 때 및 제1항 제1호 단서의 경우에는 서면으로 대통령의 승인을 얻어야 한다.

　② 제1항의 규정에 의한 통신제한조치의 기간은 4월을 초과하지 못하고, 그 기간 중 통신제한조치의 목적이 달성되었을 경우에는 즉시 종료하여야 하되, 제1항의 요건이 존속하는 경우에는 소명자료를 첨부하여 고등법원 수석부장판사의 허가 또는 대통령의 승인을 얻어 4월의 범위 이내에서 통신제한조치의 기간을 연장할 수 있다. 다만, 제1항 제1호 단서의 규정에 의한 통신제한조치는 전시·사변 또는 이에 준하는 국가비상사태에 있어서 적과 교전상태에 있는 때에는 작전이 종료될 때까지 대통령의 승인을 얻지 아니하고 기간을 연장할 수 있다. <개정 2001. 12. 29>

　③ 제6조 제2항·제4항 내지 제6항 및 제8항은 제1항 제1호의 규정에 의한 허가에 관하여 이를 적용한다. 이 경우 "사법경찰관(군사법경찰관을 포함한다. 이하 같다)"은 "정보수사기관의 장"으로, "법원"은 "고등법원 수석부장판사"로, "제5조 제1항"은 "제7조 제1항 제1호 본문"으로, 제6조 제2항 및 제5항 중 "각 피의자별 또는 각 피내사자별로 통신제한조치"를 각각 "통신제한조치"로 한다. <개정 2001. 12. 29>

　④ 제1항 제2호의 규정에 의한 대통령의 승인에 관한 절차 등 필요한 사항은 대통령령으로 정한다.

　제8조(긴급통신제한조치) ① 검사, 사법경찰관 또는 정보수사기관의 장은 국가안보를 위협하는 음모행위, 직접적인 사망이나 심각한 상해의 위험을 야기할 수 있는 범죄 또는 조직범죄등 중대한 범죄의 계획이나 실행 등 긴박한 상황에 있고 제5조 제1항 또는 제7조 제1항 제1호의 규정에 의한 요건을 구비한 자

에 대하여 제6조 또는 제7조 제1항 및 제3항의 규정에 의한 절차를 거칠 수 없는 긴급한 사유가 있는 때에는 법원의 허가없이 통신제한조치를 할 수 있다.

② 검사, 사법경찰관 또는 정보수사기관의 장은 제1항의 규정에 의한 통신제한조치(이하 "긴급통신제한조치"라 한다)의 집행착수후 지체없이 제6조 및 제7조 제3항의 규정에 의하여 법원에 허가청구를 하여야 하며, 그 긴급통신제한조치를 한 때부터 36시간 이내에 법원의 허가를 받지 못한 때에는 즉시 이를 중지하여야 한다.

③ 사법경찰관이 긴급통신제한조치를 할 경우에는 미리 검사의 지휘를 받아야 한다. 다만, 특히 급속을 요하여 미리 지휘를 받을 수 없는 사유가 있는 경우에는 긴급통신제한조치의 집행착수후 지체없이 검사의 승인을 얻어야 한다.

④ 검사, 사법경찰관 또는 정보수사기관의 장이 긴급통신제한조치를 하고자 하는 경우에는 반드시 긴급검열서 또는 긴급감청서(이하 "긴급감청서등"이라 한다)에 의하여야 하며 소속기관에 긴급통신제한조치대장을 비치하여야 한다.

⑤ 긴급통신제한조치가 단시간내에 종료되어 법원의 허가를 받을 필요가 없는 경우에는 그 종료후 7일 이내에 관할 지방검찰청검사장(제1항의 규정에 의하여 정보수사기관의 장이 제7조 제1항 제1호의 규정에 의한 요건을 구비한 자에 대하여 긴급통신제한조치를 한 경우에는 관할 고등검찰청검사장)은 이에 대응하는 법원장에게 긴급통신제한조치를 한 검사, 사법경찰관 또는 정보수사기관의 장이 작성한 긴급통신제한조치통보서를 송부하여야 한다. 다만, 검찰관 또는 군사법경찰관이 제5조제1항의 규정에 의한 요건을 구비한 자에 대하여 긴급통신제한조치를 한 경우에는 관할 보통검찰부장이 이에 대응하는 보통군사법원 군판사에게 긴급통신제한조치통보서를 송부하여야 한다.

⑥ 제5항의 규정에 의한 통보서에는 긴급통신제한조치의 목적·대상·범위·기간·집행장소·방법 및 통신제한조치허가청구를 하지 못한 사유 등을 기재하여야 한다.

⑦ 제5항의 규정에 의하여 긴급통신제한조치통보서를 송부받은 법원 또는 보통군사법원 군판사는 긴급통신제한조치통보대장을 비치하여야 한다.

⑧ 정보수사기관의 장은 국가안보를 위협하는 음모행위, 직접적인 사망이나 심각한 상해의 위험을 야기할 수 있는 범죄 또는 조직범죄등 중대한 범죄의 계

획이나 실행 등 긴박한 상황에 있고 제7조 제1항 제2호에 해당하는 자에 대하여 대통령의 승인을 얻을 시간적 여유가 없거나 통신제한조치를 긴급히 실시하지 아니하면 국가안전보장에 대한 위해를 초래할 수 있다고 판단되는 때에는 소속 장관(국가정보원장을 포함한다)의 승인을 얻어 통신제한조치를 할 수 있다.

  ⑨ 제8항의 규정에 의하여 긴급통신제한조치를 한 때에는 지체없이 제7조의 규정에 의하여 대통령의 승인을 얻어야 하며, 36시간 이내에 대통령의 승인을 얻지 못한 때에는 즉시 그 긴급통신제한조치를 중지하여야 한다.

  [전문개정 2001. 12. 29]

  제9조(통신제한조치의 집행) ① 제6조 내지 제8조의 통신제한조치는 이를 청구 또는 신청한 검사·사법경찰관 또는 정보수사기관의 장이 집행한다. 이 경우 체신관서 기타 관련기관등(이하 "통신기관등"이라 한다)에 그 집행을 위탁하거나 집행에 관한 협조를 요청할 수 있다. <개정 2001. 12. 29>

  ② 통신제한조치의 집행을 위탁하거나 집행에 관한 협조를 요청하는 자는 통신기관등에 통신제한조치허가서(제7조 제1항 제2호의 경우에는 대통령의 승인서를 말한다. 이하 이 조, 제16조 제2항 제1호 및 제17조 제1항 제1호·제3호에서 같다) 또는 긴급감청서등의 표지의 사본을 교부하여야 하며, 이를 위탁받거나 이에 관한 협조요청을 받은 자는 통신제한조치허가서 또는 긴급감청서등의 표지 사본을 대통령령이 정하는 기간동안 보존하여야 한다. <개정 2001. 12. 29>

  ③ 통신제한조치를 집행하는 자와 이를 위탁받거나 이에 관한 협조요청을 받은 자는 당해 통신제한조치를 청구한 목적과 그 집행 또는 협조일시 및 대상을 기재한 대장을 대통령령이 정하는 기간동안 비치하여야 한다. <신설 2001. 12. 29>

  ④ 통신기관등은 통신제한조치허가서 또는 긴급감청서등에 기재된 통신제한조치 대상자의 전화번호 등이 사실과 일치하지 않을 경우에는 그 집행을 거부할 수 있으며, 어떠한 경우에도 전기통신에 사용되는 비밀번호를 누설할 수 없다. <신설 2001. 12. 29>

  제9조의2(통신제한조치의 집행에 관한 통지) ① 검사는 제6조 제1항 및 제8조 제1항의 규정에 의한 통신제한조치를 집행한 사건에 관하여 공소를 제기하거

나, 공소의 제기 또는 입건을 하지 아니하는 처분(기소중지 결정을 제외한다)을 한 때에는 그 처분을 한 날부터 30일 이내에 우편물 검열의 경우에는 그 대상자에게, 감청의 경우에는 그 대상이 된 전기통신의 가입자에게 통신제한조치를 집행한 사실과 집행기관 및 그 기간 등을 서면으로 통지하여야 한다.

② 사법경찰관은 제6조 제1항 및 제8조 제1항의 규정에 의한 통신제한조치를 집행한 사건에 관하여 검사로부터 공소를 제기하거나 제기하지 아니하는 처분(기소중지 결정을 제외한다)의 통보를 받거나 내사사건에 관하여 입건하지 아니하는 처분을 한 때에는 그 날부터 30일 이내에 우편물 검열의 경우에는 그 대상자에게, 감청의 경우에는 그 대상이 된 전기통신의 가입자에게 통신제한조치를 집행한 사실과 집행기관 및 그 기간 등을 서면으로 통지하여야 한다.

③ 정보수사기관의 장은 제7조 제1항 제1호 본문 및 제8조 제1항의 규정에 의한 통신제한조치를 종료한 날부터 30일 이내에 우편물 검열의 경우에는 그 대상자에게, 감청의 경우에는 그 대상이 된 전기통신의 가입자에게 통신제한조치를 집행한 사실과 집행기관 및 그 기간 등을 서면으로 통지하여야 한다.

④ 제1항 내지 제3항의 규정에 불구하고 다음 각호의 1에 해당하는 사유가 있는 때에는 그 사유가 해소될 때까지 통지를 유예할 수 있다.

1. 통신제한조치를 통지할 경우 국가의 안전보장·공공의 안녕질서를 위태롭게 할 현저한 우려가 있는 때

2. 통신제한조치를 통지할 경우 사람의 생명·신체에 중대한 위험을 초래할 염려가 현저한 때

⑤ 검사 또는 사법경찰관은 제4항의 규정에 의하여 통지를 유예하고자 하는 경우에는 소명자료를 첨부하여 미리 관할지방검찰청검사장의 승인을 얻어야 한다. 다만, 검찰관 및 군사법경찰관이 제4항의 규정에 의하여 통지를 유예하고자 하는 경우에는 소명자료를 첨부하여 미리 관할 보통검찰부장의 승인을 얻어야 한다.

⑥ 검사, 사법경찰관 또는 정보수사기관의 장은 제4항 각호의 사유가 해소된 때에는 그 사유가 해소된 날부터 30일 이내에 제1항 내지 제3항의 규정에 의한 통지를 하여야 한다.

[본조신설 2001. 12. 29]

제10조(감청설비에 대한 인가기관과 인가절차) ① 감청설비를 제조·수입·판매·배포·소지·사용하거나 이를 위한 광고를 하고자 하는 자는 정보통신부장관의 인가를 받아야 한다. 다만, 국가기관의 경우에는 그러하지 아니하다. <개정 1997. 12. 13>

② 정보통신부장관이 제1항의 인가를 하는 경우에는 국무총리의 승인을 얻어야 한다. <개정 1997. 12. 13>

③ 정보통신부장관은 제1항의 인가를 하는 경우에는 인가신청자, 인가연월일, 인가된 감청설비의 종류와 수량등 필요한 사항을 대장에 기재하여 비치하여야 한다. <개정 1997. 12. 13>

④ 제1항의 인가를 받아 감청설비를 제조·수입·판매·배포·소지 또는 사용하는 자는 인가연월일, 인가된 감청설비의 종류와 수량, 비치장소 등 필요한 사항을 대장에 기재하여 비치하여야 한다. 다만, 지방자치단체의 비품으로서 그 직무수행에 제공되는 감청설비는 해당 기관의 비품대장에 기재한다.

⑤ 제1항의 인가에 관하여 기타 필요한 사항은 대통령령으로 정한다.

제10조의2(국가기관 감청설비의 신고) ① 국가기관(정보수사기관을 제외한다)이 감청설비를 도입하는 때에는 매 반기별로 그 제원 및 성능 등 대통령령이 정하는 사항을 정보통신부장관에게 신고하여야 한다.

② 정보수사기관이 감청설비를 도입하는 때에는 매 반기별로 그 제원 및 성능 등 대통령령이 정하는 사항을 국회 정보위원회에 통보하여야 한다.

[본조신설 2001. 12. 29]

제11조(비밀준수의 의무) ① 통신제한조치의 허가·집행·통보 및 각종 서류작성 등에 관여한 공무원 또는 그 직에 있었던 자는 직무상 알게 된 통신제한조치에 관한 사항을 외부에 공개하거나 누설하여서는 아니된다.

② 통신제한조치에 관여한 통신기관의 직원 또는 그 직에 있었던 자는 통신제한조치에 관한 사항을 외부에 공개하거나 누설하여서는 아니된다.

③ 제1항 및 제2항에 규정된 자 외에 누구든지 이 법의 규정에 의한 통신제한조치로 지득한 내용을 이 법의 규정에 의하여 사용하는 경우 외에는 이를 외부에 공개하거나 누설하여서는 아니된다.

④ 법원에서의 통신제한조치의 허가절차·허가여부·허가내용 등의 비밀유지에 관하여 필요한 사항은 대법원규칙으로 정한다.

[전문개정 2001. 12. 29]

제12조(통신제한조치로 취득한 자료의 사용제한) 제9조의 규정에 의한 통신제한조치의 집행으로 인하여 취득된 우편물 또는 그 내용과 전기통신의 내용은 다음 각호의 경우 외에는 사용할 수 없다.

1. 통신제한조치의 목적이 된 제5조 제1항에 규정된 범죄나 이와 관련되는 범죄를 수사·소추하거나 그 범죄를 예방하기 위하여 사용하는 경우

2. 제1호의 범죄로 인한 징계절차에 사용하는 경우

3. 통신의 당사자가 제기하는 손해배상소송에서 사용하는 경우

4. 기타 다른 법률의 규정에 의하여 사용하는 경우

형사소송법(발췌)

제70조(구속의 사유) ① 법원은 피고인이 죄를 범하였다고 의심할 만한 상당한 이유가 있고 다음 각호의 1에 해당하는 사유가 있는 경우에는 피고인을 구속할 수 있다.

1. 피고인이 일정한 주거가 없는 때

2. 피고인이 증거를 인멸할 염려가 있는 때

3. 피고인이 도망하거나 도망할 염려가 있는 때

② 법원은 제1항의 구속사유를 심사함에 있어서 범죄의 중대성, 재범의 위험성, 피해자 및 중요 참고인 등에 대한 위해우려 등을 고려하여야 한다.

③ 다액 50만 원 이하의 벌금, 구류 또는 과료에 해당하는 사건에 관하여는 제1항 제1호의 경우를 제한 외에는 구속할 수 없다.

제295조(증거신청에 대한 결정) 법원은 제294조 및 제294조의2의 증거신청에 대하여 결정을 하여야 하며 직권으로 증거조사를 할 수 있다. <개정 1987. 11. 28.>

제308조의2(위법수집증거의 배제) 적법한 절차에 따르지 아니하고 수집한 증거는 증거로 할 수 없다.

[시행일 2008. 1. 1.]

형사소송규칙(발췌)

제95조(체포영장청구서의 기재사항) 체포영장의 청구서에는 다음 각 호의 사항을 기재하여야 한다.

1. 피의자의 성명(분명하지 아니한 때에는 인상, 체격, 그 밖에 피의자를 특정할 수 있는 사항), 주민등록번호 등, 직업, 주거

2. 피의자에게 변호인이 있는 때에는 그 성명

3. 죄명 및 범죄사실의 요지

4. 7일을 넘는 유효기간을 필요로 하는 때에는 그 취지 및 사유

5. 여러 통의 영장을 청구하는 때에는 그 취지 및 사유

6. 인치구금할 장소

7. 법 제200조의2 제1항에 규정한 체포의 사유

8. 동일한 범죄사실에 관하여 그 피의자에 대하여 전에 체포영장을 청구하였거나 발부받은 사실이 있는 때에는 다시 체포영장을 청구하는 취지 및 이유

9. 현재 수사 중인 다른 범죄사실에 관하여 그 피의자에 대하여 발부된 유효한 체포영장이 있는 경우에는 그 취지 및 그 범죄사실

제107조(압수, 수색, 검증 영장청구서의 기재사항) ① 압수, 수색 또는 검증을 위한 영장의 청구서에는 다음 각호의 사항을 기재하여야 한다.

1. 제95조 제1호부터 제5호까지에 규정한 사항

2. 압수할 물건, 수색 또는 검증할 장소, 신체나 물건

3. 압수, 수색 또는 검증의 사유

4. 일출전 또는 일몰후에 압수, 수색 또는 검증을 할 필요가 있는 때에는 그 취지 및 사유

5. 법 제216조 제3항에 따라 청구하는 경우에는 영장 없이 압수, 수색 또는

검증을 한 일시 및 장소

6. 법 제217조 제2항에 따라 청구하는 경우에는 체포한 일시 및 장소와 영장 없이 압수, 수색 또는 검증을 한 일시 및 장소

② 신체검사를 내용으로 하는 검증을 위한 영장의 청구서에는 제1항 각호의 사항외에 신체검사를 필요로 하는 이유와 신체검사를 받을 자의 성별, 건강상태를 기재하여야 한다.

제108조(자료의 제출) ① 법 제215조의 규정에 의한 청구를 할 때에는 피의자에게 범죄의 혐의가 있다고 인정되는 자료와 압수, 수색 또는 검증의 필요를 인정할 수 있는 자료를 제출하여야 한다.

② 피의자 아닌 자의 신체, 물건, 주거 기타 장소의 수색을 위한 영장의 청구를 할 때에는 압수하여야 할 물건이 있다고 인정될 만한 자료를 제출하여야 한다.

국가보안법(1997. 12. 31. 법률 제5454호로 개정된 것)(발췌)

제6조(잠입·탈출) ① 국가의 존립·안전이나 자유민주적 기본질서를 위태롭게 한다는 정을 알면서 반국가단체의 지배하에 있는 지역으로부터 잠입하거나 그 지역으로 탈출한 자는 10년 이하의 징역에 처한다. <개정 1991. 5. 31>

② 반국가단체나 그 구성원의 지령을 받거나 받기 위하여 또는 그 목적수행을 협의하거나 협의하기 위하여 잠입하거나 탈출한 자는 사형·무기 또는 5년 이상의 징역에 처한다.

③ 삭제 <1991. 5. 31>

④ 제1항 및 제2항의 미수범은 처벌한다. <개정 1991. 5. 31>

⑤ 제1항의 죄를 범할 목적으로 예비 또는 음모한 자는 7년 이하의 징역에 처한다.

⑥ 제2항의 죄를 범할 목적으로 예비 또는 음모한 자는 2년 이상의 유기징역에 처한다. <개정 1991. 5. 31>

제7조(찬양·고무등) ① 국가의 존립·안전이나 자유민주적 기본질서를 위태

롭게 한다는 정을 알면서 반국가단체나 그 구성원 또는 그 지령을 받은 자의 활동을 찬양·고무·선전 또는 이에 동조하거나 국가변란을 선전·선동한 자는 7년 이하의 징역에 처한다. <개정 1991. 5. 31>

② 삭제 <1991. 5. 31>

③ 제1항의 행위를 목적으로 하는 단체를 구성하거나 이에 가입한 자는 1년 이상의 유기징역에 처한다. <개정 1991. 5. 31>

④ 제3항에 규정된 단체의 구성원으로서 사회질서의 혼란을 조성할 우려가 있는 사항에 관하여 허위사실을 날조하거나 유포한 자는 2년 이상의 유기징역에 처한다. <개정 1991. 5. 31>

⑤ 제1항·제3항 또는 제4항의 행위를 할 목적으로 문서·도화 기타의 표현물을 제작·수입·복사·소지·운반·반포·판매 또는 취득한 자는 그 각항에 정한 형에 처한다. <개정 1991. 5. 31>

⑥ 제1항 또는 제3항 내지 제5항의 미수범은 처벌한다. <개정 1991. 5. 31>

⑦ 제3항의 죄를 범할 목적으로 예비 또는 음모한 자는 5년 이하의 징역에 처한다. <개정 1991. 5. 31>

제8조(회합·통신등) ① 국가의 존립·안전이나 자유민주적 기본질서를 위태롭게 한다는 정을 알면서 반국가단체의 구성원 또는 그 지령을 받은 자와 회합·통신 기타의 방법으로 연락을 한 자는 10년 이하의 징역에 처한다. <개정 1991. 5. 31>

② 삭제 <1991. 5. 31>

③ 제1항의 미수범은 처벌한다. <개정 1991. 5. 31>

④ 삭제 <1991. 5. 31>

Ⅵ. 모범답안 및 채점기준

Ⅰ. 형식적 측면: 20점(각 배점에서 틀린 사항 있으면 1점씩 감점)

위헌법률심판제청신청서

사   건: 서울중앙지법 2011고합731 국가보안법위반
피 고 인: 김찬양 (XXXXXX－XXXXXXX)
　　　　　주소:

　　　　　정고무 (XXXXXX－XXXXXXX)
　　　　　주소:

　　　　　은잠입 (XXXXXX－XXXXXXX)
　　　　　주소:

변 호 인: 변호사 홍길동
　　　　　주소: 서울특별시 서초구 서초동 10 ◇빌딩 100호　　　　　　　　(5)

신 청 취 지

"통신비밀보호법(2001. 12. 29. 법률 제6546호로 개정된 것) 제6조 제7항 단서의 위헌여부에 대한 심판을 제청한다"라는 결정을 구합니다.　　　　　　　　(5)

신 청 이 유(형식만 5점 내용 전체 80점)

Ⅰ. 사건의 개요(10)

피고인 김찬양, 정고무, 은잠입은 각각 북한 노동당 내 대남공작사업 담당기구인 '통일전선부' 산하 조국평화통일위원회가 1990. 11. 20. 독일 베를린에서 남한 및 해외 친북세력을 결집시켜 출범시킨 단체인 통일범민족연합의 남측본부의장, 사무처장, 정책위원장 등의 직책을 수행하면서 2011. 6. 24. 국가보안법상특수잠입·탈출(제6조), 찬양·고무죄(제7조) 등으로 구속기소되어, 현재 서울중앙지방법원(2011고합731)에 재판 계속중입니다.

검사는 법원에 피고인들의 유죄를 입증하기 위한 증거로 수사기관이 통신제한조치의 허가 및 그 연장허가를 통하여 수집한 이메일, 녹취자료(전화녹음), 팩스자료 등을 신청하고 있는바, 이에 제청신청인들은 위 증거자료들 대부분이 총14회(총 30개월)에 걸쳐 연장된 통신제한조치를 통하여 수집된 것으로서 이와 같이 통신제한조치기간의 연장을 허가함에 있어 제한을 두고 있지 않는 통신비밀보호법(2001. 12. 29. 법률 제6546호로 개정된 것) 제6조 제7항 단서는 피고인들의 통신의 자유와 사생활의 기본권 등을 과잉하게 침해하여 위헌이라고 판단되어다음과 같이 위헌법률심판제청을 신청하기에 이르렀습니다.

Ⅱ. 위헌제청 대상 법률조항(10)

위헌제청 대상 법률조항은 통신비밀보호법(2001. 12. 29. 법률 제6546호로 개정된 것) 제6조 제7항 단서(이하 이 사건 법률조항이라 함)로서 '수사기관의 범죄수사를 위한 통신제한조치 허가기간 연장'에 관한 부분이며 그 대상 법률과 관련규정은 다음과 같습니다.

1. 이 사건 법률조항

통신비밀보호법 제6조 제7항 통신제한조치의 기간은 2월을 초과하지 못하고, 그 기간 중 통신제한조치의 목적이 달성되었을 경우에는 즉시 종료하여야 한다. "다만, 제5조 제1항의 허가요건이 존속하는 경우에는 제1항 및 제2항의 절차에 따라 소명자료를 첨부하여 2월의 범위 안에서 통신제한조치기간의 연장을 청구할 수 있다."

2. 관련 규정

통신비밀보호법(2001. 12. 29. 법률 제6546호로 개정된 것)

○ 제5조 제1항

통신제한조치는 다음 각호의 범죄를 계획 또는 실행하고 있거나 실행하였다고 의심할 만한 충분한 이유가 있고, 다른 방법으로는 그 범죄의 실행을 저지하거나 범인의 체포 또는 증거의 수집이 어려운 경우에 한하여 허가할 수 있다.

○ 제6조 제1항

검사(검찰관을 포함한다. 이하 같다)는 제5조 제1항의 요건이 구비된 경우에는 법원(군사법원을 포함한다. 이하 같다)에 대하여 각 피의자별 또는 각 피내사자별로 통신제한조치를 허가하여 줄 것을 청구할 수 있다.

○ 제6조 제4항

제1항 및 제2항의 통신제한조치청구는 필요한 통신제한조치의 종류 그 목적·대상·범위·기간·집행장소·방법 및 당해 통신제한조치가 제5조 제1항의 허가요건을 충족하는 사유 등의 청구이유를 기재한 서면으로 하여야 하며, 청구이유에 대한 소명자료를 첨부하여야 한다. 이 경우 동일한 범죄사실에 대하여 그 피의자 또는 피내사자에 대하여 통신제한조치의 허가를 청구하였거나 허가받은 사실이 있는 때에는 다시 통신제한조치를 청구하는 취지 및 이유를 기재하여야 한다.

Ⅲ. 위 법률조항의 재판의 전제성(10)

1. 재판의 전제성(5)

법률에 대한 위헌제청이 적법하기 위하여는 법원에 계속중인 구체적인 사건에 적용할 법률이 헌법에 위반되는 여부가 재판의 전제로 되어야 합니다.

여기서 '재판'이라고 함은 원칙적으로 그 형식 여하와 본안에 관한 재판이거나 소송절차에 관한 것이거나를 불문하며, 심급을 종국적으로 종결시키는 종국재판뿐만 아니라 중간재판도 이에 포함됩니다.

형사소송법 제295조에 의하여 법원이 행하는 증거채부결정은 당해 소송사

건을 종국적으로 종결시키는 재판은 아니라고 하더라도, 그 자체가 법원의 의사
결정으로서 헌법 제107조 제1항과 헌법재판소법 제41조 제1항에 규정된 재판에
해당합니다(헌재 1996. 12. 26. 94헌바1, 판례집 8-2, 808, 818 참조).

재판의 전제성이란 헌법재판소 판례에 의하면 법률의 위헌여부에 따라서 그
재판의 결론이 달라지거나 재판의 내용이나 효력에 대한 법률적 의미가 달라지
는 것을 의미합니다.

첫째, 구체적인 사건이 법원에 계속중일 것

둘째, 위헌여부가 문제되는 법률이 그 당해소송 재판에서 적용되는 것일 것

셋째, 법률의 위헌여부에 따라 당해사건의 재판의 결론 또는 주문이 달라지
거나 재판의 내용이나 그 효력에 대한 법률적 의미가 달라질 것을 그
요소로 합니다.

2. 이 사건의 경우(5)

이 사건 법률조항을 근거로 수집된 증거자료들은 이 사건 당시의 피고인들
의 활동, 행적, 성향, 이 사건 공소사실에 기재된 북한공작원과의 접촉 내용 등을
뒷받침하는 중요 증거라고 할 수 있을 것입니다.

그렇다면 이 사건 법률조항의 위헌 여부에 따라 연장허가된 통신제한조치에
대한 근거법률의 효력이 상실될 수도 있어 이를 통하여 수집된 위 자료들에 대
하여 형사소송법 제308조의2 및 통신비밀보호법 제4조에 의하여 그 증거능력에
영향을 미침으로써 귀 법원이 위 자료들을 증거로 채택할지 여부에 대한 결론에
영향을 주고 그 결과 이 사건의 유·무죄의 결론 역시 달라질 수 있으므로, 이 사
건 법률조항의 위헌 여부는 이 사건 재판의 전제가 됩니다.

Ⅳ. 위 법률조항의 위헌성(45)

1. 관련되는 기본권(5)

2개월의 범위 내에서 통신제한조치의 연장을 그 횟수와 상관 없이 할 수 있
도록 한 조항은 통신제한조치의 상대방의 통신의 자유와 사생활의 비밀과 자유
등을 과도하게 침해하여 인간의 존엄과 가치 그리고 행복추구권을 본질적으로
침해하는 것이므로 위헌이라고 할 수 있을 것입니다.

통신의 비밀과 자유는 원거리에 있는 대화자들 상호간에 전화나 이메일 등 전기 내지 전자적 방법을 통하여 원격으로 통화할 수 있는 자유로서, 그러한 통화의 내용에는 사생활에 관한 것은 물론, 업무나 그 밖에 공적 사항에 관한 내용을 포함할 수 있으며, 이러한 모든 통화를 국가의 간섭을 받지 아니하고 자유롭게 할 수 있는 것을 보장하는 기본권이라 할 것입니다.

그런데 비하여 사생활의 비밀과 자유는 인간 개인의 모든 사적 생활에 대하여 국가권력에 의하여 자기 의사에 반하여 노출하거나 공개하지 않아도 될 뿐만 아니라, 그러한 사적 생활을 자유롭게 함으로써, 인간이 인간으로서 보다 존엄하고 행복하게 살 수 있는 자유를 보장하는 기본권이라고 할 수 있습니다.

그러므로 두 기본권은 어느 정도 중첩될 수도 있으나 그것이 반드시 일치한다고 할 수는 없으므로 국가가 개인의 사적 통신이나 또는 업무와 관련된 통신을 감청하는 등 통신제한조치를 하는 것은 관련 당사자의 통신의 자유나 사생활의 기본권과 관련될 수 있습니다.

그리고 통신제한조치는 주거의 자유도 침해할 가능성이 있으나, 주로 문제가 되는 것은 통신의 자유와 사생활의 기본권이라고 할 수 있으므로 이 두 가지 기본권의 침해여부에 대하여 살펴보기로 합니다.

2. 헌법 제18조의 통신의 비밀의 침해(30)

(1) 보호영역(3)

헌법 제18조는 모든 국민은 통신의 비밀을 침해받지 아니한다고 규정함으로써, 제17조에서 사생활의 비밀과 자유를 보장하는 데서 더 나아가, 국민의 통신생활의 자유를 보장하고 있습니다. 이러한 통신의 비밀과 자유에는 전래적으로 내려오는 우편통신을 포함하여 오늘날의 현대적인 전기와 전자적 방법에 의한 통신, 즉 전화, 팩시밀리, 이메일, 인터넷상의 메신저 등을 통한 통신을 모두 포함한다고 볼 수 있을 것입니다.

(2) 제한(3)

그러나 이러한 통신의 비밀과 자유 역시 무제한적인 기본권이라고 할 수는 없고 헌법 제37조 제2항에 따라 일정한 조건하에 제한될 수 있는 기본권이라고 할 수 있습니다.

이러한 통신행위를 하지 못하게 하거나 또는 그러한 통신행위를 감청함으로

써 그 비밀을 해하는 등의 모든 국가적 행위는 통신의 비밀과 자유에 대한 제한
이라고 할 수 있을 것입니다.

(3) 제한의 정당화(제한의 한계)(22)

그러나 그러한 제한이 허용되기 위해서는 헌법 제37조 제2항에 따른 과잉금
지원칙에 위반되지 않는 정당화될 수 있는 제한이라야 합니다. 통신의 비밀과 자
유에 대한 제한의 경우 그 위헌여부에 대한 심사기준은 과연 엄격심사가 되어야
할지 완화된 심사가 되어야 할지를 먼저 살펴야 할 것입니다(2).

(가) 심사기준(4)

통신의 비밀과 자유는 인간이 인간으로서 존엄하고 행복한 삶을 살기 위해
서 없어서는 안되는 필수 불가결한 자유로서, 불가침의 기본적 인권에 근접한 기
본권이라고 할 수 있습니다. 통신을 하고 있는 당사자들이 인식하지 못하는 상태
에서 그들의 대화를 제3자나 국가가 엿듣게 되면, 그들의 개인적인 생각이나 사
상 그리고 성향이나 사생활 등 모든 것들에 대하여 통제받게 되고, 그리하여 국
가가 얼마든지 특정한 목적을 위하여 그들을 수단으로서 이용할 수 있는 가능성
이 있기 때문에, 통신의 비밀과 자유에 대한 제한의 경우는 사생활의 비밀과 자
유에 대한 그것과 마찬가지로 엄격한 심사기준에 입각하여 그 위헌여부를 심사
하지 않으면 안될 것이라고 생각됩니다.

(나) 과잉금지원칙의 위반여부(16)

① 목적의 정당성(4)

범죄나 테러예방 등 국가의 안전보장이나 질서유지를 위해서 불가피할 경우
에는 국민의 통신의 비밀과 자유도 제한될 수 있습니다. 허가요건이 존재하는 경
우에는 2개월에 한하여 통신제한조치를 연장 청구할 수 있도록 하는 이 사건 조
항은 나름대로 통신제한조치를 허가받은 후, 계속해서 통신제한조치를 실행해야
할 필요가 있을 경우에 연장할 수 있도록 하는 조항으로서 그 목적의 정당성은
인정될 수 있다고 생각됩니다.

② 방법의 적정성(4)

입법자는 통신제한조치의 기간을 2월을 초과하지 못하도록 하고 그 기간 중
통신제한조치의 목적이 달성되었을 경우에는 즉시 종료하도록 하였으나, 2월의
범위 내에서 계속하여 통신제한조치를 연장할 수 있도록 함으로써, 범죄나 테러

등 국가안전보장이나 질서유지를 위한 목적에 기여할 수 있는 가능성이 있으므로 방법의 적정성도 인정된다고 할 수 있습니다.

③ 침해의 최소성(4)

그러나 이 사건 법률조항은 침해의 최소성에 위반된다고 판단됩니다. 왜냐하면 허가요건이 존속하는 경우에는 소명자료를 첨부하여 2월의 범위 안에서 통신제한조치기간의 연장을 청구할 수 있도록 하고 있는 바, 비록 2월의 범위라고 하지만 그 사이에 연장의 횟수 등을 제한하거나 또는 미국이나 일본, 독일과 같이 보다 단기간으로 그 시한을 정함으로써 보다 덜 침해적인 방법이 있을 수 있음에도 불구하고 다른 나라에 비하여 보다 긴 기간 동안 아무런 횟수의 제한이 없이 기간연장의 허가를 청구할 수 있도록 한 것은, 허가서 발부가 기각되는 사례가 거의 없다고 하는 점 등을 감안 할 때 침해의 최소성에 위반된다고 보아야 할 것입니다.

④ 법익의 균형성(4)

범죄나 테러예방 등 국가안전보장이나 질서유지와 같은 목적은 그에 대한 위해가 어느 정도로 구체적으로 현실화되었는지와 상관 없이 매우 추상적으로 존재할 수 있는 데 반하여, 개인이 제한받게 될 수 있는 통신의 비밀과 자유의 중요성은 매우 크며, 그에 대한 제한 또는 침해는 매우 중대할 수 있기 때문에, 이 사건 조항 단서는 법익의 균형성 요건도 충족하지 못한다고 생각됩니다.

(4) 소결(2)

그러므로 이 사건 법률조항은 헌법 제37조 제2항에 반하여 제청신청인들의 통신의 비밀과 자유를 과도하게 침해하므로 위헌입니다.

3. 사생활의 비밀과 자유의 침해(10)

(1) 보호영역(2)

헌법 제17조는 모든 국민은 사생활의 비밀과 자유를 침해받지 아니한다고 규정하여 사생활의 기본권을 보장하고 있습니다.

사생활의 기본권은 개인이 개인적 삶을 영위하기 위하여 필요한 모든 행위를 국가나 제3자의 간섭 없이 자유롭게 할 수 있는 권리라고 할 수 있습니다. 여기에는 가족, 친구, 사회, 직장, 취미, 여가, 문화, 스포츠 등 개인적 삶의 영위와 관련된 모든 사적 생활이 다 포함될 수 있으며, 이러한 사생활을 비밀리에 그리고 자유로이 할 수 있는 권리라고 할 수 있을 것입니다.

이러한 사생활의 중요한 수단이 될 수 있는 것이 대화와 통신이라고 할 수 있습니다.

(2) 제한(2)

타인과의 통신에 대하여 감청을 하고 엿듣는 모든 행위는 결국 개인의 사생활의 비밀을 제한하는 일이라고 할 수 있습니다.

사생활의 비밀과 자유 역시 무제한적인 기본권은 아니고 헌법 제37조 제2항에 의하여 제한될 수 있는 기본권이라고 할 수 있습니다.

(3) 제한의 정당화(5)

(가) 심사기준(1)

통신의 비밀과 자유와 마찬가지로 사생활의 비밀과 자유 역시 인간존엄권에 가장 근접한 기본권이라고 할 수 있기 때문에, 그에 대한 제한은 엄격한 심사기준을 잣대로 하여 심사해야 할 것입니다.

(나) 과잉금지원칙의 위반여부(4)

사생활의 비밀과 자유에 대한 과잉금지원칙 위반 여부 역시 통신의 비밀과 자유의 경우와 마찬가지로 인정됩니다.

특히 통신제한조치기간의 연장과 관련하여 그 횟수를 제한하고 있지 않을 뿐만 아니라, 가령 범죄나 테러 등 그 밖의 질서유지 위반과 관련된 내용의 통신 외에 다른 순수히 사생활과 관련된 내용의 통신에 대하여 감청을 통하여 지득하게 된 경우 감청기관이 어떻게 해야 할 것인지 그 자료에 대한 폐기 등에 관하여 아무런 특별한 보호조치를 두고 있지 아니한 것은 사생활의 비밀과 자유가 일반적인 공적 통신의 자유보다 훨씬 더 엄격하게 보호되어야 할 필요가 있다고 하는 점에 비추어 볼 때, 침해의 최소성원칙에 위반된다고 볼 수 있을 것입니다.

그리고 목적의 정당성이나 방법의 적정성, 법익의 균형성은 통신의 비밀의 경우와 마찬가지라고 할 수 있을 것입니다.

(4) 소결(1)

결론적으로 이 사건 법률조항 단서는 통신제한조치의 연장과 관련하여 2개월에 한하여 그 허가요건이 존재하는 경우 횟수와 상관 없이 무제약적으로 허용하고, 순수히 사생활에 관한 통신내용에 관한 대화까지 감청하였을 경우에 이를 중단하게 한다든가 또는 그러한 통신내용을 녹음한 자료 등에 대하여 폐기할 의무 등에 대한 아무런 조항을 두고 있지 아니하므로, 헌법 제37조 제2항에 위반하여 제청신청인들의 사생활의 비밀과 자유를 침해하고 있습니다.

V. 결   어(5)

앞에서 살펴 본 바와 같이 통신비밀보호법 제6조 제7항 단서는 헌법에 위반된다고 판단되므로, 신청인의 소송대리인은 귀원에 위 조항 단서에 대한 위헌법률심판을 제청하여 주실 것을 신청합니다.

2012. 5. 9.

위 신청인의 대리인 변호사   홍 길 동   (인)

서울중앙지방법원 형사12부 귀중   (5)

〈참고판례〉

※ 헌재 2010. 12. 28. 2009헌가30, 통신비밀보호법 제6조 제7항 단서 위헌제청, 판례집 22-2하, 545 [헌법불합치]

〈해 설〉 이 결정에서 헌법재판소는 이 사건 법률조항은 사생활의 비밀의 특별한 영역으로 헌법이 개별적인 기본권으로 보호하는 통신의 비밀을 제한하고 있다는 점에서 별도로 사생활의 비밀을 침해하는지 여부를 검토할 필요는 없다(헌재 2001. 3. 21. 2000헌바25, 판례집 13-1, 652, 658 참조)고 하고 있으나, 통신의 비밀과 자유는 사생활 영역이 아닌 곳에서도 보장되어야 한다고 할 수 있기 때문에, 통신의 비밀과 사생활의 비밀은 서로 중첩되는 부분도 있지만 서로 같다고 볼 수는 없다. 그러므로 통신의 비밀과 사생활의 자유는 상상적으로 경합한다고 할 수 있고, 양자의 침해여부를 모두 심사하는 것이 타당하다고 생각된다.

찾아보기

저자 방승주(方勝柱) 소개

약   력
고려대학교 법과대학 졸업
고려대학교 대학원 법학석사
고려대학교 대학원 법학박사과정 이수
독일학술교류처(DAAD) 장학생으로 독일 유학 1991-1996
독일 마부르크(Marburg)대학교 법과대학 LL.M. 1992
독일 하노버(Hannover)대학교 법과대학 법학박사(Dr. jur) 1996
대법원 판례심사위원회 조사위원 1991
헌법재판소 연구원 1996-2001
성신여자대학교 법학과 강사
경기대학교 법학과 강사
경희대학교 법과대학 겸임교수
고려대학교 법과대학 강사
영산대학교 법과대학 부교수
동아대학교 법과대학 부교수
부산 MBC 문화방송 생방송 시사포커스 사회자
부산광역시 교육감 선거방송토론회 사회자
국회입법지원위원
사법시험 문제은행 출제위원
변호사시험 출제위원
한국공법학회 신진학술상 수상 2007
한국헌법학회 학술상 수상 2009
한국공법학회 부회장
법제처 법령해석심의위원회 위원
Fulbright Visiting Scholar 2013-2014
하버드 로스쿨 동아시아법연구소 Visiting Scholar 2013-2014

현 한국헌법학회 부회장
    국회입법지원위원
    법무부 법무자문위원회 남북법령연구특별분과위원회 위원
    한양대학교 법학전문대학원 교수

저   서
헌법소송사례연구
헌법재판 주요선례연구 1 (공저)
헌법주석 I (공저)
헌법판례100선 (공저)

주요논문
사회통합과 헌법재판(2013)
후보단일화와 공직선거법상 사후매수죄의 위헌여부(2013)

조세법률주의와 헌법재판(2012)
헌법불합치결정과 그에 대한 국회 및 법원의 반응(2011)
착상전 진단의 헌법적 문제(2010)
헌법재판소와 대법원의 남북관계 관련 판례에 대한 헌법적 평가(2010)
지방행정체제 개편에 관한 특별법안의 헌법적 문제점(2010)
헌법과 조세정의(2009)
Die Pflicht des Staates, Katastrophen zu verhüten und die Bürger vor ihren Gefahren zu schützen(2013)
Bindungswirkung der verfassungskonformen Gesetzesauslegung durch das Verfassungsgericht in Korea(2011)
Der allgemeine Gleichheitssatz in der Rechtsprechung des deutschen Bundesverfassungsgerichts und des koreanischen Verfassungsgerichts(2009)
Verfassungsgebung und Verfassungsrealität in Korea: Ein Disskussionsbeitrag(2005) 외 다수

헌법사례연습

초판인쇄	2015년 8월 25일
초판발행	2015년 8월 30일

지은이	방승주
펴낸이	안종만

편 집	김선민·한현민
기획/마케팅	정병조
표지디자인	홍실비아
제 작	우인도·고철민

펴낸곳	㈜ **박영사**
	서울특별시 종로구 새문안로3길 36, 1601
	등록 1959. 3. 11. 제300-1959-1호(倫)
전 화	02)733-6771
f a x	02)736-4818
e-mail	pys@pybook.co.kr
homepage	www.pybook.co.kr
ISBN	979-11-303-2784-6 93360

정 가   33,000원